扬州古典园林

赵御龙 主编

扬州公园城市研究丛书

中国建材工业出版社

图书在版编目(CIP)数据

扬州古典园林 / 赵御龙主编. -- 北京：中国建材工业出版社，2018.9
 ISBN 978-7-5160-2394-5

Ⅰ.①扬… Ⅱ.①赵… Ⅲ.①古典园林－介绍－扬州 Ⅳ.①K928.73

中国版本图书馆CIP数据核字(2018)第195656号

内 容 提 要

本书作为《扬州公园城市研究丛书》之一，是系统研究扬州古典园林的一部专著。本书概述扬州古典园林研究现状，分析扬州古典园林的特性及独特价值，鸟瞰扬州古典园林的历史变迁轨迹，设布局、叠山、理水、建筑、花木、手法、文心等章节，对扬州古典园林的立意、营造技艺等进行深入的分析研究。书中列举25个现存扬州古典园林实例，从概况、沿革、欣赏、评论等方面进行了分析研究，并收录园林测绘图和大量精美照片。书中还对扬州古典园林研究中一些有争议的问题进行了解答。本书将扬州古典园林作为扬州公园城市建设的理论源泉，力求学术性、研究性与通俗性有机结合。

本书可为城市党政决策者、管理者提供参考，还可作为风景园林设计、景观建设等领域工作者以及大专院校城市规划、风景园林等专业师生的参考书，同时也可供对扬州古典园林感兴趣的普通读者阅读参考。

扬州古典园林

赵御龙　主编

出版发行：中国建材工业出版社
地　　址：北京市海淀区三里河路1号
邮　　编：100044
经　　销：全国各地新华书店
印　　刷：江苏凤凰扬州鑫华印刷有限公司
开　　本：889mm×1194mm　1/16
印　　张：27.5
字　　数：550千字
版　　次：2018年9月第1版
印　　次：2018年9月第1次
定　　价：326.00元

本社网址：www.jccbs.com　　微信公众号：zgjcgycbs
本书如出现印装质量问题，由我社市场营销部负责调换。联系电话：（010）88386906

丛书编委会

主任

何金发

委员

林宝荣　陶伯龙　金春林　赵御龙

孙建年　叶善祥　薛炳宽

《扬州古典园林》编委会

主编

赵御龙

副主编

徐 亮

撰稿

（按姓氏笔画排序）

王晓春（第七章 花木） 许少飞（第四章 叠石、第五章 理水）

李金宇（第三章 布局、第八章 手法、第九章 文心） 李新建（第六章 建筑）

赵御龙（第一章 绪论） 徐 亮（第二章 沿革、第十章 实例）

测绘

张建新 朱圣英

摄影

（按姓氏笔画排序）

马恒福 王虹军 王晓涛 汤霞生

陈建新 李斯尔 茅永宽 周泽华

总 序

城市让生活更美好，是中国 2010 年上海世界博览会的主题。城市是人类文明的结晶，城市不断创造出更适宜人类居住、生活的环境，不断创造出高质量的生活方式，是人类梦想不断实现的载体和平台。世界上每个城市都曾经做过各种各样的努力和探索，为世界提供了丰富多彩、特色鲜明的城市实践案例，积累成城市建设的技术与理论体系，成为人类文明的瑰宝和财富。作为中国历史文化名城的扬州，也在这方面做了许多成功的探索，有着许多经典作品，闻名世界的扬州古典园林就是一例。近年来，扬州在建设公园城市方面又研究出新理论，走出了新路径，形成了新特色，打造出了新经典。

目前，扬州已建成了 309 个各类开放式公园，其中综合公园 37 个，社区公园 185 个，专类公园 28 个，口袋公园 59 个，初步形成分布均衡、层次分明的公园体系，直接惠及 500 多个小区，150 万市民，市区人均拥有公园绿地 18.57 平方米，相当于每个市民都有一个"绿色客厅"。扬州在建设公园城市上走在了不少城市的前面，这既是因为扬州这座城市有丰厚的古典园林的积淀，有着极好造园传统和技艺，同时也是扬州市的主政者落实绿色发展，共享发展理念的成就，把公园城市和生态城市作为城市的定位和目标，把现代公园建设作为实现城市定位和目标的载体和保证。

因为工作关系，我多次去过扬州，通过实地考察和查询相关资料，我觉得扬州公园体系建设非常有特点，归纳起来有这几点：

1. 人民性。在公园体系建设中始终贯彻以人民为中心的理念，尽力为人民建设更多的优质生态公园，努力为市民打造宽敞、无障碍、全天候的健身锻炼和公共活动的空间，舍得把市区中心位置的好地段拿出来，舍得投入资金配置设施，舍得投入精力设计与谋划，一切以方便、服务市民为出发点，还绿于民、还景于民、还静于民，公园现在成了扬州市民休闲生活中离不开的重要场所，人民的满意是最好的诠释。

2. 文化性。扬州现代公园建设具有鲜明扬州地方特色，处处展示了扬州文化的传承和光大。将公园与城市文化设施结合起来更成为一种创意。宋夹城体育休闲公园本身就是一个考古遗址公园，把城市遗址的保护与公园建设完美地结合在一起。三湾公园的剪影桥更是应用扬州传统工艺剪纸的文化符号，成为公园内一道靓丽的风景线。城市书屋布点多个公园内，文化长廊、宣传栏、雕塑都表达了对传统文化的尊重。一些公园以弘扬传统文化为主题，阮元广场、院士广场、廉政文化广场等主题鲜明、文化意味浓厚。扬州公园体系建设能不断创造地方风格，借取西湖一角堪夸其瘦，移来金山半点何惜乎小。仿西湖者不能死学西湖，创造地方特色的公园体系才会生生不息。

3. 时代性。扬州公园城市建设的理念具有极强的时代性，既充分满足人民在新时代对美好生活向往的要求，也站在历史的高度，考虑到时代与社会结构、人们生产生活方式所发生的深刻变化，人们对改善提升生态绿色环境的重视，人们对运动场所更高的要求，公园体系建设把握住了这一时代趋势。扬州公园体系建设充分体现了住房城乡建设部在2017年提出的城市双修（即生态修补、城市修复）的意见。有计划、有步骤地修复被破坏的山体、河流、植被，通过一系列手段恢复城市生态系统的自我调节功能，同时通过改善城市公共服务质量，改进市政基础设施条件，发掘和保护历史文化和社会网络，城市功能体系及其承载的空间场所得到全面系统的修补、弥补和完善。扬州较早且敏锐地抓住了这个时代特点，大胆创新，在2015年就提出了公园体系建设的理念，有较强前瞻性。2017年，扬州被列为第三批城市双修试点城市，公园体系建设更是城市双修理念的具体实践之一。

4. 可持续性。扬州公园体系建设中非常注意可持续性。既有大、中、小各类公园的合理搭配，同时又注重彰显特色，避免"千园一面"，同时在公园建设中设计出了高水平的"留白"。为未来发展提供了空间。在建好公园的同时，又特别注重管好公园。2017年12月1日，扬州颁布、实施了《扬州市公园条例》，明确公园体系建设的法制化，为扬州市民的生态福利划下"红线"，对公园管理进行监督，确保公园高水平管理。公园的活动也丰富多彩，既有专业化运动活动，也有非商业性、非竞技性的群众体育活动，确保了公园的吸引力和人气。

作为国内首套公园城市理论与案例研究丛书，我非常愿意向业内同行推荐，从书中既可以看到扬州古典园林的文脉，又能了解到扬州现代公园建设的实践案例，更能领略到扬州作为生态城市的宏观画面，对这座精致、宜居的城市背后支撑的理论体系会更深入地理解。书中的文字、图片都极具专业性，是一本可供高校学生与研究人员、城市建设决策和实施者、公园建设的技术人员等学习借鉴的一本很好的参考书。

是以为序。

中国工程院院士 孟兆祯

2018年8月18日

前　言

2017年10月，按照市委、市政府的要求，我局组织人员编撰《扬州公园城市研究丛书》中的《扬州古典园林》一书。接受此项任务后，我心情比较复杂，激动、兴奋、忐忑、担心交织在一起。激动、兴奋的是市委、市政府的主要领导对扬州古典园林这一块金字招牌的高度重视。说句实在话，扬州古典园林是扬州辉煌历史最好的实证，也是扬州对整个中国以及世界园林做出的贡献。18世纪是中国园林最为辉煌的时期，而这一时期最后一次造园的高潮是在扬州完成的。当时，这次造园高潮的参与者，既有处于封建皇朝权力顶峰的皇帝，也有地方当政或退隐的官员，还有富可敌国的扬州盐商，当然还有大江南北的文人、画师和工匠，造园主体的复杂性可谓绝无仅有，这也造就了扬州古典园林的独特个性。市委、市政府把扬州古典园林当成我们从事公园城市建设的"源"来研究，决策正确，我们园林工作者能不激动、兴奋吗？

但更多的却是忐忑和担心，主要有以下几个原因：一是市委、市政府主要领导提出的要求很高。该书既要有一定的理论深度，能够作为高校学生的教学参考书，又要具备可读性，同时还要配图精美，能够为大多数扬州园林的爱好者所喜爱。二是扬州古典园林研究是一个艰深的课题。如何来把它研究好，是一个比较棘手的问题。过去陈从周、朱江等老一辈学者的研究开启了当代扬州园林研究的先河，又有不少年轻一代学者发表了不少专著，专门研究扬州古典园林。我们这一次能不能不落窠臼、另发新声，其实我是没有把握的。三是时间太仓促。从接受任务到成书出版，时间不到十个月。而且在这期间，我局还要同时完成《扬州市园林志》的编撰工作，推进全市公园体系建设，筹办第十届江苏省园艺博览会。基于这三点，我一直对能否不辱使命，完成研究、出版成书表示担忧。

能够顺利出版该书，离不开各位参与撰稿的专家学者的大力支持。许少飞先生今年已经83岁，他是扬州园林老专家，他参与完成本书叠石、理水两章的写作；李金宇先生是扬州职业大学教授，长期从事扬州园林的教学与研究，他参与完成了本书布局、手法、文心等三章的写作；东南大学副教授、李新建博士是苏北建筑技艺研究的专家，他参与完成本书建筑一章的写作；扬州大学副教授、王晓春博士在扬州大学园艺植保学院工作，是扬州园林研究专家，她参与完成本书花木一章的写作；何园管理处党支部书记徐亮，在扬州从事园林工作多年，他参与完成本书沿革、实例两章的写作，并负责本书日常编撰、协调工作；扬州大学建筑学院张建新教授和他的硕士生朱圣英为本书提供园林实例的测绘图；马恒福、王晓涛、王虹军、李斯尔、陈建新、汤霞生、茅永宽、周泽华等先生为本书提供精美的配图照片；本书的责任编辑中国建材工业出版社园林古建编辑部副主任孙炎女士不厌其烦，精心编辑，也为此书顺利发行付出了很多辛劳。总之，多方的努力促使该书能够如期面世，作为主编，我对大家的辛勤付出表示真诚的感谢。当然，由于时间仓促，加之编者水平有限，书中可能存在不少错误和疏漏，恳请读者批评指正。

中国公园协会副会长

住房城乡建设部风景园林专家委员会委员　赵御龙

扬州市园林管理局党委书记、局长

目 录

第一章　绪论　001

第一节　研究现状　003

第二节　特性分析　016

第三节　普遍价值　019

第四节　现实意义　024

第二章　沿革　029

第一节　起始期　031

第二节　发展期　034

第三节　成熟期　040

第四节　鼎盛期　046

第五节　衰落期　051

第三章　布局　057

第一节　山水布局　059

第二节　建筑布局　066

第三节　植物布局　072

第四章　叠山　077

第一节　历史沿革　079

第二节　叠山成就　082

　　　　第三节　技法特色　090

　　　　第四节　名作举隅　093

第五章　理水　113

　　　　第一节　理水手法　115

　　　　第二节　湖上理水　122

第六章　建筑　131

　　　　第一节　建筑形制　133

　　　　第二节　营造技艺　144

第七章　花木　193

　　　　第一节　文心画境　195

　　　　第二节　花木特色　198

　　　　第三节　花木配置　206

第八章　手法　215

　　　　第一节　隔中有透　217

　　　　第二节　欲扬先抑　220

　　　　第三节　小中见大　222

　　　　第四节　曲折萦回　224

　　　　第五节　虚实相间　227

第六节　对比衬托　230

第七节　动静相宜　232

第八节　借景多样　234

第九章　文心　239

第一节　藏书贮香　241

第二节　诗文雅集　244

第三节　听戏拍曲　246

第四节　景点题名　248

第十章　实例　257

实例1：平山堂、西园　259

实例2：徐园　268

实例3：小金山　275

实例4：法海寺、白塔　297

实例5：凫庄　306

实例6：莲花桥（五亭桥）　310

实例7：个园　316

实例8：何园　326

实例9：小盘谷　348

实例10：汪氏小苑　357

实例11：逸圃　363

实例 12：卢宅（意园） 367

实例 13：吴氏宅第 374

实例 14：刘庄 378

实例 15：壶园 382

实例 16：珍园 386

实例 17：蔚圃 388

实例 18：平园 391

实例 19：萃园（息园） 393

实例 20：怡庐 396

实例 21：鲍庐 399

实例 22：贾氏庭院（二分明月楼） 402

实例 23：杨氏小筑 407

实例 24：史公祠 410

实例 25：普哈丁墓园 416

参考文献 421

后记 424

第一章

绪论

第一节 研究现状
第二节 特性分析
第三节 普遍价值
第四节 现实意义

扬州于 1982 年被国务院公布为首批历史文化名城，具有近 2500 多年的历史。扬州位于大运河与长江交汇处，自古即有"楚尾吴头，江淮名邑"之称。扬州地势平坦，气候温和，水系发达，土壤肥沃，既有利于人们劳动、生产与生活，又便于园林树木、花卉的生长。经济的发达，文化的繁荣，促进了扬州园林的发展。扬州园林初于汉，繁盛于唐宋，鼎盛于明清，在漫长的发展过程中，形成了独特的营造技艺和强烈的自身特性，在中国园林史上占有重要地位。

扬州古典园林一直是当代中国园林研究的一个重要课题，也有相当数量的研究成果。老一辈的园林专家学者刘敦桢、陈从周等格外钟情扬州园林，他们对研究扬州园林倾注了心血。在研究扬州园林的同时，他们数十次来到扬州，精心指导扬州园林的保护、建设、利用、发展工作。一大批中青年学者也十分关注扬州园林，研究扬州园林，他们的研究成果为扬州园林绿化主管部门吸收、消化，使得扬州园林得到了很好的保护和发展，扬州园林的品牌也得到了进一步的提升。

2018 年 2 月，习近平总书记在北京参加义务植树活动时，强调绿化祖国要坚持以人民为中心的发展思想，提出："一个城市的预期就是整个城市就是一个大公园，老百姓走出来像在自己家里的花园一样。"习近平总书记"公园城市"理论的提出，就要求我们要做好扬州古典园林研究工作，从而指导我们的实践，建设好古代文明与现代文明交相辉映的扬州城市公园体系，树立美丽中国、健康中国的扬州样本。

第一节　研究现状

一、古人的载述

古人关于"扬州园林"的记述，大致可以分为四类：一是地方志书；二是园林专志；三是笔记小说中的记载；四是诗词文。

（一）地方志书

扬州最早的方志为南宋年间所修的《惟扬志》，此书已不存世。明清时期扬州城市发展较快，志书较为丰富。明代嘉靖（1521—1566）、万历（1573—1620）年间修有县志，清代康熙（1662—1722）、雍正（1722—1735）、乾隆（1736—1795）、嘉庆（1795—1820）年间均修有府志或县志，同治（1861—1875）、光绪（1875—1908）年间又有续修和增修。

嘉庆十四年（1809）纂修成书的《重修扬州府志》，是清代扬州方志中规模最大的一部志书，被后世学界视为清代名志。全志凡七十二卷首一卷，包括郡邑古今图、沿革、疆域、山川、河渠、城池、艺文、人物、风俗等二十八门类，计一百余万言。该志书由阿克当阿修监修，姚文田等编纂，焦循、江藩等著名学者参与，"纂修人才极一时之盛"。内容宏富，取材精当，体例规范，考订严谨。《续修四库全书提要》称其"考证精详，征引宏富，而且笔严简，具有良吏之法，洵称杰作。"嘉庆《重修扬州府志》还浓墨重彩地记载了本地区的名胜古迹，远超其他版本。书中对康熙、乾隆二位皇帝南巡创作的扬州的诗文、驻跸的行宫以及游览的园林、寺庙进行了详细记载。对一些扬州著名的园林，也有详细记载，如扬州东园，不但详尽介绍了其历史及相关事件，还附录了东园图、王士禛《东园记》、未苹《扬州东园记》、张汉喻《扬州东园记》、曹寅《东园八咏》等相关资料。再如平山堂，志书中详细阐述了其自北宋创建一直到清嘉庆朝以来的兴废，选录了宋沈括《扬州重修平山堂记》、洪迈《平山堂后记》、金镇《重建平山堂碑记》、毛甡《复修平山堂记》、潘未《平山堂赋》、郭彭龄《平山堂赋》以及大量名家吟咏平山堂诗词，为研究平山堂提供了丰富的史料。

其他方志中记录的扬州园林，一般归于"古迹"一栏下。也有归于其他栏目之下的，如"文昌祠"园林在嘉庆《重修扬州府志》归于"祠祀志"一栏，需要根据园林属性加以甄别。方志中的条目往往言简意赅，描述扼要，并多与名人事迹联系。对于年代久远或失考的园林，往往直接引用前代方志记录，并不追求实际考证。方志县志中的扬州园林记录，一般适用于园林史的研究，或起到某些线索的作用，可在深入研究中提供参考。

（二）园林专志

扬州园林的专门园志，也可以分为两类，一类是单个园林的志，一类是整体的园林志。前者如清代《休园志》，后者如《平山堂图志》《广陵名胜图记》等。这类园志基本都是清代所作，有的是家族建设的记录，有的是为进呈邀功，有的是为留存记录盛期景象。这类园志的特色是，往往图文并茂，文字只有寥寥数语，图像记录的信息却非常详尽。这类关于扬州园林的记录适用于对单个园林做深入研究。

清代赵之壁编纂的《平山堂图志》（图1-1）是一部治学谨严，文体雅致之作，是扬州园林研究者必读之书。赵之壁，宁夏人，乾隆三十年（1765）间，任两淮部转盐运使。"以其暇日，与一二好古之士，流览山川，网罗载籍。汰旧志之繁冗，变其体裁，而益以未备。因平山堂（而）及蜀冈，因蜀冈以及保障湖。因冈与湖，以及诸园亭祠寺。窃仿古人、古图、古书之义，勒成一书，曰《平山堂图志》。"该书最大特色是以"名胜全图"，冠于卷首。又以"蜀冈、保障河全图"列全图之首，指示位置，是为"图一"。由"城闉清梵"起，至蜀冈三峰，再由尺五楼起，至九峰园止，是为"图二"。另由迎恩河东岸"临水红霞"起，至"邗上农桑"止，是为"图三"。图与《名胜》载述相辅，使读者按图索志，一目了然，为他志所不及。该书所刊载名胜图计128幅，对乾隆时期北郊二十四景大都有所涉及，其中所刊载的图画，虽为线描图，但与实际情形相符，且对重要景点名称及亭、台、楼、榭均有标注，为研究清代乾隆时期扬州园林的最为重要的图文资料。

（三）笔记小说

笔记小说中记录的扬州园林，最早可上溯到宋代《太平广记》，清代以前的笔记小说中对扬州园林的描述均很简略。到18世纪扬州园林拥有相当影响力之后，出现大量笔记小说具体记录扬州园林情形，如程梦星的《平山堂小志》、汪应庚的《平山揽胜志》、李斗的《扬州画舫录》等。其后钱泳《履园丛话》、梁章钜《浪迹丛谈》、金安清《水窗春呓》、沈复《浮生六记》等（图1-2），也均有相当篇幅记述扬州园林。这部分的扬州园林记述有相当的价值，因其作者往往对具体的扬州园林有切身的体验，大多数是久居扬州的士人，并往往会将扬州园林与同一时代其他园林做相应比较。

清李斗《扬州画舫录》内容十分丰富，几乎全方面涵盖了18世纪扬州社会生活的各个领域和各个层面，是研究清中叶中国特别是扬州

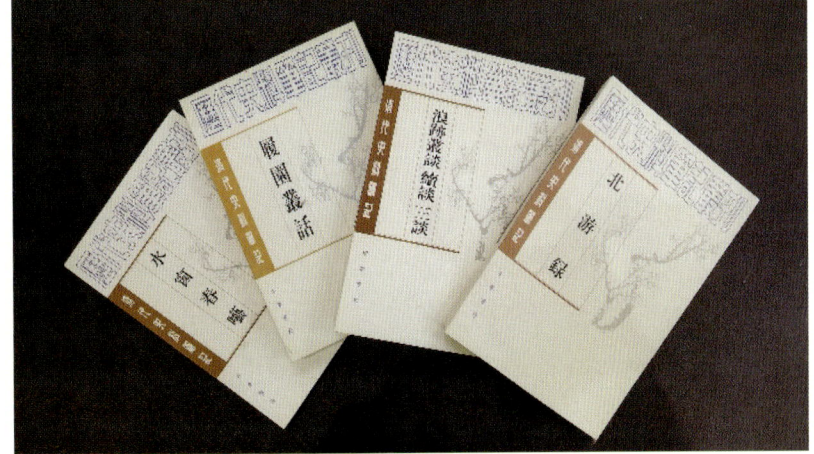

图1-1 赵之壁《平山堂图志》　　图1-2 有关扬州园林的笔记（部分）

的一部基本文献。李斗（？—1817），字艾塘，扬州仪征人，精于诗文音律戏曲，爱好园林古迹。《扬州画舫录》初刊于乾隆乙卯年（1795），全书共十八卷，综蜀冈、平山堂诸名胜及相关风俗事迹等，集作者三十年见闻而成轶。除十七卷工段营造录、十八卷舫匾录外，其他十六卷均按照清代扬州城内区位分类介绍风景名胜和人物事迹等，还原出一幅立体生动的扬州城市面貌图景。书中详细记录了蜀冈、瘦西湖等湖上园林的布局、建筑山水、园内景物、室内陈设等等，附图三十余幅，描绘细致。《扬州画舫录》最大的缺失是对于乾隆时期扬州城区内的园林笔墨较少，其主要原因是城区园林大多为住宅园林，而李斗为扬州普通市民，与盐商、官员交往较少。虽然李斗提到休园、街南书屋、康山草堂等私宅园林，但往往语焉不详。尽管如此，《扬州画舫录》仍以其内容上的丰富性、纪实性、人文性以及体例独特、叙述简明、文笔生动，成为扬州园林研究必备的工具书。

民国三十一年（1942），江都县风景委员会印行了《扬州览胜录》，此书作者为王振世，字铎生。他在《自序》中说，撰述该书，"起于民国二十三年（1934）春日，成于二十五年（1936）四月"，"时逾二年"。为完成该书，他"躬历湖山，搜寻陈迹，并访求故家园林，以及寺观名胜，参以从前人足迹所经，耳之所闻，目之所见者，而加以考证图书，咨询故老（所得）。以今之地，记古之迹。稽其是非，核其得失。乃变艾塘先生之例，篇名标目，次第录之。月夕霜晨，忍寒握管"[1]，而成七卷。该书体例虽然与《扬州画舫录》有相似之处，但内容上却有许多差别。该书在详细记述古城区宅园的同时，也偏重于扬州瘦西湖湖上园林，可以算是《扬州画舫录》的续作。该书共记载扬州风景、园林、名胜、古迹162条，对乾隆后嘉庆、道光、咸丰、同治、光绪直至中华民国期间园林的发展变迁均有所记载，该书是研究扬州园林的必备用书。

---

[1] 王振世.扬州览胜录[M].扬州：广陵书社，2002年12月第1版，第5页.

董玉书《芜城怀旧录》出版于民国三十七年（1948）八月，由上海建国书店刊印。该书是董玉书避居上海8年期间所为，体例也有仿效《扬州画舫录》城郊之例。该书主要"叙道（光）、同（治）、及民国初年扬州人氏，其有道德文章，及一技一艺之足以堪传者，无不备载"[1]。该书的内容"重在人物事迹"，旁及园林与名胜古迹，是研究扬州园林的参考书之一。

扬州学者朱江先生在其著作《扬州园林品赏录》中曾专设《"三录"三考》小节，对《扬州画舫录》《扬州览胜录》《芜城怀旧录》三书进行分析、研究，足见三书对扬州园林研究的贡献。

（四）诗词文

单篇的文章诗词，散见于各诗文集册，这一类中的研究价值往往各篇相差甚大，如郑元勋的《影园自记》、高风翰的《人境园腹稿记》等均有重要的研究价值，但大多数园林诗文均以写意的语言描写园林，其建筑学意义上的研究价值不高。

二、今人的研究

关于扬州古典园林的研究，基本可以分为以下三类：一是专著；二是综论中国园林及江南园林的著作中的一部分；三是扬州园林的研究文章。

（一）专著

在专著方面，有孙蔚民、王炳章、江树峰、陈达祚的《扬州名胜》（江苏扬州人民出版社，1959年），陈从周的《扬州园林》（1964年），朱江的《扬州园林品赏录》（1984年），许少飞的《扬州园林》（苏州大学出版社，扬州文化丛书，2002年），《扬州园林史话》（广陵书社，2014年）、都铭的《扬州园林变迁研究》（同济大学出版社，2014年）等。

《扬州名胜》（图1-3）1959年5月出版，应该是中华人民共和国成立后第一本关于扬州园林名胜的著作，由孙蔚民、王炳章、江树峰、陈达祚四位地方文史专家专门写作而成，该书共分为概述、名胜古迹、特种工艺三部分，出版该著作的主要目的是向全国人民介绍扬州的园林、名胜以及工艺美术。该书的概述部分对扬州园林的历史、文化等作了简单论述，第二部分的名胜古迹介绍了史公祠、后冶春园、歌吹亭、虹桥、长堤春柳、小金山、五亭桥、白塔、凫庄、平山堂、观音山、个园、何园等，对各个园林的特点作了简单的介绍。如作者在论及瘦西湖时指出："瘦西湖实际上并不是湖，而是依照自然的河流、土阜相形度势，因地制宜地安排了一座一座的园林，构成了一个山环水抱，仪态万方的湖山胜境。它的幽美在于游程曲折，水树交映。虽然比不上杭州西湖那样丰满开朗，可是它秉赋了另一种清丽含蓄的特性。"[2]该书出版于1959年，对于当时扬州园林

---

[1] 董玉书.芜城怀旧录[M].扬州：广陵书社，2002年10月第1版，第2页.

的真实状态了解价值高。如该书在介绍小金山时写道："玉佛洞外放着船形假石一块，岩壑溪涧纯出自然，是北宋花石纲的遗物之一。"[1] 现在该石早已置于关帝殿之前，该石从市区壶园移至瘦西湖位置变化，可见一斑。

图1-3 《扬州名胜》

建筑学角度的扬州园林专著，目前只有陈从周先生的《扬州园林》（图1-4），该书出版于1964年，修订于1977年，分别于1980年、2007年再版。1962年3月陈从周被聘为扬州园林顾问，开始了陈先生对扬州园林的研究。陈先生到扬州数十次，对幸存的扬州园林与古代住宅进行考察、测绘，并加以分析、研究，终于完成了《扬州园林》一书的写作。该书分为总论、图则两大部分。总论虽然只有2万多字，但详细叙述了扬州园林与住宅产生的自然、政治、经济、文化背景，以及园林、住宅的设计手法与特征，是当时对扬州园林与住宅最为专业的理论总结。图则包括作者亲自拍摄的照片，以及30余座扬州园林与住宅的测绘图，其测绘内容主要是陈从周先生带领1958级同济学生在1961年夏测绘的成果。由于此书图则部分均为1961年的实际情形，与现今有着不少差异，因此又有着较好的历史价值。2018年是陈从周先生诞辰100周年，据悉，同济大学出版社将重新出版该经典名著，同时新增300多张陈从周先生当时拍摄的照片，将会对扬州园林的研究起到较好的促进作用。

图1-4 陈从周著《扬州园林》

朱江先生的《扬州园林品赏录》（图1-5），是扬州园林研究的另一本重要专著。作者朱江先生是扬州人，1953年毕业于北大考古训练班，一直在文博系统工作。对扬州园林的研究始于1956年他参与扬州市首次园林调查之后，与扬州园林的国内外研究者多有交流，如从20世纪60年代开始就与陈从周先生有所交往。从1980年起与研究扬州园林的与澳大利亚安东篱（其《说扬州——1550—1850年的一座中国城市》获2006年度列文森奖）交往至今。《扬州园林品赏录》初稿完成于1979年，1984年出版，1990

图1-5 朱江著《扬州园林品赏录》

---

[1] 孙蔚民等.扬州名胜[M].扬州：江苏扬州人民出版社，1959年5月第1版，第26页.

年、2002年再版）。

《扬州园林品赏录》内容由品赏、史话、实录和载述四部分组成。"品赏"写的是个人的游览体会和对造园手法的分析评价；"史话"是对扬州园林的历史变迁、建筑风格、山石花木、匠师流传的全面论述；"实录"分城市山林、湖上园林两块，包括历史记载及实物留存，共二百五十余座扬州园林，以古人"园志"的形式，为每个园林写了简短的沿革，包括主人、史载、位置、布局、留存等；"载述"则将与扬州园林有关的历史文献分类汇编，分专著、综述、小说、诗词、方志五类，并有扬州各方志所载园林的条目索引。

图1-6 许少飞著《扬州园林》

《扬州园林品赏录》一书对扬州园林的历史研究具有相当的价值：一是史料汇编得宜，作者运用了几十年文博背景下的研究成果，可作文献检索之用；二是所收园林全面，是凡历史上提到的扬州园林几乎均有收录，并附原始文献资料，有利于对比研究；三是不乏有启发极佳的见解。该书的价值主要在历史学方面。

许少飞先生的《扬州园林》（图1-6），2002年出版，是"扬州文化丛书"之一。许少飞先生是扬州园林研究的先行者之一。他对扬州园林叠山研究特别深入，也经常作为叠山相士指导叠山。该书由故园烟云、建筑巧构、叠山妙技、理水佳景和花木掩映五部分组成。其实是从历史沿革，建筑、叠山、理水技艺以及花木配置等方面论述扬州园林的特点，主要是从文化和审美角度介绍扬州现有园林及特色，论述对象主要集中于现存园林，兼及若干故园与名胜。该书是继《扬州园林品赏录》之后的又一扬州本地学者研究扬州园林的专著，加之文字优美，配上了不少照片和古代绘画，可读性较强，该书获得"中国图书奖"。

2014年3月，许少飞先生又一研究扬州园林的专著《扬州园林史话》（图1-7）出版，该书是"扬州史话丛书"之一，全书分为六章，将扬州园林分为起始时期、发展时期、成熟时期、辉煌时期、中衰时期、复兴时期，该书对扬州历史上出现的园林进行了总结、概括，对一些园林疑点进行了解析，如于园、小玲珑山馆等，特别是作者从《全唐诗》《太平御览》《太平广记》《册府元龟》等历史文献中搜罗出唐代扬州私家园林若干，对唐诗中的"园林多是宅"做出了较好的注解，该书是研究扬州园林历史的力作。

都铭先生《扬州园林变迁研究》（图1-8）出版于2014年6月。该书研究要点：一是以18世纪扬州园林高峰期为研究的重点时间段；二是离开风格、形式等美学上的主观比较，回到历史事实发展本身来把握扬州园林的特质；三是用动态与关联的眼光看待扬州园林，更着眼于其变迁转折以及其变迁背后与各类人群、社会事件乃至自然资源的互动；四是希望能以大量未经系统使用的18世纪扬州园林图像资料为基础，结合文字记录，发掘出扬州园林的真正意义。

通过研究，作者认为扬州园林是中国传统风景园林中具有开放与活态特征的独特类型，是中国传统城市中城市场景、风景园林、社会生活三者融合的综合性空间。这是扬州园林与苏州私家园林、北方皇家园林等最为不同之处，扬州园林是一种非常重要的中国传统风景园林类型。

图1-7 许少飞著《扬州园林史话》

图1-8 都铭著《扬州园林变迁研究》

（二）综论中涉及

对中国古典园林研究的专著中，也往往提到扬州园林，对此做一浏览，可了解学界对扬州园林的通常看法，并将其放在更广的视野中考察对比，同时也可以了解各家不同的研究角度与方法。

周维权先生的《中国古典园林史》（图1-9）写于1989年，是中国古典园林研究的经典之作，写作上不采用断代通史的写法，而是将中国古典园林的发展分为生成、转折、全盛、成熟前期、成熟后期五个时期，将中国古典园林的类型分为私家园林、皇家园林、寺观园林三种类型，在写作中按五个时期，分别择三大类型中的重点来写。

《中国古典园林史》认为，江南园林以私家园林为主，是中国古典园林后期发展史上的一个高峰。明清时造园活动主要集中在扬州、苏州，清乾、嘉时主要以扬州为中心，同、光年间转移到苏州。苏州园林基本上一直保留着士流园林的格调，绝大部分以

图1-9 周维权著《中国古典园林史》

宅园分布于城内，主人多为文人、官僚、地主。扬州园林在明代多为城市宅园，当时主人已有官商背景，到清代更是既有士流园林，也有市民园林，更有两者混合的变体，同时园林逐渐向城外西北郊发展，形成群落。

《中国古典园林史》举了不少个扬州园林的例子，如休园、影园、片石山房、九峰园、卷石洞天、柳湖春泛、西园曲水、冶春诗社、小盘谷、个园、瘦西湖。小盘谷与个园，因其存有实物，《中国古典园林史》采用了照片、平面图，结合实地感受进行了分析。因瘦西湖原园林群落部分已不存，则根据《扬州画舫录》，结合其他文献，对照《平山堂图志》的图像和现存遗址位置进行分析。

周维权先生认为扬州园林是江南园林在清代前半叶的中心，风格不是单纯的士流园林，同时城郊别墅园林集群是其独有的现象，达到了一定的艺术高度。

童寯先生的《江南园林志》（图1-10）写于1937年，出版于1962年，为江南园林研究的发轫之作，作者"虑传统艺术有澌灭之虞，发奋而为此书"[1]。该书分为造园、假山、沿革、现状、杂识等部分。其中现状部分所录80余座园林均经作者现场考察，大部分园林摄有照片，绘以平面示意图，是当时比较专业的园林记录。

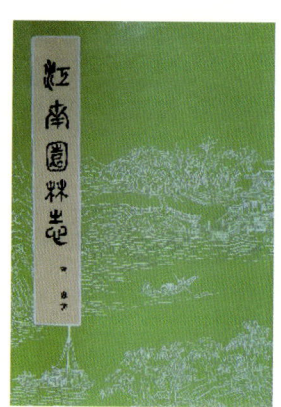

图1-10 童寯著《江南园林志》

童寯先生认为："南宋以来，园林之盛，首推四州，即湖、杭、苏、扬也"[2]，"江南园林，论质论量，今日（20世纪30年代）无出苏州之右者"[3]。对于扬州园林，作者指出："自来园林蔚兴，未有如斯时扬州之蓬勃突然者，而其衰灭，亦有如转瞬。"[4]其最盛期在乾隆四五十年间。《江南园林志》一书中简单介绍了当时作者寻访过的平山堂、小金山、法海寺、片石山房、九峰园、棣园、徐园、凫庄、个园。图版中有何园和个园的平面图。

《江南园林志》认为，明清江南园林，扬州园林在乾隆四五十年间最盛，其发展过程大起大落，到清末则苏州后来居上。

---

[1] 童寯.江南园林志[M].北京：中国建筑工业出版社，1984年10月第2版，第1页.
[2] 童寯.江南园林志[M].北京：中国建筑工业出版社，1984年10月第2版，第27页.
[3] 同上。
[4] 童寯.江南园林志[M].北京：中国建筑工业出版社，1984年10月第2版，第26页.

图1-11 汪菊渊《中国古代园林史》

图1-12 陈植著《中国造园史》

汪菊渊先生《中国古代园林史》（图1-11）出版于2006年10月，此书为汪先生遗著，生前未能出版，后经汪先生之子汪原平校勘整理，经专家修改后出版，此书约174万字，是研究中国古代园林史的巨著与佳作。该著作中扬州园林部分内容较为丰富，资料性很强。在该著作的第十章"北京、华北、江苏明清园墅"中的第三节"金陵、镇江、扬州明清扬州园墅"中介绍了扬州园林。汪先生从扬州地名演变、明清时代的扬州城、历代扬州园墅的兴衰、明朝扬州园墅、扬州清朝园墅、扬州园墅总说、扬州湖上园林七个方面全面评述扬州园林，篇幅之多远远超过南京、苏州、无锡、镇江等城市。汪先生对扬州园林形成背景、扬州园林历史发展以及扬州园林叠山、理水、建筑、花木等均有详细解说，该著作应为综合性论著中对扬州园林评述最为全面的。更为难能可贵的是汪先生著作中的扬州湖上园林部分精选了扬州园林古图28幅，对研究、了解扬州园林有着重要的参考价值。

陈植先生的《中国造园史》（图1-12）2006年8月出版。陈植先生早年留学日本回国后任教于金陵大学、中央大学。1929年陈植先生代表中国在日本出席世界造园会议期间，日本前辈学者建议先生写出《中国造园史》一书。1983年八十三岁高龄的陈植先生开始撰写该书。

《中国造园史》一书将园林分为苑囿、庭园、陵园、宗教园、天然公园、城市绿地等。陈先生并未专门论及扬州园林，在第三章庭园中指出，庭园为附属于建筑物的园林的总称，"扬州庭园尤所常用"[1]。在第七章造园名著"扬州园林"条目中指出："扬州园林曾与杭州山水、苏州街市鼎峙而三。"[2] 在各章节中扬州园林的例子均有所涉及，如庭园就举了宋代的平山堂、四并堂，明代影园，清代何园、补园、小盘谷、个园等例子。总体而言，陈先生对扬州园林的评价是很高的，他基本认同了清人刘大观的说法。

---

[1] 陈植.中国造园史[M].北京：中国建筑工业出版社，2008年1月第1版，第55页.
[2] 陈植.中国造园史[M].北京：中国建筑工业出版社，2008年1月第1版，第171页.

潘谷西先生的《江南理景艺术》（图1-13）写于1997年，出版于2001年。用"理景"代替"造园"，作者希望能更全面地概括中国古代的景观实践。

由于作者着眼于中国古代景观实践的研究，所以其研究范围不只局限于古典园林。作者认为，传统造园或者园林艺术的研究远远不能涵盖中国古代理景艺术的内涵和成就。首先，中国古代的景观实践不止园林，尚有邑郊、村落的风景点，沿江、名山的风景区；其次，就园林而言，除上述三种园林外，尚有公共性更强的郡圃、书院、驿馆园林；再次，就寺观园林的提法而言，许多称为寺观园林的其实是园林化的寺观，其重点在于建筑。

作者对江南"理景"分了四个层次，即庭景、园林、风景点、风景名胜区。该书的结构即是按此四个层面而来，细分为庭院理景、园林理景、村落理景、邑郊理景、沿江理景、名山理景、景观建筑七个主要部分。每部分分别由历史、类型、手法、实例四块组成。图版部分，采用了1963—1997年间东南大学建筑系历年相关的测绘资料。

扬州的景观实践，在庭院理景、园林理景、邑郊现景、景观建筑等章节中都有提到。作者选取了瘦西湖、个园、何园、小盘谷、蔚圃、匏庐、汪氏小苑7处扬州古典园林作为案例加以分析。对扬州著名的景观建筑如五亭桥、白塔、何园水心亭等进行了剖析。他指出："清乾隆年间，扬州瘦西湖更是盛极一时，其理景与园林之繁盛比之苏杭有过之而无不及。"[1]

张家骥先生的《中国造园艺术史》（图1-14）出版于2004年，是在作者1986年《中国造园史》一书的基础上进行较大的修改而成的。作者力求避免那种罗列史料、陈述每个时代都有些什么名园，并做些概貌性描绘的园林史的原有写法。

作者指出："史籍中有关造园的资料，往往太过于简略，三言两语，难窥端倪。即使私家笔记中专述园林的文字，多半也是阔略而无征，或散漫而难究。如果不把造园实践置于社会的发展和运动之中，从造园与社会生活错综复杂中去考察，就难以对一个时代的园林的基本特征，形成比较清楚的概念。"[2] 正是基于此，该书抓重点，略全局；重造园过程背景，轻园林现状陈述，故对《扬州画舫录》及扬州园林的论述较其他各书更为深入。

对《扬州画舫录》的作者及写作背景和风格略作考证评述后，作者从《扬州画舫录》的三十一幅插图中选取了最有代表佳的八幅图，结合《扬州画舫录》的文字记录，详述了每个景点的建筑布置与园林特点。作者总结了扬州瘦西湖园林群的特征，认为是游赏式园林，有别于私家园林。作者认为乾隆一朝，为迎接南巡，扬州短期内集中于一地建了大量园林，给人留下深刻印象，可称为历史上扬州的园林风暴，与政治有密切关系。

---

[1] 潘谷西.江南理景艺术［M］.南京：东南大学出版社，2001年4月第1版，第250页.
[2] 张家骥.中国造园艺术史［M］.太原：山西人民出版社，2004年12月第1版，第2页.

图 1-13 潘谷西著《江南理景艺术》

图 1-14 张家骥著《中国造园艺术史》

图 1-15 王其钧著《图说中国古典园林史》

《中国造园艺术史》以点带面，从"造园"的角度切入，对扬州园林的论述主要集中于《扬州画舫录》以及相关的瘦西湖园林群落，较为深入详细。对扬州园林的特点及发展把握较到位，重视对园林文献中的图像分析。但对图像的分析尚较粗浅，停留在文字记录的补充和对照上，对扬州园林似缺乏整体的脉络梳理。

杨鸿勋先生的《江南园林论》写于1994年，从"景象"和"意境"两个方面整体论述江南园林的创作，侧重讲园林的设计思路与方法，并未特别从某一地域出发论述园林。杨先生对于江南园林发展的总体评价与童寯先生类似，在绪论中，他提出"有的城市，如扬州、苏州、杭州，最盛时私园数以百计。至明、清时期，特别是乾隆年间，扬州园林鼎盛"[1]。

王其钧先生的《图说中国古典园林史》（图1-15）2007年出版，追求通俗易懂，以图配文。该书在"晚清扬州私家园林的概况"一节中提到，乾隆时期是扬州园林的鼎盛时期，城区内的园林遍布街巷，许多有代表性的扬州园林也是这一时期的作品。在"苏州园林的异军突起"一节中，提到"清同治之前，苏州园林在中国古典园林史上的地位并不高，江南园林主要以扬州为中心"[2]。

在《扬州画舫录》中的"园林"一节中，该书提出扬州园林注重"可游性"，瘦西湖"相对独立又有机结合，将湖面景观融为一体"。在这一节中，作者选取了《扬州画舫录》中的四幅插图上色，并结合插图简要分析了瘦西湖园林的整体性及与自然景观的结合。

李金宇先生的《中国古典园林的背后》（图1-16）2015年9月出版。李金宇教授是扬州人，对扬州园林研究比较深入。他在书中通过比较，梳理出扬州园林的美学风格及产生的历史原因。他将扬州园林与同属江南园林系统的苏州园林比较，指出苏州、扬州园林因受到园主、画风、学风的影响，呈现出各自的风格。扬州园林多盐商造园，苏州多官宦构园；扬州园林色彩艳、建筑大、有市民化的倾向，苏州园林色彩雅、建筑巧、有文人化的倾向；扬州园林具

---

[1] 杨鸿勋.江南园林论[M].上海：上海人民出版社,1994年8月第1版,第11页.
[2] 王其钧.图说中国古典园林史[M].北京：中国水利水电出版社,2007年4月第1版,第102页.

有开放性、多样性的特点，是扬州文化求新求异、包容多元的特点在园林中的表现。苏州园林具有传统性、纯正性的特点，是吴文化对中国古典美学纯洁性的固守和执著所致。与北方皇家园林的比较，指出扬州园林的北雄风格，具体表现在山水园具有北方气象、宅园的旱园水做、建筑的尺度大和色彩鲜艳。究其原因是皇族官家园林的沿革、帝王的多次巡幸以及便利的水陆交通。

同时，该书对扬州园林中的一些建筑符号，如小金山的琴室、钓鱼台，做了文化和审美意义上的阐述。对扬州园林的构景手法，从遮隔的角度，具体分析其在瘦西湖、何园、个园中的巧妙运用。

图1-16 李金宇著《中国古典园林的背后》

刘敦桢先生的《苏州古典园林》1979年出版，该书绪论中也提及扬州园林，他指出："历史上造园之风总是以豪门贵族和官僚、地主、富商集中的都城和陪都最为兴盛，其次是经济发达地区与通商要道的某些城市，如南宋的吴兴（今之湖州），明清的苏州和清中叶的扬州等"，"清代江南园林虽推苏州、扬州、杭州为代表，而私家园林则以苏州为最多"[1]。刘先生在他主编的《中国古代建筑史》中也曾指出："明中叶以后，私家园林的数量逐步增加，造园艺术也有所发展。到清代中叶，由于扬州是盐商集中的地点，修建了大量园林。"[2]总之，刘敦桢先生认为清代中叶的扬州园林较兴盛。

1960年初，以刘敦桢先生为首的南京工学院土木工程系城乡规划教研组受扬州地委和市委委托，负责编制瘦西湖风景区规划，在《扬州瘦西湖规划中的几点体会》一文中指出："从古瘦西湖遗迹中也可以看出在空间的组合和划分上有一定的成就。狭长的水面，通过桥、岛、堤、岸的划分，成为有狭、有宽、有圆、有方的许多空间，而在空间的收放、层次的变化上，也都有独到之处。湖两岸的建筑，依山傍水，各园小院相套，又自成系统，但又以瘦西湖作为公共的空间。视野之开阔为苏州园林所不及，而相互

---

[1] 刘敦桢.苏州古典园林[M].北京：中国建筑工业出版社，2005年11月第1版，第11页.
[2] 刘敦桢.中国古代建筑史[M].北京：中国建筑工业出版社，1984年6月第2版，337页.

呼应却又较杭州西湖紧凑。"[1] 应该说，以刘敦桢先生为首的规划编制组成员们对以瘦西湖为代表的的扬州园林做了深入的研究，对瘦西湖的艺术成就评价非常高。

马正林先生《中国城市历史地理》1998年出版。马正林是历史地理专家，在该书第九章"中国城市的园林"中，专门论及苏州园林和扬州园林。马正林认为："扬州园林既有江南园林明媚秀丽、柔美轻盈的特点，又揉合了北方园林雄伟典雅的特征，清秀中见刚健，清新中见古朴，独具特色。这里堂庑亭台的高敞挺拔，假山的沉厚苍古，花木的玲珑剔透都具有诗情画意。从总体看，扬州园林主景与客景错落有序、层次分明、相互映衬、引人入胜……扬州园林与苏州园林一样，是中国地方名城中园林最发达的城市，既有苏州园林的小巧玲珑，又有北方园林的巍峨壮观，在某种程度上说，扬州园林更胜苏州园林一筹。"[2]

（三）扬州园林的研究文章

关于扬州园林在各种专业期刊学报上的研究文章，数量颇多，大约内容包括扬州园林总体特征、扬州园林的特点、扬州园林与其他园林的比较研究、扬州园林的建筑、叠山、理水、植物配置、扬州园林的营造技艺以及瘦西湖、个园、何园等单个园林的研究等。由于这类研究论文很多，水平良莠不齐，本书不作一一评述。

---

[1] 南京工学院土木工程系城乡规划教研组.扬州瘦西湖规划中的几点体会[J].建筑学报，1961年3月2日，第9页.
[2] 马正林.中国城市历史地理[M].济南：山东教育出版社，1998年10月第1版，第427页.

第二节　特性分析

扬州园林从地域上属于广义的江南园林，除了具备江南园林因地制宜、布局自由、工艺精湛、追求诗情画意等特性之外，在其漫长的发展过程中，还形成了独特的个性，主要概括为以下三点：

一、融合性

扬州园林既有江南园林的明媚清秀的特点，又有着北方园林雄伟典雅的特征，清秀中见刚健，清新中见古朴，可以把这种特性概括为融合性。

北宋时期大文豪苏轼十分热衷园林建设，他曾写了一篇《灵璧张氏园亭记》对当时的园林价值观做出精当而又有趣的解说。《记》云："其外修竹森然以高，乔木蓊然以深。其中因汴之余津以为陂池，取山之怪石以为岩阜。蒲苇莲芡有江湖之思，椅桐桧柏有山林之气，奇花美草有京洛之态，华堂夏屋有吴蜀之巧。其深可以隐，其富可以养，果蔬可以饱邻里，鱼鳖笋菇可以馈四方之宾客。"汉宝德先生认为苏轼此段文字中的"江湖之思""山林之气""京洛之态""吴蜀之巧"集于一家园林，乃园林综合性（融合性）的表现。[1] 扬州地处大运河与长江交汇点，作为古代交通枢纽，擅舟楫之便，成为盐运、漕运的重心和商贸业的重镇。经济的繁荣，带来文化的繁荣，南北文化在此汇聚交流，为扬州造园提供了丰富的美学内容。大量南北匠师所带来的建筑理念与艺术风格也在这里碰撞融合、兼收并蓄，形成了扬州园林涵容南北、自成一格的显著地域特征，通俗地说就是兼具"北方之雄"和"南方之秀"。清代，以康熙、乾隆南巡为直接动因建造的扬州园林在建造风格上趋附帝王的审美，在瘦西湖诸园林中得到了充分的体现。如莲性寺白塔是"仿京师万岁山塔式"的喇嘛塔；趣园中跨水建锦镜阁3间，"其制

---

[1] 汉宝德.物象与心境［M］.北京：三联书店，2014年5月第1版，第134页.

仿工程则例暖阁做法"；春台祝寿熙春台屋顶用五色琉璃瓦，金碧辉煌；接驾厅"方盖圆顶，中置涂金宝瓶琉璃珠，外敷鎏金"等，这些均是典型的清代皇家风格。关于扬州园林的包容性，园林专家陈从周先生指出："扬州园林综合了南北的特色，自成一格，雄伟中寓明秀，得雅健之致，借用文学上的一句话来说，真所谓'健笔写柔情'了。"[1]

二、市民性

清代中期扬州盐商财力雄厚，盐业的支撑促进了整个扬州社会经济的发展，市民阶层出现，对环境产生了新的要求，造园风格也因此发生变化，从明代、清初的文人风格，逐渐转变为以注重悦目与享受的市民风格（图1-17）。扬州园林在取材、建造规模、装饰等方面更为奢华和豪放，追求新奇。如石壁流淙园中沿岸以怪石叠为石壁，绵延里许；蜀冈朝旭园南部"莘太湖石数千石"叠为假山，园北则"移堡城竹数十亩"建为竹林；个园更是将材质、造型、叠石手法各异的四季假山汇于一园，这些均显示了作为市民阶层的盐商雄厚的经济实力。扬州园林反映了市民阶层顺应时尚、追新逐异的心理，还大量使用珍稀建材和器物，并着意模仿西式风格和其他地区的新奇式样。如西园曲水中水明楼大量使用玻璃，《图志》谓仿西域形制，盖楼窗皆嵌玻璃，使内外上下相激射"；净香园中怡性堂等建筑用文楠、香檀等名贵木材作装饰，金铺玉锁，更"仿西洋人制法"建造屋宇，用自鸣钟、玻璃镜等器物；趣园中澄碧堂等建筑，仿广州十三行建筑，建"连房广厦"；寄啸山庄（何园）大量使用玻璃、定制国外铸铁栏杆、壁炉等，这些新奇事物不仅体现了盐商给予造园的财力保障，也反映了这一特殊群体丰富的社会经历带给园林的多元化风格。这些均是盐业经济带给传统园林的市民性，反映了扬州园林对这一消失的盐业文明的特殊见证。

图1-17 沈周《两江名胜图册》瘦西湖的社会休闲功能也表现在部分图像绘画之中。例如明代沈周所作的《两江名胜图册》，现藏上海博物馆。该图册绘长江淮河两岸的名胜风景，其中一幅为广陵邗水景象，表现了扬州城西北郊外、瘦西湖两岸的亭台楼阁、茶馆酒肆，一派市民生活的繁荣气息。

---

[1] 陈从周.扬州园林[M].上海：同济大学出版社，2007年4月第1版，第21页.

三、公共性

扬州园林园主人大部分为盐商或盐务官员，选址在城郊的瘦西湖带状水体沿岸修建园林别墅，既是对帝王游赏需求的迎合，也使瘦西湖园林成为卷轴画式的开敞城市景观，具有线性、开放性、整体性的特征。限于沿湖的空间格局，园林平面一般呈现狭长的布局形式，各园紧密排布，形成线形的连续景观。各园林特色鲜明，景观无一重复，富有韵律和变化的节奏。其观赏体验，如同欣赏一幅中国传统的山水长卷，渐次展开，成为连续铺陈而又节奏明快的卷轴画式景观。各园依水而建，多有水楼、水厅、水门等，使这些园林更具亲水性，在空间上呈现开放态势。其整体性又表现在沿湖各园虽各有所属，却相互关联，互为因借。园林间不设隔障，建筑多为视野开阔的楼、堂等，便于景观的通敞和因借。各园的关联以湖两岸的对景最为普遍，如蜀冈朝旭高咏楼与石壁流淙相对；春台祝寿之熙春台与白塔晴云之望春楼相对；小金山北对水云胜概之春水廊，南对桃花坞；桃花坞于高处建纵目亭，可观莲花桥、白塔、长春岭诸景。除此之外，也不乏借景、框景等巧妙手法，如西园曲水巧借卷石洞天中的梅花；小金山吹台月洞门与白塔、莲花桥的框景；四桥烟雨更借四桥景色汇于一园。

汉宝德先生在《物象与心境》一书中指出："私园公赏，自北魏洛阳以来，即蔚成风气，且逐渐使园林艺术普及化，为明清园林打下了基础。"[1] 其实，扬州园林从汉代宫苑开始就具有一定的公共性。史书曾经记载汉高祖刘邦在皇家园林狩猎、游玩，马匹进入农田，糟蹋了庄稼，农民挡住汉高祖要求赔偿损失的情形，我们可以判断汉代初期皇家苑囿是有一定的公共性的。汉代扬州吴王、江都王等苑囿必然与汉代皇帝的苑囿性质相同。这种情形到汉武帝时期有所改变，于是也就有司马相如在《上林赋》最后讽喻皇室，要求把苑地改为农田，开放山泽准许民间渔猎。唐、宋两代，扬州官府园林均有较大规模的建设。到清康乾年间，瘦西湖水域一大批官办、商办以及官商合办的园林的出现，使扬州园林的公共性得到史无前例的彰显。清代，扬州园林的公共性表现在北郊湖上园林不仅仅是帝王、官员、盐商的活动场所，其悠长曲折并连接诸园的湖水、往来不断的画舫以及随着民俗节日的次第到来，湖上园林还成为文人、市民、游客、贩夫、走卒、僧尼甚至乞丐活动的场所与空间，虹桥修禊、清明踏青、端午赛龙舟等活动均在此发生，其公共性也一定程度反映出城市商业经济的发展，市民对游娱活动的需要。也正是在这种背景下，到过扬州的文人均可以轻易地寻访到扬州园林。《扬州画舫录》记载文人刘大观到扬州游览北郊瘦西湖一代诸景观后，指出："杭州以湖山胜，苏州以市肆胜，扬州以园亭胜。"其中，除胜在规模、数量、艺术性上外，可能更胜在公共性上。总之，以瘦西湖为代表的扬州古典园林独特的公共性的卷轴画式景观，展现了扬州园林带给中国古典园林发展的特殊变化，成为中国古典园林中不可替代的优秀作品。

---

[1] 汉宝德.物象与心境[M].北京：三联书店，2014年5月第1版，第116页.

第三节　普遍价值

联合国教科文组织《实施世界文化与自然遗产公约的操作指南》指出："无论对各国，还是全人类而言，文化和自然遗产都是无可估价且无法替代的财产。这些最珍贵的财富，一旦遭受任何破坏或消失，都是对世界各族人民遗产的一次浩劫。这些遗产的一部分，具有独一无二的特性，可以认为具有'突出的普遍价值'，因而需加以特殊的保护，以消除日益威胁这些遗产的危险。"2014年6月22日，以瘦西湖、个园、意园等为代表的扬州古典园林成为世界文化遗产中国大运河的遗产点，其突出普遍价值得到世界公认。我们认为，扬州古典园林的突出普遍价值至少符合世界文化遗产标准的第3、第4项，即能为已消逝的文明或文化传统提供独特的或至少是特殊的见证，以及是一种建筑、建筑整体、技术整体及景观的杰出范例，展现历史上一个（或几个）重要阶段。

一、盐商文化传统的独特见证

著名学者王振忠在《明清徽商与淮扬社会变迁》中提出，自明代成化、弘治以来，伴随着两淮盐政制度的重大改革，大批盐商辐集扬州，形成了颇具影响的河下盐商社区。通过模仿、消融苏州文化的特质，逐渐参以徽州的乡土色彩，最终孕育出独具特色的扬州特色文化。风雅、豪奢的"盐商派"或"扬气"的生活方式对于明清社会习俗之变迁，风尚之演替，都产生了深刻的影响。他进一步指出："任何一种文化都是多层次的，高层次的精英文化总是植根于较低层次的大众文化之上，从而成为整个文化的表征。东南地区的文化中心城市汇集了本地区较大地域范围内的文化精英，因此成为主流文化的象征。如果说苏州文化代表了东南传统文化的主流；那么，扬州的城市文化则是自明代中叶以来东南地区新兴的徽州文化之表征，它以集大成的形式成为闭关时代东南地区城市文化发展的顶峰。"[1] 既然说扬州盐商文化对扬州社会政治、经济、文化等各方面产生了巨大的影响，从而形成了新的扬州城市文化，那么我们从中遴选出的盐商建筑、园林、会馆等一整套的"扬州盐商历史遗迹"的物证，无疑可以成为当下"扬州盐商文化"这一已经消逝的文化传统最好的也是独特的明证。关于扬州盐商文化对社会的影响主要体现在以下几个方面：

一是盐商的奢侈品消费促进了扬州商品经济的繁荣，尤其是建筑、首饰、饮食、服装、漆玉器等行业的高档次消费。

二是扬州盐业经济的发展促进了扬州金融典当业的发展。据统计，清雍正年间，扬州计有典当行72家。清嘉庆时有64家。《扬州画舫录》记载，其中有一徽州人叫吴老典的，他"初为富室，居旧城，以质库名其家。家有十典，江北之富，未有出其右者，故谓之老典"[2]。当时湖南在扬州设有汇票银局，山西票号"日升昌"（图1-18）也在扬州设有分号，可见扬州金融业的繁盛。

三是盐商参与了扬州的市政建设，筑城、修桥、铺路、疏通水道、修治码头，这些为扬州的繁荣奠定了基础。

四是扬州盐商对文化事业的投资，促进了文化的繁荣。学校、刻书业、古玩、戏曲等因盐商的投入而带来异常的发达和繁荣。具体表现在以下几个方面：1.盐商直接参加文人活动，甚至作为文人活动的发起人，而盐商园林、住宅往往成为活动的场所。2.盐商参与刻书业，促进了文化的传承。如大盐商安麓村"世传安刻《书谱》者也"[3]。盐商马氏除刊刻自己的著作外，刊刻《说文解字》《玉篇》《广韵》《字鉴》，被称为"马版"。盐商黄氏四兄弟刻《太平广记》《三才图会》《叶氏指南》《圣济总录》等。3.盐商修建书院、学校。如盐商汪应庚修扬州群邑学宫；盐商建安定书院、敬亭书院；盐商马氏兄弟修建梅花书院等。4.盐商扶助贫士，购买文人书画。如盐商马氏兄弟扶济厉鹗，出资帮助其割宅、蓄婢；著名学者全祖望在扬州游学期间患恶疾，马氏兄弟出资帮其治病；马氏兄弟还出资帮郑板桥还债、修屋、赐银，之间有着深厚的友谊；大盐商安麓村一次性赠银一万两给著名学者、诗人朱彝尊，资助其完成《经义考》这一学术巨著。5.盐商提倡支持戏曲事业，他们蓄养戏班，聘请演员及制曲名家，招录全国各地戏曲社会演出。

二、明清时期园林景观的典范

谈到清代扬州盐商的影响时，著名历史学家邓之诚在其《中华二千年史》指出，扬州盐商"器用、园亭、燕乐同于王者，传于京师及四方，成为风俗。奢风流行，以致世乱，扬州盐商与有责焉"[4]。他认为扬州盐商的出现以及他们的生活习惯，造成了当时奢侈之风的流

---

[1] 王振忠.明清徽商与淮扬社会变迁[M].北京：三联书店，1996年4月第1版，第8页.
[2] 李斗.扬州画舫录[M].扬州：广陵书社，2010年3月第1版，第157页.
[3] 《清稗类钞》第5册《农商类》.
[4] 邓之诚.中华二千年史·卷五[M].北京：中华书局，1983年6月第1版，第443页.

图1-18 山西平遥"日升昌"票号

行,从而造成了社会的动荡,不管他的这种观念是否正确,但毋庸置疑的是,扬州盐商当时确乎对社会各个方面产生了影响,包括建筑与园林景观。清道光年间文人钱泳对扬州建筑、园林景观做出了高度评价。乾隆时期,山东进士刘大观在游览了杭州、苏州和扬州之后,认为"杭州以湖山胜,苏州以市肆胜,扬州以园亭胜,三者鼎峙,不可轩轾"。无锡文人金安清在其著作《水窗春呓》中写道:"扬州园林之胜,甲于天下,由于乾隆六次南巡,各盐商穷极物力以供宸赏,计自北门抵平山两岸数十里楼台相接,无一处重复,其尤妙者在虹桥迤西一转,小金山矗其南,五亭桥锁其中,而白塔一区雄浑古朴,往往夕阳返照箫鼓灯船,如入汉宫图画,盖皆以重资广延名诗为之创稿——布置使然也。"[1] 扬州古典园林因其典范性而产生了极其重要的影响:

一是对盐商原籍地建筑风格产生了影响。

盐商除在扬州建造豪华住宅、园林外,在其老家陕西、山西、安徽等地亦建造屋宇、园林。扬州的各种建筑技术、造园手法必然对盐商原籍地产生影响。山西盐商亢氏以富闻名天下,时有"南季北亢"之称。他在扬州小秦淮河边筑有"亢园",此园长里许,自头敌台起至四敌台止,临河造屋一百间。他还在山西老家建造了豪华住宅、园林,"宅第连云,宛如世家"。

安徽商人在扬州业盐致富后,多于其老家歙县、徽州等地兴建住宅、园林,不可避免受扬派建筑、园林风格的影响。民国《歙县志》

---

[1] 金安清.水窗春呓[M].北京:中华书局,1984年3月第1版,第72页.

曾经记载："其上焉者，在扬则盛馆舍，招宾客，修饰文采；在歙则扩祠宇、置义田、敬宗睦族，收贫乏。"扬州盐商甚至把扬州的一些社会风尚带到盐商的原籍，光绪《三原县记》记载："吾三原大半商贾衣饰大率袭吴越广陵，士亦因而化焉，多染维扬习俗，奢靡相尚，而中实索然也。地去省会不百里，而一切供应倍于他县。"

二是对皇家建筑和园林景观风格产生了影响。

康熙、乾隆皇帝十二次南巡、驻跸扬州，游览扬州名胜、园林，扬州造园手法对皇家园林产生了较大的影响。关于扬州盐商园林对皇家园林的影响，《中国古代建筑史》（第五卷）中有精妙的阐述，"清代园林艺术南风北渐的过程中，杭州的山水景致，苏州的私家园林，及扬州的郊野水景是起了重要作用的三个热点。"[1] 在康熙、乾隆南巡过程中，他们亲自游历了扬州盐商园林，并命宫廷画师画成园林图册，带回北京用于皇家园林建设参考。例如，北京圆明园"水木明瑟"直接借鉴了扬州瘦西湖水竹居。水竹居为盐商徐士业家园，1765年乾隆皇帝来此处，赐名为"水竹居"，居后有轩，赐名"静照轩"，皆御书匾额，又赐"水色清依榻，竹声凉入窗"联。北京清漪园（颐和园）荇桥、九曲桥、半壁桥、柳桥一带景观建设，参照了瘦西湖趣园"四桥烟雨"。乾隆皇帝十分喜爱瘦西湖趣园的四桥烟雨景观，他曾四次到趣园。1762年，他赐园名为"趣园"，并赐"潆洄水抱中和气，平远山如润蕴藉人"联及"目属高低石，步沿曲折廊"联。三年后，赐御书"何曾日涉原成趣，恰值云开不觉欣"联。还有圆明园"北远山村"借鉴"杏花春舍"景观，清漪园"耕织图"借鉴"邗上农桑"，圆明园"方壶胜境"的临水楼阁即取"春台祝寿"的形态。圆明园的长春园蒨园完全模仿扬州锦春园而建造[2]。圆明园北宫墙沿溪景整体借用瘦西湖线性卷轴画景观组织方式，都表现了扬州盐商建筑与景观对皇家园林的影响。

扬州盐商建筑和园林景观的影响还表现在建筑物的细部装饰装修上，"周制之法，惟扬州有之。明末有周姓者，始创此法，故名周制。[3]"北京圆明园的重要装修，就是采用"周制"之法。据钱泳记载："嘉庆十九年（1814年），圆明园构竹园一所……有旨命两淮盐政承办紫檀装修大小二百余件，其花样曰榴开百子，曰万代长春，曰芝仙祝寿。二十二年（1817年）十二月，圆明园接秀山房落成，又有旨命两淮盐政承办紫檀窗棂二百余扇，鸠工一千余人"。[4] 嘉庆皇帝虽然未到扬州，但通过其父亲乾隆皇帝对"扬式"装修的钟爱，继续要求扬州盐商提供装修，从这一侧面，既反映了扬州建筑风格对皇家风格的影响，也说明在

---

[1] 孙大章.中国古代建筑史（第5卷）[M].北京：中国建筑工业出版社，2002年11月第1版，第124页.
[2] 参见端木泓《圆明园新证——长春园蒨园考》。
[3] 钱泳.履园丛话[M].北京：中华书局，1979年12月第1版，第322页.
[4] 同上。

扬州盐商建筑和园林中，这种豪华的装修是司空见惯的。

三是对文人建筑及园林景观风格产生了影响。

清代扬州是文人的"冶游酬唱"热点地区，由于经济的发达，文化的繁荣，大批文人到扬州诗文酬唱，成为一种独特的文化现象。文人的诗文酒会一般以盐商的私家花园作为活动基地。《扬州画舫录》记载："扬州诗文之会，以马氏小玲珑山馆、程氏筱园及郑氏影园为最盛。"[1] 这三座园林均是盐商名园，其他如倚虹园、南园、东园、贺园、万石园、休园等盐商园林均作为文人雅集举办诗文酒会的场所。外地文人在诗文酒会之余欣赏了扬州盐商园林、建筑，对他们构筑园亭亦会产生影响。如清代文人冒辟疆曾数次到扬州，与王士祯、扬州八怪等均有交往，其在如皋修建的水绘园湘南亭就是借鉴了大明寺西园美泉亭。

---

[1] 李斗. 扬州画舫录[M]. 扬州：广陵书社，2010年3月第1版，第95页.

第四节　现实意义

扬州古典园林传承了中国自然山水园林的衣钵，是扬州历史文化名城的见证，是天人合一的生态艺术典范。从2015年9月份开始扬州市大力推进城市公园体系建设，把创建国家生态园林城市，建设国际化旅游城市，作为面向新世纪的发展目标。无论是城市公园体系建设，还是国际化旅游名城的打造，扬州古典园林都是其中不可或缺的宝贵资源。我们只有传承、保护、研究好扬州古典园林，才能突出扬州市历史文化名城的城市个性，提高城市品位，真正地把扬州建设成为"古代文化和现代文明交相辉映的名城"。研究扬州古典园林在进入新时代的当下，无疑有着重大现实意义。

一、发挥最佳生态效益

扬州古典园林是自然和人工的和谐统一，是城市文明的生态标志。现存的扬州古典园林是扬州城市公园体系的重要组成部分，具有重要的生态功能，被比作城市的"肺"和"肾"，是城市生态文明建设中不可或缺的组成部分。由于扬州古典园林历史上大都为盐商所有，特别是清康乾盛世期间，扬州盐商富可敌国，他们建造了数以百计的私家园林，在瘦西湖一带，园林成为集群，形成"两堤花柳全依水，一路楼台直到山"盛况，也造就了"绿杨城廓是扬州"的生态环境，这些园林的出现对于改善城市生态环境、维护城市生态平衡至今仍发挥着十分重要的作用。

在谈到园林、居住环境如何建造时，明代文震亨在《长物志》中指出："要须门庭雅洁，室庐清靓，亭台具旷士之怀，斋阁有幽人之致，又当种佳木怪箨，陈金石图书，令居之者忘老，寓之者忘归，游之者忘倦。"[1]也确乎如此，扬州古典园林的营建一直追求"虽由人作，宛自天开"，追求"天人

---

[1] 文震亨.长物志[M].南京：江苏凤凰文艺出版社，2015年7月第1版，第2页.

合一"的理想境界。这些与当下我们强调的可持续发展的科学发展观高度契合，更与生态文明建设的理念相一致。习近平总书记在党的十八大报告中指出："建设生态文明，是关系人民福祉、关乎民族未来的长远大计。面对资源约束趋紧、环境污染严重、生态系统退化的严峻形势，必须树立尊重自然、顺应自然、保护自然的生态文明理念，把生态文明建设放在突出地位，融入经济建设、政治建设、文化建设、社会建设各方面和全过程，努力建设美丽中国，实现中华民族永续发展。"

二、传承城市历史文脉

历史文脉是一个城市或地区在长期的历史发展中形成和积淀下来的历史文化特色，它不仅是一个城市或地区与其他城市和地区相区别的标识，也往往是其可持续发展的根基所在。而近年来，不少城市为了改善生态环境，绿化面积不断增加，而众多的绿地在强调其生态作用、景观作用、生物多样性的同时，往往缺少历史文脉。随着城市大规模改造，导致大多数城市的"千城一面"，致使城市特色消失。现代城市规划理论认为，文物遗产对维护城市的景观特色具有重要作用。一座城市历史文化积淀越深厚，历史遗存越丰富，其景观特色就越强烈，环境形象也就更加丰富和深入，城市个性更显突出。

扬州历史上就以园林而著称，是以"古、绿、水、文、秀"为特征的文化名城，清秀典雅的城市风貌，147处各具特色的历史园林和文人景观，是前人重视生态环境的结晶和瑰宝。在扬州古城保护、利用中，采取"整体控制、积极保护、合理保留、局部改造、全面改善"的原则，依据《老城区控制性详细规划》，以"河、湖、城、园"为核心，按"护其貌、美其颜、扬其韵、铸其魂"的思路，明确通过历史文化街区、人文遗址的资源整理分析，来保持扬州文化的延续性、兼顾性的特点。在空间上尊重历史的发展，形式上为修旧如旧，功能上延续城市原有文化和社会脉络，同时，补充新内容，体现"以人为本"理念，将古城风貌有机地融入整个城市公园体系中。首先，全面整治水环境，展现水城风貌。1998年以来，投资近4亿元，对流经市区13.5千米的古运河进行了综合整治，通过清淤、驳岸、污水截流、拆房拓路、建绿，建成古运河文化公园；2001年，实施瘦西湖活水工程。2002年整治了古城区内的小秦淮河、玉带河、二道河等，沿岸建设滨河城市公园，再现了"小桥流水人家"的水城美景。其次，加紧了古典园林、名胜古迹、古街古巷整修，展示古城风貌。先后建成二十四桥景区、卷石洞天、瘦西湖北区、东堤、静香书屋、大明寺栖灵塔、个园北区及南部住宅、隋炀帝陵等古典园林景点；修缮个园、小盘谷、汪氏小苑、武当行宫、谢馥春馥园、逸圃、卢氏盐商宅园、汪氏盐商住宅、岭南会馆、丁氏盐商宅园、马氏盐商宅园、壶园、街南书屋、蔚圃、匏庐、二分明月楼等古典园林，延续、继承扬州文脉。扬州市"园在城中""城园一体""水园相依""水绿相依"的园林城市个性特色得到充分的展现。

三、支撑文化事业发展

古典园林深厚的历史文化积淀、丰富的文化资源共享是满足城市文化需求的要素。扬州古典园林瘦西湖、个园、何园等自对外开放以来，每年均举办各类展览、文娱活动满足城市市民、广大游客的文化需求。早在1951年5月苏北物产大会在扬州召开期间，瘦西湖就举办了盛大的游园晚会，4万人参加了活动；1957年瘦西湖对外售票开放以来，定期举办四季花卉展览等园事、花事活动；1959年、1969年在瘦西湖公园举办了欢度国庆十周年、二十周年大型游园活动；1962年8月17日在史公祠举办史可法诞辰360周年纪念活动；1963年10月在大明寺举办纪念鉴真和尚圆寂1200周年；1979年5—8月何园举办工艺彩灯展览，参观者达到10万人；1980年4月18—25日，大明寺举办鉴真大师像回故乡——扬州巡展，参观者达20万人次；1985年6月个园"苏北六市青年书画艺术联展"；1987年1月个园举办中日少儿书法作品联展；1990年4月12日—22日，个园举办齐白石画展等。进入新世纪以来，扬州市举办的"烟花三月国际旅游节""中国扬州世界运河名城博览会"等大型节庆活动多次在扬州古典园林中举办，古典园林成为展览展示、文艺演出、文体娱乐活动的最为重要的场所，吸引了众多游客和市民的共同参与，为扬州文化事业的发展提供了有力支撑。

扬州古典园林中的特色活动也被传承下来，成为代表古典园林文化内涵的不可分割的成分。康乾时期在著名文人王士祯在瘦西湖大虹桥首倡"虹桥修禊"后，孔尚任、卢见曾、厉鹗等文人相继在此举办修禊活动，特别是乾隆二十二年（1757年）三月三日，卢见曾邀集诸名士于倚虹园"虹桥修禊"厅，作七律四首，其中名句有"十里画图新闻苑，二分明月旧扬州"等，各地依韵相和者竟有七千人，最后编辑出的诗集达三百余卷，并绘《虹桥览胜图》以纪其胜，虹桥修禊的美名传遍了大江南北，成为中国诗歌史上的盛事。近年来，这一特色文化活动得到传承，2011年、2012年、2014年、2016年瘦西湖风景区管理处举办了多次国际诗人虹桥修禊活动。个园、何园等古典园林也多次举办作家笔会、中秋诗会、画家笔会等文化活动，传统的文人雅集活动得到传承，促进了扬州文化事业的发展。

四、扩大国际友好交往

古典园林作为城市国际交往和重要国事的平台，能够更好地展示城市所特有的文化魅力，并提升国际影响力。早在1952年10月24日，参加亚洲及太平洋区域和平会议的代表70多人就专程参观游览了瘦西湖，这是中华人民共和国成立后扬州市首次接待国际友人，扬州古典园林成为了接待的重要平台。2001年来自全球各地的1800名参加第六届世界华商大会的代表，参观游览瘦西湖，成为扬州接待国际友人最多的一次。到2016年底先后有日本、突尼斯、冈比亚、萨摩亚、尼泊尔、罗马尼亚、老挝、芬兰、英国、柬埔寨、布基纳法索、朝鲜、马里、赞比亚、刚果、英国、澳大利亚、乌克兰、泰国、贝宁、美国、纳米比亚、新加坡、越南、缅甸、科威特、比利时、法国、圭亚那、黑山、瓦努阿图、克罗地亚、德国33个国家和地区的政府首脑、政要、官员、贵宾等到扬州访问。通过这些众多的外事活动，扬州城市文化、国际影响力在不断提升。从1985年开始，扬州古典园林逐步走向世界，陆续承建了不少园林海外工程。1985年3月、10月，先后在日本筑波市、厚木市建风亭；1987年10月在英国建琉璃瓦六角亭；1989年5月在加拿大多伦多建牌楼、长廊、角楼、城楼、九龙壁、木桥、六角谊亭，叠太湖石假山；1989年9月，在美国华盛顿建设翠园和峰园；1992年建设清音园参加德国斯图加特国际园艺展，获得德国园艺家协会金奖；2000年，承建德国曼海姆市路易林公园"多景园"，是目前欧洲规模最大、最为完整的中国古典园林建筑群落。园内建造了牌楼、小拱桥、二层茶楼、四周环水的平台、戏台、水榭、花厅、长廊、湖石假山、九曲桥、六角亭等；2006年，承建泰国清迈世界园艺博览会（A1类）室外国际展园"中国唐园"，并获得了一等奖（最高奖）；2016年6月，参加第十届布鲁姆国际园艺节承建谊园等，这些海外园林工程的实施，进一步提升了扬州古典园林的知晓度。2016年10月28日，中美共建中国园项目开工典礼在美国首都华盛顿国家树木园举行，该项目建成后，将是以扬州古典园林为代表的中国园林在海外的最大工程项目。2017年1月中共中央办公厅、国务院办公厅下发《关于实施中华优秀传统文化传承发展工程的意见》，明确指出支持中国园林等中华传统文化代表性项目"走出去"，30多年来扬州古典园林进行了较好的尝试和探索。

五、促进旅游经济发展

扬州古典园林由于其独特的文化内涵，受到各地旅游者的追捧，是城市经济的重要支柱。扬州古典园林对城市旅游经济发展的拉动作用，不仅来自门票收入，更重要的是带动了周边旅游消费。

1957年扬州瘦西湖公园作为扬州市首家园林景点对外开放，随后逐步开放的古典园林景点还有平山堂、观音山、冶春园、个园、何园、文峰公园、史公祠、普哈丁墓园、汪氏小苑等。1959年瘦西湖公园游客量达到147433人次。1981年5月，美国林德布雷德旅行社组织美国、日本、英国、墨西哥等国游客，由苏南乘船到扬州游览古运河，系扬州在中华人民共和国成立后首次接待外国游客游览古运河，这些游客同时还游览了扬州其他古典园林景点。到2017年，瘦西湖每年接待游客超过200万人次，个园接待游客100万人次，何园接待游客超过50万人次。瘦西湖、个园、何园、大明寺等古典园林景点一直在扬州旅游行业发挥着重大的龙头带动作用，旅游购物、交通、住宿、餐饮、娱乐等行业被进一步拉动，扬州旅游国际化程度越来越高，世界名城的形象得到进一步的彰显。

第二章

沿革

第一节　起始期（西汉—南北朝）
第二节　发展期（隋、唐、宋、元）
第三节　成熟期（明中后期—清康熙中期）
第四节　鼎盛期（清康熙中后期—清乾隆后期）
第五节　衰落期（清嘉庆后期—中华民国）

扬州地处江淮要冲，自然条件优越，物质基础丰厚，文化繁荣昌盛，这些都为扬州古典园林的发展创造了有利条件，扬州古典园林的历史走向与城市经济文化发展的脉络相一致。一般而言，我们将扬州古典园林分为起始期（西汉—南北朝）、发展期（隋、唐、宋、元）、成熟期（明中后期—清康熙中期）、鼎盛期（清康熙中后期—清乾隆后期）、衰落期（清嘉庆后期—中华民国）这五个历史发展时期。

第一节　起始期（西汉—南北朝）

扬州城的历史，最早可以追溯到春秋时期的吴国邗城。《左传》鲁哀公九年（前486年，即周敬王三四十年，吴王夫差十年）记载："秋，吴城邗，沟通江淮。"这是史籍关于扬州城最早的记载。

春秋、战国时期，扬州相继属于吴、越、楚，及至战国楚，始得广陵之称。从春秋到秦统一中国期间，扬州鲜有关于园林营造的史料记载。

在西汉二百多年间，扬州先后成为荆王、吴王、江都王、广陵王的都城，这些分封的藩王建造了不少宫室林苑，应该是扬州园林的起始阶段。

西汉时期广陵一国经济发达，财力丰厚。特别是到吴王刘濞统治时期，他开铜山铸钱，煮海水为盐，经济发达，国力强盛，这也为营造宫室园囿提供了经济保障。据记载，吴王刘濞兴建了长洲苑、钓台，江都王刘建兴建了章台宫等宫苑。这些宫苑应该与当时的皇家园林相似，以规模大而取胜。南北朝时期诗人鲍照在《芜城赋》中有"藻扃黼帐，歌堂舞阁之基，璇渊碧树，弋林钓渚之馆"等文辞描绘了汉代扬州宫苑的美景。

到南北朝时期，特别是元嘉之治后，南方承平日久，社会经济文化得到较快的发展。文化上受到魏晋以来山水画、山水诗的影响，具有山水画意的写意园林逐步出现。《宋书》记载："广陵城旧有高楼，湛之更加修整，南望钟山。城北有陂泽，水物丰盛。湛之更起风亭、月观、吹台、琴室，果竹繁茂，花药成行，招集文士，尽游玩之适，一时之盛也。"[1]徐湛之是在南朝宋元嘉二十四年（447）任南兖州（今扬州）刺史后，开始在广陵活动的。他在广陵重新修整了广陵城旧有的高楼建筑，在城北陂泽（今扬州唐子城）修筑风亭、月观、吹台、琴室等园林建筑。这一段历史记载非常重要，是扬州造园活动第一次见之于史籍的资料，而且这座园林由当时最高行政长官所建造，带有官府园林性质。

---

[1] 沈约.宋书·列传第三十一·徐湛之［M］.北京：中华书局，1996，第1847页.

清代吴绮（1619—1694）在《扬州鼓吹词序》"小金山"条目中记载："城北一水通平山堂，名瘦西湖，本名保障湖。其东南有小金山焉，在城北约二三里。昔刘宋时期徐湛之建风亭、月观、吹台、琴室，植花药、种果竹，召集文士，尽游玩之适。至今虽历经重建，其迹仍在。风亭名未改，月观即东厅也，吹台今呼为钓鱼台。其厅悬有一联云：'一水回还杨柳岸，画船来去藕花天'，则琴室也。每逢夏日郡人咸乘小舟徜徉其间以为乐。日夕归来，小舟点点如蜻蜓，掩映夕阳，直如画境，而扬州之风景游览亦以此为最盛焉。"[1]《宋书》明确记载徐湛之造园之处在广陵城北，不可能在今小金山。吴绮记载称"风亭名未改"，可知其所见小金山上亦确有一"风亭"，该亭极有可能是借用了徐湛之所建"风亭"之名，而"月观即东厅""吹台今呼钓鱼台"以及关于琴室的看法是吴绮的误解。

今小金山内亦有风亭、月观、吹台、琴室四景，是光绪时期复建时重新命名的，因为在《扬州画舫录》和《平山堂图志》等清乾隆时期的记录中，均未显示小金山有该四景。但之所以有此误，也正说明了风、月、吹、琴这些景观概念要素已经深入扬州的历史记忆当中，并在后人对景观的营造中不断地体现出来。这一点还可以从隋炀帝建江都宫就曾建一处月观加以佐证。

南北朝时期还有一座重要的园林景点建筑对扬州园林发展产生了较大的影响，那就是吴公台[2]，又称鸡台。《方舆纪要》记载："宋沈庆之攻竟陵王诞，筑台以弩射城中，故名'弩台'。陈太建中，吴明彻围北齐东广州刺史敬子猷增筑之，亦以射乘堞之士，故号'吴公台'，又名'鸡台'。昔隋炀帝常于此游，恍惚遇陈后主。后主指其女侍曰：'此张丽华也。每忆桃叶山前，乘战舰，与此子北渡。时丽华方倚临春阁，试紫毫笔，书小砑红绡，作璧月词。未终，见韩擒虎跃青骢、拥万甲，直来冲入。人都不存，就至今日，大抵人生各图快乐，曩时何见罪之深耶？'帝悟，叱之，恍然不见。"[3] 根据记载，吴公台最初的堆筑时间是刘宋镇压竟陵王刘诞叛乱期间，即公元459年，将领沈庆之为了攻城所建。南朝陈太建五年（573），陈朝军队出击北齐，攻至扬州，领军将领吴明彻同样为攻城之便，在原先沈庆之所建基础上又加增筑，形成更大规模，该处由此被称为"吴公台"。这段文字中还提到"昔隋炀帝常于此游"，并记述了隋炀帝梦遇陈后主的传说。可见始建于南朝刘宋时期的吴公台，一直保留到了隋代，并且已经发展成了一个可以供人游览的景点。吴公台称为台，其实是一处人工堆建而成的土丘，经过演变，由于自然植被的覆盖，它和周边的地形地貌基本融为一体。广陵城周围地势总体平坦，这一处丘状地带自然尤显其可贵，因台高可供登临这一条，与紧邻的城濠水体相映成趣，形成一种微型的

---

[1] 吴绮. 扬州鼓吹词[M]. 扬州：广陵书社，2010年版，第413页，收于《扬州丛刻》.
[2] 位于今扬州革命烈士陵园北.
[3] 顾銮. 广陵览古[M]. 扬州：广陵书社，2005年版，卷二，第27页.

山水之境，景观的魅力相应得到了提升。

吴公台最初出现于南北朝时期，到隋代成为一个成熟的景点，特别是隋炀帝时期。唐代的诗人曾经吟咏过吴公台，由此可知吴公台在唐代仍是以一处热门景点的状态继续存在的。唐代诗人刘长卿《秋日登吴公台上寺远眺》诗云："古台摇落后，秋入望乡心。野寺来人少，云峰隔水深。夕阳依旧垒，寒磬满空林。惆怅南朝事，长江独至今。"吴公台的景观价值，一方面在于它山水相映的景观面貌，另一方面则在于它所承载的历史记忆。吴公台作为较早见于史载的景点，在扬州园林发展史上具有一定的标志性意义。

南北朝时期扬州还有雄踞于蜀冈之上的大明寺这一寺庙园林景观。大明寺始建于南朝刘宋孝武帝大明元年（457）。明代正德时南京吏部右侍郎罗玘《重修大明寺碑记》中记载："距扬郡城西下五七里许，有寺曰大明，盖自南北朝宋孝武时所建也。孝武纪年以大明，而此寺适创于其时，故名。宋主奢欲无度，土木被锦绣，故创建极华美。"[1] 从此段文字可知寺庙甫一建成，即成当时一郡之丽观。大明寺是至今仍存的千年古刹，为扬州寺观园林的杰出代表。

---

[1] 罗玘.大明寺志［M］.北京：中国文史出版社，2004年版，第402页.

第二节　发展期（隋、唐、宋、元）

公元589年隋灭陈，统一全国，改吴州为扬州，并在扬州置总管府，为全国十大总管府之一。下辖44个州，为军事重镇。隋朝统治的历史虽然只有三十多年，但扬州的地位很高。虽然隋代未见有民间造园的记载，但是在扬州园林史上，隋代具有着十分重要的意义。

首先，隋代达到了扬州皇家园林的顶峰。隋炀帝即位后，于公元605年、610年和616年三次巡幸江都（扬州），以江都作为陪都。609年隋炀帝开始兴建江都宫，又在江都城南门外建临江宫（又名扬子宫），在江都城北建长阜苑。据吴绮《扬州鼓吹词》记载"隋宫：在府城西七里大仪乡，按史：大业元年敕长史王弘大修江都宫，有西宫、临江、归雁、松林、枫林、九华、九里、大雷、小雷、扬子等宫。"[1] 另外，隋炀帝还在江都建有显阳宫、显福宫、隋苑（上林苑）、萤苑等多处离宫别苑，这些宫苑内建筑雄伟精美，景色奇丽丰富，达到扬州园林史上皇家园林的顶峰。

江都城建成之后，城内极尽奢华的隋炀帝宫殿建筑，与江都城内外的水系巧妙结合、相映成趣，重又构筑起一幅全新的景观画面。对隋炀帝在扬州修筑的宫殿有不少具体记载，如月观在隋苑中，据史料记载，大业十年选殿脚女使给事月观。帝月下幸之，常凭萧后肩说东宫时事。有命后诵杂忆诗。"[2] 再如水精殿，也是江都宫内著名的宫殿建筑。据记载，"水精殿在江都宫内。"至隋帝，于江都宫水精殿，令宫人戴通天百叶冠子，插瑟瑟钿朵，皆垂珠翠，披紫罗帔，把半月雉尾扇，靸瑞鸠头履，谓之'飞仙'。"[3]

---

[1] 吴绮. 扬州鼓吹词［M］. 扬州：广陵书社，2010年版，第409页，收于《扬州丛刻》.
[2] 吴绮. 扬州鼓吹词［M］. 扬州：广陵书社，2010年版，第411页，收于《扬州丛刻》.
[3] 顾莺. 广陵览古［M］. 扬州：广陵书社，2005年版，卷二，第24页.

九曲池是隋代著名的园林景观，位于现蜀冈之上。据《广陵览古》记载："九曲池，在城北七里蜀冈麓，炀帝尝建木兰亭于池上，做《水调》九曲。每游幸时按之，故名。"[1] 隋炀帝建亭于九曲池上，在此欣赏美景，应该说这里已经成为具备园林要素的景点。一直到宋代，九曲池、木兰亭等景观仍存。宋徐铉《重游木兰亭》诗云："缭绕长堤带碧浔，昔年游此尚青衿。兰桡破浪城阴直，玉勒穿花苑树深。宦路尘埃成久别，仙家风景有谁寻？那知年长多情后，重凭栏干一独吟。"[2]

到唐代中晚期，扬州成为东南第一大都会，城市规模仅次于长安、洛阳。特别是安史之乱后，扬州繁华富庶达到顶峰，有"扬一益二"之誉。"街垂千步柳，霞映两重城""园林多是宅，车马少于船"等诗句是唐代扬州城市园林化景观的真实写照。唐代的扬州城内官署园林、寺观园林众多，私家园林也开始兴盛。寺观园林有禅智寺、栖灵寺、法云寺、惠昭寺、木兰院等40多处。私家园林有南郭幽居、崔秘监宅、周济川别墅、王慎辞别墅、崔行军水亭、白沙别业、王播瓜洲别业、萧庆中宅园、席氏园、郝氏园、樱桃园、周氏园、万贞家园等多处。唐代私家园林的出现与兴盛，在扬州园林史上，前所未有。从两汉、南北朝一直至隋代，扬州园林多为藩王园林、官府园林、寺庙园林及皇家园林。而到唐代，众多私家园林在扬州出现，这是唐代扬州经济繁荣、人文荟萃的具体体现。从时人吟咏园林的诗文可以发现，唐代扬州的私家园林已经成为寄情山水的典型代表，并催生出文人写意园林形式。

唐代扬州形成了所谓"两重城"的景象，即子城和罗城。子城即隋江都城所在处，此时主要是官署的集中所在地；罗城是在蜀冈下的平原上建造的新城，从隋末就已零星修建，至中唐基本形成，它主要是民居和工商业集中的区域。经济的发达和物质的充裕，带动了城市居民休闲需求的不断增长，官僚、富商除自身营造园亭休憩之外，城市公共景观也应运而生，以满足市民观光游览的要求。

寺庙园林从一开始出现就带有一定的公共性，唐代的著名寺庙均是游人喜欢游览之处。栖灵寺（现大明寺）是唐代扬州最为出名的寺庙。《宝祐志》云："大明寺即古之栖灵寺，在县北五里。以其在隋宫西，故又名西寺。寺枕蜀冈，有浮图九级。《大观图经》所载：隋仁寿元年诏海内立九层塔三十所。此其一也。"[3] 隋仁寿元年（601），隋文帝六十寿辰，令全国最大的30个州同时建塔，以供奉舍利。而建在扬州的塔，即为建在大明寺（西寺）的栖灵塔，大明寺因此又称栖灵寺或栖灵塔寺。

---

[1] 顾鸾.广陵览古[M].扬州：广陵书社，2005年版，卷二，第21页.
[2] 顾鸾.广陵览古[M].扬州：广陵书社，2005年版，卷二，第28页.
[3] 汪应庚.平山揽胜志[M].扬州：广陵书社，2004年版，卷七，第145页.

唐代诗人到扬州多登临栖灵塔，且留下了不少脍炙人口的诗篇，如李白《秋日登扬州栖灵塔》[1]、高适《登广陵栖灵寺塔》[2]、刘长卿《登扬州栖灵寺塔》[3]、刘禹锡《同乐天登栖灵寺塔》等，其中刘禹锡诗中写到："步步相携不觉难，九层云外倚阑干。忽然笑语半天上，无限游人举眼看。"诗句中的"无限游人"侧面证明了栖灵寺游人如织的情形。

禅智寺也是唐代著名的寺庙，该寺原为隋宫建筑，地近罗城北郊热闹的东西大街。诗人杜牧于大和七年（833）应牛僧孺之聘，在扬州先后任淮南节度府推官、掌书记。禅智寺离蜀冈上的节度使府不远，是杜牧常去游览的地方。他的《题扬州禅智寺》已成为咏扬州的经典之作。诗中写到："雨过一蝉噪，飘萧松桂秋。青苔满阶砌，白鸟故迟留。暮霭生深树，斜阳下小楼。谁知竹西路，歌吹是扬州。"该诗描述了秋日中禅智寺的一派园林风光。而赵嘏的禅智寺诗，前两句"楼畔花枝拂槛红，露天香动满帘风"，写寺中花树幽深，抚窗拂槛，也暗写楼畔红艳香花一枝，令人难忘。照应后两句，"谁知野寺遗钿处，尽在相如春思中"，游寺女子遗钿之处，引得年轻的士子们久久的相思。此诗"将一处不食人间烟火亲近闻禅的方外名刹，描绘成了既是花拂门窗的寺院，又是游人常至的园林。"[4]

前文所提到的吴公台、九曲池等也是人们游览的主要去处，不少诗文中都出现这两处地名可见一斑。[5]

唐代扬州官府园林主要有郡圃、水馆等。唐咸通年间（860—874），李蔚守扬期间建赏心亭，《太平广记》记载："于戏马亭西连玉钩斜道，开创池沼，构葺亭台……栽培花木，蓄养远方奇禽异兽，毕萃其所，芳春九旬，都人士女得以游观。"[6] 这一官府为公众开辟构筑的游乐园，其中池沼、花木、亭台、鸟兽俱备，可以算是扬州历史上最早出现的公园。

宋代扬州依然是东南重镇，其城池是在唐城的基础上修建的。唐末五代之际，扬州经历了数次兵灾，繁荣的经济受到严重破坏。"扬州雄富冠天下，自（毕）司铎、（杨）行密、（孙）儒迭攻迭守，焚市落，剽民人，兵饥相仍，其

---

[1] 宝塔凌苍苍，登攀览四荒。顶高元气合，标出海云长。万象分空界，三天接画梁。水摇金刹影，日动火珠光。鸟拂琼檐度，霞连绣栱张。目随征路断，心逐去帆扬。露洗梧楸白，霜催橘柚黄。玉毫如可见，于此照迷方。
[2] 淮南富登临，兹塔信奇最。直上造云族，凭虚纳天籁。迥然碧海西，独立飞鸟外。始知高兴尽，适与赏心会。连山黯吴门，乔木吞楚塞。城池满窗下，物象归掌内。远思驻江帆，暮时结春霭。轩车疑蠢动，造化资大块。何必了无身，然后知所退。
[3] 北塔凌空虚，雄观压川泽。亭亭楚云外，千里看不隔。遥对黄金台，浮辉乱相射。盘梯接元气，半壁栖夜魄。稍登诸劫尽，若骋排霄翮。向是沧洲人，已为青云客。雨飞千栱霁，日在万家夕。鸟处高却低，天涯远如迫。江流入空翠，海峤现微碧。向暮期下来，谁堪复行役。
[4] 许少飞.扬州园林史话[M].扬州：广陵书社，2014年3月第1版，第15页.
[5] 有关吴公台的诗文有：刘长卿《秋日登吴公台上寺远眺》、白居易《隋堤柳》诗"土坟数尺何处葬，吴公台下多悲风"、罗隐《湘中见进士乔翊》"吴公台下别经秋，破虏城边暂驻留"、徐铉《从驾东幸呈诸公》"吴公台下旧京城，曾掩衡门过十春"等；有关九曲池的诗文则有：唐代许浑《宴饯李员外》"心期解印同君醉，九曲池西望月来"、宋代陆游《题寄扬州九曲池》、宋代苏辙《扬州五咏九曲池》《次韵鲜于子骏游九曲池》、宋代王琪《九曲池》、宋代王令《九曲池悼古》等，诗文略.
[6] 李昉.太平广记[M].北京：中华书局，1961年9月新1版，1557页.

地遂空"[1]。周显德五年（958），周世宗占据扬州，此时扬州由于战乱，城大空虚难守，"遂于故城内就东南别筑新垒"[2]，新筑的城比唐城小，因而称为周小城。自太祖即位后一百六十年，国泰民安，扬州的经济得到了恢复和发展。北宋时期的扬州基本处于和平之中，扬州的城池只有延续周小城而来的宋大城，从春秋到唐一直建有城池的蜀冈此时已沦为郊野，直至欧阳修修建的平山堂。

平山堂属于官府园林，始建于庆历八年（1048）二月。宋祝穆《方舆胜览》载："庆历八年二月欧阳公来牧是邦，为堂于大明寺庭之坤隅，江南诸山拱列檐下，若可攀取，因目之曰，沈括为记。"[3]欧阳修作为北宋儒学的代表人物，终生对佛教持批判态度，有学者指出他于蜀冈之上、大明寺旁修建平山堂的做法，是为了表现他与佛教对抗的立场。作为中国儒家士大夫的精神代表，他所修建的平山堂成了宋代以及后世士大夫们的精神寄托，从而为蜀冈一带汇聚了更多的人气。

北宋时出现在蜀冈的另一座著名的园林建筑，是苏轼修建的谷林堂。谷林堂位于平山堂北，是苏轼于北宋元祐七年（1092）由颍州徙知扬州时，为纪念他的老师欧阳修而建。堂成之日，苏东坡赋诗《谷林堂》一首。堂名"谷林"取自苏诗"深谷下窈窕，高林和扶疏"一句，饱含着苏东坡对老师的敬重、仰慕之情。此外，见于史书，北宋时建于蜀冈周围的园林建筑还有九曲亭、波光亭、春贡亭、时会堂、借山亭、摘星亭、摘星楼等。总的来说，北宋时期，以平山堂的修建为标志性事件，大量文人士大夫群体在此开展造园和景观建设活动，一度出现了不少士大夫园林，这一方面体现了时代背景下士大夫文化的趣味取向，另一方面也为后世留下了诸多关于士大夫造园文化的历史记忆。当然这些士大夫大部分为驻守扬州的官员，他们建造的园林本质上仍然属于官府园林。北宋皇祐四年（1052）施正臣、许元、马遵等官员在真州建造了东园，面积达到100亩，有亭台、楼阁、清池、佳花美木，可画舫泛水，并向平民开放，这可算是宋代官员对唐代李蔚建造公共游乐园的继承。

南宋时期，由于扬州处于宋金交战前沿，造园活动不及北宋。官筑园林有郡圃、平山堂、真州东园、茶园、时会堂、春贡亭、摘星楼、水晶楼、筹边楼、骑鹤楼、皆春楼、镇淮楼、云山阁、万花园、波光亭、竹西亭、无双亭、玉立亭、四柏亭、高丽亭、迎波亭等。南宋扬州郡圃沿用唐代郡圃，在北宋咸平年间、庆历年间等均有增建。南宋高宗建炎元年（1127），扬州成为宋高宗赵构行在之地，郡圃一度成为御园。绍兴、庆元年间亦有修建。宝祐五年（1257）权相贾似道重修郡圃，规模宏大，花木竞发，脱尽官筑园林习俗，跨入山水园林行列，同样向平民开放，是官筑园林的进步。私家园林有朱氏园、借山亭、申申亭等。

---

[1]《新唐书》卷224下《高骈传》，北京：中华书局，1975年2月第1版，第6404页.
[2]《旧五代史》卷118《周书·世宗纪五》，北京：中华书局，1976年5月第1版，第1568页.
[3] 宋祝穆. 方舆胜览 [M]. 北京：中华书局，2003年6月第1版，第794页.

寺观园林有铁佛寺、龙兴寺、建隆寺、后土祠、仙鹤寺、普哈丁墓园等。

元朝至元十三年（1276），元朝政府在占领扬州的当年便在扬州设置江淮行省（又称扬州行省或淮东行省，曾二度改称江浙行省，徙治杭州），主要统辖两淮、两浙地方，相当于今天的江苏、安徽、浙江、上海及江西的一部分。至元二十八年（1291）十二月，改为江淮行省，扬州属河南行省（治所汴梁，今开封）管辖。至正十二年（1352）闰三月，又在扬州置淮南、江北等处行中书省，辖治今江苏、安徽、湖北东部长江以北地区。行省之下，元朝在扬州设淮东道宣慰司，分管扬州、淮安两路及高邮府军民事务，辖境相当于今江苏长江以北的大部分（不包括徐州市及宿迁市的部分地区）及安徽的一部分地区。宣慰司下设扬州路总管府（有时直属行省）领有真、滁、通、泰、崇明五州。扬州此时还常常作为行御史台和行枢密院以及江淮盐运使司的驻地，地位非常重要，两淮盐场即在其管辖之下。意大利旅行家马可·波罗在元初来到扬州，《马可·波罗行记》中写道扬州"城甚广大，所属二十七城，皆良城也。此扬州城颇强盛，大汗十二男爵之一人驻此城中，盖此城曾被选为十二行省治所之一也……居民是偶像教徒，使用纸币，恃工商为活。制造骑尉战士之武装甚多，盖在此城及其附近属地之中，驻有君主之戍兵甚众也。"[1] 当时扬州还设有崇福司，掌管基督教（当时主要是景教和天主教）的教堂和教士。元代（1322—1328）来华的方济各会会士鄂多立克在《东域纪程录丛》中写道："然后，我过了那条河（运河），来到称为扬州的一个城市，城内有所房屋是我会（方济各会）修士的。另外，景教徒有三所教堂。"

元代扬州物产丰富，工商业发达。元人说扬州"介江南北，而以其南隶浙西，其北隶河南，壤地千里，鱼盐稻米之利擅于东南，为天下府库盖将百年矣"[2]。其地"商贾云集，舟楫溯江，远及长沙"[3]。元人吴师道（1283—1344）咏扬州诗云："画鼓清箫估客舟，朱竿翠幔酒家楼。四城列屋数十万，依旧淮南第一州。"扬州发达的经济和众多的历史古迹也吸引了大量的游客。元人宋无有诗描述："红桥二十四，明月照笙歌。若是迷楼在，游人应更多。"[4]

元代的扬州城袭用宋大城，宋代建于蜀冈上的宝祐城以及连接宝祐城和宋大城的夹城都已荒废。有元一代，在护城河以及蜀冈周围，很少修建新的设施或景观。当时蜀冈一带的景色，在前去登高望远、凭吊古人的或寓居或经过扬州的元代文人的诗文中可见一斑。如张翥（1287—1368），元代诗人，字仲举，晋宁（今山西临汾）人，至正元年（1341）被任命为国子助教，后来升至翰林学士承旨。他曾隐居扬州，在为元代文人成廷珪的《居竹轩诗集》写

---

[1] 马可波罗著，冯承钧译.《马可波罗行记》第143章《扬州城》，北京：东方出版社，2007年，第376页.
[2] 孙大雅《沧溟集》卷2。
[3] 姚燧《牧庵集》卷23。
[4] 李坦.扬州历代诗词（第1册）[M].北京：人民文学出版社，1998年，第444页.

的序文中曾说："余在广陵时，尝与周游乎山僧野士之寓，或临大江眺群峰，或升蜀冈坐茂树，未尝不诗。"这句话其实便透露出当时蜀冈周围多是"山僧野士之寓"，是一片树木繁茂的地方。此时蜀冈上基本是从汉代到南宋的历史遗存，人迹罕至。

蜀井、九曲池、万花园、吴公台包括宋代欧阳修所建平山堂等，大多为元代文人墨客们涉足怀古。平山堂应已失修甚至废圮，但它作为士大夫文人精神象征的功能并未失去。元代文人过扬州时往往还是会登临平山堂并赋诗以记。李孝光（1297—1348）《登平山堂故址》云："蜀山有堂已改作，骑马出门西北行。日落牛羊散平楚，风高鸿雁过三城。山河已失金汤固，汗竹空遗带砺盟。骆驼坡头孔融墓，令人忆尔泪纵横。"从此诗可知当时平山堂已经不存在，或者已经改为他用，但这并不影响诗人在此凭吊于怀古。张蕴《平山堂吊古》诗云："隔江山色画图中，故址荒来与庙通。画地雄吞淮海水，占星高直斗牛宫。试评蜀味长泉变，欲唱欧词古柳空。往事茫茫增感慨，聊凭戍卒指西东。"此诗中表明宋代于寺庙分离的平山堂已经被寺庙占据，且已经荒芜，这不能不说明宋代为人们所追慕的文人精神及秦淮已经被游牧民族的铁蹄绝尘而去。张翥有诗云："九曲池平带蜀冈，吴公台远隔雷塘。闲寻遗迹怀千古，迥立高秋望八荒。黄落山川秋广大，青冥风露日凄凉。一樽不慰登临地，朔雁南云恨更长。"总之，元代蜀冈上虽有部分景观可供人游览，但基本是前代的遗存，且多荒芜，诗人往往触景生情，多作怀古之忧思。

元代扬州城郊也出现了一些私家园林，著名的有崔伯亨花园。乾隆《增修甘泉县志》将崔伯亨花园称作为崔氏别墅，《志》载："崔氏别墅，元崔元亨（即崔伯亨）所居，在扬州城西。"[1]及至清代，据《扬州画舫录》记载："虹桥修禊，元崔伯亨花园，今洪氏别墅也。洪氏有二园，'虹桥修禊'为大洪园，'卷石洞天'为小洪园。大洪园有二景，一为'虹桥修禊'，一为'柳湖春泛'。"[2]从城市西北郊城濠至蜀冈的中途，出现了法海寺（即清代莲性寺）。据万历《江都县志》记载："在县西北三里善应乡，旧名法海寺，元至元年间僧为正建。"[3]法海寺建成之后，香火旺盛，扬州城中前去请香还愿的居民络绎不绝。而且从法海寺继续向北到蜀冈东峰，当时有僧人申律开山建立的庵堂，另外或有大明寺矗立于蜀冈中峰之上。

元代官筑园林不如宋代，仅路学采芹亭、竹西楼等。私家园林有明月楼、平野轩、居竹轩、菊轩、梅所、西树草堂、竹深处、竹西佳处亭、李使君园、崔伯亨园、淮南别业等。寺庙园林法海寺、观音山禅寺等。元代扬州私家园林受当时画风的影响，多以平远山水或者单一题材为主，没有崇山、峻岭、平流、涌瀑，在平淡中见园林的意境。总体而言，与唐、宋两代相比，元代是扬州园林较为寥落的一个朝代，这与游牧民族的统治等有着较为密切的关系。

---

[1]《增修甘泉县志》卷10.
[2] 李斗.扬州画舫录，卷10 红桥录上[M].扬州：广陵书社，2010年，第115页.
[3] 万历《江都县志》卷7《江都志七》.

第三节　成熟期（明中后期—清康熙中期）

元末至正十七年（1357），扬州及其附近为朱元璋占领，他将元代所设的扬州路改为淮海府，命元帅张德麟、耿再成守扬州，以李德林为知府，"（李）德林以旧城虚旷难守，乃截城西南隅，筑而守之"[1]，建成明代最初的扬州城。城周一千七百五十七丈五尺，有五座城门，城的四周有城壕，南北各有一座水门。明嘉靖年间（1522—1566），"楼寇突起，蹂躏郡邑，无城者多被残掳，自是沿海益增置营戍，设将领于是"[2]。知府吴桂芳在扬州城东的商业区筑城，东、南、北三面计长一千五百四十二丈，有城门七。东面与南面以运河为城河，只是南端比旧城向南突出，东墙也较大城更靠近运河，以运河作为城壕，北面挖城壕与旧城的城壕及运河相通，所建城位置相当于宋大城的东南隅，于嘉靖三十五年（1556）建成。明初所建城称为旧城，嘉靖所建称为新城。明代，尽管先后修建旧城、新城，但其总体面积没有超过元代的扬州城。由于元末明初张德林筑旧城时修建了从后来大虹桥南边的"虹桥修禊"至冶春园的护城河，而后又在万历二十年（1592）修建新旧城护城河时将这一水系进一步向东开凿，最终使瘦西湖水系得以抵达天宁寺，瘦西湖的整个水系完全成型，位于明代扬州城的西北郊。

明代中后期盐法实行开中折色制以来，大批山西、陕西、安徽的商人来到扬州从事盐业贸易，加上漕运的畅通，扬州社会经济有了较大的发展。受江南造园技术和风气的影响，扬州园林逐步走向成熟，表现为名园开始不断出现、叠石造山兴起和园林理论著作《园冶》出现，最为重要的是扬州北郊瘦西湖一代逐步成为园林的聚集地。

明代扬州私家园林得到进一步发展，有皆春堂、红雪楼、藏书万卷楼、菊轩、竹西草堂、闫氏园、冯氏园、王氏园、嘉树园、慈云园、迂隐园、灌

---

[1] 续资治通鉴·卷214·元纪32 [M]. 北京：中华书局，1957年8月第1版，第5822页.
[2] 康熙《扬州府志》卷38.

木山庄、深柳堂、水月居、于园、寤园、影园等多处园林。于园建于明万历年间，是一座以叠石为胜的园林。寤园、影园均为《园冶》作者计成设计、营建，其中影园主人郑元勋工诗能画，与文人交往较密，多次在园中举办诗文酒会，影响很大。

明代时，活动于今天的瘦西湖一带的主要有以下三个群体，即士大夫文人、一般百姓以及盐商。如同元代一样，明代的文人也时常登临蜀冈，瞻仰平山堂，并在此写下咏怀古迹、凭吊古人的诗篇，且诗文的数量较之元代有过之而无不及。就其整体风格而言与元代文人并无太大不同，抒发的情感也极为相似。而且，与元代文人一样，平山堂是他们咏怀的重点。如明代的文徵明《过扬州登平山堂二首》："莺啼三月过维扬，来上平山郭外堂。江左繁华隋柳尽，淮南形胜蜀冈长。百年往事悲陈迹，千里归人喜近乡。满地落花春翠醒，晚风吹雨过雷塘。""平山堂上草芊绵，学士风流五百年。往事难追嘉祐蹟，闲情聊试大明泉。隔江秀邑千峰雨，落日平林万井烟。最是登临易生感，归心遥落片帆前。"[1] 明代文人之所以热衷于借咏怀蜀冈上的古迹抒发自己的情感，尤其是以平山堂作为咏怀的对象，很可能是因为平山堂在明代文人的心目中代表了他们对士大夫文人应有的高尚情操的一种追求。他们咏怀古迹的诗篇，同时也是对自己当时心境的一种折射。明代扬州市民的涉足变得热闹起来，有了更多市民生活的气息。明朝张岱《陶庵梦忆》中有《扬州清明》一篇，描绘了清明时分扬州百姓前往蜀冈扫墓，一并在郊野畅游的场面。"……故轻车骏马，箫鼓画船，转折再三，不辞往复……自钞关南门、古渡桥、天宁寺、平山堂一带，靓妆藻野，袨服缛川……是日，四方流寓及徽商西贾、曲中名妓，一切好事之徒，无不咸集。长塘丰草，走马放鹰；高阜平冈，斗鸡蹴鞠；茂林清樾，劈阮弹筝。浪子相扑，童稚纸鸢，老僧因果，瞽者说书，立者林林，蹲者蛰蛰。日暮霞生，车马纷沓。宦门淑秀，车幕尽开，婢媵倦归，山花斜插，臻臻簇簇，夺门而入。余所见者，惟西湖春、秦淮夏、虎丘秋，差足比拟。然彼皆团簇一块，如画家横披；此独鱼贯雁比，舒长且三十里焉，则画家之手卷矣。南宋张择端作《清明上河图》，追摹汴京景物，有西方美人之思，而余目盱盱，能无梦想！"[2]

从张岱的描述可知：第一，明代扬州瘦西湖一带已经有"画船"（画舫）这一交通、游览工具的存在，也证明了保障河（瘦西湖）沿线至少已经有景观可供游人乘船游赏；第二，相较于元代时只有文人登临蜀冈、凭吊古人的情形，明代时蜀冈一带还聚集了扬州城中普通百姓的身影。张岱文中提到的清明时活动在城郊蜀冈一带的人群，包括"监门小户""四方流寓""徽商西贾""曲中名妓""宦门淑秀"，还有"浪子""童稚""老僧""瞽者"等多种不

---

[1]《莆田集》卷12.
[2] 张岱. 陶庵梦忆 [M]. 北京：中华书局，2008年9月第1版，第97-98页.

同身份的市民，可见在清明时分，当时生活在扬州城内的各种人，上至达官贵人，下至寒吏小民，都从城里前往城郊，"自钞关南门、古渡桥、天宁寺、平山堂一带，靓妆藻野，袨服缛川"。第三，瘦西湖、蜀冈一带是"长塘丰草""高阜平冈""茂林清樾"的景观状态，其在作者认为只有西湖春、秦淮夏、虎丘秋的景观才可以和扬州此处相比较，这种描述，与唐代大诗人李白"烟花三月下扬州"的描述吻合。时至今日，清明时节、烟花三月也正是扬州生态、人文环境最美的时候。明代扬州西北郊清明时节市民休闲场所逐步形成与培育，也为后来士大夫、盐商们在城郊的修园活动埋下了伏笔、打下了基础。

盐商是明清两代扬州经济发展的巨大推动力。明代的扬州不仅像前代那样以贸易盛、以漕运盛，更重要的是以盐盛。造成这一特点的最重要的原因是明初盐业制度的改革。自明洪武三年（1370）起，明政府在盐业制度上实施了开中法，同年，明政府在扬州城（旧城）东大东门外设立了两淮都转运盐使司。扬州地处两淮盐场的中心，又交通便利，开中法的实行，使得晋商、陕商等西北商人和徽商纷纷来到扬州经商。但是从明初到明中叶，盐业改革对扬州带来的影响尚不明显。弘治年间漂流到浙江沿海的朝鲜人崔溥和嘉靖年间来明朝朝贡的日本人策彦周良在他们各自沿运河北上的日记中，均对扬州着墨不多，相反对苏州、杭州、宁波等城市的描写十分丰富，这从一个侧面反映出明代前期扬州与苏州、杭州相比尚不能算是全国首屈一指的城市。扬州盐商虽然在明初就很活跃，但其数量的稳定增长应该归功于"折色"。从15世纪末开始，在弘治年间（1488—1505），"山陕富民多为中盐，徙居淮浙，边塞空虚。"[1]大概从这时候开始，扬州的商业又兴盛起来，再次成为"大贾走集，笙歌粉黛繁丽之地"，"四方客旅杂寓其间，人物富盛，为诸邑之最"。扬州的商业除盐业外，米行、木行、造船、南北货业、铜器业、茶食业、刺绣、漆器等手工业也很有名。明万历《扬州府志》载，万历年间的扬州聚四方之民，新都最、关以西（陕）、山右（晋）次之。新都即新安，是徽州的古称。在扬州的徽州人以商人居多，其中又以盐商为最。徽商的大量白银汇聚扬州，为扬州文化的发展提供了坚实的经济基础，极大地促进了扬州文化的繁荣。明代万历年间，在扬州的盐商多达数百余家，资本超过了3000万两，"扬州富甲天下"也已驰名远近。徽商将他们积聚的大量财富用来在扬州购置房产、追求享乐的同时，也将他们的文化追求带到了扬州。他们的趣味和喜好对于当时扬州的城市变迁起到了一定的影响。明代是扬州园林一个十分重要的发展阶段，而扬州园林的修建又和盐商有密不可分的关系。这一方面依赖于盐商经济的繁荣，另一方面因为徽州的重儒传统，许多徽商成为儒商，从事书籍收藏、出版以及修建书院等文化活动，刻意向文人的趣味靠拢，因此原本寄托了文人士大夫隐逸情结的

---

[1]（澳大利亚）安东篱著，李霞译，李恭忠校.说扬州：1550—1850年的一座中国城市[M].北京：中华书局，2007年，第44页.

园林也成了徽商借以体现自己文人趣味的重要载体。明清两代扬州徽商的造园活动十分兴盛，他们造园的数量和质量均有赶超文人士大夫之势。有明一代，扬州城内外有平山别墅、偕乐园、苜蓿园、慈云园、康山草堂、五亩之宅二分之间、影园、嘉树园、红雪楼、迂隐园、小东园、遂初园、竹西草堂、皆春园、乐庸园、阎氏园、冯氏园、员氏园以及寐园、荣园等，其中最有名的要数出身徽州盐商世家的郑氏三兄弟的园林，即元嗣、元勋、元化的五亩之宅二分之间、影园、嘉树园。艺术成就最高的是郑元勋（字超宗）的影园，被誉为"江南名园"。影园的设计者是明代园艺大师计成，著有《园冶》，园主人郑元勋在该书的题词中谈道："予卜筑城内，芦汀柳岸之间，仅广十笏，经无否（计成）略为区画，别具灵幽。"[1]又据郑元勋自撰的《影园自记》的描写，"前后夹水，隔水蜀冈蜿蜒起伏，尽作山势。环四面柳万屯，荷千余顷，茝芋生之，水清而多鱼，渔棹往来不绝……取道少纡，游人不恒过……升高处望之，迷楼、平山皆在项臂，江南诸山，历历青来。地盖在柳影、水影、山影之间。"[2]由此可见，位于旧城西南的影园虽然离蜀冈较远，但却将蜀冈作为了对景，登上影园内的楼阁，蜀冈上面的景观也可远眺。

明代时，保障湖蜀冈一带虽仍为郊野，但士大夫文人和盐商对山水逸趣的追求，使得其中一部分人考虑将园林的选址放在城郊。明代扬州较早的私家园林红雪楼建于蜀冈之上、观音寺东侧，为明朝进士梁亨于宣德年间建造。清光绪增修《甘泉县志·古迹下》："红雪楼在观音山旁，三原梁亨筑。宣德间进士，淡于仕途，会方行中盐法，移家侨寓于扬。建楼筑墅，莳松竹桃柳，啸吟其中。东南与草河、霄市桥相通，遍植荷花，一望无际。后荷池尽为田，楼至乾隆尽圮。乡人不知有红雪楼之名，尚呼'梁家楼子'。"[3]但总体而言，明代时修造的园林还是以城市园林居多，多位于扬州城内，如位于南河下的康山草堂一直到清代都幸存着，清代棣园的前身也是始建于明，清初名小方壶，后改名驻春园，乾隆时易名"小盘洲"，道光二十四年（1844）包松溪改建为棣园，光绪初改为湖南会馆所有。此外，在扬州城西北郊保障湖上，明代修建有重要景观红桥。崇祯年间，官府在保障河上建红桥。吴绮《扬州鼓吹词序》云："（红桥）在城西北二里，崇祯间形家设以锁水口者。朱栏数丈，远通两岸。虽彩虹卧波，丹蛟截水，不足以喻。而荷香柳色，雕楹曲槛，鳞次环绕，绵亘十余里。春夏之交，繁弦急管，金勒画船，掩映出没于其间，诚一郡之丽观也。"[4]从现有文献来看，明代的扬州园林，究其布局而言，大多属于城市园林，分布在府城以内及其附郭。

明末清初，史可法在扬州抗击清军，城被

---

[1] 计成.园冶[M].南京：江苏凤凰文艺出版社，2015年8月第1版，第6页.
[2] 顾一平.扬州名园记[M].扬州：广陵书社，2011年3月第1版，第3页.
[3] 光绪《增修甘泉县志》卷10.
[4] 吴绮.扬州鼓吹词·序[M].扬州：广陵书社，2010年版6月第1版，第418页.收录于《扬州丛刻》.

攻陷之后遭遇了屠城的灾难。因此在清代初期，扬州因兵祸战乱成为了一片废墟，城市昔日的繁华已不复存在，明代中后期扬州盐商建造的园林大部分遭到战火的破坏。顺治至康熙中期的半个世纪中，清政府与扬州地方政府实行了一系列措施恢复扬州的经济、政治与文化，在经济恢复的同时，园林也陆续开始兴建。

清初，扬州北郊蜀冈瘦西湖区域比肩明朝后期，逐步园林化。顺治壬辰年（1652）郡人赵有成在莲花埭处建堤[1]，湖水在法海桥下曲折相连。顺治十年，谈迁到扬州，游北郊红桥一带，"虽平原旷寂，实北邙也"[2]，此时北郊一带园林寥落，与张岱《扬州清明》之情形形成强烈反差。谈迁在扬州北郊游览仅红桥、法海寺、大明寺、观音寺、司徒庙等，平山堂"在寺前而废"。顺治十六年（1659）王士禛聚集名士于蜀冈、红桥间，击钵赋诗，游宴不息。到康熙年间，北郊瘦西湖一带情形发生了较大的变化，园亭增建不少。康熙元年（1662）、三年（1664）王士禛继续倡率文人雅士于红桥修禊。他在1662年的《红桥游记》中描写了当时保障河水系的景致："出镇淮门，循小秦淮折而北，陂岸起伏多态，瞩目蓊郁，清流映带。人家多因水为园亭树石，溪塘幽窈而明瑟，颇尽四时之美。拿小艇，循河西行，林木尽处，又桥宛然，如垂虹下饮于涧，有如丽人靓妆袨服装，流照明镜中，所谓红桥也。"[3]从这段文字可知，在康熙初年，扬州城北的保障河一带人家已经开始在河两岸建造园亭、树石。及至康熙二十七年（1688）孔尚任笔下的扬州保障河一带"地接城堙，富贵家园亭，一带比列，箫鼓游舫，过无虚日。溪流转处，一桥高挂如虹，为之虹桥。自阮亭先生宴集后，改自曰虹桥，而桥始传。"[4]保障河沿线一带的富人家园林已经是"一带比列"，数量众多。清代诗人费轩也曾有词云"扬州好，宵市小桥西，八大园林如画卷……"在这首词的小注云："宵市桥在北关外廿四桥中之一。北关外园亭八家相聚一处，仁皇帝巡幸时，八园通为一园，连贯若卷轴然。一为王洗马园，一为许太史园，一为郑御史园，一为雷□□园。今之所存，惟王洗马园与员□□园尚如故，余则改为道观茶肆而已。"[5]这是关于康熙"八大名园"较早的文字资料，后李斗在《扬州画舫录》中也有专门介绍。总之，在王士禛倡导之下，大批文人、画家畅游湖上，吟诗作画，此时的扬州城北郊区域开始盛行冶游之风。这对保障河两岸造园的兴起，也起到了推动作用。最迟到康熙中期，由扬州城北郭，再到法海寺、平山堂，逐渐形成了一条围绕水系所展开的郊外冶游路线。

平山堂也因其创建者北宋欧阳修而受到官方的重视，康熙年间得到修缮与恢复。康熙

---

[1] 汪应庚.平山揽胜志·卷三[M].扬州：广陵书社，2004年，第53页.
[2] 谈迁.北游录[M].北京：中华书局，1960年4月第1版，第14页.
[3] 王士禛年谱[M].北京：中华书局，1992年，第21页；同时可见汪应庚《平山揽胜志》，卷一，第7页.
[4] 孔尚任.湖海集[M].上海：上海古典文学出版社，1957年，197页.
[5]《扬州文库》第二辑第55册[M].扬州：广陵书社，2010年，第166页.

十二年（1673）王士祯的学生汪懋麟与扬州太守金镇开始重建平山堂，并修建行春台。从这时起平山堂进入了大规模修复的进程中（在之后的乾隆元年又由汪应庚组织重建，并于乾隆二年修筑了西园）。《平山堂图志》记载了平山堂在清初的重建："国朝康熙元年，土人变制为寺，以堂为前殿。十二年，山阴金镇知扬州府事，邑人刑部主事汪懋麟谋重建平山堂于镇。十三年，堂成，置酒召客，四方名贤至者数十人，萧山毛奇龄、宁都魏禧、郡人宗观及镇与懋麟皆有记。会镇迁驿传道，十四年，过扬郡，属懋麟拓堂后地，建真赏楼。祀宋群贤于上。堂下为讲堂，堂前台高数十尺，复行春之旧，颜其门曰'宋欧阳文忠公书院'。"[1]

平山堂位于扬州西北郊赏游线路的中心位置，是时人郊游、登高的好去处。1688年孔尚任的一篇评论中描写了这条线路：从虹桥舟行至法海寺，而后步行至平山堂、观音阁；其中平山堂最为重要，虹桥、法海寺、观音阁皆为"平山堂之附丽"[2]。从扬州城西北到保障湖直至蜀冈，形成了一片"休闲地带"，它包括了该区域中各式各样的园林、亭台和寺院。整个区域在18世纪中后期演变发展成为了现在意义上的瘦西湖景区。在顺治到康熙初年这段时期，这片"休闲地带"得到了恢复并进行了扩展。例如在1674年平山堂被修缮时，扬州的运河沿岸与蜀冈之上已有许多寺院与私家园林[3]。此时扬州城西北郊的赏游区域已基本成形，而各处景观也已开始构建。例如，在前往平山堂途中的法海寺（后改名为莲性寺）在顺治、康熙初年两度被重建[4]。

此时，从平山堂至莲性寺一段的瘦西湖两岸建有若干充满郊野风光的私家园林与寺院景观。但是需要注意的是，莲性寺以东的中段与南段部分尚未开发与兴建重要的景观。屈复的《扬州东园记》中明确记载："前五十年，余尝登平山堂，北郭园林，连锦错绣。惟关壮缪祠外，荒园一区，古杏二株，扶疏干云日。丛篁蓊密，荆棘森然。"[5]屈复此文写于乾隆九年（1744），所指的"前五十年"即康熙三十三年（1694）。此时的莲性寺东偏仍为荒野之地，而平山堂所处的北郭园林虽连绵错绣，但距离乾隆中期瘦西湖湖上园林的鼎盛时期，仍有一定差距。该时期的瘦西湖仍以蜀冈之上的平山堂、小金山、法海寺、虹桥为中心。

这一时期，扬州城区及近郊也出现了一些著名的园林，如位于扬州新城流水桥的休园、新城花园巷的片石山房（双槐园）、新城南河下街的万石园、新城东关街的小玲珑山馆（街南书屋）、位于东郊的乔氏东园、城南的南园以及位于仪征白沙翠竹江村，这些园林皆为名噪一时的名园，且园主人或建造者皆以名传于大江南北，艺术成就很高。

---

[1] 赵之壁. 平山堂图志［M］. 扬州：广陵书社，2004年，卷一，第2-3页.
[2] 孔尚任《于臣虎选诗小引》，收录于《孔尚任诗文集》，北京：中华书局，1962年，第207页.
[3] 陈维崧《依园游记》，收录于周韶九编《陈维崧选集》，上海：上海古籍出版社，1994年，第377-379页.
[4] 魏禧《重修法海寺记》，1685年《扬州府志·卷三十八》，第49-51页.
[5] 贺君召. 扬州东园图咏［M］.

第四节　鼎盛期（清康熙中后期—清乾隆后期）

康熙中后期至乾隆后期，随着盐业、漕运的兴盛与商业的繁荣，加上康熙与乾隆的多次巡幸，扬州繁华达到了鼎盛，政治、经济、文化再度出现繁荣的局面。扬州成为南北漕运的咽喉和国家中部各省食盐的供应集散地，设立了两淮盐运使，全国各地盐商云集扬州，有利地推动了扬州城市文化的繁盛兴旺以及瘦西湖景观的发展。扬州北郊瘦西湖一代在这一时期内完全形成了水体、山石、建筑与树木相结合的湖上园林风光（图2-1）。但此时瘦西湖景观的重心已经明显产生了转移，地方官员、盐商们为了迎接帝王銮驾，着力于兴建兼具南北建筑风格的湖上园林，展现出两淮地区盐业与城市经济的高度繁荣。

该时期从平山堂沿保障湖南下，至莲花桥、小金山，再转向南，到大虹桥的这段水系完全形成。例如，雍正十年（1732），扬州知府尹会一主持扩建保障河的工程，"更为凿其断港绝潢，使欸乃相闻，逶迤以至平山以下"。整个工程既扩展了扬州西北郊的名胜景观，又可供该地区运河与城市内河的蓄泄。乾隆十五年（1750）、二十年（1755）、二十六年（1761），巡盐御史吉庆、普福、高恒又相继疏浚保障河水系，拓宽加深。乾隆二十二年（1757），高恒再次主持凿通莲花堤，以通东西水域，并修建了五亭桥，形成今天瘦西湖的局面。高恒不仅再次主导凿通莲花埂，修建了五亭桥，而且还参与了更为浩大的工程：全线整修水系、拓宽瘦西湖，游船可以自天宁寺出发一直往北通往平山堂[1]。这不仅开通了从虹桥、小金山到平山堂下游船的直通水道，又解决了湖上中心地带南北岸陆行的阻隔。这几次重浚保障河促使瘦西湖水系的最终确立，为湖上园林的兴起创造了有利的环境。正如《扬州画舫录》谢溶生序文中写道："增假山而作陇，家家住青翠城闉；

---

[1] 赵之壁. 平山堂图志[M]. 扬州：广陵书社，2004年3月第1版，第10-11页.

图 2-1 瘦西湖鸟瞰

开止水以为渠，处处是烟波楼台。"[1] 进入清代中期的乾隆年间（1736—1795），瘦西湖沿岸出现了鼎盛的局面。乾隆六下江南，均驻跸扬州。扬州官员、盐商为迎合帝王，不惜巨资征地构园。盐商们财势雄厚，竞尚奢丽，传承皖南儒商的风雅，纷纷聘请造园名家运用造园艺术手法，在扬州城内与城西北郊水系修造邸宅、园林。在康熙、雍正年间所建园林的基础上，盐商们陆续在沿湖两岸建园，随形得景，互相因借，增荣饰观，使得两岸楼台画舫，十里不断。而整个瘦西湖水系也逐渐成为湖上园林胜地，以供乾隆"品题湖山，流连风景"。瘦西湖一带园林座座，相接不断，如贺氏东园、净香园等名园都置身其中，许多园林都获得皇上御赐的园名、楼堂名的匾额、对联和题诗。从城东三里上方山禅智寺的"竹西芳径"开始，沿着漕河西向延伸到蜀冈中峰大明寺的西园，另由大虹桥南向，延伸到城南古渡桥附近的九峰园，约有大小园林六十座。特别是从北门城外的城闉清梵起，到蜀冈脚下的平山堂坞，楼台不断，园林密集，几无一寸隙地，展现出"两岸花柳全依水，一路楼台直到山"的壮观景象。这时的湖上园林景观之胜，正如乾隆二十八年（1763）就聘于扬州的沈复所赞："即阆苑瑶池，琼楼玉宇，谅不过如此。"[2] 钱泳在《履园丛话》中记述他乾隆五十二年秋到扬州时的情景："自天宁门外起，楼台掩映，朱碧新鲜，宛入赵千里仙山楼阁。"[3] 金安清《水窗

---

[1] 李斗.扬州画舫录［M］.扬州：广陵书社，2010年3月第1版，第3页.
[2] 沈复.浮生六记·浪游记快［M］.杭州：浙江文艺出版社，2017年4月第1版，第190页.
[3] 钱泳.履园丛话［M］.北京：中华书局，1979年12月第1版，第533页.

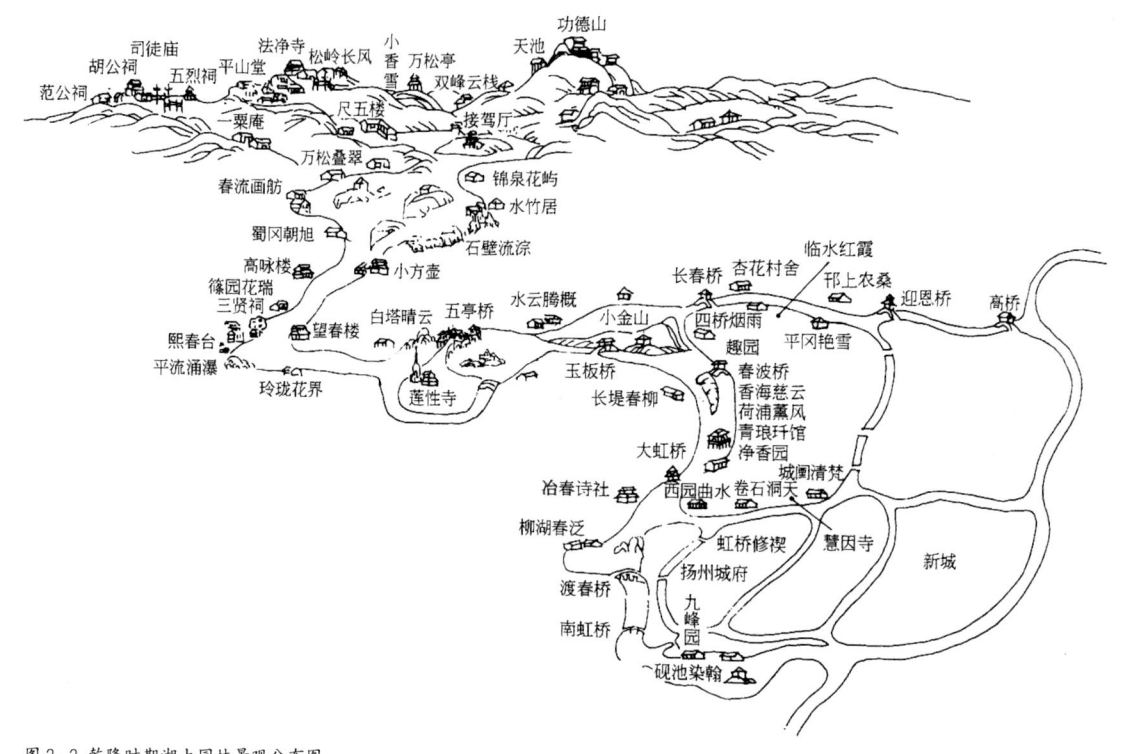

图 2-2 乾隆时期湖上园林景观分布图

春呓》记载:"计自北门直抵平山,两岸数十里楼台相接,无一处重复。其尤妙者,在虹桥迤西一转,小金山矗其南,五亭桥镇其中,而白塔一区,雄伟古朴。往往夕阳返照,箫鼓灯船,如入汉宫图画。"[1]瘦西湖的湖上园林,最迟在乾隆三十年(1765)左右,已建有卷石洞天、西园曲水、虹桥揽胜、冶春诗社、长堤春柳、荷浦薰风、碧玉交流、四桥烟雨、春台明月、白塔晴云、三过留踪、蜀冈晚照、万松叠翠、花屿双泉、双峰云栈、山亭野眺、临水红霞、绿稻香来、竹楼小市、平冈艳雪二十景。至乾隆三十一年(1766)左右,湖上复增绿杨城郭、香海慈云、梅岭春深、水云胜概四景。这些景观被书写于两淮盐运司文宴时的牙牌之上,共为二十四处景致,有二十四景之称。除此之外,沿河还有砚池染翰、柳湖泛春、竹西芳径、华祝迎恩等名景(图2-2)。

位于瘦西湖水系中段与南段交接位置的长春岭,也是重要的景观之一,为瘦西湖中的小岛,清康熙早期,此处是瘦西湖中的主要景点。乾隆二十二年,盐商程志铨增建,岭的四周环水,岭上遍植梅花,又建六方亭,又称为"梅岭春深"。而距长春岭不远的五亭桥,又称莲花桥,建于清乾隆二十二年(1757),为乾隆第二次南巡时,高恒为迎驾而建。桥上建五个单独的亭子,中央是重檐亭,四角为单檐亭。"上置五亭、下列四翼洞,正侧凡十有五。月满时每洞各衔一月,金色滉

---

[1] 金安清. 水窗春呓 [M]. 北京:中华书局,1984年3月第1版,第72页.

漾。"[1]桥体与五亭既表现了北方建筑风格的雄浑,也呈现出南方园林的秀美之色。

瘦西湖景观中也有多个景区聚集于一园的情况,例如徽州盐商江春家的净香园,包括了"香海慈云""荷浦薰风""青琅玕馆"等多个景观。该园建在虹桥以东,园门与"西园曲水"相望。前湖后浦,湖中种红荷,以树木围护,浦中种白荷,以土堤围护。徽商黄履暹的趣园,也包括了"四桥烟雨"和"水云胜概"二景在内。该园内山水亭台相辉映,景致怡人。值得一提的是,黄氏兄弟好构名园,曾经以千金购买造园秘书。所以黄氏在瘦西湖两岸建有多处园林景观。例如,黄履昂于乾隆元年(1738)改虹桥为石桥,而黄履昂之子黄为蒲修筑了"长堤春柳"。该景位于长春岭至虹桥段,为黄为蒲的别墅,于乾隆四十年(1775),转归候选知府吴尊德所有并加以修葺。长堤临水岸边,间种杨柳。多五步一株,十步双树,三三两两,跂立园中。堤上筑"浓阴草堂",堂左有长廊三四折,廊外遍植桃花,与绿柳相间,景色极佳。另外,倚虹园在虹桥以南,为盐商洪徵治别业,俗称"大洪园"。该园建于元代崔伯亨花园故址之上,园内包括了"虹桥修禊""柳湖春泛"二景。1765年前后,洪徵治又在大虹桥以东的员园的基础上建"小洪园",园中筑有芍园、群玉山房、薜萝水榭、契秋阁、委宛山房、修竹丛桂之堂、丁溪、射圃等景点名胜。其中还包括"卷石洞天"一景。该景临水筑太湖石山,建为九狮形,上面装点桥亭。园内外以水相连,以长廊相接,并以叠石取胜,表现了时人所称的"扬州以名园胜,名园以叠石胜"的特征。位于蜀冈附近的"锦泉花屿"为盐商吴玉山的别业,其中布满水石花树,水流九曲潆洄,水面随时可见多姿多彩的花屿,有铁干虬枝,有疏影横斜,有花团锦簇,有修篁滴翠,造型各异。而"蜀冈朝旭",为乾隆年间盐商李志勋所建。乾隆于二十七年(1762)临幸时,赐名"高咏楼"。该园置太湖石数千,并移植堡城竹子十亩,整个景观前景以石胜,后以竹胜,中以水胜。园内又种植梅柳桂竹,牡丹荷花。春夏之交时节,观者流连忘返。此外,《扬州画舫录》中记述和提及徽商所筑建的湖上园林还有歙县盐商汪廷璋的"春台祝寿"、吴禧祖的"万松叠翠"、汪秉德的尺五楼、程扬宗和巴树保的"白塔晴云"、黄为蒲的韩园、黄为筌的桃花坞、王勋的"杏花村舍"和"邗上农桑"、周楠的"平冈艳雪"和"临水红霞"、程杓的"双峰云栈"、江春的东园、毕本恕之毕园等等。上述园林皆为扬州盐商供邀宸赏所建,不少园林被乾隆皇帝临幸御览而赐名,许多徽商因此得到了皇帝的虚衔嘉奖,为自己谋取了政治特权。

扬州诸盐商"以重资广延名士为之草创"[2],将金陵、杭州、镇江、苏州、徽州等地的名胜景点加以移植,使得湖上园林蔚为大观。

---

[1] 李斗.扬州画舫录[M].扬州:广陵书社,2010年3月第1版,第170页.
[2] 金安清.水窗春呓[M].北京:中华书局,1984年3月第1版,第72页.

清乾隆时期江南文坛领袖袁枚在《扬州画舫录》"序"中指出："自辛未（1751年）岁天子南巡，官吏因商民子来之意，赋工属役，增荣饰观，参而张之。水则洋洋然回渊九折矣，山则峨峨然隆约横斜矣；树则焚槎发等，桃梅铺纷矣；苑落则鳞罗布列。闳然阴闭而霄然阳开矣。倚欤休哉！其壮观异彩，顾、陆所不能画，班、扬所不能赋也。"[1]因而"杭州以湖山胜，苏州以市肆胜，扬州以园亭胜"成了时人的定评。

为迎接乾隆皇室第二次南巡，盐务官员、盐商还修建了天宁寺行宫，供乾隆南巡时使用。天宁寺原为扬州古刹之首。始建于东晋，相传寺的前身为东晋时期太傅谢安的别墅，后设宅建谢司空寺，北宋政和二年（1112）得名，后于明代洪武年间（1368—1398）重建。康熙帝南巡曾驻跸天宁寺。康熙四十四年（1705）钦命两淮巡盐御史曹寅在寺内设"扬州诗局"，主持刊刻《全唐诗》等书。乾隆第二次南巡时住于此，以后四次南巡均停留于该处。整座行宫包含了装饰性、居住性和休闲性的成分，例如牌楼、宫门、前殿、寝殿、戏台、御花园等。同时，六部、百司等行政性的机构也设置其中，以供帝王南巡之用。天宁寺在康熙时期的重建及乾隆时期行宫的修建，使得它成为扬州与北京之间相互影响的重要场所。李斗的《扬州画舫录》对该行宫有十分详细的描写："杏园大门内土阜，如京师翰林院大门内积沙，房庑如京师八旗官房，房以三间为进，一进一门，以设六位处六部，及百司皆有攸处。中建厅事，周以垣墙，以待军机，耳房张帷帐……天宁门至北门，沿河北岸建河房，仿京师长连、短连、廊下房及前门荷包棚、帽子棚做法，谓之买卖街。令各方商贾辇运珍异，随营为市，题其景曰'丰市层楼'"[2]。帝王驻跸天宁寺行宫，推动了天宁寺周围区域内以及新城北部地区的发展。

湖上园林呈一路高歌之势，城市山林也井喷式出现，这是因为湖上园林只是盐商的城外别墅，而城内才是盐商日常生活之所，营造出园林式的居住环境是客观需要。城内园林主要集中于东关街、南河下一带，除休园、万石园、安氏园、小玲珑山馆外，还有康山草堂、退园、徐氏园、易园、驻春园、静修养俭之轩、别圃、容园、双桐书屋、朱草诗林、秦氏意园等。城南园林有九峰园、秦园、秋雨庵、水南花墅、漱芳园、南庄、黄庄、梅庄、锦春园等。城东有梅庄、可园、榆庄、深庄等。总之，乾隆时期，以瘦西湖为代表的扬州古典园林成为一定程度具备了现代景观意义上的城市公园滥觞，是中国古典园林发展顶峰的代表作。

---

[1] 李斗. 扬州画舫录[M]. 扬州：广陵书社，2010年3月第1版，第1页.
[2] 李斗. 扬州画舫录[M]. 扬州：广陵书社，2010年3月第1版，第53-54页.

第五节　衰落期（清嘉庆后期—中华民国）

清嘉庆后，由于皇帝不再南巡、海运的发展、盐法的改革等原因，扬州的城市地位迅速下降，扬州盐商也大多数困顿、潦倒，他们在瘦西湖周边建造的园林由于缺资维护逐渐废颓。关于扬州园林逐步衰败的这段历史，扬州籍学者阮元在《扬州画舫录》跋里说得最为清楚，写于道光十四年（1834）。

跋里说："扬州全盛，在乾隆四五十年间，余幼年目睹，弱冠虽闭门读书，而平山之游，岁必屡焉。方翠华南幸，楼台画舫，十里不断。（乾隆）五十一年（1786）余入京，六十年（1795）赴浙学政任，扬州尚殷阗如故。嘉庆八年（1803）过扬，与旧友为平山之会，此后渐衰，楼台倾毁，花木凋零。嘉庆廿四年（1819）过扬州，与张芝塘孝廉过渡春桥，有诗感旧。（几年不到平山下，今日重来太寂寥。回忆翠华清泪落，永怀诗社故人凋。楼台荒废难留客，花本飘零不禁樵。别有倚虹园一角，与君同过渡春桥。）近十余年闻荒芜更甚。且扬州以盐为业，而造园旧商家多歇业贫散，书馆寒士亦多清苦，吏仆佣贩皆不能糊其口。兼以江淮水患，下河饥民由楚黔至滇城，结队乞食诉乡谊，予亦周恤资送之。李艾塘（斗）撰《画舫录》在乾隆六十年（1795），备载当年景物之盛，按图而索，园馆之成黄土者七八矣；披卷而读，旧人仅有存者矣。五十年尘梦，十八卷故书，今昔之感，后之人所不尽知也。书此识之。"[1] 道光十八年（1838），阮元以老病致仕还乡，居扬州选楼巷（今毓贤街）。次年（1839）为《画舫录》作二跋。跋中说："自《画舫录》成，又四十余年。书中楼台园馆，仅有存者。大约有僧守者，如小金山、桃花庵、法海寺、平山堂尚在；凡商家园丁管者多废，今止存尺五楼一家矣……或贫无以应之。木瓦继而折坠者，丁即卖其木瓦，官商不能禁；丁知不禁也，虽不折坠亦曳拆之。所谓倚虹园者，共见尽矣。

---

[1] 李斗. 扬州画舫录 [M]. 扬州：广陵书社，2010年3月第1版，第229页.

余告归田里,楼台虽废,林泉尚多。十九年(1839)夏,每乘小舟出虹桥,一望绿树满野,绿草满堤,新荷有花,蝉声不断,直至平山。舟子乞与舟名,余题'绿野'二字匾。又舆登尺五楼延山亭避暑,望平山之松泉,闻钟声。僧六舟曰:'此间颇似杭之南屏。'余曰:'是,宜曰"北屏晚钟"矣。'此地苟不拆,尚可支数十年。"[1] 这是道光十九年(1839)湖上园林衰败的景象。

与阮元同时代的钱泳(1759—1844),阅历广泛,著述丰富,经常往来扬州,有时则寄寓园林之中。他在《履园丛话》中说:"扬州之平山堂,余于乾隆五十二年(1787)秋始到。其时九峰园、倚虹园、筱园、西园曲水、小金山、尺五楼诸处,自天宁门外起直到淮南(钱泳误,应为东)第一观,楼台掩映,朱碧鲜新,宛入赵千里仙山楼阁中。今隔三十余年,几成瓦砾场,非复旧时光景矣!有人题壁云:'楼台也似佳人老,剩粉残脂倍可怜。'余亦有句云:'《画舫录》中人半死,倚虹园外柳如烟。'抚今追昔,恍如一梦。"[2] 这种盛衰变化的急速,从"仙山楼阁"到"几成瓦砾场",不能不让他有"恍如一梦"的感叹。

金安清在《水窗春呓》中说:"嘉庆一朝二十五年,(扬州园林)已渐颓废。余于己卯庚辰(嘉庆二十四、二十五年)间,侍母南归,尤及见大小虹园,华丽曲折,疑游蓬岛。计全局尚存十之五六。比戊戌:(道光十八年)赘姻于邗,已逾二十年,荒田茂草已多,然天宁门城外之梅花岭、东园、城闉清梵、小秦淮、虹桥、桃花庵、小金山、云山阁、尺五楼、平山堂,皆尚完好。五、六、七诸月,游人消夏,画船箫鼓,送夕阳,醉新月,歌声遏云,花气如雾,风景尚可肩随苏杭也。是时,阮文达致仕家居,已及八十,每以肩舆游山,憩邗上农桑,与同辈老宿二三人,煮茗论古。白头一老,如入画图,真为承平佳话。追粤寇之变,遂成干戈驰突之场,而名胜皆尽矣。"[3] 金安清对乾隆至咸丰年间扬州湖上园林盛衰变迁交代得非常清楚(图2-3)。

嘉庆、道光五十多年间,瘦西湖上没有新的园林出现。道光后期,阮元曾购邗上农桑为别墅。长春桥西里许,有过一个双树庵。其时,两江总督兼署两淮盐政的麟庆(1791—1846)的《鸿雪因缘图记》里,有篇《双树寻花》,说双树庵是个翠竹摇曳、双树高大而合抱、廊前琼花玉兰盛开的清幽小园。梁章钜、阮元等人曾经游双树庵,寻花看竹,并留下文字记述,与麟庆所记吻合。

嘉庆、道光年间,城内及北湖一带有新园出现。嘉庆年间,城中旧园如休园、康山草堂、双桐书屋、鄂不诗馆、静修俭养之轩、容园、小玲珑山馆等,有的虽然易主,但都完好。如位于阙口街的江园,原为清康乾时期黄履昊的容园,钱泳《履园丛话》中说:"扬州江畹香侍郎家有一园,在阙口门大街,回廊曲榭,花

---

[1] 李斗.扬州画舫录[M].扬州:广陵书社,2010年3月第1版,第229页.
[2] 钱泳.履园丛话[M].北京:中华书局,1979年12月第1版,第533页.
[3] 金安清.水窗春呓[M].北京:中华书局,1984年3月第1版,第46页.

图 2-3 小金山

图 2-4 个园

柳池台，直可与康山争胜。"[1] 嘉庆时，城内尚有少量园林出现。但园主多为硕学名儒、诗坛泰斗，或书画名家。如东圈门街之青溪旧屋为经学名儒刘文淇先生宅园。广储门内的樗园为仪征书院山长、吴门王铁夫寓庐。城南草堂在小东门内，地近太平桥，为诗人陈章后裔白石山人陈恩贤居所。徐凝门双桥巷的双桥一石一梅花书屋，及流芳巷之濠梁小筑，则为扬州诗坛泰斗黄春谷先后寓所。小倦游阁在东关街观巷，为书法家包世臣寓居处。嘉庆年间最为出名的园林是盐业商总黄至筠于嘉庆二十三年（1818）建造的个园，个园的规模及园中山水、花卉、楼台均超出前述诸园（图 2-4）。

道光二十年（1840）鸦片战争爆发。道光二十二年（1842）英国军舰侵入长江，行驶至瓜州，引起扬州城区的不安和骚动。道光三十年间，扬州城内只建有一些小型园林如魏源的絜园、二分明月楼、尹园等，规模稍大的有运判张应铨别业（乾隆时之容园）以及道光二十三年（1843）包松溪修建的棣园。

咸丰三年（1853）、六年（1856）、八年（1858），太平军三进扬州。咸丰六年（1856），扬州大旱，飞蝗成灾，运河水枯竭，交通受到阻滞，盐业衰萎，园林荒废。咸丰年间，扬州城里无一新园。城外虽有新筑，亦为昙花一现。如举人李肇埔、肇增兄弟，曾于咸丰初年在城西夹河处，购地数亩筑为慈园，以奉母游娱其中。未久，园毁于咸丰三年兵火。

清同治（1862—1874）、光绪（1875—1908）年间，扬州园林经历嘉道数十年的衰败与咸丰劫火之后，此时渐有了一些恢复和起色。《扬州览胜录》卷 1 中说："同光以来，海内承平，两淮继业渐盛，郡之士大夫乐宴游而厌烦嚣者，群以兴复名胜为急务。时值定远方公浚颐转运两淮，以振兴文物为己任，慨然捐修平山堂、谷林堂、络春堂、平远楼诸名迹；并于长春桥东岸建三贤祠，祀欧阳文忠、苏文忠、王文简三公，而又以冶春诗社附设祠中，时与四方名流饮酒赋诗，往来湖上。于是小金山、功德山、莲花桥、法海寺诸名迹，亦次第兴

---

[1] 钱泳. 履园丛话 [M]. 北京：中华书局, 1979 年 12 月第 1 版, 第 533 页.

修。"[1] 而他次第兴修的，还有天宁寺、重宁寺、白塔等。

同光年间，扬州新建园林仍较多集中于城内，城外较少。身为官吏或致仕归里者所筑的园林，有户部主事陈象衡筑于湾子街西夹剪桥的小圃；吉安知府何廉舫筑于东圈门街之壶园；广东廉州知府张丙炎筑于地官第的冰瓯仙馆；淮扬兵备道于昌遂筑于蜀冈上司徒庙西北的养志园；湖北汉黄德道何芷舠筑于徐凝门内的寄啸山庄；四川学致夏路（鹭）筑于左卫街的裕园，后为湖北荆宜道蔡露卿花园，名为退园；湖广总督、闽浙总督卞宝第筑于左卫街之小松隐阁；刘桂年太史购东关街北疏理道安麓村安氏园旧址，易名为约园；安徽巡抚陈彝筑于东关街羊巷的金粟山房；礼部尚书祁隽藻筑东圈门的祁氏山林；刑部官员丁绍宪于探花巷有听春楼；甘泉县令朱震钧建于彩衣街弥陀巷、邻近罗聘故居朱草诗林之朱草诗邻；大令徐芝岫筑于大东门正谊巷之倦巢；翰林院庶吉士臧谷筑于府东街之桥西花墅；两淮盐运使程仪洛筑于天宁寺西之省耕旧舍；两江总督周馥购徐氏大树巷内之小盘谷等。

同光年间，由于扬州盐业有所复苏，盐商构园者有康山街的卢氏意园、魏氏逸圃，阙口街的魏氏朴园、毛氏园，永胜街的魏园，丁家湾大武城巷的贾氏庭园，湖南盐商购棣园为湖南会馆，广东盐商于仓巷筑会馆曰岭南小筑等等。另有富商在东关街筑冬荣园，谢氏于马监巷构劝业堂，画家许幼憔于运司公廨巷筑瓢隐园。

从上述情况看，同光年间，扬州园林在逐渐衰败又经劫火之后，随着社会相对安定和盐业经济的复苏呈现出一派"中兴"的景象。但是，此时园林，无论是官员的别业，还是盐商的山林，一是因为多在城内，二是因为财力皆不及乾隆时盐商雄厚，园林的规模多不如前，多是小有园林之胜。唯有何芷舠建于光绪九年（1883）的寄啸山庄规模较大。

清末至民国初年间，随着津浦铁路开通，扬州失去优越的交通地位，经济更为衰弱，瘦西湖一带风光不再，仅新建徐园、凫庄（图2-5）、熊园，重建五亭桥的5座桥亭等。城内所建园林更是趋于小型化、平民化，如萃园、平园、息园、匏庐、汪氏小苑、祇陀精舍、邱园、蔚圃、逸圃、怡庐、八咏园、憩园、可园、餐英别墅、问月山房、刘氏庭园、蛰园等。其中萃园、蔚圃、餐英别墅、怡庐、匏庐等小型宅园均为民国年间扬州造园名家余继之设计建造。余继之善用隙地造园，以少胜多，饶有个人风格。1912年建成的小东门公园以及1935年北郊的叶林可以称作扬州近代意义上的公园。1936年国民政府在扬州成立了江都县风景委员会，筑环湖马路，植海桐、杨柳以荫游人，在北门外建草地公园等，以期渐次恢复北郊旧观。1937年抗日战争爆发后，兴建与恢复园林之风被抗日救亡取代。

---

[1] 王振世.扬州览胜录[M].扬州：广陵书社，2002年12月第1版，第10页.

图 2-5 凫庄全景图

第三章

布局

第一节 山水布局
第二节 建筑布局
第三节 植物布局

清代文人沈复在《浮生六记》中提出造园必先有个总体布局，如果布局搞好，妙处很多，"若夫园亭楼阁，套室回廊，叠石成山，栽花取势，又在大中见小，小中见大，虚中有实，实中有虚，或藏或露，或深或浅。"若搞不好，则是"地广石多，徒烦工费"。由此可见，布局在园林中起着非常重要的作用。

第一节　山水布局

扬州园林整体而言，总体平面布局较为平整，动观与静观结合，观赏线路多层立体，宅与园结合较为紧密，园中布局没有严格的中轴线，灵活而富有变化。主厅常是全园的活动中心，地位突出，景色秀丽，厅前凿池，隔池堆山作为对景。在有限的面积里，有时也以环阁凿池，或贴壁叠山的形式，最大限度地利用空间来构筑无限的意境。使这些园林，虽无崇山峻岭、急水深流这样的纯自然风貌，但因为叠石理水、栽植花木、建筑点缀，皆以自然为画本，从而创造出一个"山有脉、水有源""木欣欣以向荣，泉涓涓而始流"的小天地，体现出重山水自然的布局特点。

所谓山水自然之境，即孙筱祥所说的："树无行次，石无位置，山有宾主朝揖之势，水有纡回萦带之情，是一派峰回路转、水流花开的自然风光。"[1] 这也与整个中国园林的艺术追求"虽由人作，宛自天开"相一致。同时，园景又因叠石、理水、建筑、花木在布局上的侧重，做到"园以景胜，景因园异"。如个园以假山为赏景核心，水景为辅（图3-1）；瘦西湖则以水景为主，山景为辅（图3-2）。清何芷舠的寄啸山庄以廊最突出，而在清余元甲的万石园中，建筑只是点缀。"筑万石园，积十余年殚思而成。今山与屋分，入门见山。山中大小石洞数百，过山方有屋。厅舍亭廊二三点，点缀而已。"

一、城市园林的山水布局

扬州的城市园林，布局多取向内集中的形式，建筑物、回廊、亭榭等均沿园的周边布置，墙体成为限定空间的重要元素。所有建筑均背朝外而面向内，并由此形成一个较大较集中的庭园空间。

---

[1] 江苏省基本建设委员会. 江苏园林名胜[M]. 南京：江苏科学技术出版社，1982.

图 3-1 个园夏山

图 3-2 瘦西湖

图 3-3 何园水池

图 3-4 小盘谷水池

图 3-5 静香书屋

按彭一刚所言:"这种布局的好处是在极为有限的范围内可以布置较多的建筑,且不致造成局促、拥塞。"[1]这是因为扬州的城市园林多为私园或会馆,园在宅后,身处闹市,受地理条件的限制,往往面积都不大,有的小园只有数百平方米,如蔚圃、鲍庐等,其中扬州金鱼巷的"容膝园",该园纵深约三十步,宽仅十余步,就是取三面贴墙布景、向内集中的方式,除南侧留有隙地外,其余方向,东北有叠石山,西侧构半廊与半亭,西南为客斋三间。

而稍大的园子,如个园有 20000 多平方米,何园 14000 平方米,小盘谷 2000 平方米。为主题突出,集中赏景,往往会以水池为中心,取内向布局的形式。比如何园的主景区西园既以水池为中心,三面环廊,水池东有水心亭、北有蝴蝶厅等建筑,西有假山、石矶,水池上还有石梁桥和曲桥点缀(图 3-3)。小盘谷的水池,东南西北四面分别被假山、厅堂、长廊、船舫包围,使得主景区的核心地位非常明显(图 3-4)。扬州南河下 26 号的清道光棣园,东西主园都是以水面为中心,湖石假山环列四周,建筑退到边缘地带,从而使空间显得开敞而自然。湖上园林瘦西湖景区的园中园静香书屋,它的布局,亦是居中一水池,四周分别是:池东,一石舫临架于水上,似静还动;池南,黄石假山,巉岩峭壁,山顶有亭,可登高远眺;池西,芦苇数丛,蒹葭苍苍,古朴幽远;池北,一厅堂,颜为静香书屋(图 3-5)。

即使是今天不复可见的扬州明代"最为冠

---

[1] 彭一刚. 中国古典园林分析[M]. 北京:中国建筑工业出版社,1986.

绝者"的休园，它是盐商郑士介（侠如）的园子，按清宋和《三修休园记》描述："堂之东有山障绝，伏行其泉于墨池。山势不突起，山麓有楼曰空翠。山趾多窍穴，即源泉之所行也。楼东北则为墨池，门联董华亭书，屏王孟津书。阁右有居曰樵水者，亦墨池之所注也。池之水既有伏行，复有溪行，而沙渚蒲稗亦澹泊水乡之趣矣。溪之南皆高山大陵，中有峰峻而不绝，其顶可十人坐。稍下于顶有亭曰玉照。"从上下文记载可知：中部景区是以墨池构成的水景为主，景点围绕水体设置，临水的建筑分别有：樵水、墨池阁、湛华、卫书轩、含清别墅、定舫、得月居、花屿、云径绕花源、不波航、枕流等。

总体而言，扬州城市园林多为层叠向心式的布局，有一个较大、较集中的水面是向心布局所赖以取胜的重要因素之一，因为水体集中，往往产生空间开阔之感。环绕水面，布置山石、建筑、花木，其中更常常在北侧筑二层楼，来眺视全园，如个园、瓠园、何园、二分明月楼等皆是。这样的布局，其向心力和内聚感会分外强烈。

二、湖上园林的山水布局

对于在规模和占地上都远超私家小园的大型园林，其布局特点又有不同。如集锦式的湖上园林瘦西湖，被称为"视野之开阔为苏州园林所不及，而相互呼应却又较杭州西湖紧凑。"[1] 整体布局以散点分布，此时，如果仅用水面来突出某个风景点，就难以奏效了。这样的园子，为避免松散、凌乱，比较有效的方法就是结合具体情况，根据地形、水体、植物营构的变化，一方面，在园内选择一个制高点，通过它俯瞰全园，或楼、或塔、或阁等。如瘦西湖精华区域五亭桥，就是这样一个建筑。它位于湖面的中轴线上，是全园赏景的布局中心，具有控制全园景观的作用。站在五亭桥上，东面是小金山，南面是白塔，西面是二十四桥景区，北面可远眺千年古刹大明寺，可谓是"四面风光皆入画"。而且观赏视角丰富多样，平视有风亭、仰视有白塔、俯视有湖上草堂、吹台、凫庄和广阔的湖面等（图3-6），山、水、建筑、花木一样不少。并且，五亭桥既是看的建筑，又是被看的景观，从园的四面皆可以清晰地看到它的立体轮廓线，这样的布局结果，就使整个园子有了灵魂，有了园眼。五亭桥类似皇家园林颐和园万寿山上的佛香阁，都起到统领全园的作用。另一方面，大型的湖上园林在组景空间分布上有适当的轴线引导，如瘦西湖的风亭、吹台和五亭桥自东向西三者几成一线，与二十四桥景区的熙春台共同构成湖上的东西向轴线。这样，即使沿途景点分布比较松散，也可以做到"散而有序""形散而神不散"。难怪有文章认为："（瘦西湖）整个景区显示出完整的景观构成，错落有致的空间层次、起承转合连绵不断的景观序列，体现了突出的整体景

---

[1] 南京工学院土木建筑工程系城乡规划教研组.扬州瘦西湖规划中的几点体会[J].建筑学报，1961（2）：7-11.

图 3-6 瘦西湖凫庄

观组织特征，是江南私家园林与北方皇家园林艺术相互间借鉴融合的成功范例。"[1]

如果说城市私园的理水以聚为主，那么大型湖上园林的水系空间则是既聚又分，主宾分明。如瘦西湖湖上草堂至熙春台的水面，就是聚，就是主。而长堤春柳一侧的水面、小金山处的水面、万花园处的水面，就是分，就是宾。聚，可以有汪洋之感，分，则有迂回曲折，深壑藏幽之感。湖面之上，用葑泥堆土于湖中的小金山、用葑泥堆成小汀的西园曲水中的琵琶岛以及伸入湖心长渚的钓鱼台，还有各种类型的桥，因为它们对水体的有效划分，使得湖面线条产生了高低起伏，疏密有致的空间组合，避免了大型水面带来的单调和一览无余，充分起到了丰富水体样式和凸显水面层次的效果，正是这样的布局，才体现出瘦西湖"两堤花柳全依水，一路楼台直到山"的自然之美。

三、寺观园林的山水布局

旧云：天下名山僧（道）多占。就是寺观往往建在树木林立、山清水秀之地，它们一方面与四周的自然风景相协调，另一方面又大多成为公共游览的景点。寺外是景色宜人，寺内又大都有附属

---

[1] 张伟，陈骁. 扬州蜀冈 - 瘦西湖私家园林群的景观构成 [J]. 徐州建筑技术学院学报，2002，(2)：31-33.

园林或庭院园林化的建置，按周维权说："许多寺、观以园林之美和花木的栽培而闻名于世，文人们都喜欢到寺观以文会友、吟咏、赏花，寺观的园林绿化亦适应于世俗趣味，追私家园林。"又说，"一般与私家园林并没有多大区别，只是更朴实一些，更简练一些。"[1] 扬州的寺观也具有如上特点，从史料记载看，扬州天宁寺的西园、静慧寺的静慧园、高旻寺的附园、琼花观的琼花园，都是多植花卉、山水布局，颇有名气的园林。如清完颜麟庆在《鸿雪因缘图记》里描述的扬州重宁寺的东园："万寿重宁寺，在扬州北门外……东有园曰'东园'，歙人江春建，以供宸游。蒙赐堂额曰'熙春'，室曰'俯鉴'，厅曰'琅玕丛'。遂擅诸园之胜。园门外即梅花岭……至门，见土阜夹石，石骨峭露，沿岭上下植梅数百株，种多玉蝶。岭上有亭，六角，掩映花梢。寻径登亭，绿萼红英，繁香四绕，真所谓众香国也。入园则水木清华，堂厦轩敞。而且磁山清丽，镜室晶莹，尤他处所无。"又如今天琼花观三清殿后的琼花园，园内琼花台上植琼花一株，西有池山，东有贴壁假山，山上建无双亭，亭柱有联："维扬一株花，四海无同类。"山腹有洞，水流沿山势而下，曲水两旁遍植玉兰、梅花、雪松等佳木异卉，以衬琼花。下面以扬州大明寺西园为例，具体阐述其寺观园林的布局特色。

在扬州现存的寺观园林中，大明寺的西园（又名芳圃、御苑）作为寺观园林，它既不像私家园林（个园、何园）那样精于人工巧筑，也不像公共园林（瘦西湖）那样具有较大的规模和丰富的自然、人文景观，而是以树木池水为主，点缀少量建筑，呈现出疏朗、天然的美。

以造园相地而论，扬州园林类型中当以西园选址为最佳。明计成在《园冶》中曾将园林外部环境归为六类，首推是"山林地"，"园地惟山林最胜，有高有凹，有曲有深，有峻而悬，有平而坦，自成天然之趣，不烦人事之工。"意思是说园林地只有山林地区最好，这些地方有高有凹，有曲有深，有高而陡峭的悬崖，有平而广阔的林薮，自成天然的妙趣，不劳人力的加工。而建在蜀冈上的大明寺西园，也自有别的园林所没有的山野气息，清道光两江总督麟庆所著《绿野泛舟》中，曾引阮云台语："平山园林之胜，在乾隆时为最，嘉庆间已渐零落……幸而林泉俱在也。"从地貌上讲，蜀冈为堆积－侵蚀地貌，是淮阳山脉的余续，《江苏园林名胜》一书中就写到："江南园林多平地挖池堆山而建，芳圃则开山凿池构筑。"

作为园林而言，西园的特色是明显的。除了它建于蜀冈中峰，有山林地形之优。其次，树木成林、池水成片是西园区别于别的园林的又一特色。西园以水池为中心，面积较大，水以聚为主，以散为辅，形成"水随山转，山因水活"的布局特点。建筑则以隐为主，临水建筑都取低矮、近水、空透的形式。而环池四周大部分是起伏的山丘，丘冈之上遍植参天古木，多是高大的朴树、榆树、松树。在构景上，形成了高是树，低是水，中间是少量建筑的布局

---

[1] 周维权. 中国古典园林史[M]. 北京：清华大学出版社，1999.

图 3-7 西园一隅

特点（图3-7），这使得全园层次分明，充满生机，同时，树木亦有分隔空间、遮掩景观的作用，每当风、雨、雪、雾、朝露、黄昏时分，山石、建筑、水流便在树木的婆娑中表现出"茂林在上，清泉在下，奇峰秀石，含雾出云"的境界。树木除了在造园中有组景的功能之外，更有渲染气氛的作用。四季的瞬息变化，自然界的种种场景，无形的时空之美，都会通过树木的盛衰枯荣，通过树木的万千姿态，通过树木的声、色、味，淋漓尽致地表现出来。西园树多，草亦多，不但点缀了林木，也增添了野趣。草在园林中的妙处，宋欧阳修《丰乐亭游春》就曾云：红树青山日欲斜，长郊草色绿无涯。游人不管春将老，来往亭前踏落花。此外，中国园林又极重树木的自然形态，特别是成林的树木，其郁郁葱葱，茂密幽深，更给游人脱尘出世、反归自然的惬意。而西园这种入林求意的韵味，作为城市山林的个园、何园，则是没有的，故西园被专家学者评为："该园开阔而粗犷，有深山大泽的气象，在扬州园林中独具一格。"

扬州大明寺西园重自然的造园布局，当然也和它作为寺观园林有关。所谓"本色住山人，且无刀斧痕"，佛家追求山深林幽，追求清净无为，追求物我合一，追求在自然中获得心灵解放的意旨，无疑也使得寺庙园林在风格上更趋于简约、天然、浑朴之境。史学大家陈垣曾说佛教在中国广为传播的原因之一就是能利用园林，"因为有园林之胜，市朝俗客，偶一登临，便如入清凉世界，是为佛教能传播中国的第三原因。"[1]

---

[1] 黄夏年.陈垣集［M］.北京：中国社会科学出版社，1995.

第二节　建筑布局

　　扬州城市园林中，最多的是宅园，有商贾宅园、有官宦宅园、有会馆宅园。宅园布局，以前宅后园为主，多是南为住宅北为庭园的"后园式"（即大众俗称的"后花园"），如个园。也有宅与园横向并立的，也就是"侧园式"（即园林在园居的一侧），如小盘谷。还有一种是住宅融于园中，即住宅居中，四周治园，即东西南北住宅四角各建一园，这种布局，可以说是打破了宅与园的界限，比较少见。如汪氏小苑的四角四园，东北角的园子叫迎曦，西北角的园子叫小苑春深（图3-8），东南角的园子是春晖，西南角的园子叫可栖徟。又如何园，园主何芷舠在原有寄啸山庄的基础上，扩建新园，又购得片石山房（小园）。这样，就将园居住宅玉绣楼安置在了东面有东园、东南有片石山房、北面有大花园、西面怡萱楼小园这四个景区的中间位置，这也是园居位于全园中心的一例。

图3-8　小苑春深

图3-9 汉学堂

从现存的住宅建筑与园林关系来看，各区域之间采取漏窗或洞窗泄景、楼廊或山石遮隔来划分，使之既连又断。

一、前宅部分的建筑布局

扬州住宅建筑，一般多为东、中、西三路，强调中轴对称的布局，如个园住宅建筑群，规划为三纵三进九宫格，东路建筑是生活用餐场所的清美堂、楠木厅及厨房等；中路建筑是待人接物与生活起居的汉学堂（图3-9）与三、四公子的起居所；西路建筑是园主黄至筠生活起居、女眷起居和祭祀祖先功能的清颂堂、绣楼等，整个建筑群排列规整，等级井然，具有明确的轴线引导。又如南河下25号的周静成住宅，也是由东中西三路住宅组成，花园在西路。也有东、西两路并列（南河下170号汪鲁门住宅、康山街24号的魏仲蕃住宅）或者四路并列（广陵路274号、276号的"陇西后圃"）、五路并列的。每路三进、五进或七进，更有甚者前后达九进、十三进的，如位于广陵路290号的淮南公局，"第九进花厅三间，西连走廊一道，耳门一道，花厅前置鱼池，折西又置鱼池。花厅置朝北后照房三间，对合第十进朝南花厅楼上下共六间，西接廊两间，耳门一道。再后有空地一方。"又如南河下的盐商卢绍绪住宅，"整个住宅布局可分为两大部分，南面主体部分前后九进相接，一至七进皆面阔七间，以中间三间为主厅、主房，旁隔成偏厅、花厅、书房、套房。其中第六进与第七进为楼室相串，第八进与第九进为明三暗五格局的平房。"[1] 院落进深与建筑高度基本为1:1，最大限度地满足采光，利用土地空间。同时，每一进院落均多是中轴贯穿，两厢对称，有的后一进地面比前一进略高五六寸，给人以视觉上层层递进、步步高升之感。按谢明洋博士研究，扬州私家园林的住宅建筑功用，"中路建筑为主路，第一进设置倒座仪门福祠，第二进为全家主厅堂，婚丧等重要礼仪及正式接待场所。第三进为主人住宅，之后为长子住宅等。'正西代表女儿，正东代表长子'……一般都把绣楼闺房等女眷居住的场所置于整个住宅的西侧，而东路建筑多为儿子的住所及公子读书楼等。由于夏季西晒，冬季寒风，东路建筑并不十分舒适，因而北侧通常为厨房、签押房、仆人房等功能空间。西路为女眷住宅，尺度体量较大，最北侧通常是二层的闺房绣楼。西路前进院落一般为奉亲孝母处，很多扬州大家族主母吃斋礼佛，因而常演变为家庙。"[2]

---

[1] 王虎华. 扬州盐商遗迹[M]. 南京：南京师范大学出版社，2011.
[2] 谢明洋. 晚清扬州私家园林造园理法研究[D/OL]. 北京：北京林业大学，2015.

图 3-10 个园火巷

住宅建筑群之间一般以火巷作为分隔（图 3-10），如南河下汪鲁门住宅，就是东西两路建筑并列，坐北朝南，中夹南北朝向火巷一道。清末盐商周静成住宅，东路、中路夹火巷一道。火墙也可作为宅与园的分割，如永胜街 40 号的魏次庚住宅，宅与园之间一道火巷，将二者隔开，使东面住宅布局规整严谨，西面园林却因地制宜，灵活精巧。有时火巷也是抵达园子的最佳通道，如被称为清嘉道以后，保存最古、建造最精的南河下 68 号的棣园，就是"门楼东面，还有一座对开门楼，进门为一道宽阔火巷，火巷直北抵后花园，进入花园……另外在巷东还有一个花园。"同时，住宅建筑之间常常是既隔又连、既断又通。如南河下 118 号的廖氏住宅群，"前院后院可通过前后腰门相隔相通，左右可通过耳门入火巷与另一路住宅相接相隔。楼上可通过厢楼前后相串，楼下也可通过火巷中的骑马楼，将中路与西路住宅连接起来。"[1]

南河下 170 号的南河下汪鲁门住宅群，楼上楼下，楼下前后腰门可隔可通，各进东厢俱有耳门通向火巷，可开可闭。楼上前后左右回廊相串，整个楼屋形成前后左右四通八达、能分能合、分合自如的立体交通环境。

可以看出，扬州宅园建筑布局有以下几个特点：一是布局规整，住宅与庭院比例均衡，通风采光充足，纵横互连相通，内外分合自如，体现了阴阳相辅相成的中国传统建筑美学思想。二是多路并列，中轴贯穿，左右两厢对称，体现的是儒家中庸之道的思想。三是正厅旁厢边廊，堂后寝室耳房，体现的是尊卑有序、男女有别的封建伦理观念。四是砌房造屋取奇数为组合，构架为三、五、七架，主房三进、五进连贯，多路并列，体现的是奇数为阳、偶数为阴的风水意识。

二、后园部分的建筑布局

扬州住宅后花园中的建筑，种类还是很丰富的，涉及了厅、堂、楼、阁、亭、轩、榭、舫、廊等多种类型。建筑根据布局的需要，位置各有不同，遵循因地制宜、随宜安排的原则。

---

[1] 谢明洋. 晚清扬州私家园林造园理法研究［D/OL］. 北京：北京林业大学，2015.

图 3-11 个园宜雨轩

图 3-12 何园桴海轩

厅堂的位置一般都居于园子最重要的地位，既与生活起居部分之间有便捷的联系，又有良好的观景条件与朝向，体型也较高大，常常成为园林建筑的主体与构图的中心，是园主人进行会客、治事、礼仪等活动的主要场所。其建筑特点是高而深，间架多，规模和装修较一般房屋复杂华丽。一般面阔三、五开间，正中明间较大，次间较小。面向庭院的一侧通透开敞，多在柱间安装连续槅扇（即落地的长窗），并有敞轩或回廊。如个园的宜雨轩（其实是个四面厅）（图 3-11），是由住宅区进入园子的第一处显要建筑，面南而筑，东西阔三楹，四面有窗，厅外有环廊，可坐可倚。

并且，扬州园林中常设花厅与对厅，如个园宜雨轩是男主人聚会活动的场所，而对厅透风漏月轩则是老夫人或女主人日常使用；何园桴海轩是男宾花厅（图 3-12），而南侧的牡丹厅为女宾所用；二分明月楼，原有一座歇山顶四面厅为男主人会客处，梅溪吟榭为女主人使用；汪氏小苑的春晖堂和秋嫮轩，一是东偏厅，一是西偏厅，符合"男左女右"的宗法设置格局，功能上来说恰恰一个是男厅，一个是女厅，匾额的题字也是对应的，东厅为"春"，西厅为"秋"。

扬州私家园林中，又常有以楼代厅堂的布局特色，楼在扬州园林中一般位于园的边侧或后部，以保证中部园林空间的完整，同时也便于因借内外和俯览全园景色。如扬州棣园，据《园记》载，"堂后为沁春楼，登楼可以尽览全园诸胜。"

楼在扬州园林的空间布置里，不但数量多，而且体积也大。楼多，《扬州名胜录·卷三》记洪

图3-13 二分明月楼

园有："近水筑楼二十余楹，抱湾而转，其中筑修禊亭。"北郊净香园，又名江园，园内即有迎翠楼、浣香楼、环翠楼、江山四望楼、天光云影楼。楼大，如小洪园（卷石洞天）中的红楼，就被称为"堂后红楼抱山，气极苍莽"。元代扬州的二分明月楼（图3-13），是当时"绮食琼杯阆苑游"的园子。著名书家赵孟頫曾联云："春风阆苑三千客，明月扬州第一楼。""三千客""第一楼"可见此楼之广大。而今天所见个园、寄啸山庄，其楼亦甚，个园的"抱山楼"，连接秋山和夏山，体量之大、之巨，几乎压过了园中的山水环境。并且扬州园林中的楼还多和廊相搭配，如何园的复道楼廊，总长达430余米，几乎环绕全园，贯穿住宅区（玉绣楼）和西园，曲折蜿蜒，极为恢弘。[1] 东南大学潘谷西教授曾对何园西花园中心水池景观有这样的评价："一是以水池为中心，假山体量虽大，却偏于一侧，不构成楼厅的对景；二是水池三面环楼，故可从楼上三面俯视园景，这不仅是扬州唯一孤例，也是国内其他园林中所未见的手法。"又如盐商周扶九园子中的楼廊，"楼宅体量宏敞，砌筑考究。楼上下四面置廊相连，下雨天可以不走雨地而能前后、左右、上下自由通达。"[2] 今天的个园，按专家考古勘察后推测，在个园春景处原有楼廊围之，而且是二层复道楼廊，向东过宣石冬景山石平台，可达丛书楼，向西越过觅句廊，折向北，可至夏山，也就是说因为楼廊的串联，使得园中山景与建筑浑为一体。楼、廊在扬州园林中如此布局，是和园主身份需求有关的，清华大学周维权认为："主要是作为大商人的园主人需要在园林里面进行广泛的社会活动，同时也要利用大体量的建筑物来显示排场，满足其争奇斗富的心理"。[3]

舫在扬州园林中除完全或部分建构于水上，如壶园的舫、卷石洞天的舫、静香书屋的舫、小盘谷的舫，更有一种因地制宜、抽象化、变形化的舫，它完全建在陆地，外形似船或借助题额、楹联等，勾起人们对于船的联想和想象。如汪氏小苑秋嫮轩庭院西廊，有一窄巷天井，南端大，北头小，宛如船尾。步入"船中"，再迈步向南，即为装修精致的"船头"。被称为："此组构筑船轩，因地制宜，构思巧妙，堪称佳作。"如此布局，使人产生了"坐在船轩内，再透过玻璃窗格看小园景色，葱茏滴翠，油然而生的感觉与前又有不同。"又如扬州何园的船厅，实际是个四面厅，但通过题额"桴海

---

[1] 李金宇. 试析扬州园林的北方风格 [J]. 中国园林，2004 (12)：57-60.
[2] 马恒宝. 扬州盐商建筑 [M]. 扬州：广陵书社，2007.
[3] 周维权. 中国古典园林史 [M]. 北京：清华大学出版社，1999.

图 3-14 何园船厅

图 3-15 逸圃读书楼

图 3-16 个园壶天自春长楼

轩"(桴：小筏子。孔夫子说："道不行，吾将乘桴浮于海。")，两侧楹联"月作主人梅作客，花为四壁船为家。"（图3-14），以及厅前铺地，采用站立的瓦片和鹅卵石子铺设成水波纹图案，给人水波粼粼之感，最后达到不是船舫而似船舫的效果。

另外，扬州宅园布局中还多设书房和读书处。这与当时"贾为厚利，儒为名高"的风气有关，无论园主是官宦还是商贾，都希望通过将财富转化为科举及第，以仕宦上的成功，从而获得社会声望和地位。如寄啸山庄大公子何声灏的书房，藏园子东北角，偏于一隅，清静而避喧哗，营造出一个不受干扰的苦读环境。其他还有如汪氏小苑静瑞馆东侧的书斋、壶园的"悔余庵"、二分明月楼的"夕照楼"、小盘谷东北角的"桐荫山房"，逸圃的"尘镜常磨"书屋等（图3-15）。

总之，因为花园居于住宅之后，建筑分布整体而言是随形构置，不规则布局，花园中的建筑群，建筑与建筑之间不再是讲究对称和整齐划一，而是采取不对称的形式，自然化布局，完全服从于园中的山水环境，使建筑与山水环境尽量融为一体，如扬州的个园，"壶天自春"长楼与假山合为一体（图3-16），既可借山而登楼，又可倚楼而下山。即使个体建筑有明显的轴线，但这个轴线也只限于建筑物本身，并不引申出去干预山水树木的自然化。如小盘谷核心区九狮图山上的风亭、山下状似曲尺形的花厅以及三面临水的水阁，建筑之间高低错落，无对称可言，完全视营造山水环境而定，构成一幅楼台参差、花树繁荫的庭园画面。

第三节　植物布局

植物在园林中几乎无处不在，有些扬州园林建筑的得名就来自配置的植物，如二十四景之一的白塔晴云"芍厅"，就是因为此处主要栽培芍药而得名；扬州何园的桂花厅，因厅前植金桂、银桂、丹桂、四季桂等而得名；玉绣楼，因其院中植有广玉兰和木绣球而得名（图3-17）。

扬州园林中常见的植物有松、柏、榆枫、槐、银杏、女贞、梧桐、黄杨、桂花、海棠、玉兰、山茶、石榴、梅、蜡梅、碧桃、杜鹃、紫藤、木香、蔷薇等，一般根据它们的习性、时令性、观赏性进行配置，如岭上栽梅、山上植松、湖边治柳、水中种荷、藤萝夭桃，杂带其间，在丰富景观层次，讲究色彩搭配的同时，注重与建筑、假山、水景之间的关系，正所谓"山借树而为衣，树借山而为骨，树不可繁，要见山之秀丽；山不可乱，须显树之光辉。"（唐荆浩《画山水赋》）因此，植物配置的恰当与否也是园林布局成败的关键。

植物在园林中的布局配置和功能作用，有专家做过如下概括：隐蔽园墙，拓展空间；笼罩景象，成荫投影；分隔联系，含蓄景深；装点山水，衬托建筑；陈列鉴赏，景象点题；渲染色彩，突出季相；表现风雨，借听天籁；散布芬芳，招蜂引蝶；根叶花果，四时清供。[1]

一、根据空间对象配置植物

如汪氏小苑园内"挹秀"处的"可栖徖"花园，是最靠近女眷住处的小园，也是女眷常活动的场所。此处种植有女贞、木香、枸杞，因为这些花木与女性有关，在寓意、形态上，都易让人迁想到女性。如女贞，寓意女性"冰清玉洁、守身如玉"，形态上，木香藤蔓纤柔，花丛簇簇；枸杞枝蔓

---

[1] 周武忠.嫩叶集：花园艺术论［M］.南京：东南大学出版社，2010.

图 3-17 何园玉绣楼

倾垂，弱不胜风，都让人联想到女性的婀娜身姿和楚楚动人。可见，布局植物时，注重寓意与空间场景的协调，在扬州园林中是非常讲究的。何园的赏月楼，是园主人母亲的居所，因此楼前所种多如下植物：松柏是象征老人长寿，女贞体现女性节操，紫薇寓意家庭和睦，石榴代表多子多孙。又如个园宜雨轩前栽植大量的桂树，就因为桂谐音"贵"，意在欢迎贵人来园，表达了主人的好客之情。

二、根据造景主题配置植物

如瘦西湖二十四景之一的"荷浦熏风"一景，就以种植各种荷花为主，按李斗《扬州画舫录》言："荷浦熏风，在虹桥东岸，一名江园……是地前湖后浦，湖种红荷花，植木为标以护之；浦种白荷花，筑土为堤以护之。"二十四景之一"梅岭春深"，则是种植梅树为主，"梅岭春深即长春岭，在保障湖中……岭上多梅树，上构六方亭。"二十四景之一的"长堤春柳"（图3-18），则是以杨柳为胜，垂柳最适宜临水种植，"两岸花柳全依水"就指出了柳树在园林中的布局特点，陈从周在《说园续》中曾言："长条拂水，柔情万千，别饶风姿，为园林生色不少。"何园前身"双槐园"，则是因园内植有古槐两株，遂名。休园的植槐书屋一景，是因为书屋前种植了粗大的槐树。以竹为

图3-18 瘦西湖长堤春柳

图3-19 小盘谷云巢内景

主题的扬州园林就更多，如元代平野轩、居竹轩，明代遂初园、影园，清代的筱园、让圃、净香园等，其中个园题名更是完全以竹来命名，从布局看，也是园中无处没有竹的身影。

三、根据时间流程配置植物

中国园林有把空间布局转化为时间流程的特点，而最能反映时间流程的，是借植物为媒介来体现。因为花木的开谢与时令的变化所形成的丰富性，是其他造园景观望尘莫及的。如春之牡丹、芍药、玉兰，夏之紫薇、石榴、凌霄，秋之丹桂，冬之蜡梅，一年四季花事不断，春夏秋冬皆有可观，像欧阳修《谢判官幽谷种花》描述的："浅深红白宜相间，先后仍须次第栽。"利用落叶树种季相变化的特点营造出动态的植物景观。如个园，植物配置以竹为主，春景用刚竹（燕竹），夏景用水竹，秋景用四季竹（大明竹），冬景用斑竹，其间兼顾到变化和四季景观的视觉效果，还间杂搭配：春景处有迎春、芍药、海棠，夏景处有广玉兰、紫薇、石榴、紫藤，秋景处有古柏、黑松、枫树，冬景处有蜡梅，从而使四季之景的意象更加突出，更加分明，真正做到了清代陈淏子《花境》中所说的，"（花木）因其质之高下，随其花之气候，配其色之深浅，多方巧搭，虽药苗野卉，皆可点缀姿容以补园林之不足，使四时有不谢之花，方不愧为名园二字"。

此外，扬州园林中还喜欢栽植书带草，不仅栽在沿阶、沿路，还栽在角隅、墙基、井边、池岸、树坛，随处可见。如扬州珍园、萃园，沿水池边岸栽植的书带草，既缓和了边沿线，又使人觉得逸趣横生。而布置在假山基脚的书带草，所谓"建筑看顶，假山看脚"，更起到了对山石底部的修饰和遮掩，增加了山野气息。

扬州园林中还有许多传统植物配置，如在进门转弯处植芭蕉，听"雨打芭蕉"（图3-19）；在花墙一隅孤植琼花，以示独特；在庭院、小天井、路口等处，以台座栏篱为衬托，把珍贵花木独立陈设等。

第四章

叠山

第一节　历史沿革
第二节　叠山成就
第三节　技法特色
第四节　名作举隅

叠石，或称叠山，计成《园冶》中称掇山，即堆假山，是中国独特的造型艺术，是中国古典园林物质建构叠山、理水、花木、建筑四项要素之一。李斗于乾隆六十年（1795）成书的《扬州画舫录》中关于扬州在江南甚至全国城市中特色的评语："扬州以名园胜，名园以叠石胜。"（叠石，即叠石造山）从中我们不仅可以感知扬州园林在江南园林中独特的地位，也认识到当时扬州园林中，叠石造山艺术水平的高超，其甚至成为扬州园林显著的特色之一。

第一节 历史沿革

西汉时期，扬州为荆王、吴王、江都王、广陵王都城，这些诸侯王在扬州建造宫室林苑，应是扬州园林起始时期园林的模式。南北朝刘宋元嘉二十四年（447）南兖州刺史徐湛之在扬州城北利用广陵城的坡冈溪涧，在此筑风亭、月观、吹台、琴室，开启了扬州官府筑园之先河。隋朝大业年间，隋炀帝于扬州建江都宫、临江宫、长阜苑十宫等一批离宫别苑，达到扬州古代宫苑之顶峰，但在史料中未言及叠石。唐代扬州私家园林兴盛，姚合诗有"园林多是宅"，这些私园中亦无叠石为山的记叙。

北宋年间，扬州官园、私园多以亭台堂榭、池水、花木为主。如官府园林郡圃，北宋圣道二年至三年，王禹偁知扬州时，他描写郡圃景色诗句是"竹绕亭台柳拂池"。咸平年间（998—1003），郡圃中建了两层重檐的芙蓉阁，池四周荷蒲茂盛，鹭静鹤鸣。庆历初，郡圃中依城垣挖了长长的水池，增筑了亭和堂，栽了大量的绿竹。王安石庆历二年（1042）中了进士，签书淮南判官，正在扬州目睹了这一过程，写下《扬州新园亭记》。庆历五年（1045），韩琦任扬州太守，郡圃里最耀目的景色是金带围芍药。庆历八年（1048），欧阳修知扬州，在蜀冈中峰大明寺西南"撤僧庐之欹屋"[1]而建平山堂。平山堂主景在堂，是可以远望的堂，堂前没有假山。欧阳修只能远借山色有无中的江南诸山了。欧阳修作记的真州东园，"园之广百亩，而流水横其前，清池浸其右，高台起其北。"[2]绿水萦绕，花木掩映亭台，也没有叠石。即使到了南宋淳祐十年（1250），贾似道来守淮南时，于宝祐年间（1253—1258）重建了可称为唐宋两代扬州最大、景点最多的郡圃，其中"小阜""高阜""云山"等多为土筑，而无叠石。

宋代的私家园林较多，园景亦以花木为主。进士满泾的申申亭，花好

---

[1] 顾一平.扬州名园记[M].扬州：广陵书社，2011年3月第1版，第71页.
[2] 顾一平.扬州名园记[M].扬州：广陵书社，2011年3月第1版，第54页.

树茂，鸟语宛转，绿竹万竿，寒翠宜人。流水桥边的朱氏园，南北二圃，种芍药五六万株，花盛开时，筑亭轩以待游者。马仲甫在九曲池上买地筑亭，亭名"借山"[1]，皆无叠石。

元代扬州园林不多，城里成廷珪的居竹轩、城西崔原亨的竹深处，两座园林中都广植绿竹，不见石景，都是以竹自喻、自励，人竹相依、相映，表现园主人气节品格的园林。瓜洲的江风山月亭见到一点山石倒影，朱奂采的梅所园里见到梅畔的山石，即以石之古朴，托映梅之寒芳的意趣，亦未见叠石作品出现。

综上所述，扬州园林从西汉至南北朝的起始时期，以及由隋唐至宋元的漫长发展前期，除了西汉诸王及隋炀帝的宫苑由于记载缺失，不知这些苑囿中是否有用石、叠石的情形外，大量官府、寺庙及私家园林中，皆罕见叠石的记载，这与中国园林发展史中其他地区园林兴筑少见叠石的情形大致相同。

明代中叶，扬州盐运、漕运开始兴旺，山、陕等省盐商及其他行业商人逐渐聚集，手工业和商业化逐渐活跃繁盛起来，富裕商人、归里官员开始筑园。

明代前期扬州以及苏州、杭州等地一样，建造园林很少。一方面与经济发展水平有关，另一个重要原因为：朝廷一方面招徕流亡，奖励归耕农户垦荒生产，如洪武二年，曾下令城市附近荒闲土地，分给无地之人耕种，人15亩，另给菜地2亩，"有余力者，不限顷亩"；同时，又约束百官占地造园，"不许于宅前左右多占土地，构亭馆，开池塘，以资游眺"[2]，这些政策限制了私家园林的兴筑。明中叶以后，朝廷禁令渐渐松弛，归里官员、富裕商贾才纷纷逾制筑园。

由于地近湖石、黄石等叠山石料产地，苏派叠石起步较早。东汉时，苏州就有以石叠山的记载。唐宋时苏、杭园林叠山多为土石结合，如北宋苏舜钦沧浪亭园中，吴兴俞子清园内则有大小峰峦上百的土石山。其时，爱石赏石者多，引发了对太湖奇峰的开采。元明之时，江南园林假山多以石叠。元末明初，倪瓒为狮子林设计绘图中，就多湖石峰群。明代，随着苏南地区经济的发展，官绅园林不断出现，叠山名工匠师也不断涌现出来。明初，杭州有陆叠山。明万历年间张南阳为上海豫园、太仓弇山园内中西弇、嘉定日涉园叠石，苏州逸圃土山间石的平冈小阪也出其手。当时，杭州有"叠石子"高倪，苏州有周秉忠、周廷策父子叠留园、惠荫园、常州止园假山。明末清初，张南垣父子成为叠石大家，江南名园叠石皆出其手。乾嘉后，常州戈裕良继起，至今尚存的苏州环秀山庄湖石山，即为戈氏作品。苏派叠石名工众多，代表人物初为张南阳，继为张南垣，后为戈裕良，将苏派叠石技艺发展至高峰。

扬派叠石晚于苏派，它产生的经济基础是明清时期日渐繁荣的两淮盐业，在技艺上受到苏派的滋润。扬派叠石开山人物是苏州籍人士计成，从明代末年起，计成先后在常州、真州（今仪征）、扬州筑吴氏东第园、寤园、影园等。

---

[1] 按：宋时有些园林名为亭，实为园。如苏州沧浪亭，如前述之申申亭，此处借山亭亦然。
[2]《明史·卷六十八》，北京：中华书局，1974年4月第1版，第1671页．

图 4-1 石涛《游张公洞图》

他总结了叠石造园的经验,在真州著成《园冶》。他造园主张"巧于因借,精在体宜",讲求"虽由人工,宛自天开"。郑元勋《影园自记》记载计成为影园叠石,其叠石作品师法自然又富于开创性,为扬州叠石开了先河。继之为著名的书画家又兼工叠石的石涛,石涛堆叠片石山房湖石山、万石园湖石大山等处,皆为石涛康熙三十五年至四十六年(1696—1707)定居扬州大涤草堂时期的作品。此时石涛已出佛入道,他的山水画及叠山作品中,有着对道教洞天的赞颂,表现出来则为对高山峻岭、幽深洞壑的描绘和叠筑。山水画中之洞天以其《游张公洞之图》(图 4-1)为代表,叠山洞天则见之于片石山房峰下石室,万石园大小山洞数百,或还有寿芝园湖石黄石大山山腹的幽深洞壑,启发并开创了乾隆年间淮安董道士在扬州卷石洞天湖石山"中空外奇"的叠山造景特色,将扬派叠石艺术推向成熟。同时期,扬州著名的叠石名家还有堆叠净香园怡性堂宣石山的仇好石,继起的则有王庭余、张国泰等,在叠石造山的不断实践中终成名工。乾嘉之时,戈裕良曾在扬州堂子巷秦氏叠意园小山,后又为真州朴园叠石,扬州园林中的山体都是戈裕良叠石的范本。戈氏在扬州园林的叠石作品,应视为苏扬叠石两流派交流的结晶。

自晚清民国到如今,王庭余叠石一脉不断传承,世为家业,名工匠师则为其后裔王老七、王鹤春、王麓枝等。20 世纪 80 年代后,先与王氏为伴又吸收苏州、杭州叠石特长的方惠继起,先后在淮安、泰州、苏州、无锡、常州、南京、扬州、桐乡、湖州等江苏、浙江城乡以及上海、新疆、北京等地叠石造山,并积三十年叠石实践经验,梳理叠石造山心得,著成《叠石造山》《叠石造山法》《叠石造山的理论与技法》等作者 3 部,成为扬派叠山实践、理论兼得的名家。

第二节　叠山成就

作为一个流派的扬州叠石，在长期的发展过程中，取得了与北方皇家叠石、苏州叠石不同的成就，具体表现在以下几个方面：

一、石材丰富多样

扬州园林叠石造山，使用的石材十分广泛，除大量使用太湖石、黄石以外，还较多使用江南其他地区园林中罕见的宣石，绿笋石也成了独立造景的石材。扬州园林，普遍重视选石。湖石透漏玲珑，黄石浑厚古朴，宣石晶洁如雪。绿笋石属峰石类，瘦长如剑，苍绿斑驳，石上白斑如百果，人称百果峰，既可单点于庭前屋角，又可散置于竹间，高下参差如破土而起的春笋新篁，与竹配置成景。扬州园林中还用灵璧石，除厅堂供案上用作磬石，多置于奇堂阶前或室内。清顺治十年（1653），郑侠如筑休园于流水桥，园中有语石堂，堂内有奇石二，一为上有山峰水云的大理石，色白；一为灵璧石，形若蹲豹，色黑。康熙间《词林纪事》作者先著有诗描述曰："浮磬石奇元（玄，讳康熙名玄烨）豹伏，小屏山断白云遮。"扬州园林中亦间见钟乳石。清同光间东圈门何廉舫壶园内，一长盆形山水钟乳石，长约五尺，宽、厚皆约其半，正面山峰、长岭、坡冈、池涧毕现，一石自成山水。而其背面，则钟乳累累相结。为北宋花石纲遗物，石采自南方，扬州其时在花石纲运输线上，由于种种原因而遗落运河畔之扬州。1953年秋，此奇石已移至瘦西湖小金山。

扬州平野弥望，附近全无石山，叠山用石多赖四方采集盐运空舱载回。所谓"运集南方石，来堆扬州山。"《扬州画舫录》记载，余元甲筑万石园，"山中大小石洞数百"，全用湖石。江春构净香园，"挖地得宣石数万，盖古西村假山之埋没土中者。"瘦西湖北段西岸有"蜀冈朝旭"园，主人"辇太湖石数千石"叠山。南湖九峰园中也曾"点宣石山数十丈"等。这些大量的叠山石材，明清之时，只有财富赡足而又喜爱山林野趣的盐商，才能千里之外运辇而至。

二、山体多彩多姿

园林中叠石造山，最初皇家园林中，多以土石构大山，往往延亘数里。魏晋六朝山水画兴起后，私家构园，园中山水多受山水画影响启发，叠山由写实趋向写意，提倡由小见大之壶天观念，园中之山多采原野大山局部，或采集最能体现大山的峰峦、悬崖、峡谷、洞壑、坡麓、泉涧、矶屿、河滩等，根据所建园中地势、地貌，因地制宜，全部组合或剪裁一部分而叠筑成山体。明清时代，叠山在扬州园林中，从最初出现，到逐步发展成熟，从环置山石到名山不断出现，园中山体得到多姿多彩的艺术呈现，对山石的使用，也比较普遍，且有良好的审美意趣。

除土山外，扬州园林假山山体有下列几种：

（一）土石山

如康熙五十五年（1716），程梦星在瘦西湖北段西岸构筱园，园在水际，平旷无山。《扬州画舫录》记载，主人在"今有堂南，筑土为坡，乱石间之，高出树梢，蹑小桥而升，名南坡"。[1] 这是水边桥畔的土石山，"高出树梢"是讲山的高度。如此，让园中地势有了较大起伏。如乾隆间虹桥向北，湖水西折处的梅岭春深（小金山），以黄石固土、叠坡，筑石涧、石桥、磴道、叠顶峰风亭台基，满山遍植梅花，形成一座水中土石大山，成为湖水西折处的高大翠屏。光绪间乡贤陈重庆题岭西绿荫馆联，其上联曰："以全湖作明镜观，此处绿云多，好似一弯螺黛影。"峻美无比。

（二）湖石山

瘦西湖趣园湖石山，《平山堂图志》卷二记载："（锦镜阁）阁西接水中高阜，阜上建御碑亭，内供衙书石刻。阜自南而北遍植梅花、桃柳，垒湖石为假山，重复掩映，不令人一览而尽也。"[2] 这种水际湖石叠石，既有水石相映之美，又与花木重复掩映；假山在此既有映衬之功，又有屏蔽遮护之效，不令窥园者一望而尽。

卷石洞天、片石山房、万石园、双峰云栈、小盘谷、寿芝园等园林均叠有湖石山，假山为园内主景，或峭拔峥嵘，或洞壑幽深，或绵延环抱，无一不与水相映，不与花木映带，成为园中峻秀、苍润、古朴而令人幽赏不已的山景。

春台祝寿西南一处蜿蜒盘曲峰高洞深的湖石山，《扬州画舫录》卷十五，文字由法海桥向西叙述："由法海桥内河出口，筑扇西厅……厅后太湖石壁，攀峰脊，穿岩腹，中有石门，门中石路齿齿，皆冰裂纹。路旁老树盘踞，与游人争道，小廊横斜而出，透迤至含珠堂。"[3] 这一湖石山体，既有陡峭的峰峦，又有盘曲越过峰脊的山径，还有幽深的隧洞，洞有石门，

---

[1] 李斗.扬州画舫录［M］.扬州：广陵书社，2010年3月第1版，第183页.
[2] 赵之壁.平山堂图志［M］.扬州：广陵书社，2004年3月第1版，第17页.
[3] 李斗.扬州画舫录［M］.扬州：广陵书社，2010年3月第1版，第182页.

洞内山径崎岖不平，出洞山路边老树盘踞，小廊横斜，一直起伏延绵至含珠堂。此山已将扇面厅、老树、小廊、含珠堂组合在一道风景线上。

《平山堂图志》卷二记载："台下琢白石为栏，列置湖石……（由镜泉楼）楼右，长廊数折，穿石洞，入曲房，房外小山环抱，山上为梅花径。由曲房东出，为含珠堂。堂以东复穿石洞，拾级以登，为半阁，为亭。亭隔岸即莲花桥也。"[1]《平山堂图志》所记路线比《扬州画舫录》长，成书时间比《扬州画舫录》早30年，但这座湖石山大体上峰壑延绵的势态是相同的。

（三）黄石山

扬州园林中的黄石山，也如湖石山一样普遍可见。明末影园中的黄石山，它绕池而叠，高下起伏，水中又叠黄石如大大小小的千人坐，别具一格。岸边山体起起伏伏，水中叠石则求低平，将园中广池，艺术地加以人工，创制成一座古朴而多野朴韵致的黄石山中之池。如此叠筑，虽有师法虎丘白莲池的痕迹，却因地制宜，营造山林意境的创意，出自计成叠山造园的高超手笔。

乾隆年间城内意园小盘谷，园内有一座黄石小山，出自常州叠石名家戈裕良之手。意园小盘谷，在扬州旧城南门堂子巷，为乾隆年间秦黉、秦恩复父子家园。秦黉字序堂，乾隆十七年（1752）进士，授编修，转御史，擢湖南岳常沣道，嗣以母病，请养归里。其子秦恩复号敦夫，乾隆五十二年（1787）进士，授编修。嗣丁内艰服阕，因病闭户养疴。家有园林，复筑小盘谷，方庭数武，浚池筑岩，极曲折幽邃之致。又筑室三楹，名"五笥仙馆"。其时，海内名流没有不知道扬州小盘谷的。

其后裔秦荣甲在《意园小盘谷图跋》（图4-2）中说："乾隆之末，先曾祖敦夫府君，就居室之旁，构小园曰'意园'。于园中累石为山曰'小盘谷'，出名工戈裕良之手。"陈从周在《扬州小盘谷》中说："（扬州）旧城南门堂子巷的秦氏意园小盘谷，系黄石堆叠的假山小品。乾隆末期所筑，出于名匠师常州戈裕良之手，今不存。"

戈裕良生于乾隆二十九年（1764），卒于道光十年（1830）。戈裕良的叠石作品，大都作于嘉庆、道光之时。如仪征朴园、如皋文园、虎丘一榭园、常州洪亮吉西圃、苏州环秀山庄、江宁五松园等等，均为嘉庆三年至二十年之间的作品，最晚的常熟燕谷，为其道光五、六年间所筑，而扬州叠园小盘谷，筑于乾隆末，则应为戈裕良最早的叠石作品。陈从周1978年《苏州环秀山庄》一文中，论清代假山有"意园点石置峰，平远舒卷"评语。

影园黄石山、意园小盘谷黄石山及朴园黄石山皆已不存。今日扬州园林中昔日所筑的黄石山，当以个园内黄石山为代表。在江南园林中，它比上海豫园内明代张南阳所叠的黄石大假山，更为峻拔幽深而又绵延多姿，叠法技巧或在前者之上。

---

[1] 赵之壁. 平山堂图志 [M]. 扬州：广陵书社，2004年3月第1版，第21-22页.

图 4-2 意园小盘谷图

图 4-3 袁江《东园胜概图》

（四）宣石山

扬州园林中宣石山，多于苏州、杭州园林。宣石颜色洁白，叠山以后，逾久逾旧，经历雨雪风霜更有雪山苍茫古寒意境。宣石产于安徽宣城一带，地近徽籍盐商故里，更能因"片石生情"而为造园主人喜爱。

扬州宣石筑山，最早见于康熙四十九年（1710）建造的城东乔氏东园，园内八景皆由兼任两淮盐政的江宁织造曹寅题名。王士禛、宋荦、张云章皆有园记，园早已不存。康熙四十九年（1710）十一月，界画名家袁江曾作《东园胜概图》（图 4-3），图长 370.08cm，高 59.8cm，绢本设色，今存上海博物馆。画中可见园中湖石、黄石、宣石等各色山体。其中部几个庭院中梧桐之旁，叠宣石山，铺白色冰纹石板，或白色鹅卵石子。植牡丹、芭蕉、桂花、蜡梅于山侧，做到春夏秋冬每季有花与雪色之山相伴，可以在一派莹洁中，展现红花碧叶，散放缕缕芬芳。

清乾隆年间，扬州盐商们富比王侯，园中宣石的使用更为普遍。九峰园澄空宇外，"点宣石山数十丈"，数十丈，言山之绵延，此处选择宣石叠山，有意藉宣石的雪白色彩与澄空宇建筑的玻璃厅的洁净光泽，互为映衬，增添景色空灵明净的效果。净香园怡性堂外，更点宣石如车厢侧立，手法与九峰园相似，效果相同。净香园中挖地得旧园宣石数万，筑为宣石山，上建小室。虹桥东南的倚虹园，则叠宣石山于室内，变室宇为幽洞，前已引述。此为江南园林中所仅见，人入宣石房内，如入雪窟，上下四方皆如冰雪世界。夏日生凉，寒冬入内则屏蔽洞门，石几凳上复以绒毡……连《扬州画舫录》的作者李斗也评其为"真诡制也"，这也透露出园主们争奇、斗富的心态。嘉庆末年，真州朴园留仙水馆前，"亚槛倚檐，白石嶙峋，牡丹百数株，高下逦迤"[1]，园中白石就是宣石。

（五）贴壁山

计成《园冶》中称为峭壁山。《园冶》卷三掇山篇中说"峭壁山者，靠壁理也。藉以粉壁为纸，以石为绘也。理者相石皴纹，仿古人笔意，植黄山松柏、古梅、美竹，收之圆窗，宛然镜游也"[2]。扬州园林中贴壁山，比较多见。一种是以石嵌于墙体，如乾隆时卷石洞天薜萝水榭后壁。现在还可以见到的大树巷小盘谷湖石山山洞南口外一段朝西墙壁，壁间湖石嵌合起伏，不断向北延升再与湖石山体相接，是作为整个湖石山体的一部分，即前奏来处理的，趣在从壁间起势。现今卷石洞之群玉山房北壁及万花园中扬派盆景馆大面积西墙上，嵌合湖石组合成云海中之远峰以及瘦西湖静香书屋园之南墙上嵌叠黄石等等，皆循其法。

另一种为贴墙叠筑山体，山体只有部分石块嵌入墙体，使山体更为稳固。最典型的代表是寄啸山庄东园的湖石贴壁假山，和个园透风漏月馆西山墙前一组飞舞灵动的湖石壁山。陈从周在《扬州园林与住宅》中写道："在扬州园林的假山中，最为突出的是壁岩，其手法的自然逼真，用材的节省，空间的利用，似在苏州园林之上……"[3]

（六）立峰

立峰是可以单独欣赏的佳美山石，以其颜色、形态、纹脉及其上的线沟深洞等等，成为自然生成的抽象的艺术品。扬州园林中，明代少见立峰。清代逐渐增多，即《园冶》中所谓"片山多致，寸石生情"，在园中妥贴安置，也会产生浓浓的山林野朴风韵。

1. 休园灵璧石

清初顺治间休园"语石堂"内二奇石，一为灵璧石，一为大理石屏，前已提及。康熙间《词林纪事》作者先著有《休园灵璧石大理屏歌》（《之溪老生集》卷八）传世，其诗较长，其咏灵璧石形态的诗句曰："一石色黝如卧狮，亦如醉卧人支颐。昪之自可数人足，秀润独饶山丘姿。"可见此灵璧山的体量、形态之美。此灵璧石与前述花石纲遗物之盆形山水钟乳石，皆属偃卧之石。

2. 瘦园美人峰

扬州园林中数量多的还是湖石立峰。计成《园冶》卷石选石篇中说："太湖石，苏州府

---

[1] 顾一平. 扬州名园记［M］. 扬州：广陵书社，2011年3月第版，第57页.
[2] 计成. 园冶［M］. 南京：江苏凤凰文艺出版社，2015年8月第1版，第281页.
[3] 陈从周. 扬州园林［M］. 上海：上海科学技术出版社，2007年4月，第17页.

所属洞庭山，石产水涯，惟消夏湾者为最。性坚而润，有嵌空、穿眼、宛转岭怪势。一种色白，一种色青而黑，一种微黑青。其质纹理纵横，笼络起隐，于石面遍多沟坎，盖因风浪中冲激而成，谓之'弹子窝'，扣之微有声……此石以高大为贵，惟宜植立轩堂前，或点乔松奇卉下，装治假山，罗列园林广榭中，颇从伟观也。"[1] 扬州园林中，明代已见上佳太湖石峰。明崇祯年间，真州寤园中有之。嘉庆重修《扬州府志》中记曰："（园毁后）一石尚存，岭崎玲珑，人号'小四明'云，又有一石，曰美人石。国朝阮中丞元易名湘灵峰。"[2] 后仪征籍画家汪鋆（1816—？）曾于同治七年作《湘灵峰图》(图4-4)，留下了它的风采。

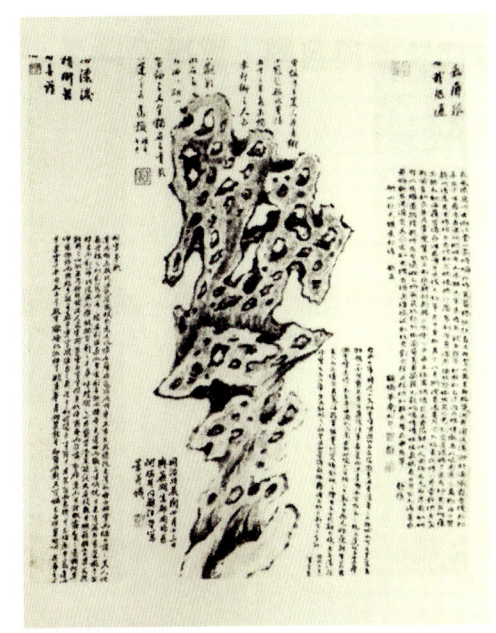

图 4-4 湘灵峰图

3. 街南书屋湖石立峰

其一，七峰草亭之旁绿竹间列七峰湖石。马曰琯《小玲珑山馆图记》曰："有草亭一，旁列峰石七，各擅其奇，故名之曰七峰草亭"[3]。马曰琯有"七峰七丈人，不巾亦不袜。偃蹇立箦筜，清冷逼毛发"诗句。马曰璐诗中亦谓"七峰七丈人，离立在竹外"。园主人马氏兄弟均称七峰为七丈人。呼湖石立峰为丈人，为石丈，语出北宋米芾爱石，见奇石立峰则著袍笏礼拜，并呼石为石丈的故事。以此可知此七峰为湖石立峰。街南书屋中七峰湖石，各擅其奇，植于竹间，互相掩映，以石之坚定映竹之

图 4-5 小玲珑山馆玲珑石

---

[1] 计成. 园冶 [M]. 南京：江苏凤凰文艺出版社，2015年8月第1版，第300页.

[2] （嘉庆）重修扬州府志 [M]. 扬州：广陵书社，2014年12月第1版，第995页.

[3] 顾一平. 扬州名园记 [M]. 扬州：广陵书社，2011年3月第1版，第138页.

图 4-6 玲珑石峰

气节，动静互映为草亭造景（图4-5）。

其二，玲珑石峰。据《小玲珑馆图记》中说：此"石身较岑楼尤高"，岑楼即高楼。对于此石峰形态之好，《图记》曰："（园）将落成时，余方拟榜其门为'街南书屋'，适得太湖巨石。其美秀与真州之美人石相埒，其奇奥偕海宁之绉云石争雄。虽非娲皇炼补之遗，当亦宣和花纲之品。米老见之，将拜其下，巢民得之，必匿于庐。余不惜资财，不惮工力，运之而至。甫谋位置其中，藉作他山之肋，遂定其名小玲珑山馆。"[1] 马曰琯将其比之于真州的美人石（即湘灵峰），又比之于江南三大奇峰之一的绉云峰。（绉云峰高 2.6m，腰最狭处仅 0.4m，有'形同云立，纹比波摇'之美，今置于杭州西湖畔曲院风荷中）。可见马氏对此峰湖石的钟爱。"甫谋位置其中，藉作他山之肋"，更道出了园主人欲易"街南书屋"为小玲珑山馆的真正原因。即《诗经》所云"它山之石，可以为错""它山之石，可以攻玉"，这与马氏兄弟礼敬名士，藉助藏书、交友，帮助自己敦修品性的初衷，十分契合。中国古典山水园林中，叠山石，竖立峰，除却营造山水泉石可观可赏之外，往往也蕴涵着"罗列他山助我山"的深意。

其实这一湖石立峰，来之于元末江南昆山顾瑛之玉山草堂。民国间，石之下段为人购载

---

[1] 顾一平. 扬州名园记[M]. 扬州：广陵书社，2011年3月第1版，第138页.

而去。今石之上段存置于重建后的街南书屋内（图4-6）。

其他如驳岸、山径、花坛（台）、踏垛、矶屿等以石叠筑的部分，扬州园林中，皆有极佳的呈现。比如厅堂前的阶沿，不用平稳的条石，而常以自然的石块叠筑为踏垛，如个园宜雨轩前后左右、上下皆以踏垛，除多自然野朴之象外，还含有是轩筑于山中的深意。

三、推动名园不断出现

叠石造山成为园林构景要素的观念，在扬州园林的兴造中确立以后，改变了扬州园林明代以前园中只有水池、花木和建筑的状况。山水名园不断涌现。由于盐漕的兴起和繁荣，造园主资财的富足和对园中叠山的渴望与追求，加上帝王南巡的影响，和名工匠师的来聚，形成了"扬州以名园胜，名园以垒石胜"的局面。

明代谢肇淛在《五杂组》中说："假山之戏，当在江北无山之所，装点一二以当卧游。若在南方，出门皆真山真水，随意所择，筑苑囿而老焉。"[1] 或许正是扬州地处长江以北，城市周边无高大山岳，激发了盐商造园叠山的热情。从明代中后期起，扬州名园中无一不有或高峻雄伟、或挺秀绵延、或苍润幽深的山体。明代中后期的于园、寤园、影园等；清代顺治间有休园；清代康熙间有拓园、存园、片石山房、万石园、乔氏东园、筱园、白沙翠竹江村、寿芝园；清代雍正间小玲珑山馆、贺氏东园，及至乾隆间，城内外及北部湖上一带，园林逾百，其中大部分皆以山水名园称著。

乾隆之后，嘉道至民国，扬州园林虽有百多年的中衰时期，但个园、小盘谷、寄啸山庄的兴筑中，很好地继承了"名园以垒石胜"的传统，园中山体高峻而幽深，一直留存到现今。

---

[1] 谢肇淛.五杂组[M].上海：上海书店出版社，2009年4月第1版，第55页.

第三节　技法特色

园林叠石造山的目的是在有限的空间里，艺术地再现大野之上高山雄伟绵延的气势和险峻幽深的境界。因此，叠石造山总是截取自然山体中的峰峦、峭壁、悬岩、洞曲、泉涧等最具大山本质的部分，因地制宜地加以构思、剪裁、组合、创造，才能达到小中见大、以少胜多、作假成真的艺术效果。扬派叠石从构思到拼叠，讲求"中空外奇"的美学法则，起峰求其峻峭、筑壑求其深邃、理洞求其幽微、引水求其映照，还追求意象之外的理趣。其技法的主要的特色如下：

一、叠山善于运用条石

扬派叠石，常用条石，也善于运用条石。以之为骨，扯拉四方，平衡左右，山体能沉稳坚固，以之为岩壁外挑，山体能后坚前悬；以之为洞曲结顶，洞室宽阔牢实；以之作洞口池上飞梁，则多自然古朴之态。扬派叠石与苏派相比，更常于山腹叠筑洞室，有的甚至叠筑两层洞室。而理洞最难因为结顶，扬派理洞，从起脚、立柱、留穴、置窗、理壁，直到以条石结顶，都是继承计成的手法。计成《园冶》中说："理洞法，起脚如造屋，立几柱著实，掇玲珑如窗，门透亮……合凑收顶，加条石替之。斯千古不朽也。洞宽丈余，可设集者，自古鲜矣。"[1] 现今可见的片石山房两间石室，小盘谷湖石山洞，个园湖石山洞，黄石山山洞两层洞室等皆以条石收顶，传承此法，便是明证。

二、叠山善作大挑大飘

叠石造山，无论竖拼还是横叠，都应依纹合皴。有些山体在作横纹拼

---

[1] 计成.园冶[M].南京：江苏凤凰文艺出版社，2015年8月第1版，第289页.

叠时，从岩体中伸出一长条石，在技法上称之为挑；在挑石末端再叠压一石，则称之为飘。这是拼叠的技法中两种结合为一的方法。这种挑飘之法，北方及江南苏派叠山时也经常使用，以增加山体动势。而扬派的挑飘则更为大胆、夸张，常常形成大挑大飘，不仅使山体增加动势，而且更具险势。原来静态的山体就变得空灵多姿、玲珑优美。此法也是从计成开始。《园冶》中说："理悬岩，起脚宜小，渐理渐长。及高，使其后坚能悬。斯理法，古来罕有……予以平衡法，将前悬分散。后坚，仍以长条石堑里压之，能悬数尺，其状可骇，万无一失。"[1]扬派的这种大挑大飘，往往在一座山体上，作高低参差、角度相宜、长短不一、形态生动的安排，山体既灵动欲舞，又平稳牢固。现今个园"透风漏月"西墙外湖石小山、何园读书楼下湖石小山以及小盘谷高约9m的湖石九狮山等，都是扬派叠山大挑大飘之法承传的样本。

三、叠山善于细致包镶

此特色有两层含义：一是拼叠技巧特别精细；二是包镶效果十分优美。叠石不仅要熟识石材的种类、质地、形态、颜色、纹脉，选取相同、相近、相宜的加以镶拼，相石时还须选取有石面纹理脉的直、横、斜、曲、粗、细、顺、逆相类，色泽深浅相同，接口极小的石块。尽量缩小拼接缝隙，用高效而又同色的胶合材料，涂拓缝口。湖石多透漏翻卷，拼叠易作卷云皴或麻皮皴，黄石苍劲古拙，易得斧劈皴或折带皴。扬派叠石，拼叠除依纹合皴精细之外，石与石的接缝，拓缝即包镶做得细致精巧，或者做得见缝而不见灰料（胶合材料），或者让缝纹与石面纹脉浑然如一。扬州叠石石料皆来自江南，由于装卸运输之故，小型石料为多。以小型石料拼叠峰峦洞壑，不仅耗时费工，也比大型石料难度大。但由之也造就了扬派拼叠包镶的技艺。从"卷石洞天"一景的题名看，以卷石（通"拳石"）能叠出神仙洞天，就知晓扬派叠石包镶技艺的高明与不易。

四、叠山善作壁山

壁山即《园冶》中所称之"峭壁山"。计成说："峭壁山者，靠壁理也。藉以粉壁为纸，以石为绘也。"[2]扬州园林中承传计成之法，依壁理山较多，尤以嘉庆时个园透风漏月西墙湖石壁山、光绪间何园读书楼下湖石壁山两组小型壁山叠筑最为精美，又多扬派特色。何园东部牡丹厅东北一组壁山，也叠筑得为人称道。这座壁山，冈峦参差，山间磴道高下，下临深涧，山趾如生水中。东端亭下，湖石层层飞悬，叠作岫穴。涧中安置石块，亦如矶如屿。向西至墙北折处，又叠深穴，以作涧水水口，藏去水尾，此段壁山为乾隆间扬派

---

[1] 计成.园冶[M].南京：江苏凤凰文艺出版社，2015年8月第1版，第288页.
[2] 计成.园冶[M].南京：江苏凤凰文艺出版社，2015年8月第1版，第281页.

叠石名工王庭余后裔王老七（王再云）所叠。北折一段为王老七之子王鹤春手笔。这座壁山延绵曲折长达 50 多米，为江南园林壁山中所仅见。还有小盘谷东墙下一段、个园抱山楼西墙夏山部分以及冬山等处。

五、叠山善于叠入理趣

石本无言，要使山石有象外之意，一般多用象生手法，即如十二生肖石、九狮山、狮子林之类。扬派叠石在构思、拼叠山体时，更将一些人生的感悟叠入山体，让人们在山水意境里自然地获得叠石象外的哲理趣味。

象生手法通俗、生动，颇有情趣。寓理法则睿智而深刻。扬派叠石的寓理技巧，十分经典地体现在个园叠石之中。春山，如写意画，仅置数峰笋石于疏竹之间，但其象外趣味丰富。冬山，从西边圆形空窗中窥见春景，这一"大地春回"的乐观旨趣，演绎得比同时期西方雪莱的相关诗意更为具象。秋山，通往山腹两层洞室的磴道，有宽窄之分，洞口亦有明暗之别。选明处、宽处入，则阻（绕行后回复原处）；循暗处、窄处入，则通。将"行路难"的人生坎坷，化作"大道不通小道通，明处不行暗处行"的世相意趣，叠入山体。这种外富画意、内藏理趣的构思和拼叠，是对计成掇山讲求"别境"，寻求"多致"的继承和发展，也是扬派叠石包孕丰富，技艺独创的一种呈现。

扬派叠石的分峰用石，如个园的四季假山，分别以笋石、湖石、黄石、宣石叠筑，不再赘述。

第四节　名作举隅

一、遂初园

扬州园林中初见石景的是遂初园，该园到嘉靖时已传了三代，最早可能建于明成化年间（1465—1487）。吴中郑若庸在为园主人高世化写的园记中说："扬州多沃墅，畦畛漫衍，无灵山邃谷。冥栖之士往往自力辟径，疏渠、筑石、树木，郁然成丘，故园名之胜，甲乙洛下。"[1] 说出了扬州"无灵山邃谷"，构园之家往往自辟蹊径，在自家园中来营造灵山邃谷，于是疏渠、筑石、树木，郁然成丘。从北宋时期借取江南山色，到四五百年后的明代中期，扬州园林中堆土叠石造山开始出现。

园内除了崇轩、精舍、厅屋，"丹雘藻绘，图史参列""筼筜百枝四绕丛桂"外，"其内疏樊曲槛、奇花异石环布，位置各中天造，委蛇磬折，涉者成趣"[2]，当时"扬之人哗然羡之"。《园记》中"奇花异石环布，位置各中天造"告诉人们，遂初园中各具姿态的石头，点缀、安放的位置，高下参差，距离远近，与周边花木建筑的配搭，都极自然合适成趣。

二、于园

万历年间（1573—1620），富商于氏在瓜洲北门外之四里铺广丰庄，建了一座且园，又名于园。

康熙初年，王士祯（1634—1711）任扬州府司李，曾游览于园，并作《瓜洲于园》七绝二首。诗中"于家园子俯江滨，巧石回廊结构新"，赞咏园中叠石之巧，回廊结构之新。但从其诗句"竹木已残鱼鸟尽，一池春水绿怜人""一树冬青香不改，映门犹自照清溪"来看，此时于园已近荒废。

---

[1] 顾一平.扬州名园记[M].扬州：广陵书社，2011年3月第1版，第8页.
[2] 同[1]。

从冒襄（1611—1693）、黄云（1621—1700）等人的有关日记、诗文中，可知于园地连平野，环碧水而带层山，园中有良对堂、青山阁、岳起阁等建筑，园后有厅临大池，园中竹树茂密、鸟语不绝，是座经历了"百年兴衰"的"江上名园"。山阴人张岱（1597—1679），曾寓居此园，他在《陶庵梦忆》卷二"焦山"条中说："仲叔守瓜洲，余借住于园。"《明画录》载：张尔葆，明南隶松江人，初名联芳，字葆生，号二酉，官扬州司马。舅朱石门多收藏字画，得以朝夕观摩，弱冠即有画名，初以写生入能品，后工山水，与李流芳、董其昌齐名。婿陈洪绶得其画法神髓。葆生，即张岱仲叔。《陶庵梦忆》卷五记载："于园在瓜洲五里铺，富人之五所园也。非显者刺，则门钥不得出。葆生叔同知瓜洲，携余往，主人处处款之。园中无他奇，奇在磥石。前堂石坡高二丈，上植果之松数棵，缘坡植牡丹、芍药，人不得上，以实奇。后厅临大池，池中奇峰绝壑，陡上陡下，人走池底，仰视莲花，反在天上，以空奇。卧房槛外，一壑旋下如螺蛳缠，以幽阴深邃奇。再后一水阁，长如艇子，跨小河，四周灌木蒙丛，禽鸣啾唧，如深山茂林。坐其中，颓然碧窈。瓜洲诸园亭，俱以假山显。胎于石，娠于磥石（工匠）之手，男女于琢磨搜剔之主人，至于园可以无憾矣。"[1]

从扬州园林叠石历史的视角来认知于园，园中叠石的运用是大量的，是空前的。假山成为于园的主景。从叠石的技艺看，是纯熟的，高超的。从事叠石堆山的工匠以及讲究叠石技艺的主人，看到于园的假山，都会没有遗憾了。而且"瓜洲诸园亭，俱以假山显"，这些记述，都表明了叠石作品已在园林中不断出现，推动了扬州园林走向成熟。

三、寤园

寤园建造于崇祯四年（1631），位于仪征新济桥西，后又称荣园、西园。嘉庆《重修扬州府志》记载："荣园在新济桥西。崇祯间汪氏筑，取渊明'欣欣向荣'之句以名，构置天然，为江北绝胜。往来巨公大僚，多宴会于此，县令姜埰不胜周旋，恚曰：'我且为汪家守门吏矣。'汪惧而毁焉。一石尚存，嵌崎玲珑，人号'小四明'云。又有一石，曰美人石。国朝阮中丞元易名湘灵峰"。[2]同治戊辰（1868）闰四月十三日仪征籍画家汪鋆（1816—?）曾作有《湘灵峰图》。明末张岱来仪征时，汪氏之园已毁。他在《陶庵梦忆》"于园"条最后写道："仪真汪园，葢石费至四五万，其所最加意者，为'飞来'一峰，阴翳泥泞，供人唾骂。余见其弃地下一白石，高一丈，阔二丈而痴、痴妙；一黑石，阔八尺，高丈五而瘦，瘦妙。得此二石足矣，省下二三万上其子母，以其守此二石何如？"[3]从张岱记中，可见汪园葢石费用之巨。从飞来峰与黑白二石看，园中用石之

---

[1] 顾一平.扬州名园记[M].扬州：广陵书社，2011年3月第一版，第53页.
[2]（嘉庆）重修扬州府志[M].扬州：广陵书社，2014年12月第版，第995页.
[3] 同[1]。

多之好空前，可以想象园中叠石造山及立峰之美。明末仪征人李玭，曾以明经授山东日照县令，后归里与修县志。他写汪园的诗中有"湛阁临流敞，灵岩傍水含"。而施闰章（1618—1683）写荣园的诗中，亦有"叠石郁嵯峨，苍茫气象多。高低成洞穴，庭槭俯山河"的描写，可见是园之胜，在于叠石。

四、影园

影园（图4-7）在扬州城西南水中长屿南端，为盐商世家出身的郑元勋别业。郑元勋（1603—1644），字超宗，号惠东，工诗能绘，崇祯十六年进士。父之彦，生四子。元嗣构有五亩之宅二亩之间（园）及王氏园，超宗有影园，赞可有嘉树园，其幼弟士介在清顺治间构有休园。崇祯五年（1632）冬，董其昌客邗上，时郑元勋择于在柳影、水影、山影之间，董其昌题之为影园。崇祯七年（1634）甲戌，郑元勋延请计成规划并指挥施工，园林"八月粗具，经年而竣"。郑元勋于崇祯十年（1637）作《影园自记》，他的好友茅元仪于崇祯十三年（1640）作《影园记》。

计成为人所筑之园，可稽考者，仅常州吴又予园、仪征汪氏寤园及扬州郑元勋影园，另外还有南京阮大铖石巢园。影园为计成写作《园冶》之后最晚出的园林作品，是闻名大江南北的中国园林史上文人山水园的代表作品，也是计成构建的园林中唯一留有园记的一座。

影园择水中长屿之上，在这平旷数亩，内以广池为中心分布景点的园址上，如何营构创造出一片山林意境呢？郑元勋和茅元仪的两篇园记中有关的记叙，帮助我们认知了影园山林意境之美。

其一是借，即借景城北蜀冈的一抹黛色和江南的隐约山影。

《影园自记》中有一段郑元勋与董其昌的对话："壬申冬，董玄宰先生过邗，予持诸画册请政。先生谬赏，以为予得山水骨性，不当以笔墨工拙论。余因请曰：'予年过三十，所遭不偶，学殖荒落，卜得城南废圃，将葺茅舍数椽，为养母读书终焉之计，间以余闲临古人名迹，当卧游可乎？'先生曰：'可！地有山乎？'曰：'无之，但前后夹水，隔水蜀冈，蜿蜒起伏尽作山势……升高望之，迷楼、平山皆在项臂，江南诸山，历历青来。地盖在柳影、水影、山影之间，无他胜，然亦吾邑之选矣。'先生曰：'是足娱慰。'因书'影园'二字为赠。"

其二便是计成因地制宜对影园山林意境的经营创造。

首先，东南入口处山林之景。《影园自记》写道："外户东向临水，隔水南城，夹岸桃柳，延袤映带，春时舟行者，呼为'小桃源'。入门，山径数折，松杉密布，高下垂荫，间以梅杏梨栗。山穷……"[1]"外户"，语出《礼记》，"外户而不闭，是谓大同"，后泛指大门，此处指的是园门。影园之门朝东临水，对岸即南城城墙。园与南城一水相隔，"夹岸桃柳延袤映

---

[1] 顾一平. 扬州名园记［M］. 扬州：广陵书社，2011年3月第1版，第3页.

图 4-7 影园复原鸟瞰图

带",为小桃源。园门即在小桃源中,小桃源可谓园之引景。入门即山径数折,山中松杉密布,高下垂荫……此处山应为土筑之山,或略点缀山石之土石山。人行山径之上,数折于茂密山林之中,这一入门处的山及山上林木,对于园外,是障景,有屏蔽园景的功能。而对于入园者而言,这"山径数折",又是游园的引导路径,让人甫一入园,即入山林,即有融入山林的意趣。

其次,影园在长屿南端,东、西、南三面临水,内有广池,池岸屈曲蜿蜒,处处高柳垂荫,如何让它生出山意呢?《影园自记》中说:"绕池以黄石砌高下磴,或如台,或生水中,大者容十余人,小者四五人,人呼为'小千人坐'。趾水际者,尽芙蓉;土者,梅、玉、兰、垂丝海棠、绯白桃;石隙种蕙兰、虞美人、良姜、洛阳诸草花。"[1] 这是师法苏州虎丘白莲池以黄石为岸,又因地制宜创新的营造山林意境的叠石创意。千人坐,在虎丘中心,是一块平坦的大磐石,由南向北倾斜,面积数百平方米,可容千人,气势磅礴,其东即白莲池。影园广池不仅以黄石为岸,还用黄石叠为高高下下冈

---

[1] 顾一平.扬州名园记[M].扬州:广陵书社,2011年3月第1版,第3页.

磴，低的如石矶，池水平漫；高的就像平冈，让池岸有了高下曲折，还将大块黄石，平叠于池中，石面平而广，大者可容十余人，小者容四五人，如水中之台，又像水中自然生成一般。又在岸边石隙配植相宜花木，原本一个平平常常的水池，经过绕池堆叠黄石，又在其中叠筑小千人坐，即水中平屿，则奂然而成为一方岸边黄石起伏环绕、水中黄石高下如台、矶屿自然、花木秀丽的山池。

再次，池西"淡烟疏雨""读书处"营构的石景。据《影园自记》记载："窗外方墀，置大石数块，树芭蕉三四支，莎罗树一株……庭前选石之透、瘦、秀者，高下散布，不落常格，而有画理。室隅作两岩，岩上多植桂，缭枝连卷，溪谷崱岩，似小山招隐处。岩下牡丹、蜀府垂丝海棠、玉兰、黄白大红宝珠茶、磬口蜡梅、千叶榴、青白紫薇、香橼，备四时之色，而以一巨石作屏，石下古桧一，偃蹇盘礴。拍肩一桧，亦寿百年，然呼'小友'矣。"[1] 窗外、庭前选石、用石，室隅作两岩，都十分注意因地制宜和花木的配置，让窗外、庭前等处，因石而古朴、而宁静，多山中意境。

最后，池北媚幽阁石壁及石壁下石涧。"阁三面水，一面石壁，壁立作千仞势，顶植剔牙松二……壁下石涧，涧引池水入，畦畦有声。涧旁皆大石，怒立如斗。石隙俱五色梅，绕阁三面，至水而穷，不穷也，一石孤立水中，梅亦就之。"[2] 石壁是高而陡的石叠山。媚幽阁，三面临水，一面石壁高耸作千仞之势，上植二松。石壁后的石涧，大石怒立，石缝隙间种植茂盛的五色梅花。石涧中流水有声，梅色艳丽，将媚幽阁一带，映衬得无比媚幽。

综观影园山景，一为借，即北借蜀冈，南借江南隐隐青山。这不仅是影园的特色，应为扬州诸园所共有。二为影园中创造的山景，此为影园独特的山景，但其可贵处，还在将叠山与借山联系起来，统一起来，即可将园内山视为园外山的延伸。

清初，顺治间休园及康熙中诸园山景，尤为引人注目。

五、休园

休园在城东流水桥。明代末年，郑元勋弟郑侠如购朱氏、汪氏旧园于宅后。至清顺治间，年未四十即请归休，合二园而新之为休园，园广五十亩，经历五世，四次修葺，景点三十余处。到清嘉庆年间，方改易他姓，咸丰间毁于兵燹。

清康熙二十三年（1683）休园重葺后，方象瑛在《重葺休园记》中写道："大约园之景，台沼而外，有古树，有修竹，有高柳，有长梧，而石山为最。石势突兀，起伏不一，约其大者，有三峰焉。登最高之巅望之。维扬两城历历鳞次，江南诸山飘渺烟雾间……园之时，宜春、宜秋、宜夏，而余以仲冬至，积雪

---
[1] 顾一平.扬州名园记[M].扬州：广陵书社，2011年3月第1版，第10页.
[2] 同[1]。

满天，寒鸦叫树，时闻竹中鹤唳声，寂绝似非人境……居中则为'墨池阁'，阁前垒石为峰，下为池，架以石桥。峰之前后皆有亭榭，曰'玉照'，曰'不波航'，曰'枕流'，曰'九英书坞'，结构萧爽，极园林之胜。"园中之景以石山为最，石山有三座山峰，山峰高峻，登其峰巅可以望远。其中一山，将阁、池、桥及峰之前后诸亭榭，皆组合连结成景。康熙五十三年（1714），休园第三次修葺之后，宋和《三修休园记》中写到："溪之南皆高山大陵，中有峰，峻而不绝，其顶可十人坐。稍下于顶，有亭曰'玉照'。"以此文可知，玉照亭建在峰侧。从有关的休园记看，休园园中叠有三座大山，不仅是园中主景，而且是园中池、桥、亭、榭等组织连络的纽带。

六、柘园

园在扬州旧城小东门外，清康熙中期张印宣建造，陈霆发作《张印宣柘园记》。记中称："（园中）有堂，有楼，有台，有廊，巡廊折入，有轩，有别室，有池，有山。山尤突兀，起伏作势；梅杏、竹松、辛夷、木槿之属，难以悉数。"[1]因为有了如此起伏作势突兀的山体和茂密的梅、杏、竹、松等花木，才让作者生发出"园于市廛近地，顾余自朝及夕，神气爽朗的耳目清明，隐跃有林壑闲趣，若忘此身之在城市者"的美感。

七、片石山房

片石山房（图4-8）又名双槐园，在新城花园巷，约为康熙四十年（1701）稍后，安徽歙县人吴家龙所辟，其中叠石为石涛和尚手笔。

清嘉庆《江都县续志》卷五中说："片石山房在花园巷。吴家龙所辟。中有池，屈曲流水，前为水榭，湖石三面环立，其最高者特立独秀，一罗汉松踞其巅，几盈抱矣。今废。"[2]光绪《江都县续志》卷十二说："片石山房在花园巷，一名双槐园，歙人吴家龙别业，今粤人吴辉谟修葺之。园以湖石胜，石为狮九，有玲珑夭矫之概。"[3]清道光年间钱泳《履园丛话》之二十"片石山房"条云："二厅之后，湫以方池，池上有木湖石山子一座，高五六丈，甚奇峭。相传为石涛和尚手笔。"关于片石山房，未留下园记。从县府志和有关笔记中的记载看，其主景为一座湖石假山，今何园（寄啸山庄）中片石山房内湖石山及楠木厅，应是原片石山房中的精华部分。从山势看，颇与石涛和尚画论中"一峰突起，连冈断堑，变幻顷刻，似续不续"相切合，东部湖石假山上一颗罗汉松已有三百余岁，与石涛年岁相及。

八、万石园

园近康山草堂，为清康熙中后期盐商余元甲所筑。据《扬州画舫录》卷十五记载，万石

---

[1] 顾一平.扬州名园记[M].扬州：广陵书社，2011年3月第1版，第24页.
[2] 《扬州文库》第一辑，第12册，扬州：广陵书社，2015年3月第1版，第46页.
[3] 《扬州文库》第一辑，第12册，扬州：广陵书社，2015年3月第1版，第323页.

图4-8 片石山房

园以叠石山景为主,"入门见山,山中大小石洞数百","厅舍亭廊二三,点缀而已"。据嘉庆《重修扬州府志》,园中有樾香楼、临漪槛、援松阁、梅舫诸胜,可见万石园是一座精心掇山理水(临漪槛、梅舫皆应在水边),而以叠石构洞为主景,多松多梅而见幽深的园林,此万石园亦出于石涛之手。

《扬州画舫录》卷二中说:"释道济,字石涛,号大涤子,又号清湘陈人,又号瞎尊者,又号苦瓜和尚。工山水花卉,任意挥洒,云气进出。兼工垒石……余氏万石园出道济手,至今称胜迹。"[1]同书卷十五曰:"筑万石园,积十余年殚思而成。"嘉庆《重修扬州府志》卷三十记载:"万石园……以石涛和尚画稿布置为园。"

也有可能,余氏万石园始筑之时,由石涛设计规划,石涛去世后则按其画稿布置殚思积虑,陆续十余年园方竣工落成。

盐商世家的马曰琯是万石园的常客,他在咏万石园的诗中,有"满庭林木暗斜阳,石罅天然漏冷光"的描写,也道出了园中林木幽深,石山洞壑,如若天成的高超的构筑艺术。

九、洛春堂叠石

洛春堂在大明寺西北、平山堂之后,清乾

---

[1] 李斗.扬州画舫录[M].扬州:广陵书社,2010年3月第1版,第22页.

隆四年（1739）光禄卿衔盐商汪应庚建。汪应庚在《平山揽胜志》中说："堂面南，凡三楹，敞其襟背，前后荣叠奇石为山，数峰环抱，有黄井西笔意。种洛花几十窠，红柎交哆，掩映石罅。"[1] 在其自作的《洛春堂记》中，也有类似的记叙："余为堂于栖灵寺之乾隅，堂之前后檐庑，豁然开朗。而叠石于中庭，为秀峰层嶂。其上栽牡丹数十丛，露葩风叶，烂熳芳菲，于春暮花时，载酒为宜……"[2] 黄井西，即黄公望（1269—1354），晚年曾号井西老人，为元四家之一，有《富春山居图》传世。此处的意思指洛春堂前后数峰环抱，堂好像就处在山中，此处"秀峰层嶂"的叠石，有黄公望山水画一般的韵致。

十、宜庄叠石

宜庄在扬州城东南十余里处，园广约四十亩，为清乾隆前期黄淡园别业。黄工于书画，曾为西江名士熊楚香绘《康山醉月图》。沈德潜（1673—1769）曾为之作《宜庄记》。《记》云："旧址十余亩，中有土阜，方广而平；古桂百余枝，连卷蜿蟉，为三百年物。主人得而有之，地辟数倍，去大江三里许，也焦山相望……（园中）累石为山，冈岭回互，陂陀升陟，朗出高际。其中敞以凉堂，邃以密室，眺望者楼，休息者斋，僚曲者廊榭，爽垲者亭台，与夫虹桥平碛村柴蹊泾之属，因其地而成之。山则杂植珍木，疏密林列，殊方奇花，莫可名状；池则水草交映，游鱼潜泳，波纹微兴，云天倒影。江以北之名境具于此地，命曰宜庄。"[3] 园中本有土阜，又累石为山，陂陀升陟，则言其坡冈，朗出高际，则言其峰峦，由于山势冈岭延绵回抱，山上、冈上、岭上又杂植林木，堂、室、楼、斋、廊榭、亭台、高拱如虹的桥，以及曲岸等等，皆在山中、冈前、岭上。虽然《记》中未记这些建筑的所在及形制，但隐约可见，园中建筑皆由"山"连络组合成景。

十一、梅岭春深叠石

梅岭春深（图4-9），即俗称之小金山。《扬州画舫录》卷十三中记载："梅岭春深即长春岭，在保障湖中，由蜀冈中峰出脉者也。"乾隆二十二年（1757），"程氏加葺虚土"，又叠以石，叠石在北坡以固土，又为石涧，石桥、磴道，又以巨石为山巅风亭基台。坡下水际又以石筑码头。《扬州画舫录》记载："西麓石骨露土，苔藓澁滞，游屐蹂躏，印窠齿齿。中有山峒，峒口垒石甃砖为门，塗紫泥墙，额石其上，题曰'梅岭春深'。由是入山，路窄如线，在梅花中蜿蜒而上，枝枝碍人。其下，大石当路，色逾铜绣。仰视岭上，路直而滑。中（上）一亭如翼，南望瓜口……又转又折，鸟声更碎。野竹深箐，山绝路隔。忽得小径，攀

---

[1] 汪应庚. 平山揽胜志[M]. 扬州：广陵书社，2004年3月第1版，第156页.
[2] 同[1]。
[3] 顾一平. 扬州名园记[M]. 扬州：广陵书社，2011年3月第1版，第153页.

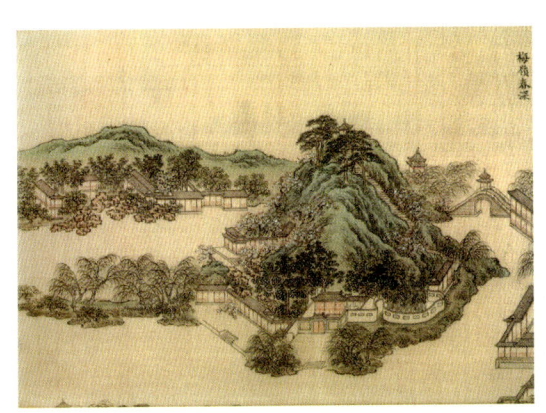

图 4-9 梅岭春深

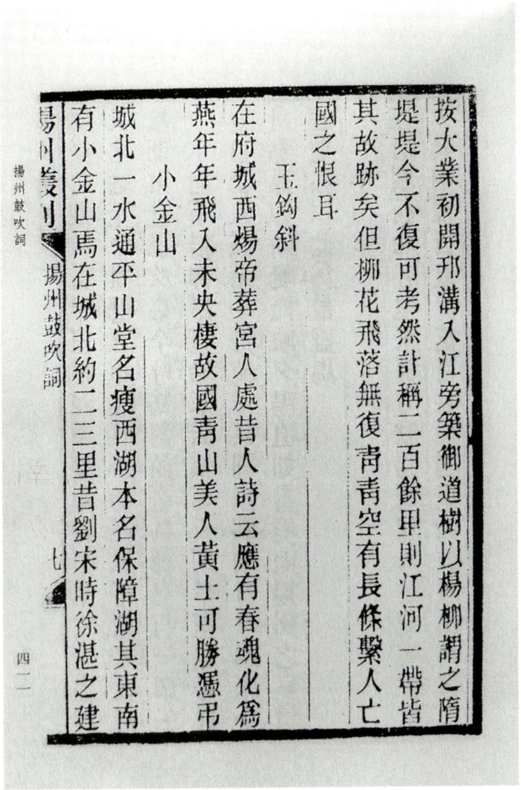
按大業初開邗溝入江旁築御道樹以楊柳謂之隋
堤堤今不復可考然計稱二百餘里則江河一帶皆
其故跡矣但柳花飛落無復青青空有長條繫人亡
國之恨耳
玉鈎斜
在府城西煬帝葬宮人處昔人詩云應有春魂化爲
燕年年飛入未央棲故國青山美人黃土可勝憑弔
小金山
城北一水通平山堂名瘦西湖本名保障湖其東南
有小金山焉在城北約二三里昔劉宋時徐湛之建
揚州鼓吹詞　七

图 4-10《扬州鼓吹词》书影

条下阁道，过观音殿，始登平台……”[1] 这座原为湖中小岛的长春岭，经过加葺虚土黄石后成为湖上第一高大土石假山，使湖上地势有了较大起伏，在湖水中段西折处，耸起一座绿色屏障（图 4-10）。

十二、蜀冈朝旭叠石

蜀冈朝旭在湖水北段西岸，乾隆二十七年（1762）园中临河建楼，恭逢皇帝南巡，赐名高咏楼。《扬州画舫录》载：“是园前以石胜，后以竹胜，中以水胜。”[2] 曾“辇太湖石数千石”叠山。《平山堂图志》卷二说：“（是园）园门南向，隐太湖石侧。”道出了湖石山屏蔽园门的功能。

十三、九峰园叠石、石峰

九峰园原为南园，在今荷花池北，乾隆二十六年（1761）园主汪氏于江南得太湖石九峰，散置园内。第二年，乾隆临幸是园时赐名为九峰园（图 4-11）。九峰园原有叠石三处：第一处在澄空宇。《扬州画舫录》卷七曰：“（风漪阁）阁后曲室广厦，轩敞华丽，窗棂皆置玻璃，大至数尺，不隔纤翳。窗外，点宣石山数十丈，赐名澄空宇。”[3] 第二处是在深柳读

[1] 李斗. 扬州画舫录 [M]. 扬州：广陵书社，2010 年 3 月第 1 版，第 160 页.
[2] 李斗. 扬州画舫录 [M]. 扬州：广陵书社，2010 年 3 月第 1 版，第 188 页.
[3] 李斗. 扬州画舫录 [M]. 扬州：广陵书社，2010 年 3 月第 1 版，第 88 页.

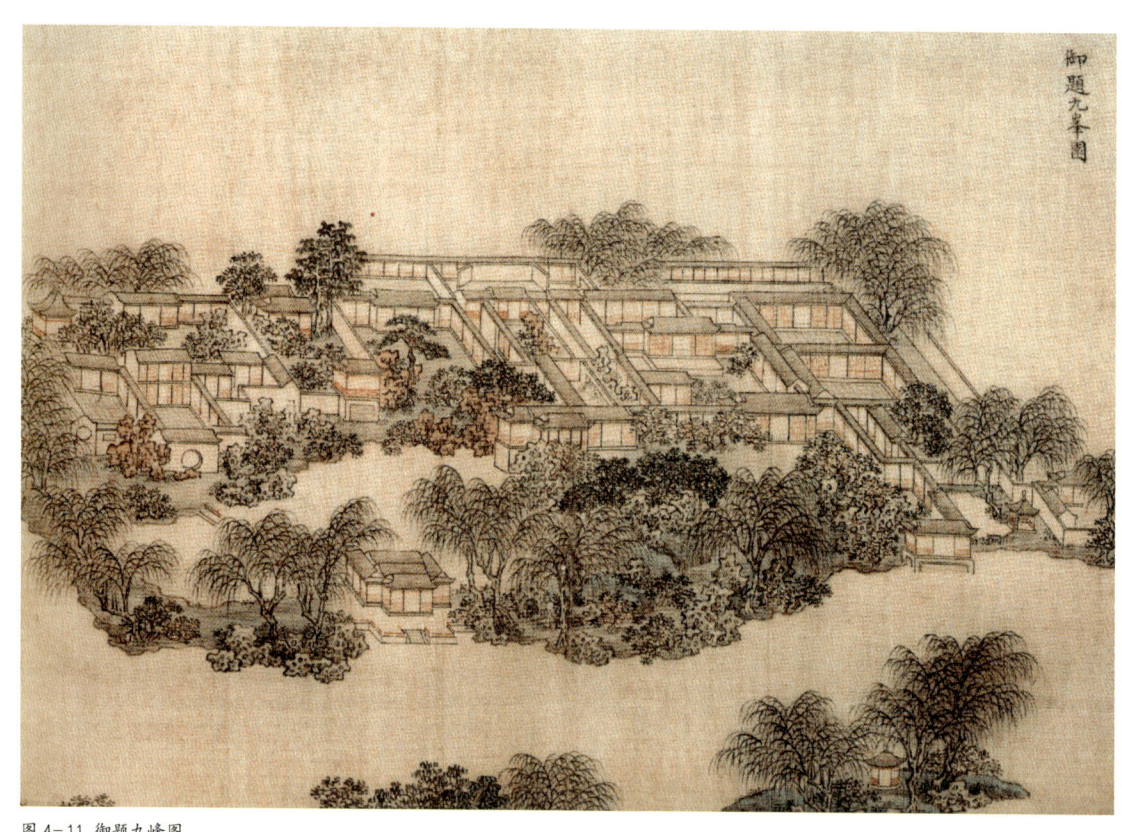

图 4-11 御题九峰图

书堂。"堂前黄石叠成峭壁,杂以古木阴翳,遂使冷光翠色,高插天际。盖堂为是园之始,故作此壁,欲暂为南湖韬光耳。"[1] 第三处是在海桐书屋。《平山堂图志》卷二记载:"入门转西为小廊,廊左西向为海桐书屋,屋前峭壁环列如削。"《扬州画舫录》卷七说"(澄空宇)厅右小室三楹,室前黄石壁立,上多海桐,颜曰'海桐书屋'。"

三处叠石,皆因地制宜。以宣石山叠于澄空宇"窗外",以增其明净;以黄石山置深柳读书堂前,为屏蔽园中之景;以黄石山置书屋前,使书屋环境更为幽深宁静。

《平山堂图志》中记:"园故多佳石,辛巳岁,又得太湖石九于江南,大者逾丈,小亦及寻,如仰,如俯,如拱,如揖,如鳌背,如驼峰,如舞蛟,如蟠螭。最大者曰'玉玲珑',相传以为海岳庵中旧物。"[2] 钱陈群(1686—1774),康熙六十年(1721)进士,与园主人世契,乾隆三十五年(1770)十月入园,主人导其游,有《御题九峰园记》,其中记载:"(主人)得湖嵌九于江南,高以寻丈计,次亦及屋桅,偃仰拱揖,主人各以其状目之。

---

[1] 李斗.扬州画舫录[M].扬州:广陵书社,2010年3月第1版,第89页.
[2] 赵之壁.平山堂图志[M].扬州:广陵书社,2004年3月第1版,第25页.

列者如屏，耸者如盖，夭矫如盘螭，怒张如鲸鲵，皱透玲珑者曰'抱月'，曰'镂云'。离其窟如顾兔，傲其曹如立鹤，其闲散独处者曰'紫芝'。"[1] 钱陈群及《平山堂图志》作者赵之壁皆记九峰太湖石之形之奇，而《扬州画舫录》卷七中，又具体叙述九峰在园中位置，"以二峰置海桐书屋，二峰置澄空宇，一峰置一片南湖，三峰置玉玲珑馆，一峰置雨花庵屋角。"乾隆皇帝数次临幸该园，题诗二首，其中有"平临一水入澄照，错置九峰出古情""评奇都入襄阳拜，笔数还符洛社英"。并自注云"园有九奇石，因以名峰，非山峰也"。"襄阳拜"用的米芾拜石的典故；"洛社英"，用宋代文彦博留守西都洛阳，集年老士大夫十一人聚会作乐，时谓之洛阳耆英旧事（司马光《洛阳耆英会序》云为十三人，人作一诗，见沈括《梦溪笔谈》，乾隆诗中以人喻峰，取其约数）。

《扬州画舫录》记"一片南湖"处一峰为："临池亭旁，由山径入，一石当路，长二丈有奇，广得其半，巧怪巉岩，藤萝蔓衍；烟霭云涛，吞吐变化。此石为九峰之一。"记雨花庵屋角一峰为："桥头三峦人立，其洞穴大可蛇行，小者仅容蚁聚，名曰'玉玲珑'，又名'一品石'……赵雪松诗云：'九峰园中一品石，八十一窍透塞碧'盖谓此也。"[2] "桥头三峦人立"即"桥头（一石）三峦人立"，此石有三小峰聚于顶端，而立于桥头（图4-12）。

图4-12 九峰园遗石

《扬州画舫录》又记："园中九峰，（后）奉旨选二石入御苑。今止存七石。高东井文照九峰园诗云：'名园九个丈人尊，两叟苍颜独受恩。也似山王通籍去，竹林惟有五君存。'"诗中以魏晋间"竹林七贤"中山涛、王戎"通籍"即为官而去的故事，喻九峰中有二峰已入帝京禁苑。

十四、净香园宣石山与倚虹园宣石房

净香园在虹桥东岸北侧，绿杨湾内有怡性堂。《扬州画舫录》记载："（堂）外画山河海

---

[1] 顾一平.扬州名园记[M].扬州：广陵书社，2011年3月第1版，第29页.
[2] 李斗.扬州画舫录[M].扬州：广陵书社，2010年3月第1版，第89页.

屿，海洋道路。对面设影灯，用玻璃镜取屋内所画影，上开天窗盈尺，令天光云影相摩荡，兼以日月光射之，晶耀绝伦。更点宣石如车箱侧立……"此如九峰园澄空宇外之宣石山。另外，又于园内"掘地得（旧园）宣石数万……堆成小山，构室于上，额曰'水佩风裳'。"此为宣石小山，上构小室。

倚虹园在虹桥西南水中，园中除有水厅后黄石山等等之外，还构筑有宣石房。《扬州画舫录》卷十曰："……逶迤入涵碧楼，楼后（建）宣石房。""涵碧楼前怪石突兀……其旁有小屋。屋中叠石于梁栋上，作钟乳状，其下巉岏崒嵂，千叠万复，七八折趋至屋前深沼中。屋中置石几榻，盛夏坐之忘暑，严寒塞壖，几上加貂鼠彩绒，又可以围炉斗饮。真诡刺也。"此为屋内作宣石山（图4-13）。

十五、白塔晴云叠石

《扬州画舫录》卷十四载："白塔晴云在莲花桥北岸。岸潆外拓，与浅水平。水中多巨石，如兽蹲踞。水落石出，高下成塪。上有奇峰壁立，峰石平处刻白塔晴云四字。阶前高屋之间，名曰桂屿……种桂数百株……去水尺许，（水中巨石）虎斗鸟厉，攒峦互崿……屿西半青阁，阁前嵌石隙，后倚峭壁……"[1]"望春楼前有圆池……池前高座五

楹，露台一方。台外即新河湾处，大石侧立，作惊涛怒浪……"[2]此为峰前水中置大石，生出虎斗鸟厉，攒峦互崿的水石之景，亦可固护岸土。而其又与岸边叠石结合，上叠奇峰，将水边建筑映带于山水树石之间（图4-14）。

十六、卷石洞天叠石

卷石洞天在城河北岸，地近虹桥，乾隆时为奉宸苑卿衔盐商洪徵治别业，园中有群玉山房、夕阳红半楼、委宛山房、薜萝水榭、契秋阁诸景，为北郊二十四景之一。园以叠石为主景，以卷石叠山成洞天之境。《扬州画舫录》卷六记载此园叠石为山者有二处。一为贴壁山，高十余丈，"入薜萝水榭，后壁万石嵌合，离奇夭矫，如乳如鼻，如腭如脐。石骨不见，尽衣薜萝。"另一处则为水上湖石九狮山。李斗写道："狮子九峰，中空外奇，玲珑磊块。手指攒撮，铁线疏剔，蜂房相比，蚁穴涌起。冻云合遝，波浪激冲；下本浅土，势若悬浮。横竖反侧，非人思议所及。树木森载，既老且瘦。夕阳红半楼，飞檐峻宇，斜出石隙。郊外假山，是为第一。"[3]李斗另有九狮山手书条幅（图4-15），文字除上述内容外，还有"矫龙奔象，擎猿伏虎。堕者将压，翘者欲飞。有窾有罅，有筋有棱""如老松皮，如

---

[1] 李斗. 扬州画舫录[M]. 扬州：广陵书社，2010年3月第1版，第89页.
[2] 李斗. 扬州画舫录[M]. 扬州：广陵书社，2010年3月第1版，第174页.
[3] 李斗. 扬州画舫录[M]. 扬州：广陵书社，2010年3月第1版，第76页.

图 4-13 御题倚虹园

图 4-14 白塔晴云

恶虫蚀"等语，将这座湖石九狮山的外形、石上涡洞、纹脉、凹凸、山的势态等等都尽作描述，可见这座湖石山天矫峻美与工艺的卓绝。

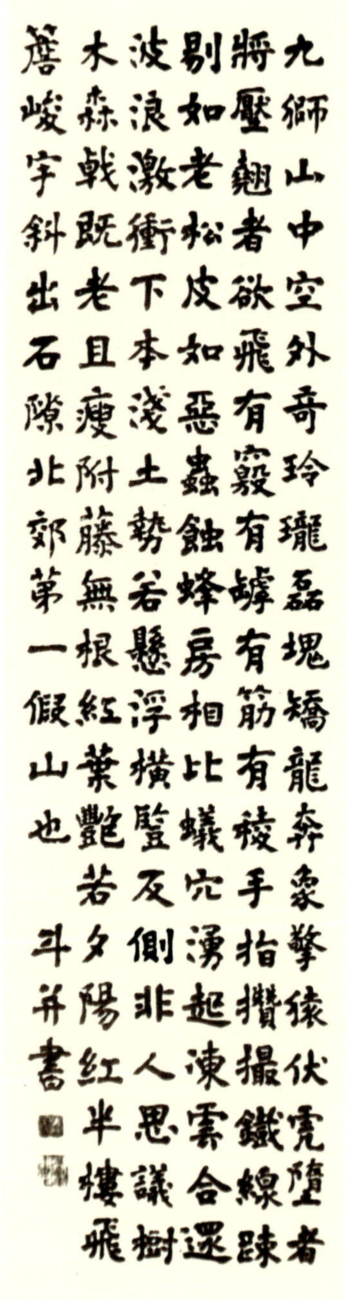

十七、个园叠石

个园在城内东关街中段北侧，嘉庆二十三年（1818）盐商总商黄至筠在清初寿芝园旧址上建成。该年中秋，刘凤诰（1761—1830）在《个园记》说："个园者，本寿芝园旧址，主人辟而新之。"记中说："叠石为小山，通泉为平池。"可知今园中湖石、黄石两座大山为寿芝园旧叠，而疏竹间笋、石之景及宣石小山应为黄氏新筑（图4-16）。

寿芝园为园中湖石、黄石二山或为石涛手笔。石涛生于明崇祯十五年（1642），卒于清康熙四十六年（1707）。康熙十二年（1673）后，常往来扬州，康熙三十五年（1696）秋冬之际，于扬州大东门外小秦淮西岸筑大涤草堂，定居扬州。扬州府志及《扬州画舫录》《履园丛话》等，曾记片石山房湖石山为石涛手笔。余之甲的万石园出自石涛之手，或按其画稿布置。黄至筠的二儿子黄奭（字右原）的朋友汪全泰，以及同光间个园主人丹徒李氏后人李允卿等的有关诗文里，都有说园中假山为石涛作品的说法。

黄右原的朋友汪全泰，在《水调歌头·题黄右原〈忆潮图〉》下阙中，有"若年少，怀故里，甚牢骚。自言家居大涤石屋，洞天高"。即指出黄右原曾说自家个园中，有大涤子石涛堆叠的高大岩穴洞天假山。李允卿的《个园消夏第五集》诗中，也有"渊静参烟客，恢奇蹑石涛"这些诗文，虽然只是片言只语，但皆言园中大山为康熙时石涛作品。

寿芝园时代的两座大山，进入个园时代，成了园中构景的重要基础。个园始建主人黄至筠工于绘画，汪鋆的《扬州画苑录》记载称其绘画师法王石谷、恽南田，长于

图4-15 李斗手书九狮山条幅

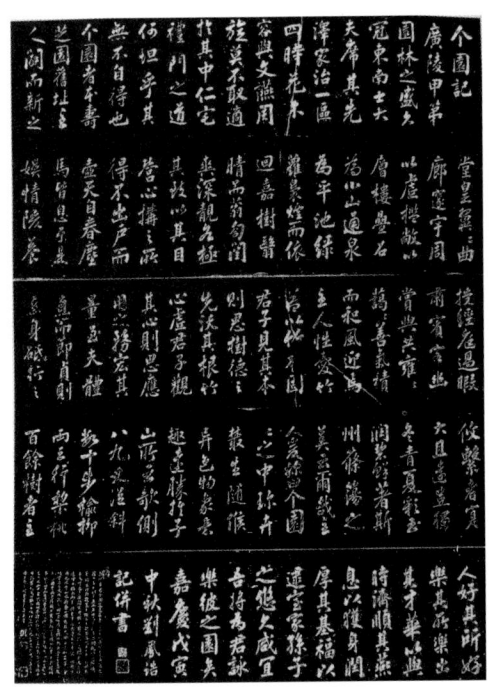

图 4-16 刘凤诰撰书《个园记》拓片

山水、花卉。今个园抱山楼南墙上，存其扇面山水图刻可证。《个园记》中说"主人辟而新之"，即包括对旧园两座假山的运用，黄至筠较好的绘画修养，"叠石为小山"，就补足了日后为人盛称的四季假山之景。

山景分四季，自唐至清为历代画家所重。然而一幅之中不能同时现四季景色，园中叠石造山则可以运用不同色彩、质地、皴纹的石材，以及带有季相明显的植物等等，分峰叠石，聚四时于一园。在个园初辟时，这一构思，并不明显。个园一代代的新园主也多留意于湖石、黄石两座大山的卓而不凡。对四季假山亦未见一言半语。直到清末民初，京口诗人杨廷杰在一首个园纪游诗中，才有"四时园色斗明霞，别出心意成一家"的描述，点明了四季山色聚于一园的叠石造山特色。直到二十世纪六十年代，个园叠石山分四季被园林大家陈从周先生宣传后才渐盛于专家学者和百姓之口。

综上所述，寿芝园湖石、黄石两座大假山，在个园新辟时已成为园中山水景观构筑的重要基础，在园中山水新景形成之后，四季假山已成为江南园林乃至中国古典山水园林中叠石假山的经典之作。

以上为个园叠石造山历史的简要回顾，下面解读四处山景的构筑特色：

1. 四处山景

春景在宅后月洞园门东西两侧，砖砌花台上修篁间置绿筠石数峰，高低参差，如春日新笋出土。春时，真笋破土与石并起，夏秋冬日，竹间亦见笋石如笋，一动一静，真假相映。竹后为花墙，中间圆门额上"个园"，为主人黄至筠之字，亦如半个"竹"字（图4-17）。

夏景以湖石叠筑，西峰东倚长楼，前为深池，湖石驳岸，有青石为梁，三折越水入峰下幽洞，洞内宽广可容十数人。东侧岩壁下磴道上盘，出洞口可入峰侧亭内，东行可达长楼二楼西廊。楼下山势东延，下叠隧洞，宛转掩映，隧洞上山石嵯峨，依长楼楼角高耸为东峰，再起伏环抱楼前水湾，逐渐与池边湖石融为一体，化为驳岸。夏山多以漏透湖石横叠，玲珑夭矫多姿，势若层层卷云。西峰下湖石，自水中层层而起，叠出数峰石柱，在水上三四米高处再以条石为梁，交错叠出洞口，洞口西侧岩壁高处，有细泉飞溅，泠泠不歇，下注山前深池。岩壁石隙亦藤萝蔓悬、苔藓斑斑。同时洞外东侧一高大广玉兰，绿荫如伞，岁逾二百，

图4-17 个园春景

图4-18 个园夏山

当时个园初辟时物。夏山颇宜消夏，湖石透漏，洞室幽深，上覆亭树，前有清池，更有瀑布悬于山壁，是一座峻峭、秀美而又幽深的山体（图4-18）。

秋景在园之东侧，是一座黄石叠成的大型山体。山有三峰，西峰在长楼南侧，东峰倚长楼东墙，宛转南延二十余米。丛书楼北墙前，耸为南峰。西、南二峰，如宾如从，拱卫高耸峭拔的东峰。东峰为大山主峰，高约九米，由大大小小黄石，多层层竖叠直上蓝天。峰侧一亭翼然，峰下冈峦延绵，谷深壑幽，洞曲潜藏，磴道盘旋。峰、峦、岭、岫、悬崖、峭壁、峡谷、幽洞等等，展现出崇高、险峻、苍茫和幽邃的大山之美（图4-19）。

黄石叠筑秋景大山，有特色四个：一是高峻、延绵而环抱，峰峦突兀，坡麓黄石多竖叠若干峰竞秀。二是山腹深藏洞曲，东峰下叠两层宽大洞曲，下层洞内北壁下有巨石为床，南壁有石叠之窗，窗前石叠桌凳，可容七八人品茗憩坐。窗西出石门，则入一石叠山谷。南峰下亦有一洞，亦可容七八人。特别是东峰下双层洞曲，为海内所罕见。三是峰峦上松柏挺立

卧偃，坡麓石隙红枫照人，岩壁藤悬苔绿，映衬黄石山体一派秋意。四是山径宛转峻美，有环绕主峰者，有曲折登南峰者，有主峰下起伏高下而至南峰者，脚下磴道石阶，道边高下参差抚栏，皆以黄石为之，以是山径崎岖而多自然野朴和登临之趣。

冬景全以宣石叠筑成山，山势作东西向起伏蜿蜒，长约九米余，西部突兀向上，势如主峰。宣石颜色洁白，山体若积雪未消。宣石又多团曲，视之则如若干雪狮若蹲若伏，若立若舞。山又置于高墙北侧，墙上又辟一组排二十四个风洞，隆冬盛夏，风的呼啸，吹拂雪山，皆会生出寒意。山前铺地以白石铺作冰纹，石间墙前又多植蜡梅、南天竺，更增宣石冬的韵致（图4-20）。

2. 四座山体的位置及相互关系

（1）原寿芝园湖石山在西北，黄石山在东北向南延伸。个园初辟时，"叠石为小山"，为竹间、笋石与宣石小山两处，在园之南端，从而正合顺时针排序为春、夏、秋、冬四季之景。

（2）湖石山与黄石山，在十一间长楼两端，湖石山在西，黄石山在东，湖石山东延余脉及

图4-19 个园秋景

图4-20 个园冬景

图4-21 个园冬景一角

黄石山西峰，又从两端向长楼前作环抱之势，湖石山余脉临水低平，黄石山西峰高耸，色彩分明，而过渡自然。

（3）黄石山延绵于园东，每临夕照，山色更佳。山势高峻，以秋山命名，契合秋日登高习俗。

（4）春冬二景皆在南边，以一墙相隔，又以两面圆月空窗互见。在冬景中以宣石相叠如雪狮置于空窗之前，如在窥望春景，俗谓为"大地春回"。即立于寒冬已望见春天景色。此景初筑于个园新辟时，即嘉庆二十三年，公元1818年。比英国诗人雪莱于1819年冬所作《西风颂》还早一年。《西风颂》末句有名诗句为"冬天到了，春天还会远吗？"此固然可证东西方文化的同一性，但个园初辟时，利用砖石、筑墙、开窗、叠山，加以植物，即绿竹、蜡梅、天竺，就三维、立体、具象地表达了这一主题，而且含义比雪莱名句更为深刻（图4-21）。

十八、小盘谷叠石

小盘谷在城南大树巷，园在住宅之东。月洞园门上额隶书"小盘谷"（图4-22），似出自钱塘西泠八家之一陈鸿寿之手。据《南画大成》（十五）记载，嘉庆七年（1802）陈鸿寿曾客于邗上，作《古柯竹石图》，小盘谷大约筑于此时。盘谷之名出于唐人韩愈《送李愿归盘

图 4-22 小盘谷题额

图 4-23 小盘谷湖石山

谷序》。盘谷地在太行山之南，环于两山之间，地幽而势阻，李愿隐居之地。园名小盘谷，因园中已有似若盘谷景色之故。

小盘谷湖石山（图 4-23）在园之西部，南北走向花墙西侧，即背倚花墙，前临一湾深池。假山临水而起，层层直上，形成悬崖绝壁，主峰矗立青霄，高约九米。峰下冈峦磊块玲珑，挑飘多姿，如昂狮蹲豹、虎卧猿立，人皆谓为形若九狮。山体外奇而中空，山腹藏有洞室，洞内宽广明亮，除西岩壁上多缝隙外，西向临池辟有洞口二，出洞口下阶石，沿山壁水中汀石，可至另一洞口。北洞口外有平桥三折越水通于西岸。洞内有石桌几可茗可憩，可沿磴道而升，出洞，入于峰后亭内。山势北延，在峰北水湾水口岩壁上，横镌"水流云在"四字。语出杜甫《江亭》诗："水流心不竞，云在意俱迟。"点明此间山水清幽意境，谓心意应如流水白云，淡然物外。

小盘谷湖石山，在花墙前自南而北坡冈宛转曲折，主峰下岩壁临水抱湾，山下深池又依山宛转曲折，水之西岸，南有曲尺花厅亦抱水而弯转，向北依次为小廊，接三面突入水中之水阁，再北为三折平桥。这些建筑与西岸高树石岸将水池推移成弯势。园中构筑分布大势，虽离不开隔水对山模式，但西岸花厅、小廊、水阁平面岸线已经盘曲成势，与东岸盘曲的湖石山冈坡岩壁相对，形成两曲之间夹一水湾的构筑。山中、岸上又有高楼丛竹，于是就赢得陈从周的下列赞语："此园假山为扬州诸园中的上选作品，山石水池与建筑物皆集中处理，对比明显，用地紧凑。以建筑物与山石、山石与粉墙、山石与水池、前院与后园、幽深与开朗、高峻与低平等对比手法，形成一时难分的幻景。花墙间隔得非常灵活，山峦、石壁、步石、谷口等的叠置，正是危峰耸翠，苍岩临流，水石交融，浑然一片。妙在'以少胜多'的艺术手法。虽然园内没有崇楼与复道廊，但是幽曲多姿，浅画成图。廊屋皆不髹饰，以木材的本色出之。叠山的技术尤佳，足与苏州环秀山庄抗衡，显然出于名匠师之手。"[1]

---

[1] 陈从周. 园林谈丛 [M]. 上海：上海人民出版社，2008 年 1 月第 1 版，第 113 页.

图 4-24 何园贴壁假山

十九、寄啸山庄（何园）叠石

寄啸山庄在花园巷，在今徐凝门大街西侧。清康熙间此处有片石山房，至嘉庆中后期山房已荒败，多次易主。至同光间，粤人吴辉谟葺而居之。光绪九年（1883）园归汉黄德道何芷舠，何园又葺而新之。

寄啸山庄园中叠石，除石涛手笔湖石山外，另有湖石山三处：一是今之东园内之湖石贴壁假山（图 4-24）。该壁山在高大围墙南侧，山体起伏高下，重重叠叠，下临深池。山中小径崎岖，岫壑潜藏，玉兰、黄杨斜枝映带，岸际迎春碧草丛生，池深更衬山高，水碧更映山影。山在园墙转北处又一路向北伸延，止于园墙转西处，此处壁山长约六十米，依园墙宛转，旨在营造一山中之园。

二是西园内广池西南，水上湖石山。此山先是坡冈起伏于池水之西，向南伸延时主峰突起。横空于池南水际，峰高近九米，坡麓有白皮松二，霜干雪枝，挺立山际，碧叶映于晴空。山之东壁叠石与玉绣楼外墙廊外叠石，半空相接，拱若水门，将山南池水、丛桂、层楼映衬得无比幽深。

三是赏月楼南湖石山。假山高约四米，横于楼前，腹有岫洞，通于山南，西麓有磴道可上二楼。山前山后女贞高大，银薇如雪，另有老桂、石榴一派绿荫。园初筑时，奉母居此。南山不在高峻，只是叠入一片人意。

第五章

理水

第一节 理水手法
第二节 湖上理水

水是世界上一切生命的源泉，同样也是园林中必不可少的基本要素之一。宋代画家郭熙在《林泉高致》中说："水活物也，其形欲深静，欲柔滑，欲汪洋，欲回环，欲肥腻。"[1] 从这些语句中，我们可以了解到水的多种多样的形态，也可体会到水在园林中所起到的静动结合的艺术美。不管是大型皇家苑囿，还是小型私家园林中，均多用水来美化空间环境。水域的设置有大有小，水池本身的形状也有所不同，其中绝大多数采用不规则的平面形式，在园林建筑空间安排灵活，曲折自然，使园林空间显得富有自然情趣。

扬州园林，大多为模拟自然风光的山水园林，以是，水就成了园林中不可或缺的基本物质形态之一。造园者想模仿自然，使园林多一些自然山水形态，或者常存濠濮之想，或者要仿拟瀛壶，园中必须有一定的水面。同时，园林不但能以水面调节和改善园中的小气候，还能借助水面，扩大园林的空间感，增加造景的纵深效果。所以，无论是涟漪轻漾，还是波平如镜；无论是水面浩渺，还是一带潆洄；无论是一方曲池，还是几道悬瀑，只要有了水，园林就会显得空灵明净、清新秀丽、妩媚亲切。它和建筑、山石、花木一起经过艺术组合，使园林中的美景，"虽由人工"，却"宛自天开"。

---

[1] 郭熙. 林泉高致[M]. 南京：江苏凤凰文艺出版社，2015年11月第1版，第69页.

第一节　理水手法

综观扬州古典园林的理水，手法多样，形式丰富，大致可以归结为以下九种：

一、依

唐代诗人杜甫有"名园依绿水，野竹上青霄"，这是诗人对所见名园皆依傍绿水的诗意概括。其实依水筑园，是大至皇家宫苑、王侯园林，小到私家园林，兴筑之前，确定园址最佳的选择。

西汉时，扬州诸藩王宫苑都是近水、依水而建。吴王刘濞有"弋林钓渚之馆"，筑钓台于雷陂。江都王刘非、刘建造建章宫，前有广阔的水域可以往来游船。南北朝刘宋时期徐湛之，在城北水物丰盛处，筑风亭、吹台、月观、琴室。隋代，隋炀帝杨广的江都宫北宫就建造在茱萸湾，临江宫建于扬子津。其长阜苑十宫，史载多"依林傍涧，高夸冈阜"，而木兰亭更建于九曲池上。唐代扬州子城、罗城皆多水，运河环抱，官河纵横。"落花馥河道，垂柳拂水窗""园林多是宅，车马少于船"。官府园林水阁、水馆中花木、亭台、馆舍、小船等俱全。宋代，官府园林临江亭、迎波亭等皆在江畔。真州东园占地约百亩，"流水横其前，清池浸其后"。[1] 明代，扬州名园皆在水边，于园在瓜州，寤园在真州新济桥西，影园在城南水中长屿南段。清代，休园在流水桥，运河西岸。乔氏东园在城东甪里，前临沧波。九峰园在南湖，卷石洞天、城闉清梵傍北护城河，而华祝迎恩、邗上农桑、杏花村舍、临水红霞等园都依漕河而筑。明清时期，扬州北郊湖上园林群的逐步形成，更将昔日废弃的旧城濠，在人们依水筑园的认知中，衍化为海内外皆知的名园群落所在。

---

[1] 顾一平.扬州名园记[M].扬州：广陵书社，2011年3月第1版，第54页.

计成《园冶》中说："卜筑贵从水面""江干河面，深柳疏芦之际，略成小筑，足征大观也"。[1]即言园林依水兴筑的优越，而他在筑影园之后，影园主人郑元勋在崇祯八年《园冶》的题词中说道："即予卜筑城南芦汀岸柳之间，仅广十笏，经无否略为区画，别现灵幽。[2]"所说的是依水建园的体会。

二、引

引即引水入园，这也是普遍使用的理水手法，即使近水、依水的园林，为使园中大小水池有水，都用引水之法。

清康熙四十九年（1710），乔逸斋在扬州城东建东园，园东南临河，园西浚池造山，作广池介于东部建筑与西部假山之间，其南开小河，引大河水入园中广池，河口筑桥，池中栽植莲花，池的东岸逶迤曲折，水阁、水榭分布排列成景。

民国四年（1915），邑人在桃花坞旧址建造徐园，园占地九亩多，四周筑园墙，园内享堂（今听鹂馆）前有曲池，从东垣之下开暗渠，引湖水入，水入园后即成明沟，西流注入池内，沟上筑小石桥，跨于南北。

引水，有明溪、暗渠等形式。

休园建于清顺治年间，园内有墨池。宋和《三修休园记》里说："是园之所以胜，则在于随径窈窕，因山行水。（语石）堂之东，有山障绝，伏行其泉于墨池，山势不突起，山麓有楼……山趾多窍穴，即泉源之所行也……池之水，既有伏行，复有溪行，而沙渚蒲稗亦淡泊水乡之趣矣，溪之南，皆高山大陵，中有峰，峻而不绝……"引水"溪行"就是以小溪、小涧，所谓"伏行"，就是水道藏于地表之下，即前文所说的暗渠。溪行，敞露的溪涧，有"沙渚蒲稗亦淡泊水乡之趣"。伏行，因为墨池一代有山体、建筑的缘故。方象瑛《重葺休园记》说得比较明白。其文曰："（园）居中为墨池阁，阁前垒石为峰，下为池，架以石桥。峰之前后皆有亭榭，曰'玉照'，曰'不波航'，曰'枕流'，曰'九英书坞'，结构萧爽，极园林之胜。"[3]可见引水伏行，地面上用于垒石，建亭，筑舫等，目的是为了营造景观。

扬州古典园林引水入园，亦因地制宜。康熙四十一年，明代李春芳（1510—1584）曾经担任内阁首辅，其五世孙李柟在扬州东城运河西岸北河下街筑半园，园中建有帆引阁，"直阁之前凿小池，引水于（园中宜夏轩）轩前井，隔垣而暗注之。蓄以文鱼，浮以荇藻。升阁而望，俨乎临不测之溪。"这是引水于园中之井，而且隔着墙壁以水伏行地下，暗注入池。

扬州古典园林中，有一种奇妙的并不引水入园，而让游人感到身在水边的做法，同样的以李柟半园为例子。张云章《记》中记载："由'抵山居'左出，梯石以登曰'帆引阁'。阁之高凡三层，中名'帆引'。高桅大檣之往

---

[1] 计成.园冶[M].南京：江苏凤凰文艺出版社，2015年8月第1版，第58页.
[2] 计成.园冶[M].南京：江苏凤凰文艺出版社，2015年8月第1版，第6页.
[3] 顾一平.扬州名园记[M].扬州：广陵书社，2011年3月第1版，第18页.

来乎扬者，如往来乎阁外焉。其上为台，则无远不瞩。"[1]游人登园中三层之阁，不见运河之水，但可见水上"高桅大樯"之帆往来，近在阁外。这是一种发人联想的意借，即园中无大河，登高阁见帆而使人有身临水涯之感。

三、凿

城中不近水处园林，抑或依水之园，常常在园中适宜的地方掘地成池，营造若大若小的水面景观，或取地下水而挖井，皆为凿。

康熙间半园有"直阁之前凿为小池"之举，以蓄来水。即使湖上近水、依水的筱园，园中需要小池，也凿地而成。《扬州画舫录》记载："凿池半规如初月，植芙蓉畜水鸟，跨以约略，激湖水灌之，四时不竭，名初月泖。"[2]园主人是先于园中凿地成池，再引入湖水入池。池的形态"半规如初月"，则是因地制宜或随园主人喜好。扬州古典园林中，小池多呈不规则圆曲状，岸线自然宛转，谓为曲池。只有晚清时期，城东吴道台宅第内测海楼前水池（图5-1），平面呈长方形，即为方沼。其功能可以为景观水池，主要为藏书楼防火。方形池沼，浙江宁波、绍兴园林里比较多见，扬州极为少见。建于光绪年间的寄啸山庄（又称为何园）内有三个水池，皆凿地而成。一在片石山房湖石山南，池面随山趾宛转，穿廊（下）入榭，除映照湖石山外，又呈小水湾展现于山房入门小山，隔墙之下，以及水榭之东，楠木厅之前。一在东部园内，平面作"⌐"，形态曲折。此处凿地成池艺术，虽然多为重新修葺时的再加工，构思之精，工艺之巧，寓意之深，堪称城中园林凿地理水典范之一。另一水面为西园蝴蝶厅前广池。

四、分

分为分割水面，不论城中与郊野之园，于水阔或水长处常见之。郊园可举二例。其一为真州之分碧亭，其景成于明代正德年间（1506—1521），属都水分司南京工部。"厅事之南，有池一区，长可十寻，横仅四分之一，北有堂，南有花竹围，皆游息之所也。"[3]这一处官府所属的园林，"正德戊寅年（1518），临川（人）杨君汝圭以主事至，政行职举，暇日涉其间以清夷其心。独病兹池过长，乃约其中，架木为基，作亭其上，命曰'分碧'。于是自堂而南望见亭，亭之外若有不可穷者；自围而北望，见亭，亭之外若有不可穷者。入亭之内，则截碧而中居之。其得清泠芳润之助者顿异往昔。而兹池始不觉其长矣。名曰'分碧'固宜。夫物不足则并，有余则分，所以取其平也。"[4]其二为扬州大明寺内西园中广池，此为山池。此地唐宋时有旧泉，岁月长之，迷

---

[1]顾一平.扬州名园记[M].扬州：广陵书社，2011年3月第1版，第27页.
[2]李斗.扬州画舫录[M].扬州：广陵书社，2010年3月第1版，第183页.
[3]嘉庆重修扬州府志·古迹三[M].扬州：广陵书社，2014年3月第1版，第981页.
[4]同[3]。

图 5-1 吴道台宅第测海楼前水池

失所在。乾隆二年,光禄少卿衔盐商汪应庚,重葺平山堂、大明寺后,"一日凭眺冈峦,踌躇四顾,慨然曰'兹山气体蟠结,而神韵不流,是宜池水沦涟,润云霞而岩风月,始足以宣畅襟灵。'于是相度山麓购得地数十亩,鸠工开浚……忽有源泉从地涌出……汲而饮之,其味甘美,不减中泠、惠山。"[1] 掘地得泉,涌汇成池后,立"天下第五泉"碑于东岸,于池中之井,上覆井亭,沿亭北水中筑堤,与池北小厅相接。高士钥时为扬州知府,其《第五泉铭并序》继之曰:"(池上)烟波弥漫,竹树环匝。自堂西望,缥缈如瀛洲蓬岛;自(池上)井旁东望,则又如华严楼阁,涌现空际,讵非伟观耶!"[2]

城中园林广池水面空间分割艺术,则以寄啸山庄(何园)西池(图5-2)为代表。第一,在水广西南岸叠湖石山,山趾突入池中,山麓植白皮松二,山之东侧岩壁与对岸廊下叠石间,叠出高大水门,将水池一部分水面,分割在水门之南,营造出山与水门之北水面空阔明朗、山与水门之南阳光暗弱幽深的观赏效果,一束阳光自水门入照,即产生流水不尽,悠远迷蒙的审美情景。第二,在水池偏东水面中筑亭,亭西筑白石飘台,再加上南北二桥沟通池南北。北桥全以湖石叠成,桥之础柱、桥面、桥栏皆以湖石为之。自亭向北,接于北岸蝴蝶厅前,并于池之湖石驳岸、湖石小山,呼应一致。南桥则起自池南复道廊之下,白石平水三折斜向东北,与亭前白石飘台相接。中国园林中多讲究不对称自然之美,此亭之南北二桥亦是。二桥不仅用材、造型不同,且又北桥高,下可通小型之舟,南桥低平曲折,人行其上,多有凌波照影之感。同时北桥短而直,南桥斜而曲。西池水面空间,有了如上两处分割,多了山体与水门,峥嵘兀立于西南,亭桥耸峙横斜于池东,自池之南北楼廊高处看池水,池虽广,而不觉其旷;水虽阔,而湖石高下起伏、桥亭映带,加之又有高树阴翳于池周,隔花墙空洞视之,更觉得西池上苍岩临流,檐翼飞举,花繁木盛如人间仙境。

五、流

园林之中大池小潭,岸边驳以山石,植以幽花竹树,饰以亭台桥榭,易得洁净虚涵的意趣。水阔则空远涵虚。水静则澄碧映影。临湖倚河之园,可见塔影、亭影、桥影、树影,乃至云影、月影。所谓"静影沉璧",即圆月倒影于静水之景。明末,扬州城南影园之名,

---

[1] 汪应庚.平山揽胜志[M].扬州:广陵书社,2004年3月第1版,第181页.
[2] 汪应庚.平山揽胜志[M].扬州:广陵书社,2004年3月第1版.

图 5-2 何园西池

即来自园在"山影、柳影、水影"之间。

园林之中，水之流动之美往往难得，而扬州古典园林中则多佳例。

如影园北部媚幽阁后石涧水景。郑元勋《影园自记》中说："阁三面水，一面石壁，壁立作千仞势，顶植剔牙松二，即'一字斋'前所见，雪覆而欹其一，欹益有势。壁下石涧，涧引池水入，畦畦有声。涧傍皆大石，怒立如斗。石隙俱五色梅，绕阁三面，至水而穷，不穷也，一石孤立水中，梅亦就之……"[1]

这条石涧在高高的石壁之下，涧旁多大石，引园中广池之水入涧，地势高底悬殊，水流湍急，畦畦有声。涧旁石隙多五色梅，还有一枝向涧中一石伸去。记载有声有色。这是影园中的石涧流水之景。

乾隆间江春重宁寺东园俯鉴室水景，《扬州画舫录》卷四所载："堂后广厦五楹，左有小室；四围凿曲尺池，池中置磁山，别青、碧、黄、绿四色。中构圆室，顶上悬镜，四面窗户洞开，水天一色，赐名'俯鉴室'……室外石笋迸起，溪泉横流。"其水来自何处？李斗继续写道："东园墙外东北角，置木柜于墙上，凿深池，驱水工开闸注水为瀑布。入俯鉴室，太湖石罅八九折，折处多为深潭。雪溅雷怒，破崖而下，委曲曼延，与石争道。胜者冒出石上，澎湃有声；不胜者凸凹相受，漩濩萦洄。或伏流尾下，乍隐乍见，至池口乃喷薄直泻于其中，此善学倪云林笔意者之作也。"[2]

这是记江氏东园俯鉴室室外池山中"溪泉横流"的情状和高下急流瀑布"雪溅雷怒"的景色。

水流则活，则多动态之美。东晋王羲之《兰亭序》中有"清流急湍""流觞曲水"的流传。宋人郭熙《林泉高致》中，有"水，活物也……欲喷薄，欲激射，欲多泉，欲远流，欲瀑布插天，欲溅扑入地……欲挟烟云而秀媚，欲照溪谷而光辉……"[3]的赞颂。在造园理水兴筑中，为后代所追慕并努力将它们化为园中的景致。园中有了流动的溪涧、河滩、泉瀑，就有了细浪腾越、飞泉挂岩等美景，就有了琤琤琮琮，泠泠畦畦的清音。甚至呈现剖竹引流、雨承檐溜等十分生活化又十分自然的水的流动情韵，也为园林造景时所珍视。

六、筑

即于水上或岸边，筑桥亭、廊榭、堂阁、

---

[1] 顾一平.扬州名园记[M].扬州：广陵书社，2001年3月第1版，第5页.
[2] 李斗.扬州画舫录[M].扬州：广陵书社，2010年3月第1版，第52页.
[3] 郭熙.林泉高致[M].南京：江苏凤凰文艺出版社，2015年11月第1版，第69页.

楼台等建筑。此扬州园林中处处皆有。乾隆间湖上更为多见，《扬州画舫录》卷十说："湖上水廊以四桥烟雨之春水廊为最，水阁以九峰园之风漪阁、四桥烟雨之锦镜阁（图5-3）为最，水馆以锦泉花屿之微波馆为最，水堂以荷蒲薰风之来薰堂为最，水楼则以是园（倚虹楼）之修禊楼为最。"[1] 其实，李斗只说了部分，湖上建筑大多临水，皆为因地制宜，宜亭则亭，宜榭则榭，一切建筑皆为置景观景而设。如白塔，如莲花桥，如钓鱼台（吹台）等等。如城中何园之水心亭，水心亭东南面环抱复道回廊、蝴蝶厅，小盘谷掩蔽池水曲尺形水榭等等。

七、植

即水岸的花木配置及水中植物的养植，都是美化水体营造景点的不可或缺的内容。花木为建园的四大物质要素之一，有专章阐述有关原理及其美学意义，在此不多赘述。

八、拟

拟为模拟，即于无水处，模拟出"假水"。与受中国佛教禅宗"实相无相"思想影响产生的日本枯山水庭院相似，扬州古典园林营造手法中有"旱园水做"之法，传承至今。

城中何园船厅之南，以瓦片、白卵石子铺地，似粼粼之水波（图5-4），其东，壁山前山池中有真水，此处以假续真，以虚接实，水意

图5-3 锦镜阁

顿生。营造出船厅无水而多水意的环境。卷石洞天群玉山房西墙外一处卵石铺地，以色浅黄泛白者铺为两岸，宛转向南，两岸中铺黑色卵石似流水。此皆扬州造园营造水意的"旱园水做"之法。昔日城中二分明月楼内有类似做法，园中央有小屋，屋四周地势低凹，明月下屋四周受光处明净似水，背光处则暗而似岸。"文革"时设工厂于小园内，此景已无，"文革"后重葺时已将无水处凿出一泓小池。

九、淙

李斗《扬州画舫录》卷十四记载："石壁流淙，以水石胜也。是园萃巧石，磊奇峰，潴泉水，飞出巅崖峻壁，而成碧淀红涔，此石壁流淙之胜也。先是土山蜿蜒，由半山亭曲径逶迤至此，忽森然突怒而出，平如刀削，峭如剑利，襞积缝纫。淙嵌洑岨，如新篁出箨，匹练悬空，挂岸盘溪，披苔裂石，激射柔滑，令湖水全活，故名曰淙。淙者众水攒冲，鸣湍叠

---

[1] 李斗.扬州画舫录[M].扬州：广陵书社，2010年3月第1版，第116页．

图 5-4 何园船厅之南"假水"

瀬,喷若雷风,四面丛流也。"[1] 乾隆年间的石壁流淙水景为园主奉宸苑卿衔盐商徐士业之族人徐履安所作。徐履安"长与海船进洋",其"作水法,以锡为筒一百四十有二伏地下,上置木桶高三尺,以罗罩之,水由锡筒中行至口,口七孔,孔中细丝盘转千余层。其户轴织具,桔槔辘轳,关捩弩牙诸法,由机而生,使水出高与檐齐,如趵突泉。"[2] 此种运用管道、机械而制作的喷泉,乾隆时与圆明园内大小水法几乎同时,为扬州园林内最具时代气息,得风气之先的理水方法之一,极富创造精神。

以上九点,为扬州园林包括湖上园林理水普遍性的归纳。扬州湖上园林由濠而湖的衍变以及后湖上园林的兴起、发展,处处皆与理水相关。

---

[1] 李斗. 扬州画舫录 [M]. 扬州:广陵书社,2010 年 3 月第 1 版,第 176 页.
[2] 李斗. 扬州画舫录 [M]. 扬州:广陵书社,2010 年 3 月第 1 版,第 177 页.

第二节 湖上理水

一、湖上水系沿革

瘦西湖水曲折绵延十余里，自平山堂下至虹桥，两岸园林相属相望，楼台隐约，风光旖旎，美如画卷。

城市历史的研究表明，这条蜿蜒于城市西北部的碧水，最初滥觞于隋唐以来历代荒废的城市西部的城濠。扬州自春秋末期吴王夫差筑邗城起，至隋以前一千多年间，历代筑城大致不出蜀冈范围。隋唐时期，城市繁荣，规模扩张，逐渐南移。冈上先后为宫城、衙城（即牙城、子城），冈下为罗城。罗城南沿在今古运河北岸一线；罗城西城北端在唐子城西南，向南延至古运河。宋有三城，自北而南为宝佑城、夹城、宋大城。宝佑城西南隅在蜀冈中东峰间之九曲池上，城濠水与九曲池通。宋大城之北城濠西起今长春桥北，东至古运河，后称柴河、草河，即今漕河。其西城濠，北起夹城西南（今长春桥北），向南过今虹桥，再南入古运河。明代。城池缩小，初有旧城，中叶后，于小秦淮之东与运河间筑新城，即明清延续至今的扬州老城区。其北城河，自虹桥之南，东延至便宜门入古运河。

从历史演变看，今日瘦西湖北端平山堂下至熙春台一段为隋唐罗城西濠的遗存。熙春台东至梅岭春深（小金山）一段水体，为南宋时汇聚西山来水，注入通连宋大城北城濠的水道。梅岭春深东、长春桥至虹桥一段，即湖水南段，为宋大城及元代州城西城濠的遗存。虹桥至御马头往东，则为明清北城濠。

历代筑城，皆高城墙而宽深濠堑，以藩篱保卫城市。如南宋嘉平年间（1208—1224），崔与之为淮东安抚使，来守扬州。其时，"濠河埋狭，褰裳可涉，守御非宜"，于嘉平八年八月至九年九月，重浚城濠。"河面宽十有六丈，底杀其半，深五分广之一。环绕三千五百四十八丈。濠外余三丈护以旱沟……"（崔与之《重修城濠记》）清《嘉庆重修扬州府志》对此事也有记载。又说："西城濠势低，因疏塘水，以限戎马。"此"因疏塘水"，即指其时西城濠水不足深，而引西山诸塘之水，以益城濠。此引水通道即遗存至今的熙春台东延至梅岭春深水道由来。

（一）由濠而湖的演变

瘦西湖原名保障河，保障之名起于明末。如前所述，瘦西湖水滥觞于隋唐以来历代荒废的西城之濠，以及引水通道。到明末崇祯年间，中原板荡，此时扬州城东、南两面以运河为城濠，河宽水深，西北外围别无濠堑。守城者开濠连接城周诸水，以阻农民起义军，始有保障之名。

清康熙三十一年（1692）成书的《读史方舆纪要》，曾纪其事，其中记载："城北三里旧有柴河，东达官河，西接市河，而西一望平原，别无濠堑。崇祯十年，始自柴河口引城东运河，绕西郭又折而南，以接城南二里之宝带河，仍合于运河，延长十六里。时又于近河东岸，缘垒为城，上设敌台，以备流寇，因名之曰保扬。"[1]

《方舆纪要》指出，柴河在城北三里，以其西延南折至宝带河，而为城池保障。这已经为府志所证实。《嘉庆重修扬州府志·山川》记载："保障河在城西一里，一曰炮山河，盖音譌也。河自南门通古渡桥，北抵红桥，西绕法海寺。旧志谓每至春日，游船歌吹，咽岸塞川。明崇祯十年开。"[2]该书《城池志》又记："崇祯十一年，盐法太监杨显名，自柴河口至宝带河开濠十里余，累土为城。工未及成功，又委守备樊明英增修钞关月城。"[3]

综上所述，可知保障河之名起于明末崇祯十年至十一年间，今之法海寺至虹桥以南在其范围之内。这是此前荒废城濠及其流水通道到了明末又被守城者利用，返回"濠"的时代的称谓。今之湖水北段并不包含其中。

（二）明清易代之后，至康熙中期始有瘦西湖之名

清顺治二年（1645）之后数年，扬州城郊红桥至平山堂一带，稀见游人。顺治十年（1653），史学家谈迁过扬州，在《北游录》中记载："（出天宁寺）因问平山堂道，僧云不甚远。贾锐度红桥，虽平原旷寂，实北垠也。经法海寺，蜀冈在睫，足加捷，入大明寺，古曰栖灵寺。宋欧阳修平山堂在寺前而废，第五泉渴饮不能味也。""过西门，濠水一勺，贵势家别业相望，借流种荷。""今西门摧颓……往返吊古，益有芜城之感。"[4]据《北游录》所记，顺治中期北郊水上还比较冷寂。

然而，随着城市经济文化的逐渐复苏，这条城北的荒水，由濠而湖的演变，却正在悄悄进行之中。其时，城市残破的面貌正在大力修

---

[1] 顾祖禹.读史方舆纪要[M].北京：中华书局，2005年3月第1版，第1119页.
[2] 嘉庆重修扬州府志[M].扬州：广陵书社，2014年12月第1版，第193-194页.
[3] 嘉庆重修扬州府志.扬州：广陵书社，2014年12月第1版，第415页.
[4] 谈迁.北游录[M].北京：中华书局，1960年4月第1版，第14页.

复，招募流亡，奖励生产的政令已经公布，盐运官员带来数万盐引，召唤盐商归来，府学迅速恢复，士子比较安定，有些人已经考中举人、进士，商业、手工业也逐渐繁荣起来，市民的游乐活动，最先热闹起来的地方是北郊水边的红桥一带。

康熙初，扬州府推官王士祯与诸名士虹桥修禊，赋诗填词，悠游水际。其《红桥游记》曰："出镇淮门，循小秦淮折而北，陂岸起伏多态，竹木蓊郁，清流映带。人家多因水为园亭树石，溪塘幽窈而明瑟，颇尽四时之美。拿小艇，循河西北行，林木尽处，有桥宛然，如垂虹下饮于涧；又如丽人靓妆祓服，流照明镜中，所谓红桥也。游人登平山堂，率至法海寺，舍舟而陆径，必出红桥下。桥四面皆人家荷塘。六七月间，菡萏作花，香闻数里，青帘白舫，络绎如织，良谓胜游矣。"

康熙三年，明末四公子之一的陈贞慧之子、名士陈维崧，与诸名士同游依园，他在《依园游记》中写道："出扬州北郭门百馀武为依园。依园者，韩家园也。斜带红桥，俯映渌水，人家园林以百十数。依园尤胜，屡为诸名士宴游地……由小东门至北郭。一路皆碧溪红树，水阁临流，明帘夹岸，衣香人影，掩映生绡画縠间……（依园）园不十亩，台榭六七处……园门外青帘白舫，往来如织。凌晨而出，薄暮而还，可谓胜游也。"

王、陈二人的描述，上距史可法"乙酉之难"（1645）不过二十年。城北人家多已枕河建园，且"人家园林以百十数"，红桥一带已景色如画。桥下画舫已往来如织，城内至红桥，至法海寺，再至平山堂，这条北郊半水半陆的游览线路，似已形成。

地方官员和文坛名士们的水上悠游修禊活动影响很大。它顺应了战乱之后文坛寂寞既久的社会需要，使扬州成了江淮一带以至中国南方文学活动、文化往来最先繁荣起来的城市。经济的逐渐复苏，文化的繁荣，是对扬州本土文化呼唤的一种表现，即为对消失已久的重要的文化场所、精神高地的重建。康熙十二年（1673），一度为寺僧所占所毁的平山堂，在地方官员和士绅的努力下得到了重葺。于"旧址迤西，又辟前后隙地二亩许益之"[1]，"拓堂后地，为楼五楹，名'真赏楼'，祀欧阳公与宋代诸贤于上，皆昔官此土而有泽于民者。堂下为公讲堂，左钟右鼓，礼乐巍然……堂前高台数十尺，树梧桐数本，旧名行春之台，今仿其制，台下东西长垣，杂植桃李梅竹柳杏数十本，敞其门为阀阅，广其径为长堤。垣以西，古松蓊翳，松下有井，即第五泉，覆以方亭，罗前人碑石，移置其上，是则平山堂之大概焉。"以此来"寓礼教、兴文章"（汪懋麟《平山堂记》）。江西魏禧则称，是堂重建"抑将以文事靖兵气焉"（魏禧《重建平山堂记》）。

康熙十四年至十六年（1675—1677），残破的法海寺又重修一新。这一雅一俗的两个场所，一个在保障河北端，附近又有大明寺和观音山；另一个在保障河中段，又地近红桥和城

---

[1] 汪应庚.平山堂览志［M］.扬州：广陵书社，2004年3月第1版，第68页.

厢，这两处的重建，让保障河上的游乐活动，日益兴旺起来。从当时许多诗文笔记里，都可以见到其时这条曲折绵延的水上画舫往来，繁弦急管时起，欸乃之声不绝。康熙三十年（1691）前后，吴绮《扬州鼓吹词》记载了当时这条水上的游乐活动。其中《红桥》条记载："红桥在城西北二里。崇祯间，形家设以锁水口者。朱栏数丈，远通两岸，虽彩虹卧波，丹蛟截水，不足以喻。而荷香柳色，雕楹曲槛，柳色环绕，绵亘十余里，春秋之交，繁弦急管，金勒画船，掩映出没其间，诚一郡之丽观也。然老人欢场，殊为相得。"其中《小金山》条记载："城北一水通平山堂，名瘦西湖，本名保障湖。其东南有小金山焉，在城北约二三里。昔刘宋时徐湛之建风亭月观吹台琴室，植花药种果竹，召集文士，尽游玩之适。至今虽历经重建，其迹仍在。风亭名未改，月观即东厅也。吹台今呼为钓鱼台。其厅悬有一联，云：'一水回还杨柳岸，画船来去藕花天。'则琴室也。每逢夏日郡人咸乘小舟。徜徉其间以为乐。日夕归来，小舟点点如蜻蜓，掩映夕阳，直如画境。而扬州之风景游览，亦以此为最盛焉。"[1]

吴绮（1619—1694），其《扬州鼓吹词》完成年代暂不可考，但从其《红桥》末句看，应为其晚年康熙三十年（1694）前后的作品，而其《红桥》《小金山》两条中所展现的应为康熙中期保障河上南段红桥、小金山一带的游乐盛况以及自红桥至平山堂一水可通的实情。而将其与清初顺治间谈迁所记对照研读，可见顺治乙酉年（1645）之后半个世纪间，保障河北通平山堂，已尽去城池藩篱外濠的功能与面貌，逐渐成为画舫游览北郊红桥、小金山、法海寺等风景名胜处的水体通道。同时，由于其曲折绵长的形态与游乐日盛的状况，也很自然地有了瘦西湖[2]的名号，并首次出现在《扬州鼓吹词》中。

（三）瘦西湖上的理水与湖上园林群的出现

在城西北的这一水系上，曾经零零星星出现过一些园林。元代，在今虹桥修禊园址，建过崔伯亨园。明代，宣德年间（1426—1435）观音山东南近水处，陕西三原进士梁亨筑有红雪楼。《光绪增修甘泉县志》纪其事曰："（红雪楼）三原梁亨筑，宣德进士淡于仕途。会方行中盐之法，移家侨寓于扬，建楼筑墅，莳松竹桃柳，啸吟其中。（园）东南与草河、宵市桥通，遍植荷花，一望无际。后荷池多为田，楼至乾隆中尽圮，多人不知红雪楼之名，尚呼'梁家楼子'。"嘉靖四年（1525），扬州卫致仕指挥火晟，受法海寺僧净杲之请，于寺东南河上造法海桥。马驸《重修法海桥记》中说："桥成，华伟坚壮，崇上而勒垣，上下完厚，浚下而益深。"这是一次因筑桥而进行的加固坡岸，浚深河床的小型理水活动。到了天启五年

---

[1] 按：吴绮《扬州鼓吹词》小金山条中所说"昔刘宋时徐湛之建风亭月观吹台琴室……至今虽历经重建，其迹仍在。"据北宋乐史（930—1007）所著地理总志《太平寰宇记·淮南道》中称，"风亭、月观、吹台、琴室"在蜀冈"宫城东北角池侧"。后为人移其名额于小金山诸景，以存故实。何时何人移入，暂不可考。

[2] 按：乾隆初，汪沆诗曰："垂杨不断接残芜，雁齿虹桥俨画图。也是销金一锅子，故应唤作瘦西湖。"言湖上消费极多。吴绮《扬州鼓吹词》比汪诗早数十年。

图 5-5 扬州东园图长卷

（1625），被阮元称为北湖中三逸人之一的书法家阮玉铉，曾在栖灵寺南近水处筑有地广五亩的深柳堂。深柳堂离水岸只隔数武，其南夹岸纡曲十里，水边还有高心耕的依绿亭、阎含卿的二分明月庵、杜禹洲的水月居、徐幼穆的菊圃、田书有的万卷楼等私家园林。最南端为郑元勋的影园。上述诸园，阮玉铉在《深柳堂记》中说："进艇镇日可周。"也就是说到了明代天启、崇祯年间，城西北这一带水边，已出现了不少私家园林。只不过明清易代之时，此处已沦为战场，园林全部废圮。

入清之后，保障河边最先出现的园林，是近于红桥的依园，大致建于康熙初。依园即韩园又称为韩醉白园。韩醉白名韩魏，生于明末崇祯十六年（1643），少时从王岩习古文诗词，有《东轩集》。至康熙五十五年（1716），湖之北段西岸始有程梦星之筱园，园约四五十亩。程梦星《初筑筱园》诗曰："柴门临野水，槿楥连长堤。"（按：槿楥，植以木槿榉柳，形成篱笆。）园有十景，其一为"初月泓"。他在《筱园十咏并序》中说："（初月泓）池半规如初月，植菡萏，蓄水鸟其中，跨以略约，激湖水灌之，四时不可竭。"这是引湖水入园中小池的理水小品。程氏还在池边驳以湖石，叠成小山流泉，故其诗曰："蟾影纤如钩，下照白石淙。"筱园还有浚芹田为湖，植荷其中的记载。《扬州画舫录》卷十五曰："是时（1716）红桥至保障湖，绿杨两岸，芙蕖十里。久之湖泥淤淀，荷田渐变而种芹。"此时"园外临湖浚芹田十数亩，尽植荷花，架水榭其上。隔岸邻田效之，亦植荷以相映。"[1]

到了雍正末，湖上与理水造园有关的活动有两点。一是雍正十年（1732）的湖上疏浚。是年扬州旧城市河（汶河）全涸，新城市河（小秦淮）仅通北门外一段，而与运河不通水。知府尹会一大力疏浚后又浚湖上。尹会一《重疏保障河记》记载曰："阅日，邦之荐绅先生谓余曰：'市河之流畅矣，然而引贯有源，抑经营未可后也。城西保障一水，即旧所称炮山河者，襟带蜀冈，绕法海以南，通古渡，在昔春水柳阴，游船歌吹。咽岸塞川，而百货鼓柁其间，田畴资以灌溉。此固与隍池相表里。诚得艺其淤淀，进以广深，则非惟壮郊原名胜之观，其攸赖于市河之蓄泄者实大。'……于是周回故址，扩而疏之，更为凿其断港绝潢，使欸乃

---

[1] 李斗.扬州画舫录[M].扬州：广陵书社，2010年3月第1版，第183页.

相闻，迤逦以至于平山之下。父老谓以今视昔，有益汇远而流长者矣。"[1] 湖上疏浚后，诗人陈章有《重浚保障湖》诗二首，其诗曰："举畚如云集水工，五塘分溜百泉通。莫言开浚无多地，也是星辰应鳌东。一条新展碧玻璃，萍叶初生荇始齐。箫鼓画船都未放，最先拍拍是凫鹥。"《扬州画舫录》卷十五记载："昔之大小画舫至法海寺而止者，今则可以抵是园（筱园）而止矣。"[2]

二是雍正末年，临汾人贺君召在莲性寺（康熙四十四年，改法海寺为莲性寺，并赐莲性寺匾额。）东建贺氏东园。初建时有六景，到乾隆九年（1744），又增建十三景，并于当年五月竣工。园在寺东，其景多临水际。

乾隆年间，喜好造园、游园的乾隆皇帝六次南巡，盐运和地方官员的推波助澜，盐商纷纷构园迎驾，四方匠师名工汇聚，湖上园林群形成，扬州园林发展到极盛时期。而湖上园林群的形成，与乾隆二十二年（1757）湖上一次重要的理水工程关系很大。这一年乾隆慧贤皇贵妃之弟高垣，来任两淮巡盐御史，开莲性寺北莲花埂新河。

莲性寺原名法海寺，始建于元代。寺基三面临水，寺后有高埂与北岸相连。形家称其为陆地莲花，寺后一堤，若莲之有茎，因名莲花埂。明末崇祯十一年（1638），盐法太监杨显名来督两淮盐务、军事，筑保扬城，开保障河时，废寺北之堤为桥，填塞寺西河道，并筑堡于寺西，以御李自成农民军来袭。后来莲性寺殿宇日渐圮废，舆论则归之于堤断伤脉。至顺治九年（1652）春，郡人赵有成读书寺中，议请当事，开寺西之障，毁桥复堤，将莲花埂修筑得比原先更高。但寺之殿宇仍倾圮不断。25年后即康熙十六年（1677），寺庙的佛像已立于露天雨中。由盐商程有容、闵世璋等人倡议捐款重新修建了大殿。殿宇佛像虽粲然复兴，而寺北莲花堤如旧，画船灯火必须绕寺而行。雍正十一年（1733）疏浚湖水时，虽对湖上一些有关名迹故址，扩而疏之，但莲花寺北那条堤埂仍高高耸立。到乾隆十六年（1751），皇帝第一次游幸湖上，从虹桥至平山也只能乘小船绕行寺南，而后向北到平山堂。乾隆《虹桥》诗里说："绿波春水饮长虹，锦缆徐牵碧镜中。真在横披图里过，平山迎面送春风。"《平山杂咏》中，又有"镜川几经曲，舣棹陟山蹊"。乾隆二十二年（1757），莲花埂新河已开，大型画舫、御舟行经莲花桥下，西行北折即可直驶平山堂下。莲花埂新河的开拓，切除了湖水中段的梗阻，莲花桥的建成，便利了南北的通行，更因其典雅秀丽的造型，丰富了水上的景观，并与不久前竣工的近在咫尺的莲性寺白塔一起成为湖上风景的标志。这一次湖上的理水工程，改变了湖上的地貌，并由此激发和推动了两岸园林的兴筑。至乾隆三十年（1765），北郊湖上一带已出现了二十四景，湖上园林群已经形成。金陵诗人刘芳（字春池）

---

[1] 赵之壁.平山堂图志[M].扬州：广陵书社，2004年3月第1版，第69页.
[2] 李斗.扬州画舫录[M].扬州：广陵书社，2010年3月第1版，第183页.

赞之曰："两岸花柳全依水，一路楼台直到山。"

乾隆五十八年（1793），袁枚在李斗《扬州画舫录》序中说："记四十年前，余游平山，从天宁门外扡舟而行。长河如绳，阔不过二丈许，旁少亭台。不过厪潺细流，草树卉歙而已。自辛未岁天子南巡，官吏因商民子来之意，赋工属役，增荣饰观，夌而张之。水则洋洋然回渊九折矣；山则峨峨然陧约横斜矣；树则焚槎发等，桃梅铺纷矣；苑落则鳞罗布列，闼然阴闭而霅然阳开矣。猗欤休哉！其壮观异彩，顾、陆所不能画，班、扬所不能赋也。"[1]

"辛酉岁"即乾隆十六年，是年为乾隆第一次南巡。瘦西湖从乾隆南巡前的"长河如绳，阔不过二丈许"到四十年后"洋洋然回渊九折"，这是不断开拓疏浚包括开莲花埭新河等大大小小理水工程和理水活动的结果。乾隆以来的二百多年间，湖上园林多有兴废，而湖水的走向，大体比较稳定。但它也与所有事物一样，也在不断悄悄变化着、发展着。

二、湖水的形态与理水原理

水本无形，因岸而成。瘦西湖宛转曲折，碧水泱泱，水体形态，丰富多姿，虽名曰湖，亦其瘦狭处则如长河，其宽阔处则如广池。水岸内收若弧处，则成大大小小水湾、半塘。而水之交汇、分流处则有水口、河汊。水中柳堤围合种荷养莲者为浦；形如短堤延伸入水的为渚；土石耸于水面的为屿；与岸土相接的为矶。水中大小不一的岛屿即有虹桥修禊、梅岭春深、莲性寺、凫庄等。两岸诸园中有许许多多浅塘、水池，北段还有一些大的湾塘。由于地势起伏小坡低冈绵延环绕，平流潆蓄皆成广渠、内湖，高下奔流而成为泉瀑、溪涧、河滩。

一条历代荒废的城濠和流水道，数百年间不断衍化成湖水，它由人工开始，逐渐荒废如若自然天成的水体，形成了湖上诸园兴筑的前提和基础。再转而成为滋养诸园的血脉，连接诸园的纽带。多年来，总离不开其本于自然又施以人工的理水活动。只有不断地理水，才能让湖上多姿多彩的水体，呈现出明净、流动和映照之美。

在湖上园林由濠而湖的演变中，在湖上园林由零星而成群落的发展中，在其由荒败而复兴的进程里，湖上园林理水注重自然又施以人工的实践，大致可归纳为以下数种：

（一）长则约之

即于水长处，筑桥约束，截短水岸，增加景观层次，尽去长直板滞，又解两岸阻隔。如湖水南段之虹桥、春波桥、长春桥。如长堤春柳临湖一线，柳荫如带，则移原来路中四方单檐亭于岸边水际，突出柳荫之外，增加水边岸线景观层次。长堤春柳一景瘦长，以一亭而约其半，如真州分碧亭故事。

（二）阔则分之

杭州西湖，茫茫一片，唐建白堤，宋建苏堤，增加层次，丰富景观。瘦西湖上湖水宽

---
[1] 李斗.扬州画舫录［M］.扬州：广陵书社，2010年3月第1版，第1页.

阔处，分水之法，一为筑岛，如虹桥北之水中将疏浚之土堆筑成岛，上植竹树，水鸟栖居，名为鹭岛。湖之北段，亦多小岛；二为筑浦，如荷浦熏风、玲珑花界等，于湖中柳堤围合种荷养莲；三为筑渚，如梅岭春深西端，筑长渚、植垂柳，渚尽头构重檐方亭钓鱼台。

（三）阻则疏之

乾隆二十二年（1757），开莲花寺北之莲花埂，建莲花桥，拓宽新河让大型画舫、御舟可以直驶至平山堂下，为湖上去阻隔之佳例，已如前述。20世纪80年代末，建二十四桥景区时，熙春台东水上有旧围堤、土墩，也全部去除而使画舫畅通。至于水中疯长的水草，落入水中枯枝败叶，水口水湾淤堵的沉积杂物土石等等，更是日常疏浚的内容。

（四）乱则屏之

《园冶》中说筑园对周围环境，"乱则屏之，嘉则收之"。湖上园林理水也是同样的道理。瘦西湖湖水北段西岸，房舍、楼宇、操场等等，多与园景不相和谐，又近在湖岸。20世纪80年代后期，则于柳岸之后建近700m书碑廊，加以屏除。人在画舫，或在碑廊下，只见前人翰墨碑刻，不见廊西芜杂乱象。

（五）浑则清之

湖水清澄、明净，游人才能产生亲切、亲近的愉悦之感，也是呈现塔影、桥影、亭影以及柳影、花影、月影和游人获得临水照影之乐的前提。多年来，为了湖水清澄、明净，不断清淤水下驳岸，包括周围水源地的河道的疏浚。1989年冬，虹桥，梅岭春深，湖中岛屿水下驳岸1871m，疏浚河道7000余米，清淤16万立方米。1995年初，御马头拓宽改建。同年底北城河疏浚，梅岭春深玉版桥两侧加固护坡200余米。1999年，漕河疏浚整治880m。2001年，北城河疏浚，古运河邗沟至瘦西湖游览线基础工程在黄金坝开工。特别是2002年4月，瘦西湖活水工程最后连通保障湖整治工程竣工，实现引邵伯湖水补济瘦西湖的目的。12月瘦西湖引水道站工程竣工。同年12月底至翌年1月，湖上疏浚，清淤5.82万立方米。

（六）堤则绿之

水岸的立面景观，除了桥、亭以及码头、平台、驳岸等建筑外，全赖植绿。园林水岸的绿化和水生植物配置意义重大，影响园景的构成和自然生机。扬州城中之园少柳，而湖上两岸植绿，以柳为特色。又易栽易长，季相分明。而且柳性近水其姿态婀娜与湖水同瘦美，三三五五，岐立岸边，枝条向上又低垂水面。老柳、新柳，自北城河而虹桥，而平山，十余里绿影延绵，掩映亭台画船。乾隆间即有"两岸花柳全依水"的咏赞，二百多年来一直延续的湖上之柳，与湖水相依，成了联络、统一、和谐湖上诸园的纽带和色彩。

第六章

建筑

第一节　建筑形制
第二节　营造技艺

第一节　建筑形制

一、体宜、形制

（一）体宜

"没有建筑的园林只能谓之林，而不能谓之园"[1]，建筑之于园林的重要性是随着园林的发展而逐渐增强的。早期园林的雏形苑囿常以山水为主体，帝王于此狩猎游乐。至魏晋南北朝随着文艺的转变与繁荣，官僚士大夫等闲于野趣常筑田园以求林泉之致，促进了私家园林的发展，如宋人徐湛之在平山堂下建风亭、月观、吹台、琴室等。到了唐朝，在宅邸、府衙、别业中筑园较为常见，裴谌的樱桃园，已具有"楼台重复、花木鲜秀"的境界。据记载，唐代私家园林中还有一种"自雨亭子"，在天气炎热时候可以把水引到屋顶再流下来，形成一道水帘，为园林建筑一创举。[2] 到了明清，私家园林已成为文人雅士、富商巨贾生活的一部分，其建筑已相当发达，按其形式与功能大致可分为厅堂、楼阁、馆轩舫榭、亭廊等，"堂以宴，亭以憩，阁以眺"[3]，馆轩舫榭则是从设景和位置需要出发，起娱景致的效果。又因扬州园林常作为盐商对外交际、宴会的场所，其建筑被赋予了更多的意义。

扬州园林建筑的特色是其主人、设计者和所处场地共同决定的。苏州园林主人常是出仕归隐的文人墨客，他们超脱于世事，如网师园、拙政园等园名都表达出厌恶官场，捕鱼打网追求自然之闲趣。而扬州园林的主人大多为盐商，他们家缠万贯，一味追求豪华，借园林以炫富有，榜风雅。清康熙、乾隆间，还期望能得到皇帝的"御赏"，以达到升官发财的目的，若

---

[1] 朱江.扬州园林品赏录［M］.上海：上海文化出版社，1984.
[2] 冯钟平.中国园林建筑［M］.北京：清华大学出版社，2000.
[3] 顾一平.扬州名园记［M］.扬州：广陵书社，2011，见第19页，清人屈复所著《扬州东园记》.

干处还模拟一些皇家园林的手法。因此在园林的总面貌上，建筑物的尺度，材料的品类，都从高敞华丽方面追求。[1] 此外园主人还因业务需求，需要结实达官显赫，而园林则成为园主人容乃这种商业交际的重要场所，其相关建筑如宴宾客的厅堂也较苏州园林大气开敞，成为重点装饰和显示财力权力的空间。为满足园主人的需要，甚至形成了两层的厅堂即楼厅，体量巨大，是重要的社交活动场所，也是园主人借以显示排场，炫耀身份的建筑。

受孔孟文化影响，古代社会的意识是"万般皆下品，唯有读书高"，主张"道、器"的分离，反应在建筑上就是重视建筑所体现的等级制度，忽视技术，所以我国古代匠人的社会地位非常低，素有"三分工匠，七分主人"的说法。园主人的意愿通过设计者来表达，那么他们的艺术价值观也必然体现于园林，这些人往往是文人墨客，擅长作画，如叠片石山房的扬州大画家石涛和尚，就以其艺术造诣进行园林创作。当时的文化氛围，如扬州的诗文和八怪的画作较苏州吴门派而言，更加豪放粗犷，造就了扬州园林更大胆的创造性，如小盘谷采用南北向复廊将园林分为东西二区间以假山和亭子的作法就十分新颖，朱江先生评价为："殊不知谁家山子野[2]，竟在这一方小小天井之里，做出这样大的文章来？"

（二）形制

扬州位于我国南北之间，在建筑上有其独特的成就与风格，是研究我国传统建筑的一个重要区域。清道光间钱泳的《履园丛书话》卷十二载："造屋之工当以扬州为第一。如作文之有变化，无雷同，虽数间小筑必使门窗轩豁，曲折得宜，此苏、杭工匠断之不能也。盖厅堂要整齐如台阁气象，书斋密室要参差如园亭布置，兼而有之，方称妙手。今苏、杭庸工不知此义，惟将砖瓦木料搭成空架子，千篇一律，既不相题局，亦不知随方逐圆，但以涂汰作生涯，雕花为能事。"钱泳为江苏无锡人，曾游历大江南北，他的评价是比较客观的[3]。就形制而言，扬州园林的特征大体可分为外观和组合方式两部分，其与北方皇家园林、徽州园林、苏州园林三者之间有着复杂的联系，融合了各地之所长，并加以创新，呈现出南秀北雄的雅健。

1. 北方皇家园林建筑的影响

"南北园林在风格上的差异莫过于大小之别"，扬州园林受北方皇家园林的首要影响就是大，就组合布局而言，反应在瘦西湖便是体量之大、景点之多，从虹桥起至蜀冈平山堂，记载在册的就有二十四景，"两岸花柳全依水，一路楼台直到山"，李斗《扬州画舫录·谢溶生序》更有"开止水以为渠，处处是烟波楼阁"的评述，就这点似与北方园林集各地名园胜景于一园有相似之处[4]。体现在建筑外观上便是类

---

[1] 陈从周.扬州园林[M].上海：同济大学出版社，2007.
[2] 山子野，红楼梦中人物，第16回中有一个"胡老明公，号山子野"，擅长园林设计，大观园即其作品。
[3] 徐亮，王石群.扬州盐商建筑与园林的特性及世界文化遗产价值浅析[J].扬州大学学报，2012.
[4] 李金宇.试析扬州园林的北方风格[J].中国园林，2004.20（12）：57-60.

型与尺度，例如扬州园林楼之多、之大，在江南园林实属少见。《扬州名胜录·卷三》记载洪园"近水筑楼二十余楹"数量之多可见一斑，且楼的体量一般较大，如何园个园均有七开间的长楼，小型园林如"二分明月楼"其主楼也面阔七间，在功能上除满足宴会所用之楼厅、登高远眺之楼阁外，还有楼廊也称复道廊，如何园东园围绕中心水池的复道回廊，连接了住宅区和蝴蝶厅，"自复道廊外望去，山高月小，略无窒碍，有北派园林大开大阖的气度"。[1]

单体建筑的形制如尺度、样式、色彩、构造作法等也受到北方园林的影响。在样式上，常见于北方皇家园林的曲尺形平面，在扬州的瘦西湖、小盘谷均可见，《扬州画舫录》就语其是京师的作法。节点作法如翼角起翘虽大都为嫩戗发戗，较苏州要平缓很多。建筑所用颜色以材料本色为主，也可见使用高等级颜色的建筑，如瘦西湖的五亭桥，仿北海的五龙亭和十七孔桥而建，黄瓦朱柱，配以白色栏杆，亭内彩绘藻井，富丽堂皇。

2. 徽州园林建筑的影响

徽州园林因其独特的地理历史条件，在文化上，长期受隐逸思想、宋明理学以及风水思想影响，体现在园林上就是其建筑组合布局规整有序，昭穆分明。在经济上，徽州是古代重要的经济中心，富商巨贾使得徽州园林有能力进行繁复的雕刻。在地理上扬州与徽州交接，且扬州园林主人盐商大多为徽商，一方面园主人的乡土情结使其建造的园林带有徽派建筑的风格，另一方面两地匠师的技术交流变为可能。影响着扬州园林建筑的布局与装饰，以及建筑营造技艺如砖雕、木雕、石雕[2]。

3. 苏州园林建筑的影响

江南地区交通便捷，历史上造园家常同时活跃于苏州、扬州、南京等地推动了造园技术跨区域的交流，如明代计成原籍松陵（今苏州市吴江区同里镇），在常州完成东第园之后又于仪征造寤园、扬州造影园、南京造石巢园。明初洪武赶散[3]，苏南地区大量人口迁入扬泰，带来了苏州等地的工匠，使得两地园林建筑颇有相似之处。

4. 其他外来文化的影响

扬州也是大运河和长江的交汇处，是重要的商业贸易节点，由此带来了丰富的物资和人力。晚清时候随着通商口岸的开放，富有的盐商也会效仿西洋建筑作法，如何园铸铁构件的使用，或者从海外订购玻璃、彩色瓷砖甚至浴缸等名贵稀有商品来装饰建筑。盐运货船回程则会夹带各地物资如黄山石、太湖石、楠木等建筑材料作为压舱石，又因扬州不盛产石头这些外来石材常用在建筑重点装饰部位如门额，以显示主人财力之雄厚。

---

[1] 朱宇晖.江南名园指南[M].上海：上海科学技术出版社，2002.
[2] 高磊.徽州园林与扬州园林之比较[D].合肥：合肥工业大学，2003.
[3] 明朝初年将江南人口迁徙到苏北的历史事件。

二、厅堂

厅堂常作为园主人宴宾客的重要场所，也是园林建筑的统领。廳（厅），《集韵》定为："古者治官处，谓之聽（听）事。后语省，直曰聽，故加广。"堂者，当也。谓当正向阳之屋，已取堂堂高显之义[1]，可见厅是理事之所，用来处理事务或者相对正式的聚会、待客、宴饮等。厅与堂早期略有区别，后渐混用，现在园林中的厅堂大体上属于同一类建筑。

正如《园冶》中的阐述："凡园圃立基，定厅堂为主。"园林的厅堂是重点考虑的建筑，多位于庭园中心，便于取景处，大都坐北朝南，前后或作水池、或叠假山、或植草木，既是观景之处，也是主要的景点。

今日扬州园林内常见的厅堂按功能、所处位置可分为四面厅、花厅，住宅部分常见门厅和大厅。屋顶样式主要有硬山和歇山两种，屋脊常见砖瓦漏砌之通花脊，建筑平面多为矩形，也有见到曲尺形平面厅堂。类型以歇山顶且四面开窗之四面厅为主，其梁架多用鳖壳回顶式[2]，周以廊轩。"虽与住宅一般，近台榭有别致，前添敞卷后进余轩，必有重椽，须支草架。高低依制，左右分为。"[3]如个园即以宜雨轩（堂）居全园之中，且又"妙在朝南"，为"当正向阳之屋"，山墙面做丰富的植物图案砖雕，内四界部分做成五界回顶，四周绕以廊

---

[1] 计成.园冶[M].黄山：黄山书社，2016.
[2] 屋架顶界使用弯椽，室内呈卷棚式样，但上制草架，屋面仍然做脊。
[3] 朱江.扬州园林品赏录[M].上海：上海文化出版社，1984.

图6-1 个园宜雨轩方形平面歇山屋顶

图6-2 华氏园花厅方形平面西面靠墙，歇山屋顶

图6-3 小盘谷曲尺厅，平面为"L"形屋顶采用歇山顶

图6-4 个园透风漏月厅，矩形平面采用硬山顶

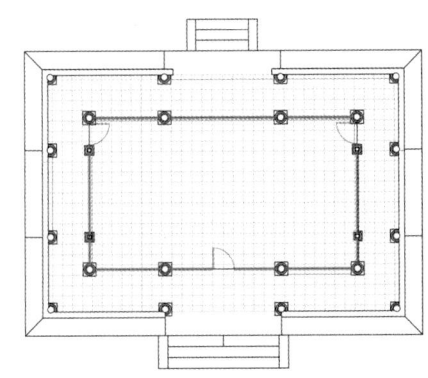

图 6-5 何园船厅平面图

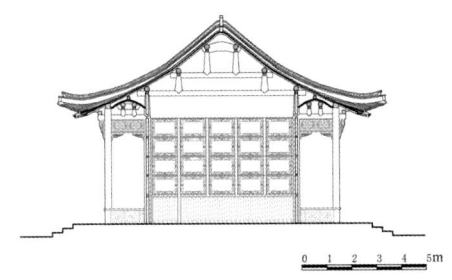

图 6-6 何园船厅剖面图

亮。如何园船厅明间开间达 4600mm，次间开间 3050mm，进深 9000mm，檐柱高 4500mm。在形制方面，富有的盐商不惜花重金效法西洋作法，如大面积的开窗、铸铁构件的使用等，甚至若干处还模拟皇家园林的做法，如效仿曲尺形平面，来争奇斗艳，显示自己的排场。如图 6-5 和图 6-6 所示。

三、楼阁

楼阁是园林内的高层建筑，他们不仅体量一般较大，而且造型丰富，变化多样，有广泛的使用功能，是园林内重要的点景和观景建筑。楼，《说文》云："重屋曰楼。"即房屋垂直方向的叠加，造式，如堂高一层是也。《尔雅》云："陕而修曲为楼。"楼的平面较修长，也可以有曲折变化。阁，《园冶》定为"四阿开四牖"者。牖的释义为屋之旁窗，即阁是需要四面开窗的。《长物志》依据《园冶》一说，对阁的涵义作了比较明确的解释："四流水顶而四面开窗的建筑物。"并针对不同的使用功能作了要求，其云"作房闼者，须回环窈窕；供登眺者，须轩敞宏丽；藏书画者，须爽垲高深"。至于"楼做四面窗者，前檐用窗，后及两旁用板；阁作方样者，四面须一式"，对楼和阁进行了区别，即楼一般山面筑墙，阁则四面开窗。

扬州园林中的楼，按秩序定在厅堂之后，其位置与其在园林布置中所起的作用有关。做楼厅使用时，多位于池畔且明显突出处，如个

轩，白石台基高显于地面，以山石为阶，台上廊柱间上悬挂落、下置半栏半槛，便于观景休憩，是个园主体之建筑。这些均合乎计成"堂占太史，亭问草玄"[1] 的造园学说。如图 6-1～图 6-4 所示。

扬州园林的厅堂因其承担着盐商接待宾客的功能需要和炫富、榜风雅、结识达官显赫的精神需求，在布局、形制、尺度上都表现出与苏州园林的不同。苏州园林厅堂常位于山水掩映之处，而扬州园林则布局规制，处于显要位置。在建筑尺度方面，就开间、层高大小而言，扬州园林厅堂更轩阔，体量大，开敞明

---

[1] 出自《园冶》。

图 6-7 蜀冈平远楼

图 6-8 何园蝴蝶厅

图 6-9 何园复道廊

图 6-10 个园觅句廊

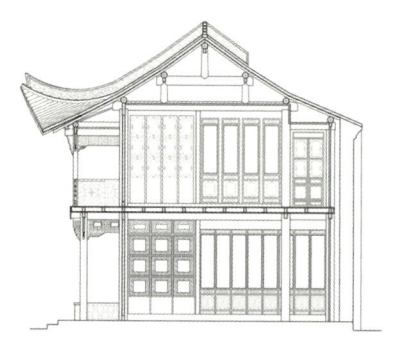

图 6-11 何园蝴蝶厅剖面图

园抱山楼。做藏书、赏月时,位于园林角落或隐蔽处居多,如个园丛书楼。做登眺使用时,多位于山间,如蜀冈平远楼(图6-7)。平面类型以长方形为主,也有凸字形平面,如何园蝴蝶厅(图6-8),主楼三间突出,打破长楼的单调,显得轻快活泼,丰富了园林景观。

因园主人的需求以及受北方园林多楼的影响,楼已成为扬州园林的一大特色,除前文所讲楼厅外,楼廊(图6-9、图6-10)的运用也是炉火纯青。如何园的两层复道廊,连接了西南角的赏月楼、南部住宅、延伸至北边读书楼、蝴蝶厅。环绕了西部园林大部分区域、串联起园内各个主要建筑,形成上下两层观赏路径,且在廊墙上开漏窗,半虚半实,与苏州园林复廊平面的婉转曲折相比,更多了一层大气豪放。童寯先生评价何园复道廊为"扬州私园之最大而仍存者",[1] 朱江先生更言"无一处园林楼廊,能如寄啸山庄之好"。[2]

---

[1] 童寯.江南园林志[M].北京:中国建筑工业出版社,1984.
[2] 朱江.扬州园林品赏录[M].上海:上海文化出版社,1984.

阁（图6-11）在扬州园林中已很难见到，历史上几处知名的阁均毁于战火。如平山堂之晴空阁建于康熙年间，其名取自欧阳修《朝中措》词"平山栏槛倚晴空，山色有无中"的"晴空"二字。位列中国七大藏书楼，与镇江金山的文宗阁、杭州圣因寺的文澜阁齐名的天宁寺文汇阁也毁于咸丰年间。据《扬州画舫录》记载："阁凡三层，栋庑楹柱之间，俱绘以书卷。中供《图书集成》。"文汇阁是一座三层楼建筑，仿宁波天一阁而建，梁柱上彩绘书卷图案。一楼当中藏《古今图书集成》，两侧藏《四库全书》的经部书籍，二楼藏史部书籍，三楼藏子部、集部书籍，阁中有乾隆帝钦赐"文汇阁"之名及"东壁流辉"之额，是当时扬州文化繁荣之见证。

图6-12 瘦西湖徐园听鹂馆

图6-13 瘦西湖饮虹轩

四、馆轩舫榭

馆轩舫榭等建筑依《园冶》"凡园圃立基，定厅堂为主……而后择成馆舍，余构亭台，格式随宜"，是园林中形式、布局较自由的建筑，根据园主人意愿和营造园林氛围的需要进行布置，主要功能是辅助主体建筑或者营造小环境，丰富游玩体验，起娱景致的效果。

"馆"，从食从官，原为官人的游宴处或客舍。《说文》上说："馆，客舍也。"《园冶》上说："散寄之居，曰'馆'，可以通别居者。"从现存园林的馆来看，也做待客之所，如徐园听鹂馆（图6-12）并不作为客舍性质的建筑，而是休憩会客的场所。

"轩"，多位于山林间或池畔旁，是用于观景的小型单体建筑。其造型特点如其名，《园冶》云："轩式类车，取轩轩欲举之意。宜置高敞，以助胜者称。"扬州园林内的轩，位于池畔的有瘦西湖饮虹轩（图6-13），该建筑位于丁溪桥南堍西侧，歇山屋顶，四面窗，正面檐下悬"饮虹轩"三字匾，因地金虹桥得此名。位于山林间，高敞处的有瘦西湖的水云胜概。轩用于建筑还指屋顶做卷棚，如内轩、廊轩。

园林中的馆、轩、斋、室、房等在构造上也属于厅堂类建筑，多用歇山，前檐作轩，内做回顶。面阔以三间为主，也有一间的做法，较厅堂的开间和高度要小很多，体量轻盈，属于中等大小的建筑物，尺度介于厅堂和亭榭之间。在环境和建筑的组合上也较厅堂更灵活，或与山水组合，成为环境中的一个小房子，例如小盘谷东园的桐韵山房；或与厅堂组合，成为其附属服务用房，例如何园蝴蝶厅西南角的桂花厅；或与亭廊墙等组合，构成一个独立的庭院，如小盘谷的丛翠馆。

"舫"，是仿照船形的一种建筑物，有在水边的"不系舟"，也有旱园水意[1]的旱船，主要作用是于此休憩观景。形式与真船相似，下为船体，上建房屋，一般作前、中、后三个部分，前舱较高、形式如亭子；中仓较矮，为舫主体部分，是娱乐、休息、宴饮的场所；尾仓最高，仿楼阁式样，供登高远眺观景。扬州因水而名，航运便捷，古有"车马少于船"[2]的说法，园主人的盐运、经商与船密不可分，"船"的意向在扬州园林运用得十分广泛，如何园、汪氏小苑都有船厅，舫则更直接地表现船意。如瘦西湖之西园曲水"翔凫"石舫（图6-14~图6-17），正面镌刻"翔凫"题额，两侧柱子上悬挂有瘦西湖景区最著名的一副楹联："两堤花柳全依水，一路楼台直到山。"

"榭"，《园冶》："释名曰，榭者，借也。借景而成者也。或水边，或花畔，制亦随态。"扬州园林内的榭，以水边之水榭为主，在花畔的榭有瘦西湖徐园内的春草池堂吟榭。水榭的常见做法为在岸边架平台，一半深入水中，临水一侧平台较宽敞，四周围以低矮栏杆。建筑立于平台之上，平面多三开间也有一开间的小榭，屋顶常做卷棚歇山式样。建筑四面常开落地格子窗，显得空透、畅达，是水边重要的休息和交际场所。如瘦西湖的凫庄、小盘谷的水榭（图6-18）。

五、亭、廊

亭是古典园林中最常见的景观建筑，其作为建筑类型很早就已出现，如"十里一亭"的路亭，即是供人行途中歇脚的地方。《园冶》："释名云，亭者，停也。所以停憩游行也。造式无定，自三角四角五角梅花六角横圭八角至十字，随意合宜则制。"又有"花间隐榭，水际安亭，斯园林而得致者"等论述，可见亭的类型之丰富、运用之广泛。如图6-19~图6-22所示。

亭子的功能决定了其形态，较厅堂、馆轩、舫榭等要简单。大多有顶无墙，不设门窗，柱间上悬挂落、下置坐凳，供人休息。与园林内其他建筑之间一般没有什么必须的联系，较灵活，可以最大程度地体现造园者的设计意图，常成为组景的主体或园林艺术构图的中心。

扬州园林内的亭按其所处位置可分为临水的亭子，如何园水心亭，起点景与观景的作用。山巅的亭子，如瘦西湖风亭，此类亭子一般较挺拔，营造山势，供游人远眺。靠墙的亭子，如匏庐内的亭子，多位于转角处与廊相接，依附于建筑或院墙，或做半亭，用于驻足休息、纳凉避雨。平面以方形和六角形为主，立面形式有单檐、重檐两种，屋顶多为攒尖式，也有歇山式。

---

[1] 园林地形处理的一种手法，通过精心设计的铺地，结合山石建筑的呼应，产生未见水却有水意的体验。
[2] 唐代著名诗人姚合在《扬州春词·广陵寒食天》中写道："园林多是宅，车马少于船。"

图 6-14 瘦西湖西园曲水石舫

魏 宅

图 6-15 翔凫轴测图

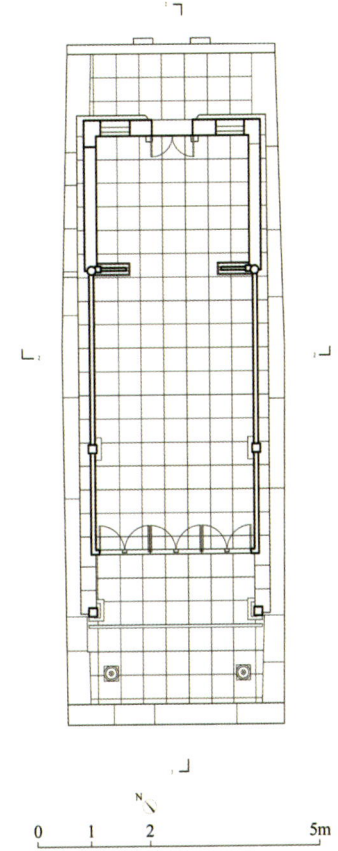

图 6-17 翔凫平面图

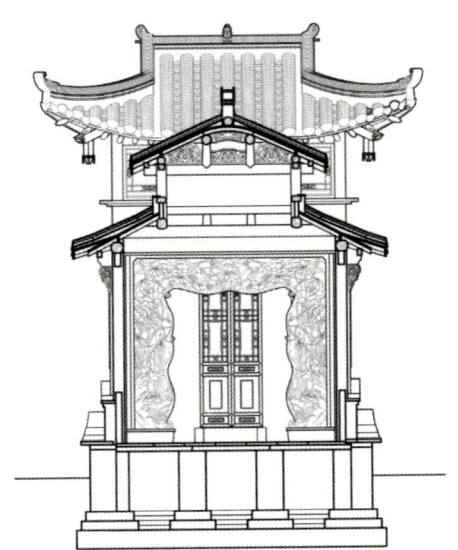

图 6-16 翔凫剖面图

图 6-18 小盘谷水榭

图 6-19 个园清漪亭

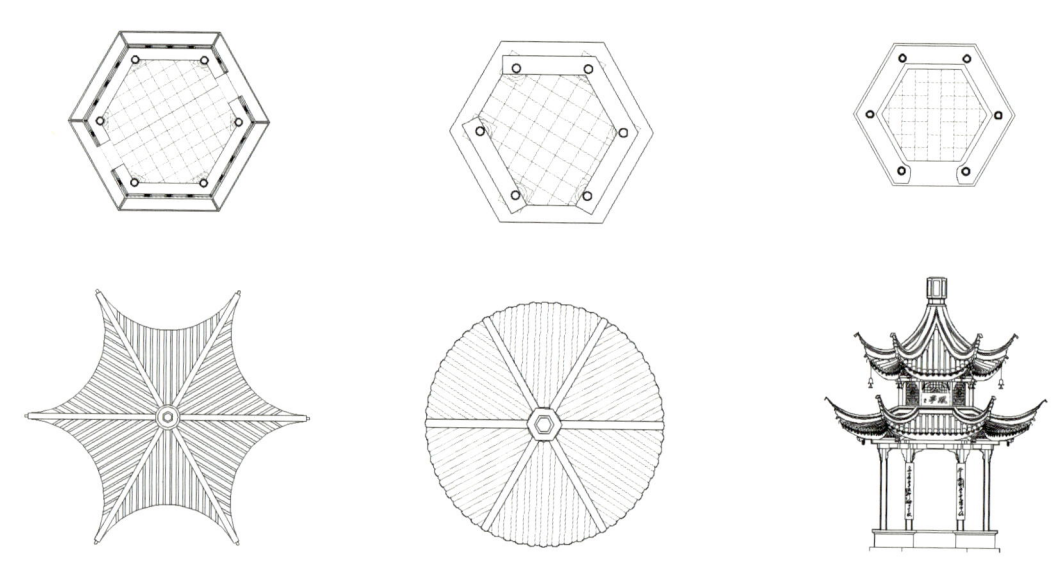

图 6-20 个园清漪亭单檐六角形　　图 6-21 何园近月亭单檐六角形　　图 6-22 瘦西湖小金山风亭重檐六角形

廊是专门用来连接各建筑的要素，其自身没有特定的功能要求，在园林中布置较灵活自由——可长、可短、可折、可曲，或蟠山腰，或穷水际，蜿蜒无尽。通过廊的连接可以使得单体建筑之间的组合更加有趣，富有变化。所以廊虽非园林主体建筑，也非园林必备建筑，但不失为园林的升华。计成在《园冶》一书中高度地肯定了它的作用，曾说廊可以"蹑山腰，落水面，任高低曲折，自然断续蜿蜒"，从而成为园林建筑中"不可少斯一断境界"。与亭结合可以构成游园路线；与观赏点结合可以起到联系空间移步换景的效果；与墙结合，可以划分园林空间和景区，成为丰富、变化、过渡园林空间层次最基本的手段。

廊一般由两排列柱架一个屋顶组成，一边或两边通透，两柱间形成一个个景框，在起到联系建筑的同时也是欣赏周围风景的导览线。

扬州园林对廊的运用十分精炼成熟，从平面上来看可以分为直廊、曲廊和回廊。从剖面上来看可以分为双面空廊、单面空廊、复廊和复道廊（图 6-23~图 6-25）。从与地形环境的结合角度来

图 6-23 何园复廊、复道廊

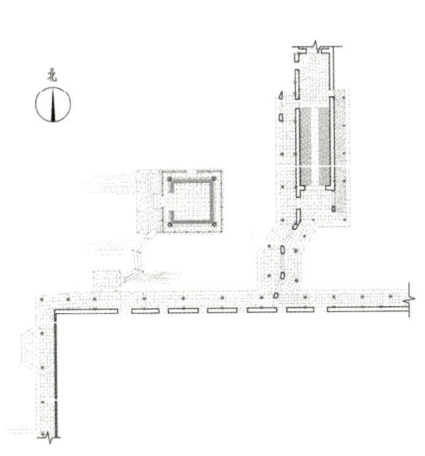

图 6-24 何园复道廊、复廊平面图

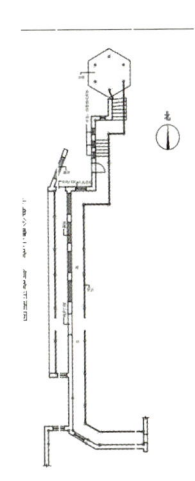

图 6-25 小盘谷爬山廊、复廊平面图

看，又可分为平地廊、爬山廊、水廊、桥廊等。其中最具代表性的要数复道廊（上下两层的楼廊）和复廊（一条廊子用墙分隔为二）。现存复道廊以何园为佳，复廊的运用当数小盘谷，利用南北方向长近20m的复廊划分出东西两个庭院，廊墙上开漏窗和各式洞门，北端接九狮山，穿洞入穴，上下纵横，左右相接，趣味十足。

廊在北方园林和江南园林中都是常见元素，扬州介于南北之间，其廊也独具特色。北方皇家园林所见到的廊子多呈互相垂直的转角关系，只是在极少的情况下才使用弧形的曲廊或做成钝角的转折。这样，就曲折而言不免受到一定的局限。而苏州园林则不然，可以做成任何形式的转折。在《园冶》一书中曾说"古置曲廊俱曲尺曲，今予所构曲廊，之字曲者，随形而弯，依势而曲"。而"曲尺曲"和"之字曲"的最大差别在于前者多为直角关系，后者则不限于直角，特别是可以小于直角而呈锐角形式的转折。扬州园林受北方园林影响布局较规整，廊在平面上的曲折不如苏州园林，胜在以楼廊，形成立体化的空间组织。

第二节　营造技艺

一、地面、地基、柱础

（一）室内地面

扬州园林中的建筑室内地面，与中国传统民居一样，一般在梁架、墙体、屋面均完成后才作室内地面。首先是回填基础坑槽、平土至所需标高（根据地面做法不同而不同），若土不高，须另加土夯填。然后作面层。

1. 罗底砖地面

扬州园林建筑室内常用地面类型是罗底砖地面（图6-26）。罗底砖是一种做工考究的大方砖，平面尺寸所见有30cm见方和45cm见方两种，前者一般用于寺庙、衙署，后者多用于民宅厅堂。罗底砖不外正铺和45°斜铺（扬州称"吊角罗底"）两种铺法（图6-27），均磨砖对缝、以糯米汁弥缝。其下基层做法最高级的是瓦缸架空的响堂作基层，其次也有砖砌方格地垄墙基层和细砂实铺基层。响堂作法先在夯实的基土上铺一层蛤蜊壳（其成分类似石灰，有吸湿收潮的作用），其上阵列状摆放倒扣的陶盆或小缸，缸内填石灰或木炭以吸湿收潮。因其架空，陶缸内有空腔，有共鸣效果，可使厅内声音洪亮，故名"响堂作"。如大明寺、平山堂、个园、何园等园林建筑室内地面均采用了此种地面做法（图6-28~图6-30）。

2. 木地板

在扬州园林建筑中，有的明间用罗底砖地面，次间用木地板。明间即堂屋常用作会客和举行祭祖等礼仪活动的场所，所以一般地面做法相对考究，因此用罗底砖地面（图6-31）。而次间一般为主人起居等私密房间，更注重舒适度，所以采用木地板（图6-32）。

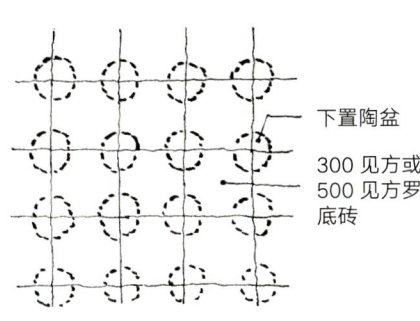

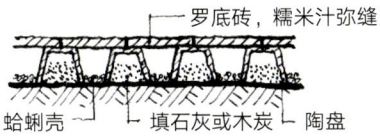

图 6-26 响堂作罗底砖地面示意图

图 6-28 大明寺、平山堂罗底砖地面

图 6-29 个园罗底砖地面

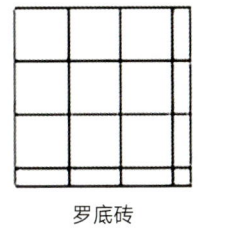 

图 6-27 罗底砖铺法

图 6-30 何园罗底砖地面

  木地板用龙骨架于夯土地面、碎砖地面、甚至条砖地面之上，一般长边平行于进深方向，和现代木地板基本相同。为了防止木地板下龙骨受潮朽坏，使用木地板的建筑一般均必须在木地板下的外墙上开透气洞口，以利空气流通散潮。

图 6-31 个园明间罗底砖地面

图 6-32 次间木地板地面

（二）室外铺地

室外地面一般要在建筑竣工后才开始施工，室外铺设的铺设材料绝少用罗底砖，而以小条砖和石材为主，宅园中有时也用乱石铺地。总体说来，室外地面的铺设做法比室内地面更加丰富多彩。

在园林中，用砖、瓦、石子或石片等铺砌地面，构成各式图案，即《营造法原》中所说的"花街铺地"之谓。砌地铺街的形式，园林与住宅是有所不同的。只有在厅堂广厦中，地面常用罗底砖。但是对于回环曲折的园径，大多数是用乱石砌筑。主要的建筑庭院，大多数用方砖斜铺成叠胜[1]的形式，靠近阶沿的地方也可以砌成回文[2]图案。仄砌成八角嵌方[3]的图框中，可用卵石嵌填成蜀锦[4]纹样。"楼层可前出一步而敞，临花木之上构筑成台。花前席地吟诗，锦线瓦条仄砌如箪；月下醉卧饮酒，台面石版恍若铺毡。废瓦片也有走俏之时，立湖石的地面，可削铺成波浪纹，峰石如突出波涛汹涌之上；破方砖留着可派大用，植梅花的深院，魔斗呈冰裂纹地，梅花似凛立在冰天雪地之中。路径虽属寻常之工，阶庭应无尘俗之气。铺地芙蓉踩足下，步步莲花个中来；妇女嬉游林深处，不知春色何处是，花环曲径最宜石砌，堂周空地须用砖铺。铺地形式多样，构图有方有圆，铺砌可随意所宜，图案须适合环境。磨砖虽属瓦匠手艺，杂活还要力工去干。"[5]

1. 整石铺地

园林中的路面，用规整的石板铺成，平整且雅致，是大面积铺地中常见的类型。扬州地势平坦，所以园林中有较多平坦地面，适宜用整石铺装（图6-33）。

---

[1] 叠胜：胜，是指妇女所戴菱形首饰。《山海经·西山经》："（西王母）蓬发戴胜。"叠胜：意指压角斜方连续构成的图案。
[2] 回文：用线条回旋往复构成的纹样，可单方连续组成带状图案，常用作器物的边饰。
[3] 八角嵌方：这里是指用望砖侧立砌成八角见方的线条图案。
[4] 蜀锦：古代丝织物的一种。凡织法源于蜀地的锦，后为锦的通称。这里是说用鹅卵石嵌填在八角嵌方之中，如蜀锦纹样。
[5] 张家骥. 园冶全释［M］. 太原：山西人民出版社. 2012.

图 6-33 大明寺、平山堂整石铺地

图 6-34 大明寺、平山堂碎石铺地

2. 乱石路

扬州园林中的路面，不只有宽阔平坦的，还有些高低曲折的路面。"园林砌路，惟小乱石砌如榴子[1]者，坚固而雅致，曲折高卑，从山摄壑，惟斯如一。"[2] 对于这种路面，会用小的乱石，铺筑成像石榴子的模样，既牢固而又灵活美观，不论道路高低曲折，爬山摄壑，都可以一样砌筑（图 6-34）。比起用鹅卵石间隔砌成花纹，既牢固也不容易流于庸俗，并且更适于人行走。

3. 鹅子地（图 6-35~图 6-38）

"鹅子石[3]，宜铺于不常走处，大小间砌者佳，恐匠之不能也。"[4] 鹅卵石只适宜铺筑在不常走的地方，大小卵石相间铺砌为佳，构图要疏密均衡并且自然，只是这个要求一般工匠很难做到。或者

---

[1] 榴子：石榴子一样的花纹。因个体的石子愈小，整体的塑性也愈大，可以适应各种地形地势。
[2] 计成. 园冶[M]. 黄山：黄山书社，2016.
[3] 鹅子石，即鹅卵石，石形如卵而光滑，岩石碎块经风化搬运作用而成。用卵石砌路铺地，行走硌脚，故云"宜铺不常走处"。
[4] 同[2]。

图6-35 大明寺、平山堂鹅子地（一）

图6-36 大明寺、平山堂鹅子地（二）

图6-37 个园鹅子地（一）

图6-38 个园鹅子地（二）

图6-39 瘦西湖冰裂地

图6-40 个园冰裂地

图6-41 大明寺、平山堂砖铺地（一）

图6-42 大明寺、平山堂砖铺地（二）

用望砖瓦片仄砌成图案，再嵌满卵石如织锦纹样的还可以，有些还会做鹤鹿同春、狮子滚绣球[1]等形式，但这种做法，计成在《园冶》中并不赞同，认为"犹类狗者可笑"。

4. 冰裂地（图6-39、图6-40）

铺地用乱青石板，拼斗成冰裂纹，石砌缝虽乱但有自然规律，如冰的裂纹。适于用在山上平坦处，水边的斜坡地，台上的地面，亭的周围，至于冰裂纹的大小疏密，可随景境的意匠，灵活加以变化，砌法则没有什么固定的规格，破方砖拼缝，磨平铺砌更佳。

5. 诸砖地（图6-41~图6-46）

用各种砖头铺地：在庭院中，宜于将砖仄砌[2]。方胜[3]、叠胜[4]、步步胜[5]等式样，都是古时常用的形式。现今多用人字[6]、蓆纹[7]、斗纹[8]，按砖的尺寸大小，图案比例合适，就可以选用。

6. 瓦片铺地（图6-47、图6-48）

在园林的室外地面中，有些还会用瓦片立砌成不同形状。常与园林中的假山、植物等景观结合起来，常用在景观铺地中，而非交通路面。有时还会铺嵌一些鹅卵石做点缀装饰。

二、大木技艺

（一）梁架体系

梁架（扬州匠师称为排架，也称贴式）是传统木构建筑"大木作"的主体部分，一般由柱、梁、檩及连机、穿枋等组成。根据朱光亚先生在《中国古代建筑区划与谱系研究初探》中对穿斗和抬梁的解释："穿斗体系中柱（落地柱和童柱）直接承檩，即檩是落在柱头上而不是落在梁头上的"；"叠（抬）梁则是柱托梁、梁托檩，檩没有落在柱头上"以此为划分依据的话，扬州地区无论住宅或是园林，至晚清仍通行穿斗做法，而苏州民居和园林则多用抬梁。笔者按梁架构造、样式以及所处位置的不同，暂且将扬州园林建筑的梁架分为标准梁架、轩梁架、回顶梁架以及转角梁架。

---

[1] 鹤，古为寿鸟。《淮南子·说林训》："鹤寿千岁，以极其游。"鹿，音同"禄"；古时中举人，州县官宴请为"鹿鸣宴"。鹤、鹿均被认为是吉祥物。狮球：即狮子滚绣球的图案。狮为兽中王，佛教比喻佛祖讲经为"狮子吼"，佛所座处为"狮子座"。鹤、鹿、狮等禽兽，都与神仙故事有关。

[2] 仄砌：侧面向上，立起来砌。

[3] 方胜：普通砖按行列平铺。

[4] 叠胜：方砖斜铺。

[5] 步步胜：普通砖扁砌而斜铺。

[6] 人字：砖立砌成人字形。

[7] 蓆纹：多三砖并立砌成人字形，如苇蓆花纹。

[8] 斗纹：用砖立砌拼实成线条回旋往复的方形图案。

图 6-43 个园砖铺地

图 6-44 瘦西湖砖铺地

图 6-45 何园砖铺地

图 6-46 何园砖铺地

图 6-47 何园瓦铺地

图 6-48 瘦西湖瓦铺地

　　标准梁架是扬州园林建筑中最常见的类型，因扬州通行穿斗，柱直接承檩，檩承椽，屋面不做草架。多见两界、四界、六界，两界梁架较为简单，主要用于连廊，可做单坡或双坡，如何园、个园内所见廊子大多为两界。四界梁架多用于体量较小的建筑，如门屋、轩、榭、舫等，如小盘谷水榭。根据落地柱的位置和数量又可分为金柱造、中柱造、檐柱造[1]。六界梁架进深较大，用于厅堂、楼阁较多，明间缝常用规格较高的步柱造，根据梁做法又可分为扁作、圆作，扬州园林住宅部分可见扁作梁架，如汪鲁门之楠木厅，园林部分则全部使用圆作。

---

[1]"步柱造""金柱造""中柱造""檐柱造"为扬州匠师称谓，由潘德华先生提供。

轩是园林厅堂常用的一种梁架形式，往往在内四界的前面为增加进深，作一界至两界的轩。具体做法是在原有屋面的下面，柱间架轩梁、轩桁，重复设椽子，铺望砖，又作一个屋顶形状，自下望上，其前后对称，华丽整齐，可以很好地丰富入口空间视觉体验。按其与内四界大梁的高低位置关系，可分为磕头轩、抬头轩。就扬州园林建筑内所见，以轩梁低于内四界大梁之磕头轩为主。按其进深大小，轩桁的根数也有所不同。进深较小可以不设置轩桁，如弓形轩、茶壶挡轩；进深略大需设一根轩桁，可称为一支香轩；有的进深较大，需要设两根轩桁，如船篷轩。按轩椽形状又可分为，鹤颈轩、菱角轩、海棠轩、茶壶档轩等，因轩所处位置较显眼，具有一定的装饰效果，加之盐商又好炫富，扬州园林内所见轩椽的类型和样式较苏州园林要丰富许多，力求豪华。以做工复杂的菱角轩为主，并在当中做如意头等式样。若厅堂进深较大，可在内四界前重复做轩，位置在前则称"廊轩"，位置在后则称"内轩"，如平园花厅即在内四界前后各做了两个轩。

陈从周先生在《扬州园林》一书提到："厅堂据《扬州画舫录》所载，名目颇多，处理别出心裁，今日常见的有四面厅、硬山厅、楼厅等。梁架多用'回顶鳖壳'式（卷棚式的建筑，在屋顶部仍做成脊）。"按界数分，把内四界，做成深五界，称五界回顶，进深两界屋面做成三界，称三界回顶。回顶中间的一界，称为顶界，顶界一般界深较窄，为两侧界深的3/4。五界回顶梁架的明间缝常用步柱造，具体做法为在五界大梁上架金童柱，承托山界梁，梁上再置两个脊童，童柱上再架短梁、脊桁，脊桁之间架置扁作弯椽，其上设枕头木，往上再做草脊桁与鳖壳板，方便筑脊，这与北方的卷棚建筑在顶椽上直接盖瓦有明显区别。扬州园林建筑的梁均为直梁圆作，除轩梁和鳖壳回顶式梁架顶界短梁的梁身做荷包形，梁头做卷草形外，其余梁不做剥腮、挖底、砍杀等装饰。

转角梁架部分主要介绍歇山屋顶、攒尖顶的翼角起翘做法。北方园林翼角起翘较低平。苏州园林建筑的翼角部分主要由老戗嫩戗构成，嫩戗起翘明显。扬州园林建筑翼角翘起高度介于两者之间虽大都采用嫩戗发戗，但较苏南要低平很多。其节点做法也同苏南不一样，如千金销，扬州大都雕刻丰富，做成垂直于地面的垂花柱形，如西园曲水翔凫石舫。也有因起翘较平缓直接省去这一构件的，如个园清漪亭。

标准梁架

两界连廊主要梁架类型（图6-49）：

单坡靠墙 I

单坡靠墙 II

双坡

何园复道廊　　　　　　小盘谷复廊　　　　　　个园复道廊

图6-49 两界连廊主要梁架类型

四界房屋主要梁架类型（图6-50）：

中柱造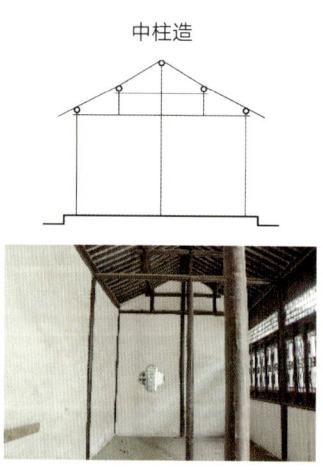

檐柱造

金柱造

鲍庐门屋，中柱造常见于门屋的明间、次间。

鲍庐水榭，檐柱造较少见。

小盘谷桐韵山房，金柱造常见于带回廊的房屋、住宅的明次间。

图6-50 四界房屋主要梁架类型

六界厅堂主要梁架类型（图6-51）：

步柱造　　　　　　　中柱造　　　　　　　金柱造

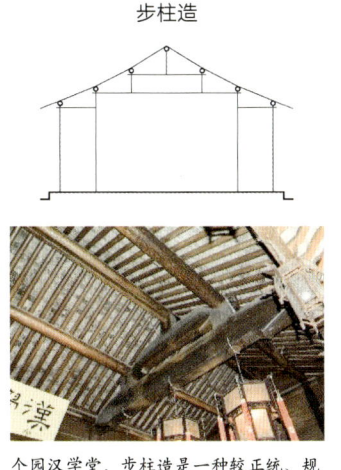

个园汉学堂，步柱造是一种较正统、规制较高的梁架样式。

平山堂，中柱造常见于山面木构架，中柱直接承檩，山面各柱之间的拉结较多，利于抗风。

平山堂，金柱造主要用于厅堂次间，较少见。

图6-51　六界房屋主要梁架类型

轩梁架

常见类型（图6-52）：

前檐做轩　　　　　　　　　　前后檐做轩

平山堂

丁氏马氏盐商住宅大厅

四面做轩　　　　　　　　　　　　重复做轩

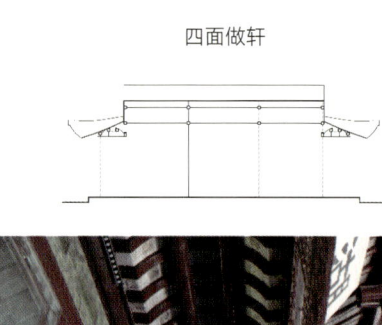
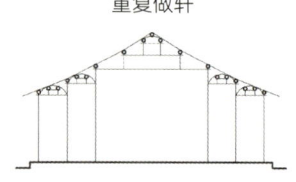

瘦西湖湖上草堂　　　　　　　　　　平园花厅

图 6-52 轩梁架常见类型

轩的常见样式（图 6-53）：

船篷轩Ⅰ　　　船篷轩Ⅱ　　　弓形轩　　　茶壶档轩

何园　　　　　　个园　　　　　　鲍庐　　　　　　何园

菱形轩Ⅰ　　　菱形轩Ⅱ　　　菱形轩Ⅲ　　　菱形轩Ⅳ

个园　　　　　　个园　　　　　　平园　　　　　　龟翔石舫

图 6-53 轩的常见类型

鳖壳回顶式梁架常见类型（图 6-54）：

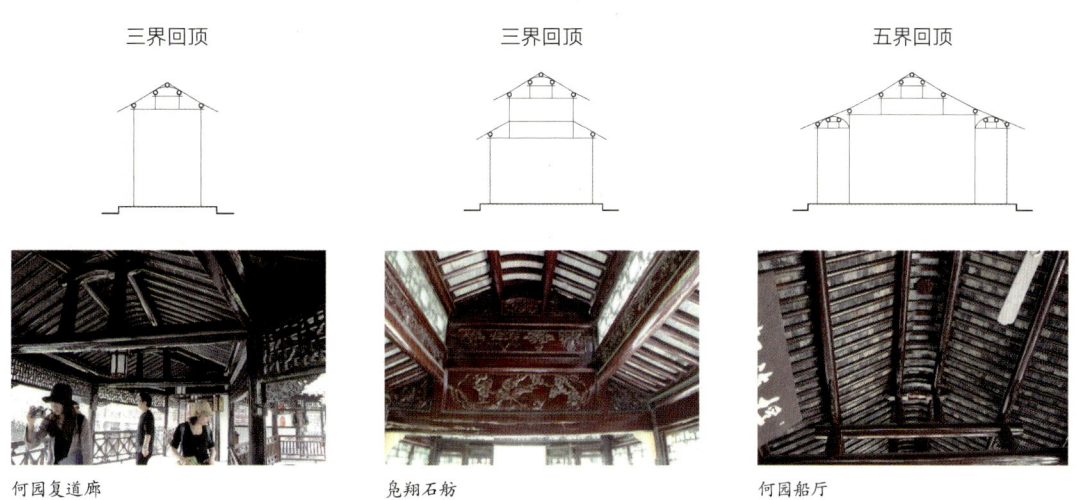

图 6-54 鳖壳回顶式梁架常见类型

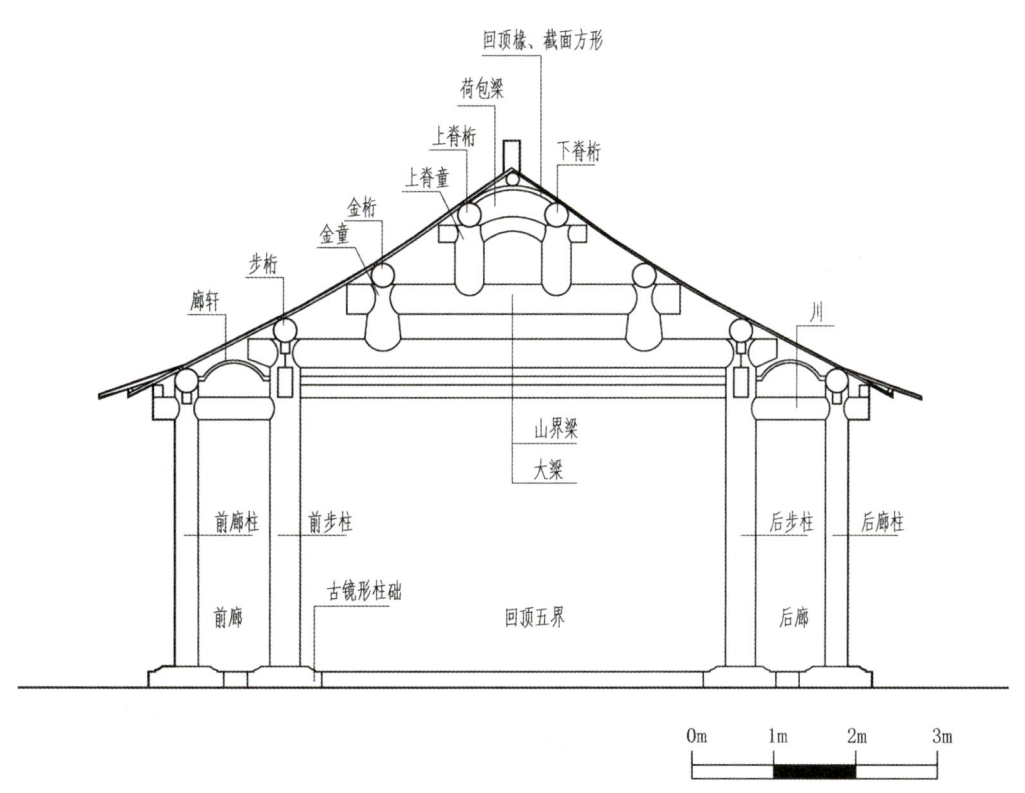

图 6-55 华氏园花厅剖面图

转角梁架

歇山屋面转角梁架：歇山是园林中常见的屋顶形式，"其前后作落水，两旁作落翼[1]，山墙位于落翼之后，缩进建造者，称为歇山"。[2] 扬州园林所用歇山较北方官式建筑歇山顶作法简单很多，按开间数量以及建筑类型不同可分为厅堂楼阁等所采用的"三间两落翼"或"次间拔落翼"以及亭子的歇山屋顶作法。

"三间两落翼"建筑为五开间，常用于厅堂、楼阁。其两端落翼（稍间）面宽与前后廊进深相同，以便屋顶形成45°交角，可视作是三开间两坡顶加一圈回廊而形成。《营造法原》厅堂总论中描述到："厅堂若鸳鸯厅、船厅之于园囿者，宽三间五间不等，四周绕以廊轩，以资凭眺。窗装步柱间，廊柱间悬以挂落，下设半栏半槛，可资坐息。边间边贴间筑山墙，而两旁廊轩上架屋面，称为落翼。而山尖位于落翼之后，称为歇山。"如何园船厅、个园宜雨轩之大木构架均为三间两落翼的作法（图6-56）。

"若建筑仅三开间，仍于次间作落翼时，则称次间拔落翼。"（图6-57）具体作法是在转角位置，廊桁上架45°抹角梁。梁上居中部位立童柱，上架横梁，横梁之上做山墙，横梁与金桁相交处架设老戗尾部。例如何园赏月楼的作法。

在扬州园林内除厅堂以外，亭子也常用歇山顶。其梁架类型可按山花梁架是否有落地柱进行分类，若方形亭子十二柱落地，其结构较简单，可视作一开间两坡顶加一圈回廊而形成。如平山堂乾隆、康熙御碑亭。若无落地柱则采用扒梁[3]或抹角梁，两种方式扬州均可见。如匏庐东南角的亭子采用扒梁衬托山花梁架。

攒尖顶梁架：攒尖顶一般用在亭子上。扬州园林所见亭子按平面和屋顶形式分类，主要为方亭、六角亭、圆亭；按立面造型可分为单檐和重檐。攒尖方亭和六角亭的作法类似，一般于檐桁上架抹角梁，梁上立童柱。童柱之上架梁及老戗，老戗上端，向上延伸，相交于灯芯木[4]。灯芯木下端立于扒梁之上，如何园水心亭。

扬州园亭所见实例不多，以何园近月亭为例，为六角形平面，构造作法较简单，不作戗角，设六根斜梁支撑灯芯木，斜梁下端扒在檐桁上，上端作榫入灯芯木。椽子沿檐桁均匀分布，上端汇合于灯芯木，下端呈放射状向外伸出。

转角戗角作法：歇山顶与攒尖顶的转角处屋面，呈交合状的称为戗角[5]。其构造作法称为发戗，即屋角起翘，是江南地区传统作法，较北方起翘要高，虽凝重不若，但轻巧活泼，更显秀丽。扬州园林屋角起翘也都采用嫩戗起翘，但高度则介于北京皇家园林和苏州园林之间，构件作法也独具特色。

---

[1] 落水指坡屋面排水，落翼指平面最两侧开间。
[2]《营造法原》殿堂总论。
[3] 梁头落在檩上或者其他梁上，与柱头相接。
[4] 屋顶中央，上承宝顶重量，下出顶，直立之木料。
[5] 戗角为南方称谓，北方称为翼角。

三间两落翼：

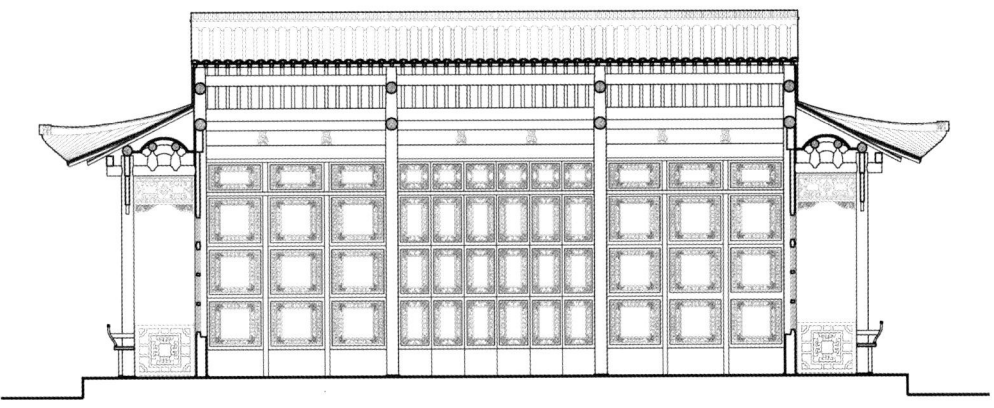

图 6-56 个园宜雨轩纵剖面图

次间拔落翼：

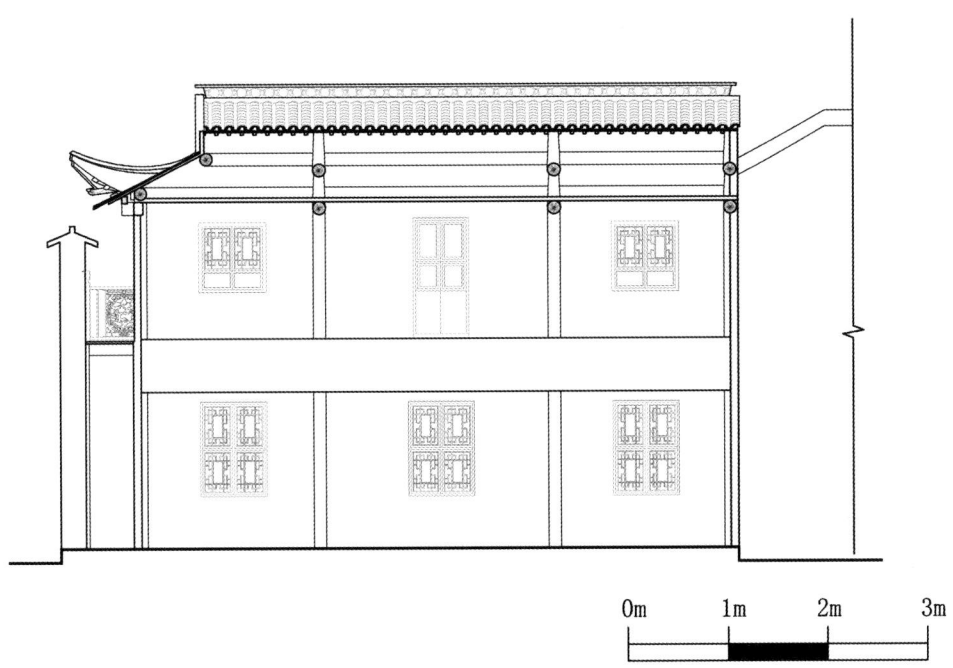

图 6-57 何园赏月楼纵剖面图

扬州地区嫩戗起翘的木构件有老戗、嫩戗、菱角木、扁担木组合形成的角梁，再有弯眠檐、象牙椽[1]、立脚飞椽、摔网板、孩儿木、千斤销构成戗角。孩儿木、千金销均为嫩戗发戗组合时的紧固件，因扬州起翘低平，有的建筑会省略这一构件，老嫩戗之间则仅榫卯连接，如何园船厅。若使用千斤销，其作法较苏州也不大一样，多竖直向下，而非苏州地区垂直于老戗，体形也大很多，其上还会作丰富精美的雕刻，呈垂花柱形，丰富檐部的视觉体验，如凫翔石舫的作法。象牙椽也被称为扬州地区特色的作法，其椽头断面呈指甲圆的尖状。

楼、楼梯构建

亭子歇山梁架

山花梁架有落地柱（图6-58）：

图6-58 平山堂乾隆御碑亭

扒梁承托山花梁架（图6-59）：

图6-59 平山堂乾隆御碑亭

---

[1] 因扬州不同于其他地区的扫檐方式，而形成的一种摔网椽。当地称"象牙椽"或"指甲椽"。构造作法为摔网椽头沿檐口曲线竖直截下，形成锐利的斜着的椽端断面。

抹角梁承托山花梁架（图6-60）：

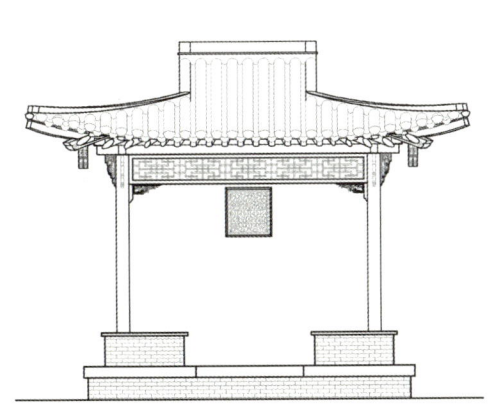
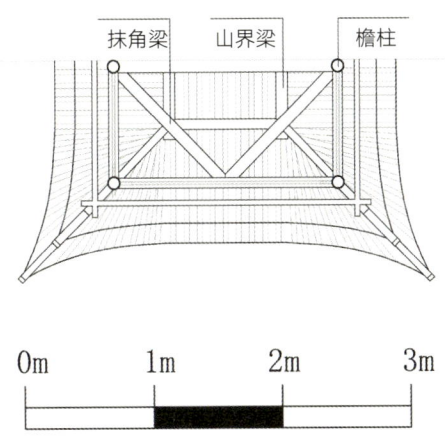

图6-60 个园半亭

亭子攒尖梁架

单檐方形平面攒尖顶（图6-61）：

图6-61 瘦西湖长堤春柳

单檐六角平面攒尖顶（图6-62）：

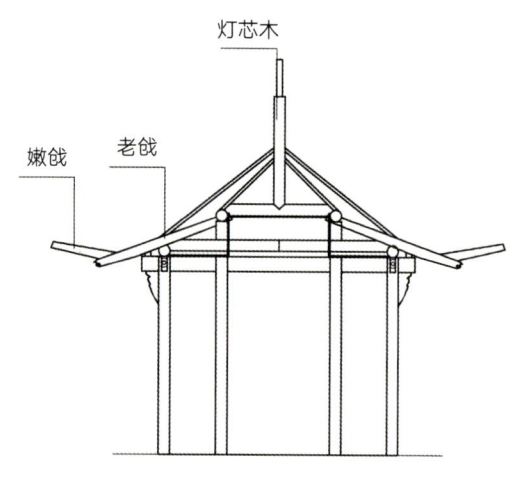

图6-62 单檐六角平面攒尖顶

圆形攒尖顶（图6-63）：

图6-63 何园近月亭

重檐攒尖梁架（图6-64）：

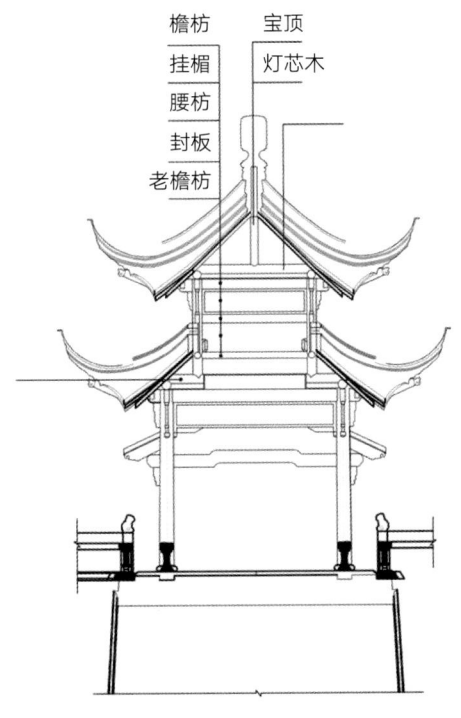

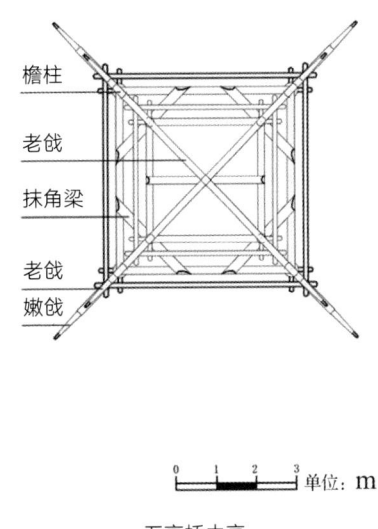

五亭桥中亭

图6-64 重檐攒尖梁架

转角戗角梁架（图6-65）：

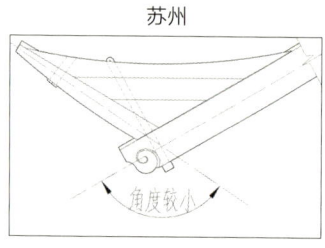
苏州

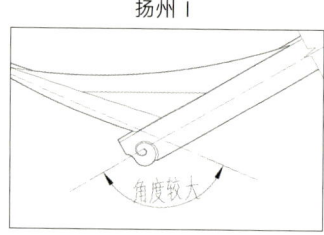
扬州 I

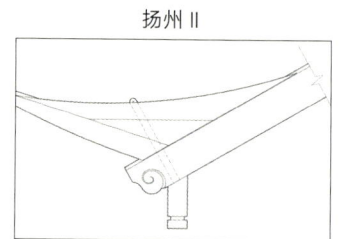
扬州 II

个园清漪亭戗角（扬州不使用千金销实例）

翔凫石舫戗角（扬州使用千金销实例）

图6-65 转角戗角梁架

（二）楼的构造

楼，"造式，如堂高一层是也。"[1] 构造特点是使用通柱、承重梁、楼栅、木楼板等。建造过程采用搭蒸笼[2]的方式，先竖柱、再搭接梁枋、最后搁檩。一般正贴檐柱、步柱通长身高至屋顶，不同贴式梁架落地柱的形式与厅堂类似。木楼面的具体作法是檐柱间架设大梁称为承重梁，上面安放楼栅，一般用刻槽或者榫卯节点与承重梁结合，其上铺设木楼板。

扬州园林的楼，前檐多做阳台，构造作法多为硬挑头的方式，即承重梁头在外檐处前端出挑，并在其上立小方柱，柱间连栏杆，用砖细护板保护梁头。如何园蝴蝶厅、个园抱山楼（图6-66）。

---

[1] 计成.园冶[M].黄山：黄山书社，2016.
[2] 大木搭建的方式，先竖明间内四柱，再竖前后步柱，从中间到两边的搭建顺序。

砖细护板、撑牙、栏杆、方柱　　　　　　　　圆形截面承重梁

逸圃

何园

通柱　　　　　　　　　　　　　　方形截面承重梁

某宅遗址

某宅遗址

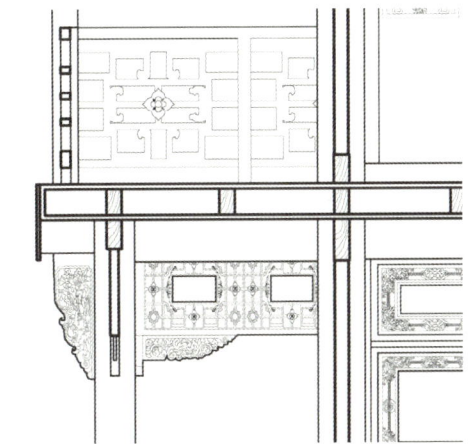
何园楼板构造

图 6-66 楼的构造

(三) 柱的做法

1. 柱的断面、收分和卷杀、安装等

扬州园林建筑柱的断面可见圆形和方形。以圆形居多，方形主要见于走廊的檐柱和体量较小的廊、亭、轩、榭。普通落地柱的柱身一般均有上小下大的直线收分，这是根据天然柱料根部大顶端小的自然收分，扬州一般收约1%左右，下端一般不做榫卯，直接搁置在柱础上（图6-67）。厅堂檐柱的柱身高度普遍达到4m多（个园宜雨轩檐柱高4500mm，柱径250mm）虽柱径较苏州园林粗大，空间感受仍较纤秀。童柱高度较矮，断面收分一般很大，厅堂童柱一般用二八收分（即20%），其余用三七收分。据扬州工匠称当地童柱做法比苏州讲究，一般苏州童柱下端多卷杀，而扬州童柱均直接开口叉于梁上，选材时要根据梁用料大小选用童柱料，使童柱底径同梁径，方能严丝合缝（图6-68）。

(四) 梁及梁垫、插拱、斜撑的做法

1. 梁的类型、梁柱交接

扬州园林建筑的梁按所在位置可分为（三、四、五界）大梁、山界梁、轩梁、荷包梁、廊川、金川。所见最多的是圆作直梁，制作十分工致完整，少有扁作。荷包梁是重点装饰构件，梁身和梁头均作雕刻。如图6-69和图6-70所示。

梁垫、插拱、斜撑常用于四界大梁、廊川和翼角等大跨度大出挑构件的底部，减少木构件承受弯矩时产生的变形，表面会作丰富细腻的雕刻，也是建筑重要的装饰构件之一（图6-71）。

2. 节点

扬州通行穿斗作法，大都为柱端开卯口，梁端作清榫穿过柱子，少见箍头榫作法即梁径大于柱径时柱穿梁而过。梁头无装饰，偶见砍杀或剥腮（图6-72）。

何园牡丹厅圆柱

汪氏小苑秋嫦轩方柱

个园方形廊柱

蔚圃亭廊方柱

图6-67 落地柱

扁作童柱（个园汉学堂）

扁作童柱（汪鲁门楠木厅）

圆作童柱（何园船厅）

圆作童柱（何园楠木厅）

图 6-68 童柱

圆作直梁（徐园听鹂馆）

扁作直梁（个园透风漏月厅）

荷包梁（徐园听鹂馆）

荷包梁（汪氏小苑）

图 6-69 梁的类型、梁柱交接

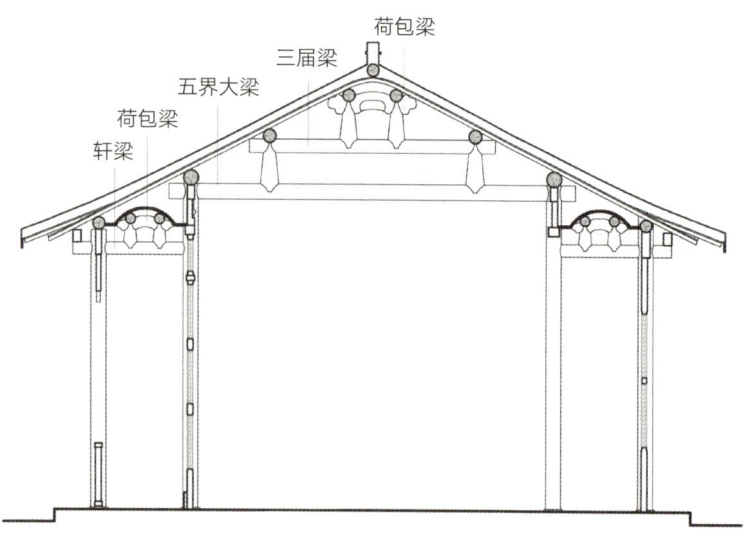

图 6-70 个园宜雨轩梁架图

梁垫（逸圃）

斜撑（何园）

插拱（个园）

斜撑（何园）

图 6-71 梁垫、插拱、斜撑

梁端清桦（扬州某宅遗址）

梁柱交接（扬州某宅遗址）

无装饰（何园）

砍杀（徐园）

兔耳剥腮（逸圃）

图 6-72 梁端样式

（五）檩及檩垫的作法

檩是古建大木四种最基本的构件之一（柱、梁、枋、檩）。穿斗建筑的檩搁置于柱头，其下或有檩垫，其上铺椽子，是承载和传递屋面荷载的纵向构件。按所处位置可分为脊檩、金檩、步檩、檐檩、轩檩、挑檐檩（枋）。檩径与房间面阔有关，即跨度越大，檩径也就越大，截面为圆形，檩下有垫枋搭接则往往会在下皮刨出一个平面，用暗销相连接。扬州地区挑檐檩截面多为方形，称为挑檐枋。

檩条一般以自然木料为基础稍加砍刨，所以两端直径粗细不一，有时差距甚大。但扬州园林建筑所见檩条加工十分讲究，截面圆润，两端直径差控制在三分（1cm）以内。跨度通常为一间，也有连跨两间甚至三间（楠木厅中常见多跨檩条）。

檩与檩、柱的交接，檩垫，山雾云：

檩条一端做燕尾榫，另一端开卯口，两檩于柱端位置咬合，一般榫长 80mm，燕尾宽的一端 40mm，窄的一端 30mm。有檩垫（连机）时，檩与柱间无榫卯，无檩垫时用直榫相接。扬州工匠习惯称檩垫为垫枋，有"七梁五垫三道花"的说法，即七檩房屋用五道连机（垫枋）、三道椽花板（详见屋面椽子部分）。一般规律是脊檩、前后步檩和檐檩下用连机，金檩下一般不用连机。檩垫有是否通长两种，均用燕尾榫插入柱头，入柱深度约40mm。通常短机会做雕刻或带丁头栱。如图6-73~图6-78所示。

一般而言，连机虽是考究的做法，但通常素面不施雕花，只偶尔雕二龙戏珠。而短机则有素面及雕刻线脚的繁简程度不同，考究的七架梁还在短替木下施挂鱼斗（即丁头插栱，可能因常雕刻成鱼形而得名）。

（六）枋

枋、檩、连机是平行于屋面檐口方向，起拉杆作用的构件，枋在三者的最下层，断面为长方形，按其位置不同有廊枋、步枋、拍口枋（其上无连机直接承檩）、斗盘枋等的区别。

廊、步枋与连机间常留空档，或作夹堂板，板按开间分成三断，用蜀柱分隔，以免通长之夹堂薄板起翘开裂，如图6-79~图6-82所示。

图6-73 檩条一端开卯一端做榫（扬州某宅遗址）

图6-74 梁檩柱交接（扬州某宅遗址）

图6-75 梁檩柱交接（扬州教案遗址）

图6-76 檩下开卯口与檩垫连接（扬州教案遗址）

图 6-77 短机（何园）

图 6-78 长机（个园抱山楼）

图 6-79 步枋往上为夹堂板、连机、檩条（抱山楼）

图 6-80 夹堂板用蜀柱分为三段（何园船厅）

图 6-81 夹堂板蜀柱（汪氏小苑）

图 6-82 檐柱用拍口枋（小盘谷曲尺厅）

三、屋面诸作

（一）举架

屋面沿横剖面方向的坡度，是屋面形象的首要因素。扬州地区采用举架的算法来确定这一坡度。举架最重要的是起架（即檐椽的举架），扬州地区雨水多，一般五五至六举，无飞椽一般为五至五五举，有飞椽五五至六举。脊步举架不超过八，一般七至七五举。标准七架梁房屋的举架从下至上为五五举、六举、七举，所以实际观察屋架一般越向上举架增幅越大，脊步增幅似乎突变（图6-83）。举架完成后，扬州工匠在举架的基础上，还以"跌槽"大小进行复核以控制屋面曲线。复核"跌槽"的方法是从脊到椽头拉一根直线，举架后形成的曲线和该直线之间最大的竖向距离就是跌槽，七架民居的跌槽一般控制在10~15cm，所以实际举架数也完全可以采用6.2等一些不规则数字，关键是屋面曲线要美观。扬州复核"跌槽"的方法虽然不同于举折的逐架计算跌槽，但至少可以证明举架受到更古老的举折影响。

（二）椽子和椽花

1. 种类节点

椽子是垂直于檐口排列在两根檩条之间，承受屋面均布荷载，并传递给檩条的屋面主要木构件，所以椽子的使用与否与屋面基层的关系密切，扬州园林建筑的屋面基层多为望砖，等级较高的为望板，椽子是必不可少的构件。椽按所处的位置可以分头正身椽和用于歇山建筑的甩网椽、用于卷棚屋面的罗锅椽和用于轩廊下的轩椽。从断面上分主要有方椽、荷包椽、半圆椽（图6-84）。一般而言，方椽的常用断面约6cm高、9cm宽，用圆料开出、费工费料，所以级别较高，一般用于庙宇及重要厅堂的正身椽（如汪鲁门的楠木厅），飞椽和轩椽绝大多数也为方椽。荷包椽是用圆整料刨去上皮约1/4，级别也较高，扬州园林建筑的正身椽和檐椽大多使用荷包椽。半圆椽为圆料一剖两用，较为经济，普通民居中使用较广泛，未在园林建筑中见到实例。对于一个开间使用椽子的数量，各地区有不同的讲究。扬州地区习惯一个开间椽子的数量只能逢单，因为要避鲁班乳名"双子"之讳，否则认为房子容易倒塌。

2. 椽身收分、椽头砍杀、截断方式及檐部构件

扬州地区不管檐椽还是飞椽一般椽身均不作收分，椽头也不作砍杀，而直接竖直（指垂直于地平面）截断，不用封檐板。轩内用方扁椽，有椽闸板和封檐板（图6-85）。这一地区的翼角椽子做法更是别具一格，翼角椽下皮均做琴面状弧线，当地称"指甲圆"。甩网椽由内向外断面渐次放大，一般增幅2mm一根（当地称一米粒），到紧靠角梁的1号椽断面最大，1号椽必须不出老角梁，即位置和角度应与老角梁基本一致。而所有翼角椽、飞椽头均沿檐口曲线竖直截下，形成锐利的椽端斜断面，当地称"象牙椽"，而整个翼角椽子的做法有工匠称为"扫檐"做法（图6-86）。

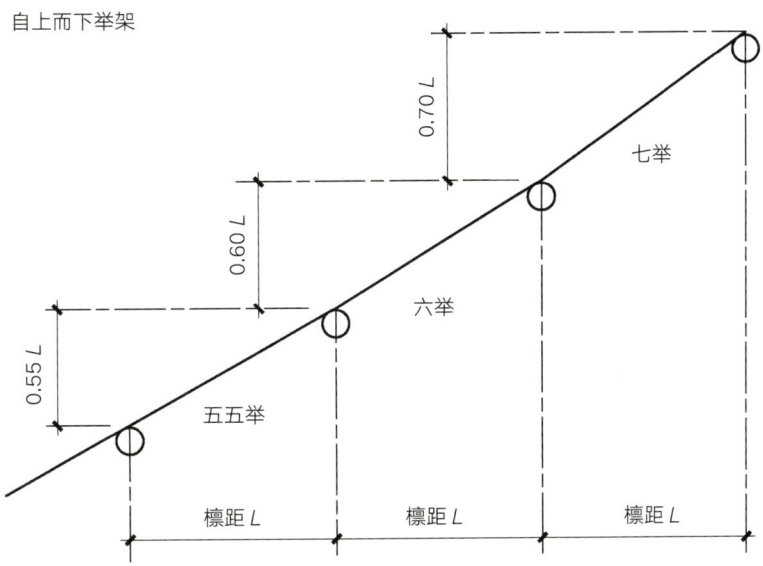

图 6-83 扬州七檩民居屋架常用举架做法

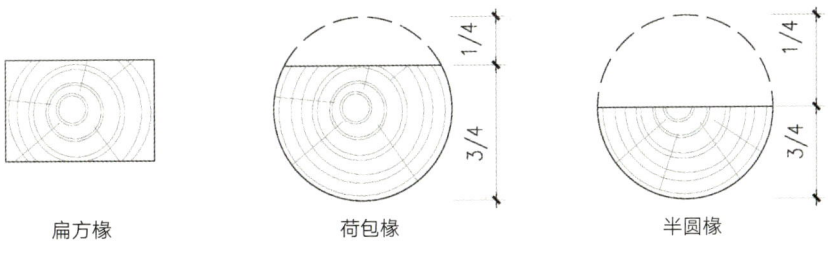

图 6-84 三种椽的断面

图 6-85 何园船厅正身椽

图 6-86 何园船厅翼角椽

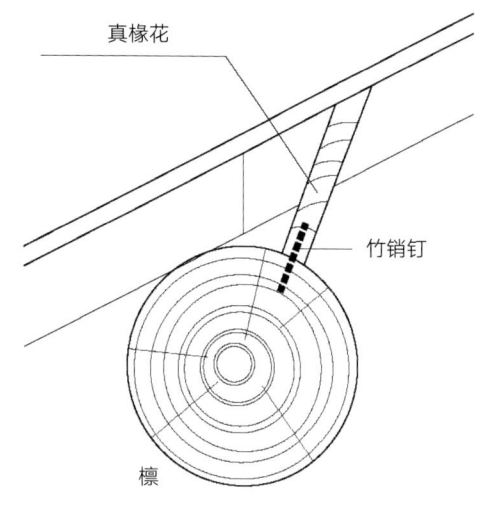
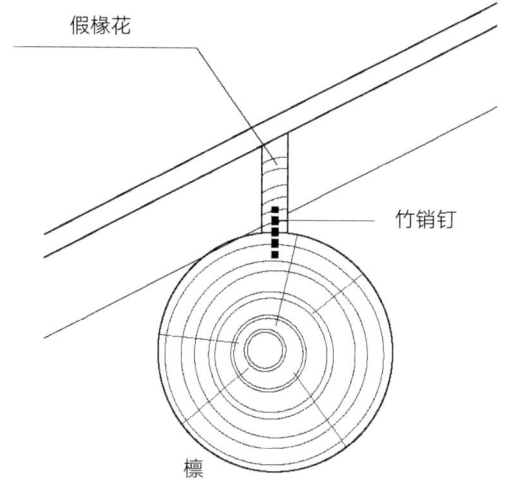

图 6-87 真假椽花

3. 椽花

椽花板有真假椽花之别，相当于《营造法原》里提到的"椽稳板"和"闸椽"。通长而上口留豁承椽而下端相连续的叫做"椽稳板"，钉在椽间不连续的叫"闸椽"。"真"椽花类似"椽稳板"为一连续构件，但不同于苏州做法直立于檩上，而是斜置于檩上，朝向主要的观看面。假椽花即"闸椽"，直立于檩上，每椽豁间一块，无论真假椽花，椽花板和檩条之间均是用竹钉（两头尖的竹销）连接。先在檩上皮和椽花板的下皮分别钻眼，将竹钉栽于檩上钻眼内，然后将椽花板的钻眼对准竹钉钉牢，如图 6-87 所示。扬州所见椽花除出檐椽和飞椽的空档豁口用假椽花板外均为真椽花。

椽花板的使用规则分"一椽两花"和"一椽一花"。所谓"一椽两花"，即每根椽子的两头均做椽花板，也即每个檩条的两边均有椽花填缝。一椽两花是最考究的做法，制作困难，所以绝大多数建筑均做一椽一花，即椽子只有一端用椽花。头停椽（按苏州称呼）一般上端用椽花斜向地面，所以脊檩两侧就均有椽花，扬州称"元宝花"。花架椽（苏州称谓）一般下端用椽花斜向地面，檐椽一般在下部檐檩上方用椽花，所以步檩、檐檩向室内一侧均有椽花。这就是扬州所谓"七梁五垫三道花"之三道花，即脊檩、步檩、檐檩用椽花。如图 6-88 和图 6-89 所示。

（三）屋面望层做法

椽子之上即为屋望层，常见为望砖和望板。个园维修工地所用的旧望砖尺寸长约 21cm，宽约 11cm，厚约 1.5cm。望砖长向两端直接搁置于两根平行的椽子之间，所以望砖长度一般等于或略小于椽档宽度。

铺望砖时一般先铺上面望砖以备做脊，脊做完后再从下到上，从中间向两边铺望砖。如若屋面长度不凑巧以置最后的剩下缝隙，则以与望砖同厚的木条补缝。为室内美观及防水需

图 6-88 平山堂元宝花

图 6-89 个园假椽花

图 6-90 何园船厅

图 6-91 何园蝴蝶厅

要，望砖间需勾抹白灰。椽子上铺望砖，望砖下皮刷青灰，打白线。由于望砖自重较大且和椽子之间没有钉、榫、粘结等任何固定措施，所以必须在铺望之前先在椽、檩之上钉防止望砖下滑的木构件，包括连檐、里口木、挡望。连檐是钉于最外沿椽头（檐椽或飞椽头）上的扁方形通长木料，而当使用飞椽时，在檐椽头上、飞椽下也有一同样的构件，也可称"连檐"，或二者分别称"大连檐""小连檐"。用小连檐的，通常在小连檐和飞椽之间的空当里填闸椽板（称"假椽花"，参见图 6-90 和图 6-91），偶见小连檐和闸椽连做为"里口木"的做法。挡望条亦为厚同一望砖的通长木构件，断面扁方，钉于各架檩条上以防止望砖下滑的同时使得望砖排列更加均匀。

木望板按铺法可以分为顺望板和横望板，扬州所见木望板大都为平行于面阔方向铺的横望板，多见于翼角，部分飞檐也会使用，因其自重较轻故可以减轻出檐的总重量防止屋檐倾覆。

（四）屋脊瓦作

盖屋顶中最重要的是做屋脊，俗称"压脊"。屋脊做得好坏与否，不仅关系中梁的保护、两面坡屋面的牢固，而且由于处在整个房子的最高处，事关房子的美观与吉祥。瓦屋压脊，一般都在脊上做点花样求美求吉，扬州称此为"做吉"。当瓦匠上最后一片脊瓦称作"合龙口""闭龙口"，这时要说"鸽子"，主家

图 6-92 何园读书楼

图 6-93 汪氏小苑住宅部分

赏喜钱，接着瓦匠向脊中心的空斗内放豌豆、稳子、铜钱，其意为"安稳""发财"。

屋脊按下往上的构造做法不同可以分为灰座层、线砖层和盖顶层三个部分。灰座层是屋脊的基座，其做法是首先以瓦或砖覆盖或填塞脊檩上底瓦和盖瓦之间的空隙，然后再在砖瓦外以灰抹平。其作用有四：一是保护脊檩和望层；二是嵌固压牢交汇于脊部的屋面底瓦和盖瓦；三是通过垫加砖瓦调整出所需的屋脊曲线；四是在脊部尖顶上找出平面，为筑脊作准备。

线砖层是用经砍制加工的望砖、青砖、瓦或成品脊砖铺砌于灰座层之上，形成层层平行线脚，扬州园林建筑基本做一层线砖。盖顶层是屋脊的最上层，其做法有采用站瓦、筒瓦和磨制半圆砖等三种，其中站瓦又分直立和斜立两种。其作用一是进一步增加屋脊的压重以防风，二是有部分防水的功能，此外也有部分美观和寄寓的功能。扬州住宅部分大多使用站瓦，园林部分则用瓦或者半圆砖做通花脊。如图 6-92 和图 6-93 所示。

（五）屋面瓦作

扬州地区瓦屋面因只有檐口铺瓦时瓦和瓦之间才带泥，其余瓦之间直接叠压，不带泥，工匠称为"干擦瓦"。铺瓦一般从下向上，先铺檐口勾滴瓦件或扇面瓦头，然后再由下向上、由中间向两边铺瓦，先铺底瓦，再铺盖瓦。底瓦小头在下，大头在上，一般"压六露四"，即下层底瓦被上层底瓦压住 60%，露出 40%，一般工匠习用露三指宽控制，根据个园工地实测底瓦露 7~9cm。盖瓦相反以大头在下、小头在上，一般露一指半宽，实测 3~4cm。如图 6-94 所示。

四、墙体

（一）墙垣

墙垣起围合与分隔园景空间的作用。"俗则屏之，嘉则收之。"[1] 地处市井密集地段的江南古典园林，多以高墙为界面与闹市空间相隔离。

园林的围墙，多用版筑[2]，有的用石块垒

---

[1] 计成. 园冶[M]. 黄山：黄山书社，2016.
[2] 版筑：筑土墙时用两版相夹，中填泥土，用杵夯实谓"版筑"。杜甫诗："尺书前日至，版筑不时操。"

图 6-94 扬州个园铺瓦工地

砌,有的用植物荆棘编成篱笆,远胜于用花木为屏,更多乡野的风致,深得自然山林的趣味。如果在园内的花前、水畔、路旁、环山处砌墙,则有的适合用石块垒砌,有的适合用砖砌,有的适合用开敞的漏窗墙,有的适合在墙上贴磨砖,都各有不同的做法。但要求适时而雅致,令人欣赏,才是园林的佳构。可是历来砌筑墙垣,任凭工匠去刻意雕镂,如飞禽走兽奇花仙人之类,以为这样就是制作的工巧,其实对园林来说,非但不美,就是用于住宅的堂前,也是不足取法的。因为砖雕的孔隙易招麻雀营巢,既影响观瞻,且雀叫叽喳噪声可厌。且雕镂多隙,容易生杂草,败叶如朽藤枯萝更加影响整洁美观,并且难以尽除,要经常费很大的力气清扫,砖雕则容易破损。不应该以繁琐的装饰为美,而应有大格局。城市造园,基地多偏缺,不可能对称整齐,房屋和庭院则必须端方规整,但庭院组合可以有大小,围墙应该依势曲折或偏斜;空间有收有放,有阔有狭。正如《兴造论》中所说:"假如基地偏缺,邻嵌何必欲求其全。"

1. 乱砖墙

乱砖墙,当地人也称"断砖墙"(图6-95、图6-96),有"无墙不乱"之说。所谓乱砖,是利用旧建筑拆除后的旧砖砌筑,由于各个历史时代的各类建筑用砖尺寸不一,砌筑时一般同一皮砖选用厚度相同的砖扁砌,但各皮砖厚度并不相同,且竖向砖不要求对缝。一方面由于砖尺寸较乱而不得已为之,另一面据称乱砖墙大小拉结"有劲",可能是因为没有规则的竖向砖缝,对于防裂有利,故云。但据观察,如个园及其他一些盐商大宅,并不采用乱砖,而是有规则的三斗一卧[工匠称立砌(斗)为站,横砌为扁],一斗一卧等。推测可能是经济实力雄厚,可以采用新砖。早先都是斗子墙,墙体上面山尖部分做斗子墙。

2. 白粉墙

历来做白粉墙(图6-97、图6-98),都是用纸筋[1]石灰浆,还有的情况,为了使墙面光滑细腻,涂上白蜡[2]来磨平打光。现今的做法,大多是用黄沙石灰浆打底,再用石灰浆抹面,用麻帚轻轻抹擦,就能做出明亮如镜、平整光滑的效果。白粉墙垣与植物景观联系,给人感觉像一张白纸、与植物和阴影一起营造出绘画意境。宛如景观的笔墨在白粉纸上肆意挥洒。

3. 磨砖墙

"如隐门照墙、厅堂面墙,皆可用磨成方砖

---

[1] 纸筋:拌和灰浆的粗制草纸,用以增强灰浆粘结力之用。也可以用废麻绳斩碎拌和,谓之麻刀灰。
[2] 白蜡:是寄生于女贞和白蜡树上的昆虫——白蜡虫(Ericeruspela)雄虫的分泌物。白蜡是医药、纺织及制作模型等工业的重要原料,产区遍及长江以南各地,四川、贵州、云南等省所产尤多。

图 6-95 个园乱砖墙

图 6-96 何园乱砖墙

图 6-97 大明寺、平山堂白粉墙

图 6-98 何园白粉墙

吊角。"[1] 隐门照墙是指在大门内砌于院中为遮挡视线的墙壁，作用同"蔽而通之"的屏门，目的在"隐内避外"。照墙，也叫"照壁""影壁"。

磨砖[2]墙如用于大门内影壁，或面对厅堂的垣墙等需要装饰的墙垣，可以用水磨方砖斜角贴面，或用八角形磨砖与小方砖镶嵌，或用小砖一块间半块，或破成花砖拼嵌成云锦花样。墙头封顶，则用方砖层层挑出砌成叠涩出檐。切不可用砖雕花鸟仙兽等装饰，因为这样做很少能有绘画意境的。如图 6-99 所示。

4. 漏砖墙

漏砖墙（图 6-100、图 6-101），也称漏明墙，江南亦称"花墙洞"，是指在园墙上辟窗空，空中用望砖[3]和屋瓦（蝴蝶瓦）砌成透空图案的墙。

---

[1] 计成. 园冶[M]. 黄山：黄山书社，2016.
[2] 磨砖：所谓磨砖，是瓦工利用各种刨子，将砖刨平或刨成各种线脚，而称之为"磨"。
[3] 望砖：铺在椽子上的薄砖。

图 6-99 个园磨砖墙

图 6-100 大明寺、平山堂漏砖墙

图 6-101 个园漏砖墙

图 6-102 大明寺、平山堂人字山墙

《园冶》中这样描述到:"凡有观眺处筑斯,似避外隐内之义。"[1] 园林中的墙垣,但凡隔墙的另一边有景可观,都可在人视线所及处开辟漏窗,有避外隐内之作用,也就是说,可以遮挡墙外的视线,使墙内景色有迷离隐约的情趣,这是园林中空间视觉设计的独特形式和手法。同时,漏砖墙也具有隐显藏露的趣味。古时候常用瓦砌成连钱[2]、叠锭[3]、鱼鳞[4]等形式,这三种形式因为是用瓦片砌筑的,都是弧线形,构图感觉繁琐,现在一般都不用了,在扬州园林中,漏砖墙不局限于用瓦片或是望砖来砌筑,形式较简洁而清雅。

(二)山墙

扬州园林中的建筑多以硬山为主,山墙是形成建筑外观的重要因素。扬州园林中建筑的山墙形式最多的是完全不高出屋面的"人字山"(图 6-102),即和封檐墙类似,山墙止于屋面之下。人字

---

[1] 计成.园冶[M].黄山:黄山书社,2016.
[2] 连钱:用瓦拼接成内近方而外圆的古钱样式。
[3] 叠锭:指相重叠的古银锭式样。
[4] 鱼鳞:像鱼的鳞片的式样。

图6-103 大明寺、平山堂方门合角式门洞

山和屋面相交的最上几皮砖的做法也和封檐墙相似，层层线脚出挑，考究的在下方用类似封檐挂枋的立砖博风，而且在建筑不用挑檐的情况下，往往和前后墙的封檐做法一致并交圈。但山墙的封檐一般不用椽砖，且最下方一块砖博风往往仿木构的博风板施以雕刻。

（三）墙垣门窗洞

园林之门，灵活多变，形式多样，可增加园林的意趣，或使人豁然开朗，或使园林之境若隐若现。门窗样式多种多样，但唯与环境相结合，才能事半功倍、意境倍增。

"门窗磨空[1]，制式时裁，不惟屋宇翻新，斯谓林园遵雅。工精虽专瓦作，调度犹在得人，触景生奇，含情多致，轻纱环碧，弱柳窥青。伟石迎人，别有一壶天地；修篁弄影，疑来隔水笙簧。佳境宜收，俗尘安到。切忌雕镂门空，应当磨琢窗垣；处处邻虚，方方侧景。"[2]

园林的门空窗空，需要用磨砖镶嵌作装饰，形式时新并且制作考究，不仅为房屋增添新意，且使园林更加雅致。磨空不仅需要瓦工的技艺将其打磨精致，更需营造出雅致的意匠。目光所及的景物而心生意象，丰富的意态有无穷的情趣。通过纱窗隐约可见千峦环翠的屏障；从柳叶形状的窗棂中窥见远处的青山景色，园林造境中"以小见大"的感受由此散发得淋漓尽致，从有限而达于无限的高度自然精神的境界，即自然山水的意境，有"壶中天地"[3]的意味。门空切忌雕文镂饰，窗垣应当精工琢磨；园林庭院建筑除正面都是朝向庭院外。其余三面也要留有空间间隙，正如沈复《浮生六记》中所说"开门于不通之院"的化实为虚的手法，是突破建筑空间的封闭性，使有限的建筑空间与无限的自然空间相通相连，形成丰富的空间层次和面面通透可观的空间艺术效果。

1. 门洞

（1）方门合角式门洞（图6-103）

---

[1] 磨空：用磨砖拼镶门窗空的边框，或者说有"门景"的"地穴"和"月洞"。
[2] 计成.园冶[M].黄山：黄山书社，2016.
[3] 壶中天地：《后汉书》："费长房者，汝南人也，为市掾，有老翁卖药悬壶于肆头，及市罢，辄跳入壶中，市人莫之见，惟长房于楼上睹之，异焉，因往再拜，乃与俱入壶中，唯见玉堂严丽，旨酒甘肴，盈衍其中，共饮毕乃出，乃就楼上候长房曰：'我神仙之人，以过见责，今事毕当去。'"

图6-104 大明寺、平山堂圈门式门洞

合角,是指"门景"框在门空直角转折处45°拼合。用磨砖砌筑方门,过去匠人大部分都做发券[1],或者在门洞上架过门石[2],或者放置过门枋[3]。后来也讲究做门景,不仅门洞两边用砖满磨,过门枋上有时也会用木钉钉上水磨青砖,并且在转角处45°拼合,形式雅致而美观[4]。

(2)圈门式门洞(图6-104)

凡是做磨砖的门窗,要先量墙砌体的厚薄,再看砖的尺寸大小,门窗洞内墙(厚)面须全嵌磨砖,但露出壁面的边框,只能宽一寸左右,线条才挺拔秀美,不可迁就砖的厚度。边框外的墙面,或抹灰粉白,或者满嵌磨砖均可。

(3)月洞门式(图6-105)

园林中常用的门洞形式,常起框景作用。可在细微之处稍作改变,褪去俗气,有别出心裁之感。或在较封闭的空间中,加一月门式门洞,园林雅致之景随即渗透进来,破除封闭之感,减少枯燥之味,增添意趣,别有洞天。

(4)八方式门洞(图6-106)

八方式门洞亦是园林中常见门洞形式,与月洞门式一样,起框景作用。两边景色互相渗透,交通相互联系。整体玲珑通透。景色较佳的空间中常见八方式门洞。

(5)长八方式门洞(图6-107、图6-108)

长八方式门洞为八方式门洞之变体,但其在园林中所起作用与八方式门洞有所异。长八方式门洞多起联系交通之效。且长八方式门洞的宽度会根据环境不同而有所变异。与八方式门洞相比,常用在较封闭的空间中。

(6)汉瓶式门洞(图6-109)

汉瓶式门洞为门洞做成汉瓶的形状,常用在园林建筑外廊或复道廊中,起联系交通的作用。同时多用在书房等雅致建筑外廊,与环境情趣相一致。

(7)入角式门洞(图6-110)

(8)如意式门洞(图6-111)

---

[1] 发券:门洞上将砖砌成圆弧形,靠砖间挤压起拱形过梁作用,以承受上部墙体荷载,叫"发券"。旧时瓦工在砖木结构的建筑门窗洞上,也多用发券,再在门窗框上用立砖将券洞填塞的做法。
[2] 过门石:横跨门洞之上的石梁。
[3] 过门枋:用木枋做的门的过梁。
[4] 张家骥. 园冶全释[M]. 太原:山西人民出版社,2012.

大明寺、平山堂月洞门

何园月洞门

何园月洞门

图 6-105 月洞门式

图 6-106 大明寺、平山堂八方门式月洞

图6-107 小盘谷长八方式门洞

图6-108 瘦西湖长八方式门洞

个园汉瓶式门洞

何园汉瓶式门洞

小盘谷汉瓶式门洞

图6-109 小盘谷汉瓶式门洞

图6-110 瘦西湖入角式门洞

图6-111 个园如意式门洞

个园

小盘谷

图 6-112 其他门洞形式

（9）其他门洞形式（图6-112）

2. 窗洞

园林窗洞形式多样，多与门洞结合在一起，起到漏景的作用。并且窗洞的不同形状，用来营造传达不同意境，随环境不同而形状意境不同。常见的窗洞形式有月窗式、片月式、八方式、六方式、扇形式、海棠式等。如图6-113所示。

漏窗，俗称漏花窗，亦称花窗，即有部分空透且有漏空图案的墙窗，不仅起到通风采光之作用，在园林中亦为墙垣上的装饰点缀形式之一。漏窗一般用于较封闭的小视距空间，可破除小空间

二分明月楼月窗式

二分明月楼片月式

大明寺、平山堂八方式

大明寺、平山堂扇形窗洞

大明寺、平山堂八方式

个园梅花式

何园海棠式

何园其他形式

图 6-113 园林窗洞

图 6-114 个园漏景花窗

之闭塞,增添空间层次,将墙外之景渗透进来,达到小中见大之效。如图6-114所示。

园林之景分旷与奥,漏窗中渗透的景色,介于幽旷之间,既不完全暴露,又不完全遮挡,可望而不可及,有"犹抱琵琶半遮面"[1]的意趣。另有些漏窗在廊壁上,使较暗的入口空间得以采光,幽闭的空间得以通风;透过漏窗观赏园中景色,虚实相间、步移景异,可达到景中有画,画中有景的艺术效果。

漏窗的高度根据功能需求而定。大多数漏窗的高度与人的视平线平齐,下框离地面约1.3m,是为了透过漏窗欣赏窗外景物,取得似隔非隔的效果;也有一类漏窗位于高墙之上,其顶部接近墙体檐口的位置,是为达到更好的通风和采光效果。

漏窗窗框的形式有方、横长、直长、圆、六角、八角、扇形及其他各种不规则形状。方形除了做成方角以外,又有圆角与海棠纹等形式。园林讲究日涉成趣,因此在细小的空间里要创造漏窗形式的变化,让人可以欣赏。形式要随环境而变化,与景致的空间环境所要表达的意境协调一致,因

---

[1] 白居易《琵琶行》。

境而成。

本身有景,窗内窗外之景又互为借用,隔墙的山水亭台、花草树木,透过漏窗,隐约可见,倘移步看景,则画面更是变化多端,目不暇接。

漏窗的花纹图案极为丰富多样,按构图分有几何形体与自然形体两类,但也往往混合运用。几何形体为主的图案形式有曲尺[1]、回文[2]、万字[3]、冰纹[4]等,其多用瓦片、薄砖、木竹材等制作,如图6-115所示。自然形体图案的漏窗形式取材范围较广,题材多托物言志、迁想妙得。

五、装修（小木作）

在古建筑词汇中,"装修"一词是指"房屋上一切门窗户牖"等小木作的总称,即主体木构架以外也由木材制作的部分。扬州园林建筑的装修按所处位置可分为外檐装修和内檐装修。凡直接与室外接触的小木作,如门、窗、栏杆、挂落等称为外檐装修。而内檐装修是指用于室内作为分隔室内空间或起到装饰作用的小木作,如天花、门罩、内檐隔扇等。

（一）门

扬州园林建筑的门按所处位置、形式及材质可分为实拼门（板门）、屏门、竹丝门。

实拼门（板门）常用于建筑大门、二门（仪门）（图6-116），常用杉木厚板拼成,起防御作用。门扇之侧边梃作为门轴上端插入连楹所留孔之内,连楹长度常为一个开间,两端入柱固定,下端置于门枕石（法原称坤石）门臼上。门限多为木制,两侧做金刚腿,卡在其中,可自由提起（图6-117、图6-118）。

屏门（图6-119）常用于园林住宅建筑的明间的后步柱架的部位,以分隔或遮挡室内空间,其构造作法属于框档门。门两边的直框称为"边梃",上下端的横料,称"横头料"。中间的横料一般都做好几道,称"柽"（衬挡）,外面钉木板。

竹丝门（图6-120）常用于中路住宅和边路住宅分隔墙上所设置的门。柱丝门扇构造形式近似于长隔扇,不同之处是将木芯改为宽度一致的竹片编造的网片。

（二）窗

窗按其形式及功能可分为落地长窗,短窗（半窗）、风窗、地坪窗、横风窗、纱隔。按开启方式可分为和合窗（支摘窗）（图6-121）、平开窗、固定窗等。窗的槅心花纹又有万川、回纹、书条、冰纹、八角、六角、灯景等样式。扬州园林建筑厅堂的明间多使用长窗、次间多用和合窗,槅心花纹多见葵式。

---

[1] 曲尺：规矩之尺。唐司马贞《索隐》："矩,曲尺也。"白居易《雨夜赠元十八》："把酒循环歌,移床曲尺眠。"言两床相接如曲尺,即如L形的直角转弯的曲。曲尺是木工规方之用。
[2] 回文：用线条回旋往复构成的纹样,可单方连续组成带状图案,常用作器物的边饰。
[3] 万字：即卍形纹样,可连续反复对称组成图案,在遗存苏州古典园林建筑的挂落、栏杆中是常用的装饰纹样。
[4] 冰纹：虽乱而有自然规律,如冰的裂纹。

大明寺、平山堂几何形花窗

大明寺、平山堂几何形花窗

何园漏景几何形花窗

瘦西湖透景几何形花窗

个园几何形花窗

个园几何形花窗

壶园几何形花窗

图6-115 几何形花窗

图6-116 仪门（逸圃）

图6-117 门枕石、金刚腿（逸圃）

图6-118 门限（马氏丁氏盐商住宅）

图6-119 屏门（汪氏小苑）

图6-120 竹丝门（马氏住宅）

图 6-121 和合窗（何园）

图 6-122 长窗、横风窗（何园）

图 6-123 半窗（瘦西湖）

长窗自上到底通长落地，装在上槛和下槛之间，若其上加横风窗则装于中槛和下槛间，通常用于厅堂明间，隔断室内室外空间（图6-122）。

短窗亦称半窗（图6-123），多用于书斋密室等的次间或者楼阁。其构造作法可分为上夹堂、内心仔、裙板三个部分。

和合窗也称支摘窗，多用于厅堂次间或者舫榭外窗上，垂直方向上一般做上、中、下三层窗户，底部为固定窗，中部可支起、底部可摘下。

横风窗安装在长窗之上，即上槛和中槛间，以调节窗樘口分割比例。

（三）栏杆

木栏杆（图6-124）常用于建筑台基四周以及二层走廊临空侧，作为屏障保护安全，或用在地坪窗、和合窗的下部，用来代替半墙。用于赏景休憩建筑时，可做半栏，上设坐槛，如美人靠形式。标准栏杆端部的垂直构件，法原称为"脚料"，水平横档上下共三道，称为"盖挺（寻仗）、二料（中枋）、下料（下枋）"，二料与下料间可作格式花纹的栏板。

石栏杆（图6-125）多见于室外，如月台、室外踏步等。其构造及样式多仿木栏杆，竖直构件为柱，望柱头常做精美雕刻，横向构件从上往下依次为寻杖、栏板、地栿。栏板常见钩片造和万字造。

砖栏杆（图6-126）高度较低，多为半栏，用于建筑外廊，可坐人，底部为砖砌各式花纹的漏墙。

铸铁栏杆（图6-127），为晚清及民国时期的建筑特征，多见于二层外廊观赏面，富于装饰，带有西洋风格，为园主人展示财力与先进性的构件，现存铸铁栏杆以何园为佳。

（四）飞罩及挂落

挂落（倒挂楣子）（图6-128）是用木条镶搭成的留空花纹图案，像网格状的装饰构件，悬挂装置在檐柱的枋子下方。飞罩（图6-129）与挂落相似，只是其两端下垂部分较大，犹如拱门，其材料不仅有用小木条镶搭，且有大块银杏、紫檀木等料透雕者，多装在室内。

挂落的式样，仅藤茎、万川两种，万川有宫式、葵式两种，花纹搭配按开间的大小而定，以万字反复、正反向变化相连，一般都采用这种式样。其构造，为左、右及上档三边作边框，两边框的下端作钩头形，装饰如意图像，其内即为拼搭花纹的木条，而于边框上留孔槽插竹销，可固定在柱子上，亦可拆卸。飞罩的式样有藤茎、葵式乱纹、宫式万字、鹊梅、松鼠合桃、松竹梅、喜桃藤等样式。落地罩两侧边框则安装在须弥座上，其他的构造则与挂落相同[1]。

---

[1] 祝纪楠.《营造法原》诠释[M].北京：中国建筑工业出版社，2012.

蔚圃美人靠

抱山楼

诸姓盐商住宅窗下栏杆

图6-124 木栏杆

瘦西湖绿荫馆

大明寺

瘦西湖徐园

图6-125 石栏杆

何园船亭

小盘谷六角亭

个园

图6-126 砖栏杆

何园读书楼

何园赏月楼

何园复廊

图6-127 铸铁栏杆

何园读书楼

小盘古曲尺厅

图6-128 挂落

个园抱山楼圆形落地罩

个园透风漏月厅挂落飞罩

个园宜雨轩正间落地罩

徐园落地罩

图6-129 飞罩

第七章

花木

第一节　文心画境
第二节　花木特色
第三节　花木配置

花木是中国古典园林组景不可或缺的要素。园林与花木的关系，正如清陈淏子所言："有名园而无佳卉，犹金屋之鲜丽人。"[1] 花木作为园中造景的素材，既可作为建筑、山石、水体等主景的配景，又可作为观赏主体单独成景。由于气候温和湿润适宜植物生长，扬州园林中花木种类繁多，其中不少种类冠绝天下，如芍药、琼花。与苏州园林相较，扬州园林的花木种选择、配置方式大体相同，扬州的花木却体现出了更加鲜明的地域特色。这一方面是因为扬州的地理位置、自然条件特别适合一些植物的生长，使得扬州自古以来便与花木有着不解之缘。如"扬州宜杨"（宋沈括《梦溪笔谈》），至有扬州城的得名和杨（柳）树有关的说法（隋以前，"扬州"作"杨州"）；另一方面则主要得益于历代文人墨客吟咏扬州风物的诗章，如"烟花三月下扬州（唐李白《送孟浩然之广陵》）"，"扬州芍药天下冠"（宋苏东坡《东坡志林》），"绿杨城郭是扬州"（清王士祯《浣溪沙·红桥怀古》），等等。通过这些诗句可以看出，"杨（柳）""竹""芍药"等花木在某种程度上已成了"扬州"的象征，也是人们对这座城市最深刻的记忆。

　　扬州的花木之盛，还体现在经济繁荣时期民间种花莳草之普及，可谓园种户植。"湖上园亭，皆有花园，为莳花之地。"（《扬州画舫录》卷二）如明末郑元勋的影园，就在园外不远处留有花圃，"别有余地一片，去园十数武，花木预蓄于此，以备简绌。"[2] "十里栽花算种田"（清郑板桥《扬州》），道出了乾隆时期扬州花卉已形成了产业。当年扬州近郭村庄多以种花为业，且设有花市、花会，清李斗《扬州画舫录》载有多处，如"花市始于禅智寺，载在郡志……盖城外禅智寺，城中开明桥，皆古之花市也。近年梅花岭、傍花村、堡城、小茅山、雷塘皆有花院，每旦入城聚卖于市，每花朝……作百花会，四乡名花集焉"[3]，"画舫有市有会，春为梅花、桃花二市，夏为牡丹、芍药、荷花三市，秋为桂花、芙蓉二市。"[4] 扬州人欣赏花卉、钟爱花卉，并非限于社会上层人士，普通市民亦乐于其中，所谓"扬人无贵贱皆戴花"（宋王观《芍药谱》）。因而花市以外，更有在夜市及街巷叫卖鲜花的情形。"迤逦平冈艳雪明，竹楼小市卖花声"（清卢见曾题《虹桥修禊》），"小楼帘卷卖花声"（清郑板桥《浪淘沙·种花》），反映的就是此种情形。据近人徐谦芳的《扬州风土记略》："江都（扬州）南门外，花院二、三，莳茉莉、珠兰、白兰、香橼之类，专为贩户采买，制成花表等品，或穿花茶、供碟、花篮，制为三星桌围等物，以备礼品，转售平康乐户及闺阁媛秀，四季无间。"扬州花木之盛可见一斑。至今扬州还有许多以花木命名的街巷，如芍药巷、南柳巷、桃园、双桂巷、石榴巷等，历代更多有以花木命名的名园，如唐代的樱桃园、宋代韩琦的芍药圃、元代成廷珪的居竹轩、明代吴秀的梅花岭，而在清代扬州瘦西湖二十四景中，以花木命名的则有绿杨城郭、长堤春柳、荷浦熏风、平冈艳雪、梅岭春深、锦泉花屿、万松叠翠等，不胜枚举。

---

[1] 陈淏子.花镜[M].北京：中国农业出版社，1985年第2版，第44页.
[2] 陈植，张公驰.中国历代名园记选注[M].合肥：安徽科学技术出版社，1983年第1版，第224页.
[3] 李斗.扬州画舫录[M].南京：凤凰出版社，2013年第1版，第83页.
[4] 李斗.扬州画舫录[M].南京：凤凰出版社，2013年第1版，第266页.

第一节　文心画境

对于良木佳卉，中国人不仅仅是欣赏其色、香、姿等形式美，更在此过程中体验和感悟人生，因而花木大都被文人赋予性格和情感，成为诗文中经久不衰的意象，构成特定的品格，且往往具有哲理性的移情涵义。在中国古典园林中对于花木，一如山水，也大多重在他们的象征意义，其次才是他们的形式美，扬州园林亦是如此。这里最突出的是竹，因其中空、有节而被视为虚心好学、高风亮节的象征，故园中多植竹。其他如松（柏）、梅、兰、菊等被中国历代文人赋予性格和情感，构成特定的品格的种类，在扬州园林也属常见，且多入画境。花木在这里汇同题额写意，起到了寓情寄意、托物言志的作用，它反映园主的感情、抱负、品格，引起观赏者的联想和共鸣，达到情景交融的高潮。

历代扬州园林中以花木"名"园（景）、寄托园主情怀的不在少数，尤以"竹""柳""松（柏）""梅花""桂花""荷花"居多，如"四栢亭"（宋彭方）、"居竹轩"（元成廷珪）、"梅花岭"（明吴秀）、"万柳堂"（清阮元）、"冬荣园"（清陆静溪），等等。这里"竹""松（柏）""荷花"的移情涵义不必赘言。"柳"，既是春天、吉祥的象征，又因其扦插极易成活、生命力极强，被视为适应性、灵活性的象征。"冬荣"，典出屈原《楚辞·远游》："嘉南州之炎德兮，丽桂树之冬荣。"又曹植《朔风诗》："秋兰可喻，桂树冬荣。"都是赞美桂树的不畏严寒，保持常绿。

扬州园林中的花木比德、移情，最著名的当属个园。如前所言，竹在中国文化中被视为高风亮节的象征，历来是文人雅士至爱，成为诗文中经久不衰的意象，也是文人画的习见题材。扬州个园以竹石取胜，以"个"名园，点出了"竹"的主题（图7-1）；满园翠竹，令人产生联想："性直""本固""心空""节贞"（唐白居易《养竹记》），是竹的高尚情操，"刚""柔""忠""义""谦""贤""德"（唐刘岩夫《植竹记》），是竹的品格；"竹林七贤""竹溪六逸"，是一种悠然自在的生活态度，是寄情山水、

图 7-1 个园竹景

放荡不羁的名士风流；"不可一日无此君（东晋王徽之，载于《世说新语》）""可使食无肉，不可居无竹"（宋苏东坡《于潜僧绿筠轩》），是喜竹成癖的淡泊情怀，是寄心松竹的孤高气节。

除了在花木立意上追求"君子比德"的象征内涵，扬州园林兼容了一些世俗的审美观念，在花木的选择上也重视其珍奇华丽、吉祥富贵的象征意义。常见的如玉兰（包括广玉兰）、海棠、牡丹（包括芍药）、桂花一起暗喻"玉堂富贵"，松（柏）寓意"长寿延年"，其他如紫藤象征"紫气东来"，梧桐寓意"碧梧栖凤"，榆树谐意"岁岁有余"，女贞有恪守妇道之规（图7-2），石榴具"多子旺宗"之愿。

中国园林以"山水园"而著称，其风格的形成与山水画、文学、诗词等艺术不无关联，其中山水画论对园林创作的影响尤为突出。传统山水画论无论是在审美思想上，还是在具体手法上都对中国园林的叠山理水、植物配置产生了很大的影响。

古代中国画论从美学的高度概括了植物在不同季节形态、色彩的变化，"春山明媚，夏木繁阴，秋林摇落萧疏，冬树槎牙妥贴"（宋李成《山水诀》）；这些画论指导园林中的植物选择要兼四时之色，并能反映不同季节的变化特征，以丰富园景。

以富于画意而论，扬州个园四季假山的花木配置最有典型性，体现了"山水之烟岚，四时不同"的画理："春山淡冶而如笑，夏山苍翠而如滴，秋山明净而如妆，冬山惨淡而如睡"

图 7-2 何园怡萱楼庭院女贞

（宋郭熙《林泉高致》）。旧园入口，以月洞门两侧花坛内的竹、石构成春景，竹枝挺拔、青翠，枝叶扶疏之间几枝石笋破土而出，好似雨后春笋。春天竹子发笋之际，真假竹笋更是相映成趣，呈现了一派春意盎然的景象，使人联想起郑板桥的竹石图，诗画意境在这里表现得淋漓尽致。夏山以湖石配以竹、广玉兰、紫薇和山上古柏以及石榴、紫藤等，夏意顿生；秋山以黄石配以竹和秋色树种，山腰点种古柏、黑松，凭添秋意；冬山选用宣石，植物以竹、蜡梅、南天竺为主，正是"月映竹成千个字，霜高梅孕一身花"（清袁枚）的冬态。

第二节　花木特色

一、名花名木

扬州人喜爱花木，园林多以名花名木闻名。柳、竹、松、榆、梅、桃、芍、菊、荷等，均为常见花木，也多有胜景。限于篇幅，这里主要介绍最具地方特色的柳、竹、芍药、琼花、桂花，其中柳树为扬州市树，芍药、琼花为扬州市花。

（一）柳

隋以前，扬州作杨州，因而扬州的得名一说与杨（柳）树有关。"烟花三月下扬州"（唐李白《送孟浩然之广陵》）、"绿杨城郭是扬州"（清王士禛《浣溪沙·红桥怀古》），可谓此说的最好佐证。从植物分类的角度来说，"杨""柳"同科不同属，各有多种。但在中国传统文化中，"柳"往往被称为"杨"或"杨柳"，扬州古典园林中的"柳"，主要是"垂柳"。

"扬州宜杨"（宋沈括《梦溪笔谈》，卷25）且多水，因而多植柳固堤。隋炀帝开邗沟，在河堤两岸种植柳树，"隋大业初，开邗沟入江渠，广四十步，旁筑御道，树以杨柳，时谓之隋堤。唐刘禹锡诗：扬子江楼烟景迷，隋家宫树拂金堤（《江南通志》，卷33）。"隋炀帝以后，扬州城、扬州园林更是植柳成风，"暖日凝花柳，春风散管弦"（唐姚合《扬州春词三首》），印证了唐代扬州（园林）植柳之盛。北宋欧阳修任扬州太守时，在北郊蜀冈大明寺平山堂前植柳造景，"欧阳文忠公手植柳一株，谓之欧公柳。公词所谓'手种堂前杨柳，别来几度春风'者"（宋张邦基《墨庄漫录》，卷二。明嘉靖时《维扬志·公署志》卷七，记载了南宋时期贾似道镇守扬州时，重修郡圃，其中有"水之外为长堤，朱栏相映，夹以垂柳"之句，是说其于园中植柳。

至明清时期，扬州城市中植柳更加普遍，扬州园林则几乎"无园不

图 7-3 瘦西湖"长堤春柳"

柳",杨(柳)树也成为最具扬州地域特征的植物之一。"绿杨城郭""长堤春柳""柳湖春泛"皆以柳入境。扬州明末著名的文人园林"影园",得名即因"地盖在柳影、水影、山影之间"[1];且在郑元勋《影园自记》中,还有多处描写"柳"景的文字,如"夹岸桃柳,延袤映带"[2];"背堂池,池外堤,堤高柳,柳外长河,河对岸,亦高柳"[3]等。清代大学者阮元曾于扬州北湖(今扬州公道)筑万柳堂,阮元《扬州北湖万柳堂记》云:"取江洲细柳二万枝,兼伐湖岸柳条插之,且旧庄本有老柳数百株。堤内外,每户佃渔,亦各有老柳数十株,乃于庄门前署曰'万柳堂',可以课稼观鱼,返于先畴,远于尘俗。"[4]

扬州现存最著名的观柳胜地在瘦西湖的"长堤春柳"(图7-3),此外整个瘦西湖风景区水体堤岸也以柳树为主题,延续了"夹岸桃柳,延袤映带"的景观。春风吹柳絮之时,正是"烟花三月下扬州"之际。

---

[1] 陈植,张公驰. 中国历代名园记选注 [M]. 合肥:安徽科学技术出版社,1983(第1版),第221页.
[2] 同[1]。
[3] 陈植,张公驰. 中国历代名园记选注 [M]. 合肥:安徽科学技术出版社,1983(第1版),第222页.
[4] 陈植,张公驰. 中国历代名园记选注 [M]. 合肥:安徽科学技术出版社,1983(第1版),第103页.

（二）竹

唐姚合《扬州春词三首》中"有地惟栽竹，无家不养鹅"的词句，印证了其时扬州遍地植竹的史实。日僧圆仁《入唐求法巡礼有记》曾载扬州城是"竹木无处不有，竹长四丈许为上"，亦说明其时扬州城植竹之普遍。"竹"对于扬州来说，其地位不亚于垂柳、琼花、芍药，亦是构成扬州特色意象的重要组成部分。

扬州因竹而生、与竹有关的名胜古迹，最为著名的当属"竹西寺（即禅智寺）"。"竹西"二字源自杜牧《题扬州禅智寺》中"谁知竹西路，歌吹是扬州"的名句，后禅智寺改为"竹西寺"，又取杜牧诗意几番修建"竹西亭"，这便是"竹西"称谓由来。至宋姜夔词《扬州慢》一出，"淮左名都，竹西佳处"脍炙人口，"竹西"则演化成扬州的代名词，其意蕴已远远超出了"竹西寺"地域范围的界定。

在扬州园林发展初期，竹就被应用于园林造景中。据《宋书·徐湛之传》，南北朝宋南兖州刺史徐湛之在广陵（即扬州）蜀冈之上营构园林，奠定了扬州园林的基础，且园中即有茂密的竹林："广陵城旧有高楼，湛之更加修整，南望钟山。城北有陂泽，水物丰盛。湛之更起风亭、月观、吹台、琴室，果竹繁茂，花药成行……"隋炀帝所筑长阜苑是扬州园林史上宫廷苑囿的高峰，惜隋末即毁于兵火。唐代诗人鲍溶凭吊长阜苑遗址赋《隋炀帝宫二首》，中有"柳塘烟起日西斜，竹浦风回雁弄沙"之句，说明竹景观依旧是园中特色。

宋代，扬州园林名胜中见于史载的竹景观有蜀冈平山堂和衙署园林郡圃，谓"有竹千余竿，大如椽，不复见日色"（清光绪《增修甘泉县志》）、"巨竹森然"（明嘉靖《惟扬志》），足见当时平山堂和郡圃竹景之盛。元代，扬州园林虽寥落，但元末著名文人成廷珪（元章）的居竹轩，具有"万竹中间一草堂"（元王冕《扬州成元章居竹轩》）的幽雅恬淡意境，是扬州第一座以"竹"命名的园林。明代，扬州园林得以复兴。中叶以后，出现了许多著名园林。见于著录的名园，均植竹成景，如被誉为江南名园的影园即植有多处竹景，"一花、一竹、一石，皆适其宜"。

清代，扬州再度出现极度繁华局面，园林亦然，乾隆时更是到达顶峰，享有"扬州园林之盛，甲于天下"（清金安清《水窗春呓》）之誉。清李斗《扬州画舫录》系统地记载了清康乾年间扬州园林的盛况，从中可以看出竹景观几是清代扬州园林首选的造园要素，达到了无园不竹的程度，可谓是处处修草绿筱，片片青碧竹海。其时以竹名园、以竹名景的做法也非常普遍，前者如筱园、水竹居、竹楼小市、个园等；后者如江园"青琅玕馆"和"翠玲珑馆"、江氏东园的"琅玕丛"、趣园的"竹间水际"、白塔晴云的"苍筤馆"、锦泉花屿的"箓竹轩"和"笼烟筛月之轩"、卷石洞天中的"修竹丛桂之堂"等，限于篇幅，不一一赘述。

现存扬州古典园林以竹为名、竹景最为出色的当属个园，个园中最令人叫绝的是"春景"，植竹最盛处则是在新辟的北部"万竹园"区。"个"者，半"竹"也；竹叶之形似"个"，中国画中画竹也多写"个"；园主人名"至筠"，性爱竹，因以"个园"为号，亦以

"个园"为园名,点明"竹"主题。

个园旧时南为住宅,北为花园,二者之间用粉底花墙隔开,园门两侧花坛依墙而构,花坛植以刚竹,配以石笋。所谓粉墙为纸,竹石为绘,这里以竹石图暗喻了春景。北部"万竹园"区从新建北区园门至竹西佳处,四望皆竹,高高低低,疏疏密密,或静立花墙下,或摇曳曲径旁,姿韵各别,仪态万千。

纵观扬州园林历史,竹一直贯穿始终。竹既是扬州园林中的植物要素,也是扬州园林中的文化景观。扬州传统名园所蕴藉的竹文化,无论是造园意境、造园手法,还是配置方式,都值得我们在新建园林以及城市公共空间的设计中借鉴、传承。

(三)芍药

芍药是中国的传统名花,也是扬州的市花,是我国栽培历史最悠久的花卉之一。扬州芍药种植始于南北朝时期,隋唐兴盛,在宋代曾盛极一时,以其绰约丰姿、绚烂雍容、温香姣洁而名扬天下,有"扬州芍药天下冠"(宋苏东坡《东坡志林》)的赞誉,并留下"四相簪花"的传奇。

扬州芍药在花文化史中占有重要地位。我国传世的芍药专谱只有3本,均为宋人写扬州芍药而著。最早的一本是熙宁六年(1073)史学家刘攽所著的《芍药谱》,是我国关于芍药栽培和分类的第一部专著。其后,又有词人、江都令王观的《扬州芍药谱》,以及孔武仲搜集整理的《芍药谱》。刘攽《芍药谱·序》云:"天下名花,洛阳牡丹,广陵(即扬州)芍药,为相俸埒。"宋代,芍药在扬州可谓园种户植,尤以寺观为甚。王观的《扬州芍药谱》也记载:"旧传龙兴寺山子、罗汉、观音、弥陀之四院,冠于此州。"所以芍药又名"扬花"。元代、明代扬州芍药虽走出盛期,但是在《本草纲目》中,李时珍犹说:"昔人言洛阳牡丹、扬州芍药甲天下。今药中所用,亦多取扬州者。"清代,扬州芍药再度繁盛,其时扬州经济繁荣,广筑园林,园庭宅院广栽芍药。至今市区还有清时因家家户户栽植芍药而得名的芍药巷。清陈淏子《花镜》中亦谓芍药"惟广陵者为天下最",可见扬州芍药昔日声名之盛。

自古名花、名园两相欢。扬州古典园林中,既有依芍药得名的,如宋代韩琦筑于郡圃的芍药圃;也有因芍药而闻名的,如禅智寺、筱园(筱园花瑞);园中以芍药而命名的景点更是比比皆是,如"红药阶""浇药井""袭香轩"等。瘦西湖二十四景之一的"白塔晴云",旧时亦为芍药栽培盛地。《扬州画舫录》中记载:"园中芍药十余亩,花时植木为棚,织苇为帘,编竹为篱,倚树为关。游人步畦町,路窄为线,纵横屈曲,时或迷失不知来去。行久足疲,有茶屋于其中,看花者皆得契而饮焉,名曰芍厅。"[1]

今日扬州园林芍药以瘦西湖玲珑花界为最。

(四)琼花

扬州的特色植物,还有"维扬一枝花,四海无同类"(宋韩琦《后土祠琼花》)的琼花

---

[1] 李斗.扬州画舫录[M].扬州:广陵书社,2010年3月第1版,第174页.

图7-4 琼花

（图7-4）。琼花可以说是扬州最富传奇色彩、也最具争议的花木。隋炀帝扬州看琼花的传说可谓家喻户晓，然而此说只见于元代以后的野史及文学作品中，大多数学者对此事的真实性持否定态度，不过这并不影响人们对扬州琼花的关注。扬州琼花的栽培历史，一般认为始于北宋。王禹偁为扬州太守时，曾作琼花诗，并在叙文中说："扬州后土庙（即今琼花观，又名蕃厘观）有花一株，洁白可爱，其树大而花繁，不知实何木也，俗谓之琼花，因赋诗以状其异云。"后韩琦、欧阳修、刘敞、秦观等人，均作有关于琼花的诗篇，因此扬州琼花之名，得以闻名于世。

欧阳修为扬州太守时，于"蕃厘观"琼花树旁筑建"无双亭"，以作饮酒观花之所，并作诗曰："琼花芍药世无伦，偶不题诗便怨人。曾向无双亭下醉，自知不负广陵春。"世人因此视琼花为稀世奇花，并把能够一睹琼花芳姿引为人生快事，扬州历史上"三春爱赏时，车马喧如市"（韩琦《琼花》）的赏花盛况即是这一反映。可惜"蕃厘观"的这株琼花元至正间枯死，后以"八仙花"补植（此"八仙花"即"聚八仙"，为忍冬科荚蒾属植物；而今日一般所谓"八仙花"为虎耳草科八仙花属植物），关于"聚八仙"是否就是"琼花"，扬州"琼花"究竟是指哪种植物的争议自此不断。宋以后，琼花在扬州园林中的应用似乎并不普遍，更没有新出现以"琼花"为主题的园林（植物）胜景，现存的古树也凤毛麟角，只大明寺平远楼南隅和汪氏小苑后院各有一株百年以上古树。但是《扬州画舫录》有一段载录："洛春堂在真赏楼后，多石壁，上植绣球，下栽牡丹……郡城多绣球花，恒以此配牡丹，绣球之下，必有牡丹；牡丹之上，必有绣球。相沿成俗，遍地皆然。北郊园亭尤甚，而是堂又极绣球、牡丹之盛。绣球种名不一：有名"聚八仙"者，昔人又因有"琼花"为"聚八仙"者，遂相沿以绣球为琼花"。[1]按此，扬州城、园林中当遍植琼花，但事实并非如此。所以李斗所谓"绣球"究竟是哪种植物，还有待进一步考证。

现扬州市博物馆藏有一块原嵌于蕃厘观墙壁"琼花真本"石刻。"琼花真本"为道光二十五年（1845）以前即已存在的一块刻本，系由朱石循（为一大户人家的门人，年代不详）所刻。后有广陵周熙（字式文）作过精详考核。清道光年间、长白麟庆的友人陈朗斋（扬州人）请人（即周熙）摹一"琼花真本"图，以"嵌诸蕃厘观壁，以广其传"长白麟庆"喜

---

[1] 李斗.扬州画舫录[M].扬州：广陵书社，2010年3月第1版，第200页.

图7-5 个园"竹西佳处"门内桂花树夹道列植

而为志",清朝学者阮元应邀为"琼花真本"题字。石刻所描绘的琼花图与我们今天所见的聚八仙高度一致,因而现在一般认为扬州"琼花"就是"聚八仙",扬州市也把"聚八仙"定为市花。

(五)桂花

扬州多桂,其数量、声名虽不及杭州、桂林之盛,亦普遍栽植,扬州的园林更是达到"无园不桂"的地步。《影园自记》载其园中植桂造景"室隅作两岩,岩上多植桂,缭枝连卷,溪谷崭岩,似小山招隐处。"《扬州画舫录》载录的园林,也多植桂花,如"(白塔晴云)桥南小屿,种桂数百株,构屋三楹,去水尺许。虎斗鸟厉,攒峦互峙。屋前缚矮桂作篱,将屿上老桂围入园中"[1](卷十四)。至于以"桂"命名的园林景观(建筑),更是不胜枚举,如"青桂山房"(蜀冈朝旭)、"桂露山房"(万松叠翠)、"八桂堂"(养志园)、"桂花厅"(吴园)、"桂坪"(筱园)等等。

清代扬州还有两个金粟庵,都以桂花闻名。其一为庵舍,本名扫垢精舍,后又称秋雨庵,今在其遗址建有秋雨新村。《扬州画舫录》卷八载:"康熙五年,灵隐大殿落成后,八月十三日,早落月中桂子,浙僧戴公过扬州,遗四五粒于庵中种之,因又改名金粟庵……庵左为桂园,园中桂树是月中种子,花开皆红黄色。"[2] 另一金粟庵在"趣园"(四桥烟雨)内,是园有小山逶迤,"筑丛桂亭,下为四照轩,上为金粟庵……是地桂花极盛,花时园丁结花市,每夜地上落子盈尺,以彩线穿成,谓之桂球"[3],除"桂球"外,尚有桂油、桂膏、桂酒、桂水等附属产品,昔日大户人家的园居生活从中也可见一斑。

扬州现存的古典园林中,以瘦西湖水云胜概等景区的桂花数量为最。而最富特色的桂花景观,却属个园"竹西佳处"门内夹道列植的桂花(图7-5),已成枝叶交柯之态,夏季绿荫宜人,秋日香气袭人,实属佳境。

二、盆景盆栽

扬州园林的花木,除园中自然栽植外,尚有盆景、盆栽之莳,多用于室内陈设,也可供室外花木补缺之用。因其灵活方便,为园林增色不少,盆景和盆栽也就成为扬州园林中习见

---

[1] 李斗.扬州画舫录[M].扬州:广陵书社,2010年3月第1版,第174页.
[2] 李斗.扬州画舫录[M].扬州:广陵书社,2010年3月第1版,第97页.
[3] 李斗.扬州画舫录[M].扬州:广陵书社,2010年3月第1版,第150页.

的观赏内容。据《扬州画舫录》记载："养花人谓之花匠，莳养盆景，蓄短松、矮杨、杉、柏、梅、柳之属。海桐、黄杨、虎刺以小为最，花则月季、丛菊为最，冬于暖室烘出芍药、牡丹，以备正月园亭之用。盆以景德窑、宜兴土、高资石为上等。种树多寄生，剪丫除孽，根枝盘曲而有环抱之势。其下养苔如针，点以小石，谓之花树点景。又江南石工以高资盆增土叠小山数寸，多黄石、宣石、太湖、灵璧之属，有圯有岫，有罅有杠，蓄水作小瀑布倾泻危溜。其下空处有沼，畜小鱼游泳呴嚅，谓之山水点景。"[1] 可见当时扬州人莳弄盆景盆栽达到了很高的境界，甚至可以对重要花木（芍药、牡丹）的花期进行调控。另据清代画家边寿民的《广陵水仙图轴》绘画及其题跋，"水仙以广陵者为最佳。他处花皆高尺许，早开香薄，过冬辄败。"而"广陵水仙叶肥短而花迟，高出叶上。十月尽，犹作臃肿含胎态。然香心勃萃，玩之味乃更长。"其时扬州（广陵）的水仙品种亦属上品，可惜如今已难觅芳踪。好在扬州盆景仍以其悠久的历史、独具特色的文化内涵、艺术风格享誉海内外。20世纪80年代初，以扬州、泰州为代表的具有"层次分明，严整平稳"特色的扬派盆景，被公认为中国盆景五大流派之一。2006年"扬派盆景技艺"被列为江苏省第一批非物质文化遗产。2008年6月，"扬派盆景技艺"被国务院批准为第二批国家级非物质文化遗产。2009年，扬州市在瘦西湖风景区内新建扬派盆景博物馆，集收藏、展示、普及、研究等多种功能于一体，成为展示扬派盆景的重要窗口。

扬州是盆景出现最早的地区之一，相传唐代即有流传。至宋代，苏东坡在《双石》引文中述及："至扬州获二石，其一绿石，冈峦迤逦，有穴达于背；其一玉白可鉴，渍以盆水，置几案间"，可视为有关宋代扬州盆景兴起的佐证。及至明代，扬州盆景已形成明显的风格特色，其形态大体为"主干虬曲，枝臂平展"，这是模仿高山苍松翠柏优美姿态的做法。制作方法以棕丝扎缚，逐步加工成形。这种民间采用棕丝剪扎加工盆景的方法，以及频频出现的"云片"形式，渐渐成为扬州盆景的一大特色。及至清朝康乾盛世，繁华的扬州城里城外，几乎"家家有花园，户户养盆景"。清李斗《扬州画舫录》中，多处出现关于盆景的记述。扬州的官宦、富贾以陈设、玩赏盆景为风雅，有的甚至长年聘请盆景匠人为其培育、加工盆景，不少文人雅士还乐于亲自动手制作盆景。社会各阶层对盆景的喜好和需求，促使民间出现了不少专门从事盆景生产的花园，且以家族式居多。当时的盐商巨贾不仅玩赏和收藏盆景，而且还以盆景相互"斗宝"，以炫耀自己的风雅、高贵和富有。"富商斗宝，匠人斗艺"，靠技艺维持生计的盆景艺人，也因之练就了一套过硬的剪扎枝艺。据说当时高手制作的盆景，讲究"一寸三弯"，而那"云片"之平，能达到放一碟水于其上，滴水不会外溢！当时扬州的文人、画家也多有欣赏盆景的爱好，他们的介入使盆景更入画境，使扬州

---

[1] 李斗. 扬州画舫录[M]. 扬州：广陵书社，2010年3月第1版，第19页.

盆景无论在技术上，还是在艺术上均逐步走向了成熟，并以其独特的风格特色为人们所接受、喜爱、仿效而逐渐形成了流派。

扬州盆景主要分为树桩、山水、水旱三大类，一般所谓"扬派"是指树桩盆景，与"苏派""岭南派""川派""海派"并称为中国盆景五大流派。陈从周先生将其艺术特色概括为"严谨而富有变化，清秀而不失壮观"。

扬派盆景树种以常绿为主、落叶为辅，代表树种如观叶类的松、柏、榆、杨（瓜子黄杨）等。扬派树桩盆景的传统技艺，多采用规则式造型，一般以棕丝"精扎细剪"，讲究功力深厚和自幼培养，其最显著的特点就是"云片"。云片是用棕丝剪扎法，将树木的枝叶扎成平整的薄片。一般顶片的形状为圆形，中下片多为掌形，有如蓝天中层云涌、簇之貌。云片最初是仿效自然界树木的形象。云片也是吸取了山水画中远树的姿态，它不求细节的描绘，而注重树冠的总体形象，极富装饰性。

在扬派盆景中，除了最为典型的"云片"式盆景外，还有自然丛林式盆景、观花类盆景以及象形动物类盆景等多种形式。自然丛林式盆景系用多株树木组合而成，如虎刺丛林，仅作少许修剪，取其自然，重在布局。观花类盆景主要有碧桃、春梅、迎春、金雀等，传统造型有疙瘩式、提篮式、如意式、三弯五臂式等。象形动物类盆景多取柏树、六月雪等枝叶繁茂的树种，扎成狮子、孔雀等动物形象，形神兼备，主要用于喜庆、节日等装饰布置。

随着现代人审美情趣的变化，扬派盆景也在不断创新。在造型艺术上，逐渐趋向于自然式。即以大自然中各种各样的树木为摹本，参考中国山水画树法，采用以剪为主、以扎为辅的加工方法，使作品既合乎自然，又富有画意。

扬州的山水盆景也具有独特的艺术风格，其构思立意深受中国山水画的影响。扬州山水盆景一般选用斧劈石、石笋石、龟纹石等硬质石料，或芦管石、砂积石等松质石料。无论采用何种石种，并不刻意追求山石形状奇特，而是巧于构思，在水盆中展现悬崖绝壁、险峰丘壑、翠峦碧涧等各种山水景象，所谓"一峰则太华千寻，一勺则江湖万里"。

水旱盆景介于树木盆景与山水盆景之间，是将树木与山水盆景二者结合起来，既有树木又有山石，既有旱地又有水面，构图生动，题材广泛，画意浓郁，情景交融。水旱盆景的用盆多为浅口的大理石盆，所用树木以小叶树种为多，如榔榆、六月雪、雀梅、五针松等。一般多作组合栽植，亦可孤植。扬州水旱盆景中，还有一种"旱盆水意"的作法，类似"枯山水"，即在作旱地的部分堆土栽种植物和布置山石，而将水面部分以细白石子象征水流，无水却令人有流水之感。

综观扬州各类盆景，不难发现一个共同的特点：园艺家们既能将大自然的美景浓缩于方寸之盆中，又能从古代的诗画中汲取精华，将诗与画中的深远意境以写意的方式，形象化地表现在山石树木之中，从而引起观赏者的共鸣。

第三节　花木配置

扬州古典园林花木种类非常丰富，如何进行合理选择与配置需造园者着重考虑，才能达到花木总体布局兼顾四时、疏密有致，花木景观形式多样、主题突出，花木配置因地制宜、适"境"适树，正所谓"一花、一竹、一石，皆适其宜"[1]。

一、基本理法

（一）便宜利用

扬州园林的花木造景首先利用了基址的原有植被，可以说较好地体现了计成的造园思想："多年树木，碍筑檐垣；让一步可以立根，斫数桠不妨封顶。斯谓雕栋飞楹构易，荫槐挺玉成难。"[2] 所以说"扬州园林的特色之一，即园内都栽有名花，植有古木……无一家园林，不以有百年古木、出色名花，而引以为荣"[3]。究其原因，一是依旧家废园遗址造园，保留原有古树（大树）；二是从别家废园遗址或山野移植，犹如今日"大树进城"。李斗的《扬州画舫录》，多处述及古树、老树，择其要者略列如下：

（临水红霞）飞霞楼在大殿后一层，楼前老桂四株，绣球二株，秋间多白海棠、白凤仙花。（《扬州画舫录》卷二）

（天宁寺）旧有晋树二株……入门竹径逶迤……中为大殿，旁建六方亭于两树间，名曰"晋树亭"。（《扬州画舫录》卷四）

卷石洞天在城闉清梵之后，即古郧园地，郧园以怪石老木为胜……石隙老杏一株，横卧水上，夭矫屈曲，莫可名状；人谓北郊杏树，惟法净寺方丈

---

[1] 陈植，张公驰.中国历代名园记选注[M].合肥：安徽科学技术出版社，1983年第1版，第223-224页.
[2] 计成.园冶[M].南京：江苏凤凰文艺出版社，2015年8月第1版，第26页.
[3] 朱江.扬州园林品赏录[M].上海：上海文艺出版社，2002年3月第3版，第144页.

图7-6 唐石塔寺古银杏

内一株与此一株为两绝。(《扬州画舫录》卷六)

（石壁流淙）石壁中古藤数本，植木为架。春时新绿在杏花前，花开累累如缨络。行其下者，及肩拗项，如身在绣伞盖中。(《扬州画舫录》卷十四)

（九曲池）中有古梅数株，游人不能辨识，惟花时香出，拔荆斩棘巡之，乃可得见。爰于其上建梅花亭……(《扬州画舫录》卷十四)

（微波峡）老桂挂岸盘溪，披苔裂石，经冬不凋。(《扬州画舫录》卷十四)

（筱园今有堂）堂之北偏，杂植花药，缭以周垣，上覆古松数十株，名"馆松庵"。(《扬州画舫录》卷十五)

（筱园）旧雨亭本卢雅雨所建，延惠徵君栋纂修渔洋山人《感旧集》之地也。亭中花草有三绝，一架古藤，一亩老桂，一墙薜荔。(《扬州画舫录》卷十五)

……

以古木闻名的园林，从现有的资料来看，当以郑元勋的影园为最。影园建园的基址，即为废园旧圃："卜得城南废圃，将葺茅舍数椽。"[1]《影园自记》作于崇祯十年（1637），其时距影园建成仅三年。文中有多处写到古树、大树，从时间推断，当是建园时保留了原废圃的大树，才能形成诸如"松杉密布，高下垂荫……其灌其栵，皆历年久苔之华"[2]的植物景观。其他如"玉勾草堂"堂下"有鲁灵光之感"的"旧有蜀府海棠"，"读书处"临水小扉石下"偃蹇盘壁"的百年古桧，更是起到了画龙点睛的作用。

现存扬州古典园林（包括遗址）中，保留了相当大比例的古树名木，而且种类较多，可谓常绿、落叶与观花、观果兼具，为园景增色不少。如扬州个园、何园内，共有46株古树，约占扬州市区古树名木数量的10.7%，大明寺内有63株，占13.8%。从个体数量来说，尤以银杏、圆柏、桂花、瓜子黄杨、广玉兰等树种居多。其中最古老、最著名的是唐代遗刹石塔寺中的银杏（今位于文昌中路的中心绿带内）

---

[1] 陈植.张公驰.中国历代名园记选注 [M].合肥：安徽科学技术出版社，1983年第1版，第221页.
[2] 陈植.张公驰.中国历代名园记选注 [M].合肥：安徽科学技术出版社，1983年第1版，第222页.

（图7-6），树龄已超1000年，至今依然枝繁叶茂、开花结实，古塔、古树相辉映，成为扬州的标志景点之一。值得一提的是，1952年，这株银杏曾遭受过严重的雷击，被劈掉的一截树干后来被栽到了瘦西湖小金山下，虽未能成活，却因树畔的凌霄花攀援其上，形成了"枯木逢春"一景（图7-7）。每至夏日，凌霄盛开，赏心悦目，总能让游人驻足流连。

（二）因境而植

古人总结出了很多花木配植的经验，如"草木之宜寒宜暖，宜高、宜下者，天地虽能生之，不能使之各得其所，赖种植时位置之有方耳。如园中地广，多植果木松篁，地隘只宜花草药苗……花之喜阳者，引东旭而纳西景；花之喜阴者，植北囿而领南薰"[1]；"山松宜植土岗之上，龙鳞既成，涛声相应，何减五株九里哉？"[2] 柳"更须临池种之。柔条拂水，弄绿搓黄，大有逸致"[3]，言简意赅地总结出花木种植设计应以园林的地形环境、花木的生长习性为基础，同时尊重花木配置的空间特征，方能"一花、一竹、一石，皆适其宜"。

在花木的选择和配植方面，扬州园林注重根据不同的地形地貌、空间处理要求和立地条件，因地制宜，适"境"适"树"。这里仍然可以郑元勋的影园为例，园中"玉勾草堂"空间，针对"水际""土""石"不同的种植环境，花木选配综合考虑了花木的生态特性、姿态、

图7-7 瘦西湖小金山

尺度，"水际者，尽芙蓉；土者，梅、玉兰、垂丝海棠、绯白桃；石隙种兰、蕙、虞美人、良姜、洛阳诸草花。"[4]

二、花木选择

（一）切要四时

花木是风景园林中富有生命力的构成要素。随着季节变幻，花木的色彩与姿态都会发生相应的变幻，这就构成了植物不同季节的景观时

---

[1] 陈淏子. 花镜[M]. 北京：中国农业出版社，1985年第2版，第44页.
[2] 陈淏子. 花镜[M]. 北京：中国农业出版社，1985第2版，第62页.
[3] 文震亨原著，李瑞豪编著. 长物志[M]. 北京：中华书局，2012年第1版，第66页.
[4] 同[3]。

序性，形成了古典园林的季相美，也可以说花木扮演了知应时节的关键角色。"木有四时，春英、夏荫、秋毛、冬骨，春英者谓叶细而花繁也，夏荫者谓叶密而茂盛也，秋毛者谓叶疏而飘零也，冬骨者谓枝枯而叶槁也"（宋韩拙《山水纯全集》）。扬州地区四季较为分明，花木品种繁多，给园林花木造景提供了可兼顾四时的优越条件。《影园自记》记载了该园数亩之地中就植有柳、松、杉、桧、竹、梧、梅、杏、梨、栗、榆、莎罗树（七叶树）、蜀府海棠、玉兰、垂丝海棠、绯白桃、桂、牡丹、芍药、海榴（山茶）、黄白大红宝珠茶、磐口蜡梅、千叶榴、青白紫薇、香橼、荼蘼、凌霄、芙蓉、芭蕉、秋海棠、兰、蕙、虞美人、良姜、洛阳花、苇、菰、荷等花木，种类非常丰富。所以扬州园林中，面积稍大的宅园都会考虑四季植物景观的更替，如春之玉兰、海棠、牡丹、芍药，夏之紫薇、石榴、凌霄、荷花，秋之丹桂、菊花，冬之蜡梅、南天竺，一年四季花事不断，园景常新。

清代扬州北郊瘦西湖区域，各景区（点）花木的配置往往突出某个季相，形成个性鲜明的特色。如"长堤春柳"（柳、桃）、"荷浦熏风"（荷花）、"四桥烟雨"（菊花、桂花）、"万松叠翠"（松、竹、梅）四个景区分别选用了春、夏、秋、冬四个季节的应景花木。除了运用江南园林中习见的四时花木成景，扬州古典园林还形成了一些独特的花木置景手法。如扬州个园春景，并未选用常见的春季开花植物，而是独树一帜，以竹林（丛）配笋石寓意雨后春笋，以常绿的桂花象征春天永驻，较好地突出了"春"的主题又不落俗套。

（二）烘托意境

中国文化把"木"象征为质朴、仁德之义，《论语·子路》里言：刚毅木讷近仁。造园者往往有意识地取裁花木的哲理性的移情涵义，构成其特定的品格，烘托园林的意境。扬州园林的植物同样具有丰富的主题代表性，并透过植物造景反映园主的感情、抱负、品格，引起观者的联想和共鸣。这里仍可以个园四季假山的植物配置为例。春山以常绿的竹、桂为主，点出"雨后春笋""春色永驻"的意境；夏山以浓阴如盖的广玉兰、圆柏以及夏季开花的紫薇、石榴等渲染；秋山配以红枫、鸡爪槭等色叶树种，倍添秋色；冬山植物以南天竺、蜡梅为主，很好地烘托了冬景的主题。

影园之"影"为柳影、水影、山影，造园者除了借用外环境的柳，"环四面柳万屯……隔水南城，夹岸桃柳……河对岸，亦高柳……"园林内部空间也多运用到柳，"穿柳堤，其灌其栵……柳尽，过小石桥……背堂池，池外堤，堤高柳……虽西向，梧、柳障之……""柳"构成了全园的基调，与"柳影"契合，点明了主题，烘托了意境。又如读书处室隅岩上多植桂，则有"桂树丛生兮山之幽"的意境，表达了隐逸思想，暗合了读书处的氛围。

三、配置形式

（一）赏心悦目

园林花木的配置，为塑造具有文心画境的

园景，还需满足形式美的要求，达到赏心悦目的境地。扬州古典园林花木的配置以自然式为主，具体应用往往根据花木的种类、姿态、色彩、花香等不同的特点，同时结合园林空间的特性，采取不同的配置形式，如孤植、对植、丛植、群植等。古典园林中植物孤植、对植、丛植、群植的具体方法，有关书籍已有详细阐述，此处仅对扬州园林花木的配置特色加以说明。

扬州城区的私家园林，往往采取孤植、对植、丛植的方式，乔木的选择则依据园之大小而定，"小园树宜多落叶，以疏植之，取其空透；大园树宜适当补常绿，则旷处有物。此为以疏救塞，以密补旷之法。"[1] 如个园、何园的面积相对较大，个园的夏景、何园的玉绣楼庭院，均选用了广玉兰；小盘谷面积较小，乔木则选用了白玉兰、槐树等落叶树种。

此外，扬州的花木配置比较注重品种的选择，对一些稀有树种、名花名品特别青睐。如影园"读书处"院落，窗外有莎罗树一株，来自西域，室隅岩下植有"牡丹、蜀府垂丝海棠、玉兰、黄白大红宝珠茶、磬口蜡梅、千叶榴、青白紫薇"[2] 等多种名品，既体现了造园者的品位，也在某种程度上展示了园主人的财力，所以影园以园中黄牡丹盛开而"广集名流谶赋"，也就成为偶然中的必然。

瘦西湖湖上园林，因地处郊野，常见大片种植追求野趣的做法，且多盛景。如"小香雪"（十亩梅园）的梅花，"桃花庵"（临水红霞）的桃花，"万松岭"的松柏，"四桥烟雨"的秋菊以及白塔晴云的"桂屿""兰渚"，筱园的"芍田""藕糜"（"糜"与"湄"相通），等等，花木皆以数量取胜。

和苏州园林比较偏爱淡雅清新的色彩不同，扬州园林特别是清代的园林色彩偏重富丽明艳，如喜用牡丹、芍药、桃花等花色艳丽的植物。也更加注重花木色彩的搭配，正是"其中色相配合之巧，又不可不论也……因其质之高下，随其花之时候，配其色之浅深，多方巧搭。"[3]《扬州画舫录》中"（趣园）是地前湖后浦，湖种红荷花，植木为标以护之；浦种白荷花，筑土为堤以护之"[4]，"（桃花坞）山半桃花，春时红白相间，映于水面"[5]，都是说的花木色彩搭配。

除了喜爱"花""果"明艳的色彩，扬州园林还对"叶"之色情有独钟。色彩斑斓、异彩纷呈的树叶搭配得当，不亚于花之绚烂。对此，《扬州画舫录》有段精彩的描述："（香海慈云）涵虚阁之北，树木幽邃，声如清瑟凉琴。半山槲叶当窗槛间，碎影动摇，斜晖静照，野色运山，古木色变，春初时青，未几白，白者苍，绿者碧，碧者黄，黄变赤，赤变紫，皆异艳奇采，不可殚记。"[6]

---

[1] 陈从周.园林谈丛［M］.上海：上海文化出版社，1980年第1版，第13页.
[2] 陈植，张公驰.中国历代名园记选注［M］.合肥：安徽科学技术出版社，1983年第1版，第223页.
[3] 陈溟子.花镜［M］.北京：中国农业出版社，1985年第2版，第44-45页.
[4] 李斗.扬州画舫录［M］.扬州，广陵书社，2010年3月第1版，第144页.
[5] 李斗.扬州画舫录［M］.扬州，广陵书社，2010年3月第1版，第158页.
[6] 李斗.扬州画舫录［M］.扬州，广陵书社，2010年3月第1版，第145页.

图 7-8 寄啸山庄园西园建筑和花木有机搭配

（二）和合为美

"天人合一"的宇宙观影响了中国传统文化，因而造园也是以一种有机整体的观念对待自然景致和人工景观，种植设计同样反映了这一观念。在传统园林中，植物和山水、建筑、道路等其他要素有机结合，共同构成和谐美丽的园林环境，可谓"和合为美"。扬州园林花木的栽植，大都根据立地条件，结合花木本身的生长习性配置，根据花木的姿态、色香等特点，与周围环境作有机地配植。

1. 建筑

花木与建筑的配合，首先体现在通过花木点题、突出意境上。扬州园林花木种类的选择讲究与建筑功能及氛围协调，如藏书楼、书斋周边选择具有文人气质的竹、梅、松等；女眷居所选择迎春、紫藤、女贞等；花厅周边待客的场所常种植桂花、芍药；长辈居住的环境则常配植松、藤类。

从形式美的角度来说，花木的合理配置可以起到掩映建筑、增加空间层次、软化建筑线条、丰富建筑立面的作用，使园景更加生动。花木还可以延伸建筑的某些功能，如以花木构成庭荫、辅助体现建筑礼制等，"面三槐，三公位焉"（《周礼注疏》卷三十五），可谓此说极好的注解（图7-8）。

2. 山石

叠山置石，皆须伴以植物，否则全无生气。"树借山以为骨，山借树以为衣。树不可繁，要见山之秀丽；山不可乱，要见树之光辉"（荆浩《山水赋》），道出了植物和山石之间的密切关系。建筑、山石构成山水园中静的元素，而植物和水体则暗示着园中的生机和变化，故有"山本静水流则动，石本顽树活则灵"（笪重光《画筌》）。

扬州古典园林山石的植物配置原则，同样受到画论深刻的影响。对于山石和植物主次关系，正如沈颢《画尘》指出："先察君臣呼应之位，或山为君而树辅，或树为君而山佐。"扬州园林中，土石并重的掇山（如影园、瘦西湖小金山等）往往以植物造景为主，即"树为君而山佐"；以石为主的掇山（片石山房、个园秋山等）则以"山为君而树辅"。

扬州古典园林非常重视植物的生境，强调植物与山石环境的协调，又常以丛竹、紫藤、木香等与山石配置造画境，因而这里借造林的"适地适树"原则衍生出"适境适树"。而对于树木形态的选择，亦有"山高木小，虽幽远而气象不雄；木大山低，得雄豪而缺穿凿"（李澄叟《画山水诀》）。所以片石山房、寄啸山庄等假山山体植树，都用了大乔木，以求气势恢弘。如寄啸山庄西部的湖石假山种植了两颗白皮松，使山体显得更加崎岖高大，衬托了丘壑的气氛（图7-9）。而池边岸畔则选用迎春、金钟花、金丝桃等体态纤小之灌木，可视为适境适树的具体体现。

此外，扬州园林还利用植物来弥补叠山的不足之处，这是因为受石材等条件所限，往往不能保证假山的每个观赏面都有较好的欣赏效果，此时往往需要用植物修饰弥补。如寄啸山庄内长达100余米的纯石堆叠的贴壁假山，在两米左右的进深内叠了蹬道、水岸、山洞等，为弥补山体的堆砌拥塞感，按"俗则屏之，佳则收之"的原则，用点补镶嵌的手法配置了爬山

图7-9 寄啸山庄西园假山上的白皮松

虎等植物（图7-10），取得了较好的艺术效果。

3. 水体

扬州古典园林中，城市宅园的水面普遍较小，花木的配置手法与苏州古典园林大体一致。为了取得建筑、山石等的倒影，水面的大部分会留白，只点缀少量荷花、睡莲成景，沿池岸则疏密有致地种植观赏价值较高的花灌木、地被，鲜用乔木。南池（即今荷花池）、瘦西湖等地的郊野园林，园林水体要大很多，堤岸多植柳，"扬州宜杨，在堤上者更大……合抱成围，痴肥臃肿，不加修饰。或五步一株，十步双树，三三两两，跂立园中。"[1] 因地处郊野，

---

[1] 李斗. 扬州画舫录[M]. 扬州：广陵书社，2010年3月第1版，第156页.

图 7-10 何园贴壁假山上的爬山虎

可选用的水生植物也更为丰富，除荷花外，苇、荻、菰、菱、萍等，皆可入园，且多有胜景，如"（南池）其下无数青萍，每秋冬间，艾陵野凫，扬子鸿雁，北郊寒雅，皆觅食于此"[1]，"南红桥本南湖狭处……春草夏蒲，秋芡冬苇，远浦明灭，小桥出入，一段水局最盛"[2]。今荷花池公园、瘦西湖景区、三湾湿地公园等处，约略尚存"芦荻荷花，一望无际"的遗意。

花木的配置，还可以通过与地形、路径、园林小品等结合，创造出不同的空间体验和植物景观。如影园入口引导空间，先是"山径数折，松杉密布，高下垂荫"，然后"山穷，左荼蘼架，架外丛苇……右小涧，隔涧疏竹百十杆"[3]，这里通过植物疏密的变化，取得了空间开合的对比。

---

[1] 李斗. 扬州画舫录 [M]. 扬州：广陵书社，2010年3月第1版，第85页.

[2] 同[1]。

[3] 陈植，张公驰. 中国历代名园记选注 [M]. 合肥：安徽科学技术出版社，1983（第1版），第222页.

第八章

手法

第一节　隔中有透
第二节　欲扬先抑
第三节　小中见大
第四节　曲折萦回
第五节　虚实相间
第六节　对比衬托
第七节　动静相宜
第八节　借景多样

扬州园林通过一系列营造手法，构成充满节奏和韵律的园林空间，最终达到"可行""可望""可游""可居"，而产生这样的艺术效果，源于多种手段和规律。

第一节　隔中有透

隔中有透，是空间划分的一种手段，通过墙、廊、屋宇、假山、树木、桥梁等之间的穿插、遮隔、漏透，起到空间分隔的作用。梁思成先生有言："大抵南中园林，地不拘大小，室不拘方向，墙院分割，廊庑分割，或曲或偏，随宜设施，无固定程式。"而陈从周先生从园林境界角度说：园林与建筑之空间，隔则深，畅则浅，斯理甚明，故假山、廊、桥、花墙、屏、幕、隔扇、书架、博古架等，皆起隔之作用。总体而言，中国园林追求亏蔽景深，其手法就是：宜掩者掩之，宜屏者屏之，宜隔者隔之，宜分者分之。以"隔"来扩展空间，越多合自然之理的分隔，空间感觉越大，越丰富，这对于空间较小的私家园林更是如此。其中用假山和树木划分，形象比较活泼，用建筑划分，则较严整。如瘦西湖的遮隔是以杨柳为主（图8-1），重

图8-1 柳叶遮隔

重的柳叶便宛如织起的一道道竹帘翠幕，起到了虚实、显隐、浓淡、静动的审美效果。个园的遮隔是以山石为特色的（图8-2），山石分隔的妙处是可以使分隔之景没有明确的分界线，这就使个园的四季假山之间产生了连绵、延伸、渗透的艺术效果，使分峰用石之景既独立又融为一个整体。同时，以山石遮隔，又可使"园林与建筑之间，隔则深，畅则浅"。何园则是以廊遮隔（图8-3），园中有单面廊、复廊、双层廊、跌落廊等，多样的廊把整个园子分隔为东园、西园和住宅区，使游人在步移景异中既有流动空灵的游赏体验，园林空间又因为廊的遮隔，起到"俗则屏之，嘉则收之"的艺术效果。[1]

很多时候，园林中划分手段的运用并不是单一的，而是组合使用。如个园，除假山之外，还运用了楼、院墙和廊房，园中各景区之间虽有分隔而又不闭塞，彼此空间渗透，似分似合，隐约可见，层次丰富，境界深远。而一些较大的园子，布局设计时，往往会对空间做再度分隔，形成层层相套的格局，使游人产生观之不尽的意味，增加了景色的幽趣，也增加了"庭院深深深几许"的审美感受。如明末清初郑侠如的休园，根据现存的一幅休园图可知，用隔墙把园子分为若干部分，划分为不同区域，以形成园中园，使对面互不相见，呈现出幽静中含深远的独特风格。[2]

至于水体空间，亦讲究隔透的运用，如构

图8-2 山石遮隔

图8-3 廊遮隔

---

[1] 李金宇. 扬州园林的遮隔艺术[J]. 园林，2003（11）：25-26.
[2] 安东篱. 说扬州——1550-1850年的一座中国城市[M]. 北京：中华书局，2007.

图8-4 水面分隔

成水体曲折深度的"集散"之法，就是将水面进行适度的遮隔与穿插。如扬州瘦西湖大面积的水面，易显得单调，构园者利用曲岸、长堤、廊桥等来分隔水面，使水体在藏隐和开合的变化之下，构成了一个主次分明、形态多变的水景空间（图8-4）。

隔透的关系，也可以说就是藏与露的关系。只有巧妙处理好两者的关系才能获得良好的视觉效果。藏少露多或藏多露少给人的感受是不相同的，曾有专家在研究后做了如下总结："藏少露多谓浅藏，可以增加空间层次感；藏多而露少谓深藏，可以给人以极其幽深莫测的感受。但即使是后者，也必须使被藏的'景'得到一定程度的显露，只有这样，才能使人意识到'景'的存在，并借此产生引人入胜的诱力。"[1]

---

[1] 彭一刚.中国古典园林分析[M].北京：中国建筑工业出版社，1986.

第二节 欲扬先抑

欲扬先抑的表现方式，其实是通过对比产生错觉，达到不一样的视觉感受，是中国私家园林常用的造境手段。大多是在进入主景区之前，先通过一组狭小、简洁、晦暗的导引环境，再到豁然开朗的境地，即欲放先收，欲畅先阻，欲明先暗，也有说是以小衬大，以少衬多，以暗衬明。如扬州瘦西湖的入口长堤春柳一景即如此，长长的河堤，一边是河道，一边是参天的树木，游人只有顺着方向被引导到小虹桥处，会蓦然看到开阔的水面，丰富的建筑群，顿有柳暗花明的心理震撼（图8-5）。寄啸山庄从东园到西园处，中间也有这么一个空间，两边夹墙，人行至此，视线收缩、感知压抑（图8-6），只有通过一侧偏门，才可进入西园，也就是何园的主景区，会豁然看到由水池、方亭以及远处假山构成的开敞、明快的空间，与此前的暗、塞、幽对比效果非常强烈，给游人以深刻的印象。彭一刚先生在《中国古典园林分析》一书中曾对此有详细描述："扬州何园，它的入口部分空间凹入园内，并镶嵌在东西两个部分之间，本身虽不曲折狭长，但异常封闭，经由这样的空间进入园内，必然由于小与大以及封闭与开敞的强烈对比，而使园内主要空间获得扩大感……入口部分空间呈矩形平面，两侧由既实又高的墙垣所围成，异常封闭，设门与园的东西两部分相通……一旦进入西部主要景区，则可借入口部分空间的对比作用获得一种豁然开朗。"此种心理体验，正是先抑后扬的结果。

欲扬先抑的另一种作用是体现旷奥之境，唐代大文学家柳宗元在《永州龙兴寺东丘记》一文中曾说："游之适大率有二：旷如也，奥如也，如斯而已。"所谓旷，即空旷开阔，宜于登高远眺，目之千里；所谓奥，即深奥无穷，宜于近观，目触手摩。他又说，"其地之凌阻峭，出幽郁，寥廓悠长，则于旷宜；抵丘垤，伏灌莽，迥邃回合，则于奥宜。"也就是，景观营构，要因地制宜，宜旷则旷，宜奥则奥。而一个完整、丰富的园林欣赏感受，正需要"旷奥结合"，即"旷中有奥"和"奥中有旷"。瘦西湖的长堤春柳，

图 8-5 瘦西湖主景区

图 8-6 何园过渡空间

正是奥，而到小虹桥处，抬头西望，湖面开阔，则是旷；何园东园到西园的过渡空间，正是奥，而有池，有山，面积较大的西园，则是旷。因为奥旷结合，一座园林才能使游人在有限的空间里有了意外性、突然性、出奇性的游赏体验。正因为奥旷交替，游人才在山重水复、柳暗花明中渐入佳境。日本学者横山正在在《中国园林》一书中这样描述和概括：花园也是一进一进套匣式的建筑，一池碧水，回廊萦绕，似乎已至园林深处，可是峰回路转，又是一处胜景，又出现了一座新颖的中庭，忽又出人意料地看到一座大厦。推门入内，拥有小小庭院。想这里总已到了尽头，谁知又出现了座玲珑剔透的假山，其前又一座极为精致的厅堂……这真好似在打开一层层的秘密的套匣。

第三节　小中见大

小中见大，即在有限的空间里，通过巧妙布置景观，给人以视觉和心理上广阔无限的感觉。特别是私家园林，虽然规模小，但却要在小处做文章，在咫尺之地，突破空间的局限性，创作出"咫尺山林，多方胜景"，创造出山不高而有峰峦，水不深而有汪洋，树深幽而莫测，路逶迤而多折，在小空间中组合成千变万化的园林景色。如扬州丁家湾大树巷的小盘谷，彭一刚说："扬州小盘古，在园内堆山叠石，并于其上建亭一座，复以曲廊、云墙相连，在极小范围内，务使有起伏曲折和高低错落的变化。"扬州园林专家朱江有云："小盘谷之长，在于小中见大。"小盘谷园林部分面积不大，最精彩的西部，东西宽只有二十余步，南北长约五十步许。在其中构筑有石山、水池、亭台、楼阁、磴道、回廊，有老树，有修篁，造园者通过运用粉墙分隔，达到小中见大，增加景深的效果。以粉墙隔断，以游廊连接景点（图8-7），一隔一连，使景观若隐若现，其间参差错落，相互借景，给人造成奇妙的错觉。同时，通过开池堆山变换景观，创造无限空间。树木花草点缀其中，增加山林深远之意。如甘泉路221号的匏庐，园虽极小，但通

图 8-7　小盘谷景色

图8-8 水体隐于花木

图8-9 水体隐于山石

过藏与隔的运用，同样达到了"景愈藏，景界愈大"的效果。如园向西，似已穷尽，却又现一门，上刻"留馀"二字，仿佛是"山穷水尽疑无路，柳暗花明又一村"，越门沿砖路北去，又现黄石一丘，逶迤而东，似别有洞天，信步而走却又绕至厅后原地。

为达到小中见大，隐藏水源的来去方向，也是造成境远的好方法。就是把水体的源头和尽头作隐蔽的处理，如扬州个园、寄啸山庄，扬州小盘谷的水体，或隐于花木深处（图8-8），或藏于山石之后（图8-9），水体的源头和尽头皆来不知所来，去不知所去，给人蜿蜒无尽的想象，正如郭熙在《林泉高致》中所说："水欲远，尽出之则不远，掩映断其脉，则远矣。"

此外，清人沈复在《浮生六记》中说："小中见大者，窄院之墙宜凹凸其形，饰以绿色，引以藤蔓，嵌大石，凿字作碑记形。"也就是在园林面积有限的情况下，建筑与假山可以尽量依墙而作，"推窗如临石壁，便觉峻峭无穷。"章采烈在《中国园林艺术通论》一书中就以扬州个园为例，认为将春山安排在入口围墙前，夏山安排在西北墙角，秋山安排在紧挨东墙，冬山安排在南墙角，主楼壶天自春楼紧挨着北墙，中间留出大块面积叠石、理水、置建筑，从而有了"小中见大"的艺术效果。

园林选址也很重要，明郑超宗所建的影园，面积很小，大约只有五亩左右，"即予卜筑城南，芦汀柳岸之间，仅广十笏"，但因为相地选址极佳，弥补了实际的空间面积的局促，"经无否（计成）略为区画，别现灵幽"，"前后夹水，隔水蜀冈蜿蜒起伏，尽作山势。环四面柳万屯，荷千余顷，萑苇生之。水清而多鱼，渔棹往来不绝"。再通过北面、西面和南面的借景，"升高处望之，迷楼、平山皆在项臂，江南诸山，历历青来。"从而达到"以少胜多""小中见大"的艺术效果。据专家言，明代扬州的郑氏兄弟，除郑元勋影园外，郑侠如的休园、郑元化的嘉树园、郑元嗣的五亩之宅二亩之间园，都是一园多景，构筑复杂，在有限的空间里，营造出小中见大，意境深远的效果。

第四节　曲折萦回

尚曲，是园林造景的一个特点。即所谓"景贵乎深，不曲不深"，用曲折的布局，以增加园景的深度，避免一览无余。园林的曲直之道，主要在曲。造园理论中的"水必曲，园必隔""不妨偏径，顿置婉转"，都是讲园林布局结构必须曲折多变，所以园林中多曲水、曲路、曲廊、曲桥（图8-10）。从观赏上说，这些"曲"，增大了游览路线的距离，延长了赏景的时间，扩大了园林的空间感。陈从周先生在《说园》一书中言："园林中两侧都有风景，随直曲折一下，使行者左顺右盼，信步其间，使距程延长，趣味加深。由此可见，曲本直生，重在曲折有度。"（图8-11）如扬州园中的游廊，多为曲廊，一方面它们往往随形而弯，依势而曲，蜿蜒逶迤，富于变化，借此增加了空间层次和深度。另一方面，游廊两旁常安排不同的主题风景，游人在随廊曲曲折折而行中，视线会不时进行小角度的变换，丰富了景观。如休园就被称为是"然是园之所以胜则在于随径窈窕，因山行水"。全园以长廊串联，"此园雨行则廊，晴行则径，其长廊由门曲折而

图8-10 何园曲桥

图 8-11 小盘谷的曲径

图 8-12 何园的复道楼廊

属乎东"。又如扬州小盘谷把云墙和游廊曲折地盘旋至 9m 高的假山之上，山上有廊、有坪、有亭，山下有池、有桥、有洞，上下立体交通，山、水、建筑与直、曲的游览路线连成一体，在狭小的空间范围内组成了丰富变幻的景观。扬州园林中的道路、长廊、桥等，既是联系建筑物的脉络，又常是风景的导游线；沿园址周边布置环形游线也是充分发挥小园空间效果的常用办法。由于它总是向人们暗示沿着它所延伸的方向走下去必然会有所发现，因而处于其中的人总不免怀有某种期待情绪，巧妙地利用这种情绪，便可以借曲径、曲廊、曲桥把人不知不觉地引导至某个确定的目标——景所在地，如扬州何园的廊、扬州瘦西湖的长堤春晓。对园林中的尚曲之道，多次南巡扬州的乾隆，曾有如下见解："室之有高下，犹山之有曲折，水之有波澜；故水无波澜而不致清，山无曲折而不致灵，室无高下而不致情。"

萦回，即回旋环绕，路径复杂多变。经计算统计，扬州多数园林中道路所占面积达十分之一以上。面积较大的园林如何园、个园中布置池山或厅山形成复杂多变的竖向空间变化，通行的路径必然随之旖旎蜿蜓，形成步移景异的趣味；面积较小的园子，则是起坡做微地形，配以山石花木等。另一方面，园林内以复道回廊与假山蹬道勾连形成上下交错的立体交通路径，如个园黄石山巧至少有三条不同的路径通往抱山楼的二层。不仅何园、个园、魏园有贯穿全园的复道回廊（图 8-12），小型园林如二分明月楼、小盘谷也运用假山和建筑形成园内的上下双层交通，给人"壶中天地"的感受。

第三，路径本身的变化极多，园路所采用的形式多种多样，有时穿行于建筑的廊宇堂榭之中，有时延伸至池边的小路，有时跳跃于池面的汀步之上，有时穿行于假山的洞壑、涧谷、石室之内，上盘下旋，形成立式交通，极尽变化之能事。[1] 使游人或室内或室外，或池岸或池面，或山顶或洞壑，或开朗或幽闭，不断变着视点

---

[1] 谢明洋. 晚清扬州私家园林造园理法研究 [D/OL]. 北京：北京林业大学，2015.

的高度与视线的角度，获得丰富的视觉感受，有宛若画中游之感。造型上"宁曲不直"，除了火巷等必要的交通疏散通道，其他的路线存在较多的转折与停顿，地面的铺装纹理和材料也在不断地变化，让人形成不断地进入新的空间的感受。即使是火巷这样狭长笔直的通道，设计者增加园口、廊桥或雨搭分隔成多段落的层次，或在路径的尽头设计花窗或木石小景等，避免视线的一览无余而又悠远无穷尽。若路径本身较短，则将其左右曲折或上下起伏，在空隙处点缀竹石小景或碑刻题额等，增加空间的变化和丰富性。

第五节　虚实相间

虚实相间，也是园林造景的一大特点。汤贻汾在《画筌析览》中说的："人但知有画处是画，不知无画处皆画，画之空处全局所关，即虚实相生法。"用造园的话说，叫疏朗有致，节奏和韵味主要就由它来产生。总之，园林布局的方法千变万化，最重要的则在于本着造园的法则，善于把造园和赏景两个方面密切地结合起来，做到"殚力精心构造，曲尽游观意趣"。

在园林结构形式上，虚与实常常表现为陆地（假山）为实，水面为虚；有景处为实，留空处为虚；近景为实，远景为虚；呈现在主要游览线上为实，掩映在树木建筑后的为虚；以及明实暗虚、物实影虚、房实院虚等，其中主要的是山水虚实的对比，[1]如扬州寄啸山庄西园方亭前的水池，与水池西岸的假山；片石山房的假山与水池、个园的湖石夏山与水池、小盘谷的九狮图山与山脚的水池。还有水体与建筑的虚实对比，如瘦西湖湖上草堂到五亭桥之间的湖面，空阔浩瀚，不免略嫌疏旷、单调，造园家就在湖中空旷处延伸一长堤，堤尽头立亭（钓鱼台）；又置一岛斜伸水面，岛上建榭数间（凫庄），空的水面立刻有了实的建筑，在虚实间，达到了观景的和谐、审美的和谐。彭一刚在《中国古典园林分析》中阐述虚与实的关系，就举了扬州小盘谷的例子，"扬州小盘谷立面片断，建筑以实为主，仅中部留一缺口，并设一亭一石，使虚中有实；下部山石以实为主，实中有虚（洞壑），虚实之间有良好的交织穿插。"

园林中的墙、门洞、廊、窗也是虚实相间的最好体现。墙是实的，门洞是虚的；廊是实的，廊上的漏窗、洞窗则是虚的（图8-13）。在粉墙、廊壁上开出洞门、漏窗与洞窗体现出"实中有虚"；"窗含西岭千秋雪，门泊东吴万里船"，从洞门、漏窗与洞窗中透出的景物，又体现出"虚中有实"。洞门漏窗与洞窗装饰了墙面、廊壁，山石树木又装饰了洞门、漏窗与洞窗，

---

[1] 刘天华. 华夏园林[M]. 上海：上海古籍出版社，1998.

图 8-13 何园的什锦洞窗

图 8-14 片石山房的镜中花

使游园者领略到不同的美感。这种种虚实的辨证互补的空间效果，多重复合的空间结构，赋予洞门、漏窗与洞窗的虚实相间、虚实互补的美。它使园林中的景物有界非界，景中有景，小中见大，变化无穷。这种洞门、漏窗与洞窗在扬州园林中运用得极为广泛和娴熟，如何园玉绣楼北侧廊壁上的窗，开设于西路建筑的门窗轴线上，漏窗泻景模糊，洞窗泻景清晰，当门窗全部开启时，能够借助重重框景营造出"什锦万象"的深邃意境，使游人尽情领略虚实相生的透风漏月之趣，领略了似隔非隔，似断非断的中国古典园林意蕴。

"取势在曲不在直，命意在虚不在实。"虚实还体现在对光影效果的巧妙利用上，如片石山房的"水中月""镜中花"，"水中月"是利用太湖石漏、透的天然特点，利用光影在洞隙的投射，倒影水中，根据时间的不同、角度的不同，在水中形成一个动态变换、虚幻莫测的"水中月"景观。"镜中花"是通过玻璃，把远处山石花木收入镜中，形成"天然图画。"（图8-14）镜中景物，与水中月一样，受光影的影响很大，每时每秒，或清晰，或模糊，亦或大，亦或小，既是实景的延伸，也有人生真假、虚幻的哲理象征。再如逸圃后院的贴壁假山，利用山石洞口与月洞透窗，通过光线投射下的明暗对比，营造出"夜空明月"的氛围，若再联系"尘镜常磨"的题额，巧妙传达出大可玩味的虚实之境。

第六节　对比衬托

对比是艺术创作上不可缺少的手法。对比可以指园内不同景区之间的对比，也可以是一个景区内不同观赏主题的对比。在古园布局结构时，造园家常常采用的动静、虚实、曲直、旷奥、大小、开合、藏露和聚散等艺术语汇，均是对比的具体应用。在园林整体布局上，从一区转入另一区时，空间大小、景物变化，都能产生对比。有的厅堂一面临水，另一面布置山石花木，也就是对比的运用。如何园的汇胜楼，连接楼的复道回廊，与楼前的水池及水池西的假山，形成了很强烈的人工与自然的对比。又如个园南北中轴线上的建筑宜雨轩、抱山楼，与环绕四周的春山、夏山、秋山、冬山及中部水池产生对比，这种布置既符合功能和观赏的要求，在构图上又收到了对比的效果。还有的植物配置也能产生对比，如个园秋山以叶形特别的剑麻，栽植于红枫、黑松的下方，形成对比；何园"片石山房"假山对岸，修剪成球形的地中海荚蒾与假山的怪石嶙峋形成线条的对比。

图 8-15　个园春山

利用衬托手法，突出主题，在造景中也颇为广泛运用，它能收到主次分明，小中见大的效果。扬州园林中常见的有：用建筑、粉墙来衬托花木、石峰；用平静深碧的池水衬托山石的高耸；用参差蜿蜒的驳岸、低矮近水的曲桥和小巧空透的亭榭衬托水面的开阔等。如个园春山的笋石和翠竹因背后粉墙和漏窗的衬托，才能显示其姿态与轮廓（图8-15）；个园的湖石夏山因南面的碧绿水池和北面山上树木的绿荫才衬托出石峰轮廓。

第七节　动静相宜

　　动静的对比因园林规模的大小有不同的侧重。一般而言，大园以动观为主，以静观为辅，小园则反之。例如，瘦西湖面积广、水面大、景区多。清乾隆时就已经形成了二十景：卷石涧天、西园曲水、虹桥览胜、冶春诗社、长堤春柳荷蒲薰风、碧玉交流、四桥烟雨、春台明月、白塔晴云、三过留踪、蜀冈晚照、万松叠翠、花屿双泉、双峰云栈、山亭野眺、临水红霞、绿稻香来、竹楼小市、平岗艳雪。后来又增加了绿扬城郭、香海慈云、梅岭春深、水云胜概四景，合称为二十四景。这些景点依水而设，距离比较远，因此游人就要在缓步的移动中观赏，遇水过桥，遇廊转径，登高而上小金山（图8-16），近水则到凫庄水榭。而小盘谷占地小，主要景物均环池而设，绕池一周，可坐可留处甚多，或水榭中茗茶，或曲尺楼前看花，或曲桥前细数游鱼，或洞壑中待月迎风，因此，这是一个以静观为主的小园。

　　当然，静观与动观是相对而言的，比如，瘦西湖宜动观，但瘦西湖小金山上的风亭处，则是一个宜静观远眺的所在。比如，何园宜静观，但当游人在何园的廊间行走时，廊这个建筑本身所具有的流动感、导游线和步随景异的特质，使得此时倒适宜动观了。因此，园林成功的布局应该是动静相宜的，它让游人充分体验到一种节奏和韵律。

　　园林艺术的动静对比，还常常通过风景形象表现出来。假山、平湖、清池、建筑、树木一般是静的景致，但在一定条件下又表现出动态。如在天空行云的衬托下，假山石峰似乎也有动感；一池静水，微风吹拂，就会皱波叠纹；山间林木稍有风吹，就会摇动；古建筑的飞檐翘角，本身具有动感。特别是私家园林，如个园、何园、小盘谷里粉墙上的投影，更诠释了动静之美。墙是静的，但投影在墙上的树影、山石影、建筑影（图8-17），随着日照的变化，随着月相的变化，随着风力的变化，每时每刻，变化万千，而这种借自然而呈现的动静之美，又不是区区人力所能企及的。

图 8-16 瘦西湖小金山

图 8-17 粉墙光影

第八节 借景多样

借景，是景物之间相互资借关系处理，以丰富园景，增加园趣，扩大景观效果。古典园林里的景点、景物，既各自保持独立的景观特征，又相互资借掩映，融汇在一个和谐统一的园林整体之中。借景不受空间的限制，如扬州休园，程梦星在《春日重集休园五首》的诗中有："闲上春亭亭上望，片帆张过屋西头。"由此可见，在休园中，通过高楼凭眺、登山远望等方式可以远借园外山景、水景甚至城市万家灯火。借景有远借、邻（近）借、仰借、俯借、应时而借等多种形式，如扬州瘦西湖借景大明寺的栖灵塔，既是邻借，也是仰借（图8-18）。

事实上许多名园的佳景，往往来自借景手法的巧妙运用。借景作为一种园林设计手法，主要指借园外景物供园内欣赏，借以扩大园林空间，大约在宋代已经形成。宋人李格非《洛阳名园记》中记载一家宅园"环溪"中

图8-18 借景栖灵塔

有一座"多景楼",依楼"南望则嵩高少室、龙门大谷、层峰翠巘,毕效奇于前",另有一"风月台",凭台"北望则隋唐宫阙楼殿,千门万户,岧峣璀璨,延亘十余里"。到了明代,借景已被提到理论的高度加以肯定。明代计成《园冶》中明确提出了"巧于因借"的概念,清初李渔在《一家言》中也专门论述了"取景在借"的道理,"开窗莫妙于借景",不过李渔主要强调的是园林中门户窗框撷取外在美景的重要性。如扬州瘦西湖二十桥景区的"小李将军画本"的景窗精妙绝伦,西边为扇面,可收入熙春台景观,东为六角,南北为矩形,坐室内可尽收湖上风光,且四时风光各不相同,正如李渔所云"尺幅窗""无心画"。通过借景,突破建筑空间的限制,体会自然山水无限时空的超越意识。如扬州瘦西湖二十桥景区的望春楼,面阔五间,分上下两层,下层南北分别为水院和山庭,将室外自然风光引入室内,妙趣横生。

一、障景

障景是园林中重要的处理空间、处理观效的手段之一。计成在《园冶》中说:"借者,园虽别内外,得景则无拘远近","俗则屏之,佳则收之"。"俗则屏之"就是在处理景点视界范围内遇到不协调或景象不佳的情况时,就要用其他的景物屏障起来,使其失之透景线,这样就起到障景的作用。竹丛林带、假山怪石、曲水花圃、楼阁墙体,都常被用来作为障景的物象。障景法实质上是一种藏拙的巧妙手段,关键在藏露有度,总体而言,从造景需要出发,要做到"露其美,藏其丑"。障景的另一作用是组织景观的相互之间视觉比较,产生视觉差异,原来藏的景物随着游人观赏角度、方位的改变迭出不穷,达到"欲扬先抑""小中见大"的艺术效果。

二、对景

对景在中国园林应用中已有很长历史,宋朱文长的《吴郡图经记南园》中,就有"亭宇台榭,值景而造"的论述,"值景"就是面对风景。古代园布局常常按不同的欣赏主题将风景划成一个个相流通的景区,为园内景色的互对互借创造了条件。通常在重要的观赏点有意识地组织景面,形成各种对景。道路、走廊的前进方向和进门、转弯灯变换空间处及门框、窗框内所看到的前景,且最为引人注意,沿着这些方向构成对景,最为常见。[1]

障景与对景是园林景象空间分隔与联系的相反相成的两种处理。园林景象的分割,依赖于障景。而加强园林空间构图的呼应与联系,则依赖于对景。同时障景与对景,又是相对而言的,一组

---

[1] 刘天华.华夏园林[M].上海:上海古籍出版社,1998.

图8-19 钓鱼台对景

景象在某个位置上看是障景,从另外位置上看,又成了对景。如寄啸山庄东园与西园空间过渡处,南向缀有一湖石假山,此山石堆叠得清瘦矍烁,体量适中,外形的选择极具匠心,从满月门洞看去,一方面,它挡住了背后较多的廊柱,起到障景作用;另一方面,因其过道小而封闭,目力所见唯其是"妙在因借"的此处山石,因借得巧妙,形成了一幅山石为画,门洞为框的对景小品,在咫尺空间里创造出如诗的画意。障景与对景,亦构成了藏与露的对比。

扬州瘦西湖梅岭春深景区的绿荫馆西向,一条长堤伸入湖中,尽头有一座重檐亭阁,上覆青瓦,下衬黄墙的吹台,吹台南壁全然敞开,其余三面各辟一个圆洞门。西向圆门嵌有一座五亭桥,南向圆门里又嵌有白塔的倩影,一亭同时借入湖上两处名景,这是对景营构的杰作(图8-19)。

三、点景

除了障景与对景外,扬州园林中还时常用到点景的处理手法。即在园林一些拐角,一些死角,一些衔接不够紧密的地方,布置一些点景,使园林景象更丰满,更充实。如片石山房入口处,滴瀑檐与山石小景设计,处理非常巧妙(图8-20)。若是雨天,水从屋檐口流下,汇入假山石上,再从山石泻下,形成一处不错的景观。虽只是一角景色,但却起到点景点睛的效果。

点景主要起弥补空白、活跃死角、锦上添花的作用,它是对园林的不经意处、或局部进行点缀,细节处理,使园林整体更加出彩。一般来讲,点景多采用花草树木、叠石、石峰、石笋、石刻之类的手段,也常配合以小幅度的地表处理。其位置,或房前屋后的夹道、小天

图 8-20 片石山房滴瀑檐

井，或路边、墙角的空白处。比如何园船厅西侧与二层楼复廊的东半面的拐角处，缀有一湖山假石，此处常被游览者所忽略。实际此点景可玩味处甚多。首先，此单体太湖石清瘦、嬰烁，体量适中，外形的选择极具匠心；一方面，精致的外形可自成一景；另一方面，此山石处两屋之间，正符合陈从周先生所说："园必隔，水必曲"的造园手法，这么一隔，便有意识地吸引了观者的视线，避免了两屋间距窄小而生出的迫塞感。其次，从何园北门入园，因其过道小而封闭，目力所见唯其是满月门洞和"妙在因借"的此处山石，因借得巧妙，形成了一幅山石为画，门洞为框的立体小品。同时又属对景，因对得自然，远远看去，又形成了门洞是实，山石是虚的虚实之境，在咫尺山林中创造出深远的诗情画意。

此外还有藏角边界的处理。所谓藏角，即将园林的角落处隐藏起来。藏角的手法大致有三种：一是将地形起高，覆以花木山石等，掩盖角落，这种做法较为简单常见；二是做哑巴院，即在角落的前方做口窗墙体等漏景的构筑，其间种植花木山石等，而人并不能进入其间，只是感觉口窗之后另有空间而已，如何园片石山房的琴棋书画斋的转角处、个园的西路住宅前进院落等；三是用山石掇筑，直接将围墙转角做入假山之中，如个园的秋山做法。[1]

---

[1] 谢明洋. 晚清扬州私家园林造园理法研究[D/OL]. 北京：北京林业大学，2015.

第九章

文心

第一节　藏书贮香
第二节　诗文雅集
第三节　听戏拍曲
第四节　景点题名

明陈继儒在《青莲山房》中言:"主人无俗态,作圃见文心。"所谓文心,反映在扬州园林的多个方面。既可以是有形的,如园林中的匾额、楹联;也可以是无形的,如园主的崇文好书、园中的文化活动等。

第一节　藏书贮香

扬州园林的园主多为盐商，而其中又以徽商为多，"亦儒亦贾"是其传统，"贾为厚利，儒为名高"。这些盐商家族，文人辈出，世代簪缨，大多成为了提倡风雅的带头人。据何炳棣先生的研究，1371—1643年间，两淮盐商中出的进士多达106名；及至清代，1646—1804年间产生的进士数为139名。由于两淮盐商的财富创造了高度发达的文化，使得有清一代扬州府的进士总数多达348名，而且还出过11名一甲进士，成为国内重要的文化发达地区之一。如有康山园的盐商巨富江春，是"世族繁衍，名流代出"，兄弟侄孙中，见于《扬州画舫录》记载的著名诗人、艺术家和鉴赏家，就达十五名之多。[1]

如扬州小玲珑山馆（图9-1），园主马曰琯、马曰璐兄弟的藏书，甲于东南。全祖望在《丛书楼记》里说："百年以来，海内聚书之有名者，昆山徐氏、新城王氏、秀水朱氏其尤也。今以马氏昆弟所有，几过之。"可见当时文人对扬州马氏的藏书是何等推崇。主人又风雅好客，因此很多名士慕名而来，寄食其中只为读书。如清严长明少时颖敏，好读书，被李绂赏识，认为将来是治国的大材。"知其贫，问所需"，回答竟是希望能到扬州小玲珑山馆读书。"对曰：'贫乃士之常，闻广陵马氏多藏书，愿得一席为读书计耳。'因荐诸运使卢雅雨，立延致之。是时，东南名士多假馆马氏斋，冬友虚心质难，相与上下其议论，遂博极群书。"小玲珑山馆这众多的名士中，以厉鹗最为著名，他的《宋诗纪事》一书的纂辑就是有赖于马氏藏书而成的，刻本《宋诗纪事》卷一至卷十署名为"钱塘厉鹗辑，祁门马曰琯同辑"，就表达了厉鹗对马氏兄弟提供书籍的感谢之情。厉鹗的《辽史拾遗》采摭群书至三百余种，也是充分利用了马氏的丰富藏书。全祖望笺的《困学纪闻》，亦参考了丛书楼的藏书。

---

[1] 王振忠.明清徽商与淮扬社会变迁[M].上海：生活·读书·新知三联书店，1996.

图 9-1 小玲珑山馆

马氏极其重视扬州的文化建设，今天个园的丛书楼就是沿用马氏兄弟的藏书楼之名（图 9-2），小玲珑山馆的藏书楼，前后两进，藏书百橱，积书十万余卷，颇多秘籍与善本。吸引了一大批文人到丛书楼读书、学习、研讨，马氏兄弟还以千金为朱彝尊刻《经义考》，为蒋衡装潢所写的《十三经》。马氏兄弟不仅藏书有名，刻书也有名。他们把所藏之善本书籍、金石拓片择要刻印流通，时称"马板"。他们刻有唐颜元孙撰《干禄字书》一卷、唐张参撰《五经文字》三卷、唐唐玄度撰《九经字样》一卷、清朱彝尊撰《经义考》三百卷、清汪士慎撰《巢林集》七卷（椠板藏马氏小玲珑山馆）等。

余元甲（？—1741），为徽州盐商之后，家豪富，在扬州筑万石园，"是园山与屋分。步入园门即见山，山中有大小石洞数百，因用太湖石万计，而名'万石园'。过山方有屋，构厅舍亭廊二三，点缀其间。园有'樾香楼''临漪栏''援松阁''梅舫'诸胜。园以梅为盛，每至二月，花开如雪。"余元甲不事生产，却性好读书。家中也是藏书甚多，尤善做诗，与厉鹗、马曰琯等交往甚密，著有《濡雪堂集》；还编有韩愈、白居易、苏轼、陆游四家诗选行世。

何栻（1816—1875），字莲舫，亦字廉昉，号悔馀，江阴人。先为官，后为盐商，定居扬州，建壶园。王振世《扬州览胜录》云："壶园在运署东圈门外，先为鹾商某氏园。清同光间，江阴何廉舫太守罢官后寓扬州，购为家园，颇擅林亭之胜。增筑精舍三楹，署曰'悔余庵'。园内旧有宋宣和花石纲石舫，长丈余，为鹅卵石结成，形制奇古，称为名品。"何栻好藏书，曾自作诗多首记其好书心态，"饥不必谋稻粱，胸中鳞栉开书仓，寒不必谋衣裳，唐缣宋锦堆我旁……若以藏

图9-2 个园丛书楼

书比置产，虽不巨富犹小康。"诗前有序云："今年购书甚多，兼得佳帖名画，问囊金尽，一笑赋此。"1864年的诗中又说："历年收书近二万卷，乃痴呆之证。"书多而且是精品，徐谦芳《扬州风土纪略》中写道："江阴何氏所藏多精。"何栻亦好诗文，著有《悔余庵诗稿》十三卷，《悔余庵文稿》九卷，自刻行世，曾国藩称其诗"有遗山风味"。他的才华很被曾国藩赏识，《甘泉县续志》记载："文正（曾国藩）督两江时，每按部扬州，必枉车骑，诗酒流连，往往竟日。"何莲舫去世后，全椒太守薛慰农挽联有"翰墨中人，诗酒中人，江山花月中人，薄宦岂能羁。平生摆脱风尘，逸兴豪情，跨鹤占维扬胜迹"之句。

可以说，扬州园林的园主崇文好书，已无形中对扬州园林营造时的布局、功用产生了影响，扬州园林中一再出现的藏书楼、读书楼、丛书楼等等题名便是最直接的证明。如周晓兰在《扬州休园考》一文中指出，休园中直接用于读书的建筑就有九英书坞、植槐书屋、卫书轩。这么看，园主的好藏书，好读书，必然会使得"腹有诗书"的扬州园林显示出另一番精神气度。

第二节　诗文雅集

雅集是古代文人借以诗文唱和、悠游品赏的一种聚会形式。扬州园林的园主，大都风雅好客，"喜招名士以自重"，以宾客争至为荣，"文人寄迹，半于海内"。

如明末清初影园（图9-3）的园主郑元勋，是侨寓扬州的安徽歙县郑氏。据载，郑元勋在园中延礼名硕，赋诗饮酒，殆无虚日。倡和投赠之什，结集而为《瑶华集》。影园中有黄牡丹之瑞，郑氏"大宴词人赋诗，且征诗江、楚间，奉虞山钱宗伯（谦益）主坛坫，论定甲乙，以粤东黎美周诗为冠，镌金罍遣赚致之，曰：贺黄牡丹状元，一时传为盛事"。其兄弟郑侠如的休园，不但当时诗文之会很盛，就是后来衰落，其孙郑绩熙重修休园，也征集了众多诗文为幸事。

清雍正时期贺君召的"东园"，扬州八怪之一的李葂来扬就居其间，并且为之作诗画若干；清初陕西诗人屈复亦居其园，撰《扬州东园记》。乾隆十二年，贺君召在园中多次大会宾客，题咏千数，后编《扬州东园题咏》行世，影响很大。

余元甲的万石园，雍正九年（1731）辛亥春日，邀请马秋玉、马半查、方洵远、方西畴、陈竹畦、张喆士诸名士，雅集此园观梅，据说该园梅花每至二月，花开如雪，因此既以"二月五日花如雪"为起句唱和。

清乾隆时期"扬州八大总商"之首的江春有康山园，被称"海内名流至邗江者必造焉"，"坛坫无虚日，奇才之士，座中常满"，为一时盛况。此外，扬州城北郊傍花村的红叶山庄，园主人王子衡，亦常邀宾朋于园，作诗盟文酒之会，盛极一时。程梦星的筱园也是诸公雅集聚会的胜地，常集宾客吟咏其中，筱园有亭有水，四季游览皆宜。初春梅花盛开，诗人徜徉于花下却"疑坐孤山最上层"。夏季荷花亭亭，诗人觉得于"风清露白月残时"欣赏最有情调，才能充分体味莲花清雅不俗的气质，高吟"独爱莲花自

图9-3 影园遗址

宋贤,高文韵语到今传"[1]。《扬州画舫录》上记载说:"扬州诗文之会,以马氏小玲珑山馆、程氏篠园及郑氏休园为最盛。"可见扬州,在园林中举行雅集是普遍的。

据刘凤诰《个园记》所述,园主黄至筠在营造个园之初即有"娱情陔养""幽赏与共"之旨。按沈学峰《扬州个园雅集略谈》一文考证,个园雅集比较有影响的有两次,一次是道光二十二年(1842)的一场雅集,由黄家二公子黄奭所发起,邀请了当时在扬州的一代大儒阮元和师友梁章钜、梁逢辰父子等人共赏名花。其间,梁章钜《四月朔日招陪仪征师相看芍药即席赋谢》作诗:轻舆小街出流芳,美景良辰趁艳阳。寿客庄严寿芝馆,宝书稠叠宝云堂。清谈欲压名花盛,坚坐真宜化日长。省识主人初日学,定教金带擅奇祥。阮元和诗《招同芷林中丞看芍药有诗见示即和》:"芍药扬州谱众芳,有如花事记欧阳。清和入坐知春殿,红艳当阶忆省堂。雅集巧因奇卉到,清谈端为古书长。谢公复出苍生望,花主人应亦兆祥。"随后又有阮元从弟阮享、金长福、钱泳、谢学崇、葛景莱、孙宗礼等文人赋诗唱和,并由主人黄奭及梁氏父子乘兴各作一幅《赏芍药图》,传为一时佳话。另一次是,光绪五年(1879)农历十月二十九日,个园新园主李培松发起的一场雅集。参与雅集的名流文人有两广总督晏端书,两淮盐运使方浚颐,池州府知府李输华,湖北候补道李培松,广东廉州府知府张丙炎,画家汪砚山,姚正镛以及前个园黄氏五公子黄锡禧。《扬州画苑录》的作者汪砚山,趁此机会将自己所收得的《高翔扬州即景画册》示之于众,共同欣赏。高翔是扬州八怪之一,所绘画册又是扬州本土之景,赏画众人顿时倍感亲切,遂由书法家姚正镛将此次雅集赏画诸人,跋于画册之末,记以铭之。[2]

李斗在《扬州画舫录》中给我们还原了当时园林雅集的画面和场景,"(扬州诗文之会)至会期,于园中各设一案,上置笔二、墨一、端研一、水注一、笺纸四、诗韵一、茶壶一、碗一、果盒茶食盒各一,诗成即发刻,三日内尚可改易重刻,出日遍送城中。"

---

[1] 明光.盐商诗人主导的韩江雅集[J].扬州职业大学学报,2016(2):7-14.
[2] 沈学峰.扬州个园雅集略谈[N].扬州晚报,2016-10-29(B1).

第三节　听戏拍曲

　　除了在园林中吟咏诗文，相互唱和外，看戏听曲也是私家园林的一大文化活动。扬州宅园中往往僻单独建筑或场地空间，专为听戏而设，如寄啸山庄的西园水池，池中置一方亭，此水心亭又被称为戏亭，就是专供园主人观赏戏曲的，据说利用水面和四周环廊的回音，可以增强音响共鸣的效果。又如个园中路建筑"汉学堂"，就是主人黄至筠听戏赏曲之所，正厅中间被减去了两根"平柱"，按陈从周先生观点，正是为了方便观戏之举。有棣园的扬州两淮盐商商总包松溪，因嗜好昆曲，其家班享有声誉，当时名士常赴园中作琴樽之集，或借台借班，琢磨曲词声韵及道具化妆诸方面的技艺，极一时之盛。

　　园林所营造的优雅、细致的空间环境，非常适合于轻歌曼舞、一唱三叹的歌演艺事。家班演戏，常有专门的戏台，这些戏台都是掩映在私家园林

图9-4　四桥烟雨楼

中。李斗《扬州画舫录》就记录了多家园林歌台，实即戏台：

洪氏有二园……有水厅面西……厅后牡丹最盛，由牡丹西入领芳轩。轩后筑歌台十余楹，台旁松、柏、杉、槠，郁然浓阴。

"四桥烟雨"，一名黄园……为澄碧堂，左筑高楼，下开曲室，暗通光霁堂。堂右为面水层轩，轩后为歌台。轩旁筑曲室，为锦云淙，出为河边方塘，上赐名"半亩堂"（图9-4）。

东园即贺园旧址……今截贺园之半，改筑得树厅、春雨堂、夕阳双寺楼、云山阁、菱花厅诸胜。其园之东面子云亭，改为歌台。

当时，还有江春康山草堂的戏台等。后世园林中戏台还有盐官张观察的容园戏楼、包松溪棣园戏台、赣省盐商所筑庾园歌楼等。这些戏台和观众席，完全融入整个园林的山水花草之中，无疑更增添了舞台表演所呈现的诗情画意，而艺术表演和雅致的生活情趣也就亲密无间融为一体。

清初著名词人陈维崧在《依园游记》一文里，曾详细写了时人在扬州园林中听曲的景象。"依园尤胜，屡为诸名士谦游也……园不十亩，台榭六七处，先生与诸客分蹋一胜。雀炉茗碗，楸枰丝竹，任客各选一艺以自乐。少焉，众宾杂至，少长咸集，梨园弟子演剧，音声圆脆，曲调济楚，林莺为之罢啼，文鱼于焉出听矣。是日也，风日鲜新，池台幽靓，主宾脱去苛礼，每度一曲，坐上绝无人声。"扬州胡显伯的息园，建成后，不仅是诗友雅集的场所，每逢良辰佳节，园主还邀请广陵琴师曲友到园中弹唱，悦耳的乐曲，悠扬的歌声，好似金石撞击之声抑扬顿挫，令人回味无穷。"每遇良辰令节，辄集广陵琴徒曲友于其中，有时歌声若出金石。"有时，雅集诗文之后，常常安排听曲，"每会，酒肴俱极珍美。一日共诗成矣，请听曲，邀至一厅甚旧，有绿琉璃四。又选老乐工四人至，均没齿秃发，约八九十岁矣，各奏一曲而退。倏忽间命启屏门，门启则后二进皆楼，红灯千盏，男女乐各一部，俱十五六岁妙年也。"

明光在《古代戏剧对扬州社会生活的影响》一文中，对园主、园林、戏剧三者的相互影响有一段非常精彩的论述，现摘抄如下："这种园林戏台首先影响了戏剧的表演方式，比如重唱、表演更加细腻等；其次丰富了园林的现实功能，园林如果没有具体的文化活动，也只是个空间的躯壳；再次，园林背景与戏台的空荡场景虚实相生、相得益彰。园林戏台体现了明清士大夫雅化的审美情趣，追求精致、细腻的文化精神。所以到晚清时，有些退休官员出于个人偏好，某些富商或是附庸风雅或是真心追求，尽管也不再置办家班，园林中还是砌一戏台，作为一种文化象征。如今存广陵路上源于清光绪年间的'陇西后圃'之'刘庄'，内有戏台，即是如此。"[1]

---

[1] 明光.古代戏剧对扬州社会生活的影响[J].扬州职业大学学报，2017（4）：1-6.

图9-7 汪氏小苑春晖堂

图9-8 个园清美堂

寄啸山庄的船厅，额题"桴海轩"，首先切合园主人名"芷舠"，含义就是"一只盛着香草的小船"；其次，切合"船厅"的意会，突出了旱园水做的手法。船厅实际是一座建在地上的四面厅，但厅前的地面，用站立的瓦片和鹅卵石铺设成鳞片形图案，仿风吹水面的波纹，游人至此，水意已浓。再有，也符合园主致仕的归隐主题，取孔子"道不行，吾将乘桴浮于海"的意思。

个园一厅，题曰"清美堂"（图9-8），是黄家接待一般性来客和处理日常事务的场所，清美，以清为美之意，寓为做人要清白，做官要清廉。

个园抱山楼，悬"壶天自春"匾额，其意取自刘凤诰《个园记》中所写："不出户而壶天自春。"而"壶天"一词典故，是道教用语，最早见于《后汉书》："费长房者，汝南人也，曾为市掾。有老翁卖药悬壶于肆头，及市罢，常跳入壶中，市人莫视。唯长房于楼上睹之，异焉，因往再拜。乃与俱入壶中。唯见玉堂严华，旨酒甘肴，盈衍具中。共饮毕乃出。乃就楼上候长房曰：'我神仙之人，以过见责，今事毕当去。'"这有壶中日月长之意。过去的私家园林大多是壶状结构，通常由狭长的通道进入，里面则豁然开朗，这种结构恰恰如壶形，所以用壶天比喻这私家园林非常恰当。"自春"则有园林虽不如名山大川壮美阔大但其景却能与世外桃源人间仙境相媲美之意。

三、楹联

许多楹联是以集句的形式，取各名家的诗句而成。如扬州瘦西湖"春草池塘吟榭"对联："碧落青山飘古韵（杜牧），绿波春浪满前阪（韦庄）。""绿荫馆"前为集陆游诗联："四面绿荫少红日，三更画船穿藕花。""锦泉花屿"的"绮霞楼"对联为："春秋多佳日（陶潜），山水有清音（左思）。"

另外，楹联融文字于园林艺术之中，是中国文字里一种风格独特的文学形式，洋溢着浓厚的文个园北门有一副楹联:"春从何处归来?恰楚尾吴头,尽留连永昼茶香,斜阳酒暖;花比去年好否?正千金一刻,最珍重绿杨城廓,红药当阶。"上联写初春时节,点明扬州春早,进一步写了个园初春时的"永昼茶香"和"斜阳酒暖",令人流连忘返。全联写春,层层递进。下联写暮春时节,浓墨重写"绿杨城廓"和"红药当阶",这时正是"千金一刻"的大好春光时刻,抒发作者"莫辜负,须惜春"的情怀。

逸圃东侧花厅的厅联,"半亩方塘,领取天光云景;数弓余地,商量种竹栽花"(图9-9)。上联化用宋代朱熹《咏方塘》中"半亩方塘一鉴开,天光云影共徘徊"句,截取"半亩方塘""天光云影"八字,并改"影"为"景",借此描绘出逸圃花厅的景象。下联的"弓"是丈量土地的单位,一弓即是五尺。"种竹栽花"点出了"花厅"的厅名,亦表现出逸圃贴近自然的雅趣。[1]

图9-9 逸圃花厅厅联

化气息,其内容有状物写景、有哲理咏志、有劝诫反思,使游人在栖息游赏中,化景物为情思,产生意境美,获得精神的满足。如陈从周先生所谓:"(楹联)正如人之有须眉,为不能少的一件重要点缀品。"

(一)写景状物

瘦西湖望春楼二楼的一副楹联:"飞阁凌芳树,双桥落彩虹。"联语集引自唐代张九龄《三月三日申王园亭宴集》"飞阁凌芳树,华池落彩云"的上句和李白《秋登宣城谢朓北楼》"两水夹明镜,双桥落彩虹"的下句。望春楼坐落于瘦西湖二十四桥景区,登楼远眺,"飞阁"可以指远处的熙春台、十字阁、重檐亭等,"双桥"可以指楼西的拱桥与曲桥,也可以指拱桥于湖中的倒影,宛若彩虹一道。该集句借用古人现有的诗句并结合二十四桥景区自身的特点,描绘出游客站在望春楼上所能欣赏到的景象,言简意赅,形象生动,达到了意象与意境的和谐统一。

(二)哲理咏志

扬州何园蝴蝶厅有一楹联:"种邵平瓜,栽陶令菊,补处士梅花,不管它紫姹红嫣,但求四季常新,野老得许多闲趣。"上联引用三位著名古人(秦人邵平、晋人陶潜、宋人林逋)的归隐逸事,流露出园主对他们的倾慕,隐含自己对隐居生活的向往。"放孤山鹤,观濠上鱼,狎沙边鸥鸟,值此际星移物换,唯愿数椽足托,晚年养未尽余光。"下联进一步发挥,明确表达自己要像林逋一样孤山放鹤,像庄子一样濠上

---

[1] 薛梅.略论扬州名胜楹联中的集句修辞方式[J].扬州职业大学学报,2017(2):14-18.

图9-10 个园大门楹联

图9-11 春晖堂楹联

观鱼、沙边狎鸥，在与世无争中，安度晚年。全联表现的是一种历经宦海沉浮，渴望过上隐居生活的愿望，同时也表达了园主构建何园这座"城市山林"的美好想象。

个园"觅句廊"有袁枚撰写的一楹联："月映竹成千个字，霜高梅孕一身花。"个字即竹字的一半，个园亦即竹园，表明园主好竹，点出园中以种植翠竹为主景。联中写竹写梅，正因为在传统文化中竹梅是花中君子，描摹竹梅之景，实际就是称道竹梅不畏严寒的高贵品格，隐含作者对君子品格的一种敬仰和追求。

（三）劝诫反思

逸圃耳厅中楹联："持其志毋暴其气，敏于事而慎于言。"上联截取自《孟子》"持其志无暴其气者，何也？曰：志壹则动气，气壹则动志也。"中的第一句，改"无"作"毋"。下联源语出自《论语》中的原句："君子食无求饱，居无求安，敏于事而慎于言，就有道而正焉，可谓好学也已。"上下联相对，强调做人要有志向气节，做事要敏捷，说话要谨慎。此集句联悬于耳厅，乃是取忠言逆耳之意。

休园的止心楼一景，楹联是"鉴往行之得失，悟前贤之是非"。这一句出自唐代诗人皇甫松的《大隐赋并序》，反思之意甚浓。以史为镜，鉴察得失，总结经验，吸取前人教训。休园园主也有正因为看多了前车之鉴，从而洁身自好，隐于园林之意。

（四）多义复合

扬州园林中的楹联，其实并不单是以上一层涵义，更多是多重意义的复合和叠加。

个园大门的廊柱有一副楹联，上联"春夏秋冬，山光异趣；风晴雨露，竹影多姿"（图9-10），联中"春夏秋冬"语中四季，借指个园最有特色的春、夏、秋、冬四季假山；"山光异趣"，借指园中笋石为春景，湖石为夏景，黄石为秋景，宣石为冬景。下联"宁可食无肉，不可居无竹，无肉使人瘦，无竹使人俗"，则体现出个园以万千翠竹为造景主体的鲜明特点。因为中国文化里竹子象征刚强正直，宁折不屈，有刚柔忠义之称；竹子又被视为坚贞、虚心待人的谦谦君子，由此传达出了园主鄙视庸俗、追求雅洁的高尚人格。

个园清美堂内屏门楹联："竹宜著雨松宜雪；花可参禅酒可仙。"上联看似写景，实为写意：竹松经历风雨雪后，更显郁郁青青，更见凌霜傲寒的不屈精神。下联"花可参禅酒可仙"看似写事，实为说理：花能让人迷乱，也可供人参禅，酒能叫人沉醉，也能助人成仙。可见，你经历了什么、做什么并不重要，重要的是你持有一种怎样的生活态度和人生追求。[1]此楹联既可以说是写景，也可以说是寄意，更有哲理的反思。

瘦西湖蜀冈朝旭景观处一联，"松排山面千重翠，日较人间一倍长。"上联出自白居易《春题湖上》诗："松排山面千重翠，月点波心一颗珠。"下联出自陆龟蒙《王先辈草堂》诗："身从乱后全家隐，日校人间一倍长。"上联写景，言万松排列于山峰面前，叠现千重翠色，正切合此处景点"蜀冈朝旭"，清阮亨《广陵名胜图记》言其景象："初日照万松间，如浮金叠翠。"下联则是由景及情，设想希望，所谓"日较人间一倍长"，即神话传说"洞中方七日，世上已千年"之意。也就是若隐居此处，恍置身仙境，必定会延年益寿。[2]

汪氏小苑春晖堂两旁有篆刻楹联，上联是"既肎构，亦肎堂，丹雘塈茨，喜见梓材能作室"，下联是"无相犹，式相好，竹苞松茂，还从雅什咏斯干"（图9-11）。"肎"即"肯"。肯构、肯堂典出《尚书·大诰》："若考作室，既厎法，厥子乃弗肯堂，矧肯构？"原意是父亲要想盖房子，已准备好了，但是儿子却不肯打基础，还砌什么房子呢？这里反其意而用之，比喻儿子能继承父亲的事业。丹雘、梓材，出自《尚书·梓材》："若作室家，既勤垣墉，惟其涂塈茨。若做梓材，既勤朴斫，惟其涂丹雘。"其意说，好比造房屋，既已勤劳地筑起了墙壁，就应当考虑完成涂泥和盖屋的工作。好比制作梓木器具，既已勤劳地剥皮砍削，就应当考虑完成彩饰的工作。上联字句连起来的意思是既愿造房屋，又愿打地基，盖了屋顶，又涂了色，很高兴地看到优秀的木材能用来建造居室，借此希望汪氏子女能继承父亲的事业。下联语出《诗经·小雅斯干》，歌颂贵族宫室的雄伟宽朗。其原文的第一章是"秩秩斯干，幽幽南山。如竹苞矣，如松茂矣。兄及弟矣，式相好矣，无相犹矣"。下联大意是，环境优美，它面山临水，松竹环抱，兄弟之间又能和睦友爱。此对联对仗工整，平仄和谐，用典精巧，含有哲理，与春晖堂环境相呼应，同时也反映出希冀兄弟和谐、家族兴旺的愿景。

在扬州园林中，除以上匾额、楹联之外，我们还常常看到这么一种情况，即连接建筑与建筑过渡的长廊间，除了设置有各式漏窗外，还留下了许多粉墙素壁，素壁不免单调，总要装饰一下，但是廊内却易受风雨，不宜张挂字画。于是，一种小石板便应运而生，因这种小石板多作长条矩形，像古时打开的竹简文书，故称之为"书条石"。这些石刻的书条石，是

---

[1] 杜海.扬州园林文化丛书，园的眼睛［M］.扬州：广陵书社，2006.
[2] 刘立人.瘦西湖楹联［M］.扬州：广陵书社，2005.

图 9-12 何园海市帖

图 9-13 个园碑刻

当时的园主人收集了历代名人法帖的拓本、园记、名人卷册、名诗名句、书札真迹，以及当时游园名流唱和的诗词等，请高明的工匠进行摹刻，镌刻于石，以延伸娱情翰墨时空的艺术形式，"集古今石刻，环所居壁间，朝夕相对以自娱"。它们成为园林中珍贵的文化遗产。如何园船厅西窗对面廊间墙上嵌有苏轼石刻《海市帖》（图9-12）。苏轼是"唐宋八大家"之一，是一流的诗人、词人、书画家，擅长行楷书，与黄庭坚、米芾、蔡襄并称"宋四家"，在我国文学艺术史上具有重要地位，对后世影响极大。其书法个性显著，观《海市帖》，此帖笔意自然、多用侧笔，点画肥重，体势宽博，圆劲而有韵味。加之字势与行式偃仰倾仄，更增添了纵逸豪放、痛快淋漓的感觉，[1]可以说是难得的园中瑰宝。其他有个园觅句廊、抱山楼底层（图9-13）、棣园的"掩映花光"、刘庄的《泼墨斋法帖》碑刻，它们一方面是珍贵的书法实物资料，另一方面也是研究中国书法的重要文字资料。它们构成扬州园林独特的标识，成为扬州园林的文化独特属性之一，它们的存在，是扬州园林重"文学化"和"书卷气"的有力证明，恰如尤侗在《百城烟水序》中说的："夫人情莫不好山水，而山水亦自爱文章。文章藉山水而发，山水得文章而传，交相须也。"游人在游园赏景的同时，也可欣赏书法艺术，真真达到了"赏心悦目，内外兼修"。

---

[1] 杜海.何园[M].扬州；南京：南京大学出版社，2002.

第十章

实例

实例 1：平山堂、西园
实例 2：徐园
实例 3：小金山
实例 4：法海寺、白塔
实例 5：凫庄
实例 6：莲花桥（五亭桥）
实例 7：个园
实例 8：何园
实例 9：小盘谷
实例 10：汪氏小苑
实例 11：逸圃
实例 12：卢宅（意园）
实例 13：吴氏宅第
实例 14：刘庄
实例 15：壶园
实例 16：珍园
实例 17：蔚圃
实例 18：平园
实例 19：萃园（息园）
实例 20：怡庐
实例 21：匏庐
实例 22：贾氏庭院（二分明月楼）
实例 23：杨氏小筑
实例 24：史公祠
实例 25：普哈丁墓园

实例1：平山堂、西园

一、概况

平山堂及西园位于蜀冈—瘦西湖国家重点风景名胜区蜀冈中峰区域，为全国重点文物保护单位大明寺的重要组成部分。

二、沿革

北宋庆历八年（1048），欧阳修在蜀冈中峰、大明寺西侧，构建了一座山堂作为讲学、游宴之所，并在堂前亲植柳树。因远望江南诸山，故定堂名为"平山堂"。

宋元祐七年（1092），苏轼由颖州徙知扬州，为纪念恩师欧阳修而建谷林堂，取自己诗句"深谷下窈窕，高林合扶疏"中的"谷""林"二字为堂名。

宋嘉祐八年（1663），平山堂废，知州刁约复修。

宋绍兴末年（1162），平山堂圮，隆兴元年（1163）年周淙复修。

宋淳熙年间（1174—1189），赵子濛加修，郑兴裔更"创而大之"。

宋开禧年间（1205—1207），平山堂圮。宋嘉定三年（1210）赵师石复修。宋宝庆年间（1225—1227）史岩之加修。

元明两代，平山堂兴废不知其详。元代季孝元诗有"蜀冈有堂已改作"句，舒岫诗有"堂废山空人不见"句。

明万历年间（1573—1620），吴秀任扬州知府期间修复平山堂。

清康熙十二年（1673），金镇、汪懋麟重建平山堂、行春台，在行春台东西建长垣，长垣西，仍为蜀冈之旧景，古松蓊翳，松下为第五泉，汪氏建覆井方亭，将前人所刻碑石移至其上。

清雍正年间始建西园。

清乾隆元年（1736），汪应庚重建平山堂。乾隆二年（1737）购地数十亩扩建西园。

清乾隆五十八年（1793），两淮盐运使曾燠按内府藏本临摹欧阳修像，刻石嵌于平山堂壁间。

清咸丰年间，平山堂毁于兵火。

清同治元年（1870），方浚颐重修平山堂、西园。

清同治九年（1870），两淮盐运使方浚颐在真赏楼旧址重建谷林堂。

清光绪五年（1879），两淮盐运使欧阳正墉建欧阳祠。

清末曾修缮西园。

民国四年（1915），盐运使姚煜重修平山堂。

民国三十一年（1942），王振世撰写《扬州览胜录》时，西园已是"惟余古木藤萝，荒池怪石，使怀古者增无穷感喟"之境。

1951年，维修平山堂，整理西园。

1953年，维修平山堂、欧阳祠，整修西园。重新叠石堆山，新筑井亭，亭旁叠山，上嵌王澍题"第五泉"石额；在井亭上复建美泉厅；维修康熙碑亭、乾隆碑亭、待月亭；同时收集园内散乱黄石，在康熙御碑亭西侧临水，堆叠大型黄石假山，假山由扬州叠石世家王老七（王再云）主持修复；整理沿池黄石池岸小品；从老城区壶园船厅移建至西园。

1963年、1974年，维修欧阳祠。

1979年，维修平山堂。在西园内水池南岸临水处迁建老城区辛园的柏木厅三楹；在水池西北阜上迁建南来观音庵的楠木厅三楹；水池

图10-1-1 平山堂

西侧埠上新建方亭一座；切除美泉亭通往听石山房（柏木厅）池埂；完善康熙碑亭西侧临水处的黄石大假山；在待月亭东侧叠山筑洞，开辟环园石径。

1993年秋，立石涛墓塔于西园楠木厅北侧。同时，立莲溪法师、能勤法师、瑞祥法师墓塔于其旁。

1997年，维修平山堂、欧阳祠。

2011年，以西园楠木厅为主体，建成了石涛纪念园。纪念园由塑像区、纪念区、墓碑区、经幢区四部分组成，呈一弧四区的布局，纪念这位画家石涛。

2012年，全面启动修缮与提升工程。大雄宝殿揭顶大修，改造提升西花园景观，修缮平山堂、欧阳祠、鉴真纪念堂、楠木厅。开建东花园景区，建造戒台，对平远楼、栖灵塔、钟鼓楼、卧佛殿等维修改造。

三、赏析

平山堂（图10-1-1）位于扬州大明寺西侧，花墙上有一个八角形门洞，上嵌"仙人旧

馆"砖额。"仙人旧馆"四字为光绪年间住持星悟禅师所题，取自唐代王勃《滕王阁序》中的诗句"俨骖騑于上路，访风景于崇阿；临帝子之长洲，得仙人之旧馆"。欧阳修素有"文仙"之称，苏东坡的《平山堂》词中也有"十年不见老仙翁"诗句。欧公任扬州知州时在蜀冈之巅建造了平山堂，仙人旧馆便是由平山堂、谷林堂、欧阳文忠公祠构成的一组极具人文色彩的建筑群组。

平山堂面南而建，五楹，七架梁，硬山屋顶。西南设卷棚，北有短廊与谷林堂相接。堂北檐下悬林肇元所题"远山来与此堂平"匾额。平山堂中楹，上方悬方浚颐所题"平山堂"三字匾。两侧悬朱公纯撰联："晓起凭栏六代青山都到眼，晚来对酒二分明月正当头。"两联中间可透过玻璃方窗看到谷林堂。中联两侧的上方西、东分别悬挂刘坤一题"风流宛在"匾和马福祥题"坐花载月"匾。

平山堂南有庭院，为清时行春台遗址。行春台，1663年宋代刁约始建。清金镇仿其制重建，汪应庚重加修葺。即欧公柳、薛公柳、左司、糜师旦属扬帅种柳处。现植有紫藤、琼花、棕榈、侧柏、怪柳、瓜子黄杨、蜡梅、紫薇、阔叶十大功劳等，四季花香。庭院南有古石栏。栏外植有桂花、淡竹、棕榈、青桐、桦树、枇杷等，苍翠欲滴。

谷林堂（图10-1-2）原在大明寺大雄宝殿后，宋后久废。现谷林堂位于平山堂之北，面南而建，五楹七架梁，面南设廊和栏杆，硬山屋顶，东与大雄宝殿毗连。堂中上方悬集自苏轼"谷林堂"三字匾，原方浚颐所题谷林堂匾、

图10-1-2 谷林堂

所书"遗址在栖灵，稚竹老槐，风景模糊今异昔；开轩借真赏，焚香酾酒，仙踪庶止弟从师"联，均已不存。

谷林堂面南的东、西两侧分别各设一个长方形花坛，种植有蜡梅、天竺、麦冬、虎耳草等植物。花坛旁植有圆柏4株，其中1株为古树名木，树龄120年。谷林堂两山墙下有黄石花坛，内植斑竹等。

谷林堂再往北便是欧阳祠（图10-1-3），又名欧阳文忠公祠、六一祠。祠面南而建，五楹九架梁，方梁方柱，单檐歇山顶，室内北侧两边设落地罩桶，东、南、西、北四面设卷棚，并有正方形廊柱24根。欧阳祠规模宏巨，体量高大。中楹上悬武中奇书"六一宗风"匾，两旁悬清薛时雨原题李圣和书联："遗构溯欧阳，公为文章道德之宗，侑客传花，也自徜徉诗酒；名区冠淮海，我从丰乐醉翁而至，携云载鹤，更教旷览江山。"中枢北墙面南的墙壁上，嵌有光绪五年（1879）九月欧阳修裔孙、江苏候补道欧阳炳按临摹于滁州醉翁亭之清宫内府藏本所刻的欧公石刻像，像的上部有欧阳正埔临摹乾隆皇帝于壬申（1752）初夏为欧阳

图 10-1-3 欧阳祠

图 10-1-4 西园全景图

修画像所题御书像赞。像的左侧下方刻有"光绪己卯秋九月裔孙欧阳炳敬摹邗江朱静斋镌"。欧阳修石刻像与题书均由邗江著名石工朱静斋勒石，刀工精致，石像传神，加之石面稍凹，造成光线折射，远看为白胡须，近看为黑胡须，且观者从任何角度看，石刻像的脸、眼、足始终正对观者，世称神品。欧阳文宗公祠西南侧设圆门通往西园。

西园（图 10-1-4）亦称西苑、御苑、芳圃，位于平山堂西侧的蜀冈之上。1751 年，乾隆皇帝首次南巡扬州，西苑已初具规模。此后乾隆皇帝数度南巡，西园日臻完善。据《平山堂图志》记载："园在蜀冈高处，而池水沧涟，广逾数十亩。池四面皆岗阜，遍植松、杉、榆、柳、海桐、鸭脚之属。蔓以藤萝，带以梅竹。夭桃文杏，相间映发。池之北为北楼，楼左为御碑亭。内供圣祖书唐人绝句，我皇上御书诸碑刻。楼前东南数十步为瀑突泉，高可丈余，如惊涛飞雪，观者目眩。楼西度板桥，由小亭下循山麓而南，又东有屋如画舫浮池上，遥与北楼对。舫前为长桥数折以达于水亭。亭在池中，建以覆井。井即应庚浚池所得。谓即古之第五泉者也。亭前兀起为荷厅，筑石梁以通往来。舫后南缘石磴循曲廊东转，缘山而下，临池为曲室数楹，修廊小阁，别具幽邃之致。阁东复缘山循池而东，山上有小亭，过其下折而北，穿石洞出，明徐九皋书'第五泉'三字刻石在洞中。洞上为观瀑亭，亭后又北为梅厅，西向。厅前列置奇石，石上有泉，即明释沧溟所得井，金坛王澍书'天下第五泉'五字刻于石。泉以南数步，又一瀑突泉与厅对。园中瀑突泉二，以拟济南趵泉林之胜，无多让焉。泉北逾山径，由石磴延缘而上，东至于平山堂。"[1]

西园占地数十亩，四周丘陵起伏，层峦叠翠，开阔粗犷，远视如深山大峰；与东侧雄壮的大明寺、栖灵塔交相呼应。园中凹陷若釜，一池清泓，碧波沧涟，为一旁的恬淡的平山堂增加了一丝灵气。池北有砖舫，浮现水际，小轩隐现；池东黄石假山拔地而起，中空外奇，外部森严石壁，似不可攀跻，内部空透异幻，洞壑磴道各抱险势。园内建筑依山傍水，

---

[1] 赵之壁. 平山堂图志 [M]. 扬州：广陵书社，2004 年 3 月第 1 版，第 3-4 页.

图 10-1-5 乾隆御碑亭

图 10-1-6 待月亭

图 10-1-7 第五泉

因势嵌缀，错落有致。顺时针有乾隆御碑亭（图 10-1-5）、待月亭（图 10-1-6）、第五泉（图 10-1-7）、美泉亭、天下第五泉、康熙御碑亭（图 10-1-8）、鹤冢、听石山房、楠木厅等名胜古迹。加之鸟鸣不绝，水流潺潺，立其中顿觉襟怀爽畅。

北丘之上有一座三开间的楠木厅，从楠木厅前沿石径蜿蜒东去，经过一片茂密的树林，复由石阶登亭，又见满月门，游园方毕。

若以造园相地而论，西园与扬州湖上园林、城市宅园不同，是扬州为数不多的山地园林。明计成在《园冶》"相地"中将选址分为山林、城市、村庄、郊野、傍宅、江湖六大类，并认为山林地为最佳。他说："园地惟山林最胜，有高有凹，有曲有深，有峻而悬，有平而坦，自成天然之趣，不烦人事之工。"[1] 蜀冈位于扬州城北，从春秋直至北宋，一直为扬州城池所在，宋代后期此处逐渐演变为扬州郊野。从地貌上讲，蜀冈为堆积－侵蚀地貌，为淮阳山脉的余续。清汪应庚在《平山揽胜志》序云："蜀冈隆然土阜，发脉万里……洪迈以为登临气概，突兀古今。盖皆指蜀冈，言之甚矣。"[2] 雍正年间，大明寺西侧始建西园，主要有梧桐径、第五泉等景点。其中第五泉早在唐代就闻名于世。唐代诗人张又新《煎茶水记》云："刑部侍郎刘公伯刍称，较水之与茶宜者，以扬州大明寺水为第五。"[3] 乾隆元年（1736），盐商汪应庚在出资重建平山堂的同时，增建、扩大西园。乾隆二年（1737）汪应庚在此开凿水池、构建园亭。在开凿过程中，又发现泉水一处，喷射而出，泉水围以古井。汪应庚认为是处为古之第五泉泉穴，所以同样命名此泉为

---

[1] 计成.园冶[M].南京：江苏凤凰文艺出版社，2015年8月第1版，第34页.
[2] 汪应庚.平山揽胜志[M].扬州：广陵书社，2004年3月第1版，第3页.
[3] 汪应庚.平山揽胜志[M].扬州：广陵书社，2004年3月第1版，第178页.

图10-1-8 康熙御碑亭

"第五泉"。开凿水池约十亩，池中架亭，梁空以通往来。"其石梁尽处，得平台，中即第五泉者也。环池亭多栽垂柳桃蓉，又者宛然如行苏公堤上。"[1] 汪应铨认为汪应庚修平山堂、大明寺及西园，"亭榭之参差，栏槛之高下，缭垣之曲直，互相荫映蔽亏。于万松茂樾、寒泉澄碧之间，行旅有憩息之所，游人有凭眺之娱，不啻于海涌一峰相伯仲矣。"[2] 海涌峰为"吴中第一名胜"苏州虎丘主峰，汪应铨对平山堂及西园景观评价很高。阮元也曾说过："平山园林之胜，在乾隆时为最，嘉庆间已渐零落……幸而林泉俱在也。"此林泉，指西园的树木和园内的天下第五泉。《江苏园林名胜》一书中写到："江南园林多平地挖池堆山而建，芳圃则开山凿池构筑。"因西园地形为中间低四周高，被称为釜式园林。

西园以水池水波沦涟，以聚为主。建筑则以隐为主，临水、散点布置在水边，面向水池集中。建筑都取低矮、近水、空透的形式，面向水池集中。根据陈从周先生的建议，西园的建筑大多从城内移建，建筑的体量和风格均与西园广池、古木的环境相协调。陈从周先生认为西园的几座建筑"安排得很妥贴……山涯水际，凭添景色，所谓古园林整旧如旧"[3]。环池四周大部分是起伏的山丘，丘冈之上遍植松树、杉树、榆树等，蔓以藤萝、梅、竹、桃、杏，形成了高是树，低是水，中间是少量建筑的布局特点，这使得全园层次分明，充满生机。同时，树木亦有分隔空间、遮掩景观的作用。池水东侧为一座高大的黄石山，对于此黄石山方家有不同的看法。

园中亭、榭、舫、阁在树木的绿阴翳空里，人工痕迹被减到了最低，这与扬州盐商宅园重建筑，重享受世俗生活，有很大的区别。

而树木除了在造园中有组景的功用外，更有渲染气氛的作用。四季的瞬息变化，自然界的种种场景，无形的时空之美，都会通过树木的盛衰枯荣，通过树木的万千姿态，通过树木的声、色、味，淋漓尽致地表现出来，比如，清魏嘉瑛写西园中风吹松树的感受，就是"松风谡谡盈山巅，幽人坐听如鸣弦。"又比如，不变的山石、建筑、水流，在变幻的风、雨、雪、雾、朝露、黄昏中，也变得丰富生动起来，借着树木的婆娑与萧瑟，或让人感受到"茂林在上，清泉在下，奇峰秀石，含雾出云"的景象，或让人体验一回"凭栏四望，萦青缭白，心凝

---

[1] 汪应庚.平山揽胜录[M].扬州：广陵书社，2004年3月第1版，第187页.
[2] 同[1]。
[3] 陈从周《园林清议》，南京，江苏文艺出版社，2005年4月第1版，第157页.

形释"的神与物游。

西园树多，草亦多，不但点缀了林木，也增添了野趣，树多草多，游人也多，真应了宋欧阳修所写："红树青山日欲斜，长郊草色绿无涯。游人不管春将老，来往亭前踏落花。"虽然欧阳公写的是游人如织观赏安徽滁州丰乐亭的盛况，但当时人们游览大明寺西园的情形也差不多。《平山揽胜志》记载："春秋佳日，州人士女携觞挈伴之游，于斯最盛。"无疑，西园这种郁郁葱葱，茂密幽深，以树木、野草为主的整体氛围，给了人们脱尘出世、反归自然的快意。而这种入林求意的韵味，又是作为扬州城市宅园的个园、何园、小盘谷等，远远无法给予的，西园也因此被评为："该园开阔而粗犷，有深山大泽的气象，在扬州园林中独具一格。"

西园极重自然的造园手法与它作为寺庙园林有关。所谓"本色住山人，且无刀斧痕"，释家追求山深林幽，追求清净无为，追求物我合一，追求在自然中获得心灵解放的意旨，这也使得作为修禅悟道的西园在风格上更趋于简约、浑朴，更融于自然。陈垣先生曾说佛教在中国广为传播的原因之一就是能利用园林，"因为有园林之胜，市朝俗客，偶一登临，便如入清凉世界，是为佛教能传播中国的第三原因。"

今天，人们厌倦了城市的钢筋水泥，厌倦了无处不在的人工绿化，"深山藏古寺"的西园，则正以它清佳自然的美，以它"入山惟恐不深，入林惟恐不密"的景象，勾起观者的游兴，吸引寻访者的脚步。

四、典故

（一）坐花载月

宋人叶梦得《避暑录话》中记载了当年欧公宴客发明了"传花喝酒"的游戏："欧阳文忠公在扬州作平山堂，壮丽为淮南第一。堂据蜀冈，下临江南数百里，真、润、金陵三州，隐隐若可见。公每于暑时，辄凌晨携客往游，遣人走邵伯湖，取荷花千馀朵，以画盆分插百许盆，与客相间。遇酒行令即遣妓取一花传客，以次摘其叶，尽处则饮酒，往往侵夜载月而归。"

（二）文章太守

庆历十六年（1056）欧阳修为出任扬州知州的刘敞饯行时作《朝中措·平山堂》词："平山栏槛倚晴空，山色有无中。手种堂前垂柳，别来几度春风？文章太守，挥毫万字，一饮千钟。行乐直须年少，樽前看取衰翁。"寄托了欧公对平山堂的情思。在该词中"文章太守"是欧阳修对刘敞的称呼。后人将有德行且有才华的扬州知州、太守、知府等称为"文章太守"。

（三）六一居士

欧阳修晚年号六一居士，其作品《六一居士传》中写到："客有问曰：'六一，何谓也？'居士曰：'吾家藏书一万卷，集录三代以来金石逸文一千卷，有琴一张，有棋一局，而常五酒一壶。'客曰："是为五一尔，奈何？居士曰：'以吾一翁，老子此五物之间，是岂不为六一乎？'"

五、人物

苏轼（1037—1101）：字子瞻，眉山（今属四川）人。苏轼出自欧阳修门下，在欧阳修担任扬州太守之后，曾经三过扬州。元丰二年（1079）苏轼第三次经过扬州，应好友之邀在扬州稍作逗留，并登平山堂作《西江月·平山堂》凭吊去世十年的恩师欧阳修："三过平山堂下，半生弹指声中。十年不见老仙翁，壁上龙蛇飞动。欲吊文章太守，仍歌杨柳春风。休言万事转头空，未转头时皆梦。"后人将这首词刻石，嵌于堂前西侧廊壁上。

苏轼上任扬州知州后，公事之余，常常到平山堂诗酒流连。为纪念欧公，他建造了谷林堂，并作《谷林堂》诗一首："深谷下窈窕，高林合扶疏。美哉新堂成，及此秋风初。我来适过雨。物至如娱予。稚竹真可人，霜节已专车。老槐若无赖，风花欲填渠。山鸦争呼号，溪蝉独清虚。寄怀劳生外，得句幽梦余。古今正自同，岁月何必书。"从此，欧苏的师生情谊成为传颂千古的文坛佳话。

大明寺平山堂西园平面图

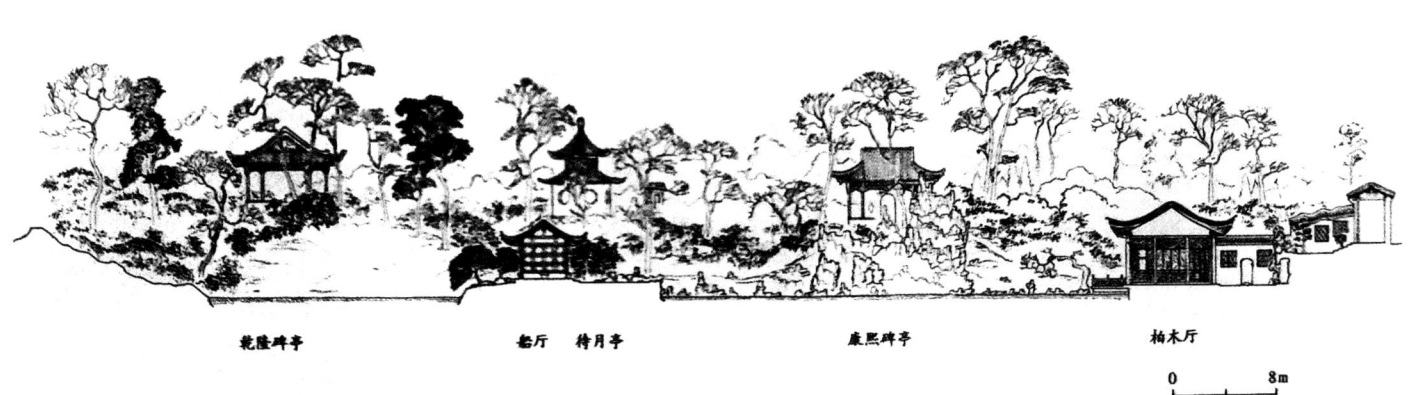

西园东视剖面图（选自《江南理景艺术》）

西园西视剖面图（选自《江南理景艺术》）

实例2：徐园

一、概况

徐园位于瘦西湖长堤春柳北端，占地 6800 ㎡，2008 年 1 月被列为扬州市文物保护单位。

二、沿革

清康熙前期，此处为韩园，又称为依园。

康熙中后期至乾隆早期，为盐商黄为荃别业，又称为桃花坞。

乾隆年间，转归盐商郑钟山，以桃花取胜，《扬州画舫录》记载："北郊白桃花以东岸江园为胜，红桃花以西岸桃花坞为胜。"后改为酒肆，名称为挹爽。

嘉庆、道光后，桃花坞废圮，逐步成为农户居住、种植、养菜之地。

民国四年（1915 年），在此地建徐宝山祠园，1917 年建成，又称为徐园。

民国十年（1921），康有为到扬州，曾住徐园冶春后社并赋七言律诗一首。

1949 年 10 月 29 日，苏北人民行政公署接管徐园、叶林、阮家坟，并成立苏北扬州园林管理处，地址设在徐园冶春后社内。

1950 年春，维修享堂、船厅。

1951 年 5 月 8 日，苏北行署在瘦西湖举办苏北地区土特产物资交流大会，对徐园等景点全面维修，新建徐园通往小金山的小虹桥（木桥），将享堂改称为听鹂馆，面东厅改称为春草池塘吟榭，船厅恢复为原桃花坞疏峰馆旧名。补植松柏、桃柳、红枫、紫薇，花坛栽植芍药。

1956年,在徐园疏峰馆西侧开辟金鱼池。

1959年春,在北端短墙基础上新建木制花廊30间。

1960年,新建春草池塘吟榭至疏峰馆曲廊9间。

1980年春,在疏峰馆西北角新建澄鲜水榭三楹。

1986年,改建瘦西湖公园办公室。

1986年9月,恢复听鹂馆面南次间外木栏,同时恢复馆前平台石栏。

三、赏析

清乾隆年间,桃花坞是著名的园林景点,以桃花而著名,山半桃花,春时红白相间,映于水面。主要园林建筑有澄鲜阁、疏峰馆、蒸霞堂、纵目亭、中川亭等。登上纵目亭则长春岭、莲性寺、红亭、白塔皆在目前。整个景点北对小金山(梅岭春深)、西临莲性寺、白塔,南接长堤春柳,东与四桥烟雨(趣园)隔湖相望,地理位置非常优越。桃花坞一景荒废后,直到中华民国期间此处才开始新的景点建设。民国二年(1913)军阀徐宝山在扬州被炸死后,扬州官绅捐资3000多元,申请民国政府专款一万元,将原韩园与桃花坞旧址之间的住户迁出,得到九亩空地,准备在桃花坞旧址上建祭祀徐宝山的飨堂。此项工程由吴次皋总负责,方泽山、许云浦、金树滋、杨丙炎等捐款人担任监造,1915年开始建造。工程进行到一半时,徐宝山夫人孙阆仙又出资2000元,众盐商出资万余元,终使工程于1917年完工。其中杨丙炎于园中一花一石的布置,费力最多。曾经担任过徐宝山幕僚吉亮工题名"徐园"。扬州名宦吴恩堂撰写《徐园碑记》碑文,介绍了建园经过。飨堂门口的两口铁镬,是扬州的出土文物,每只重约3吨。1924年焦汝霖提议将大虹桥观音庵旁和傍花村后两只铁镬皮藏徐园,后由杨曜主办此事,工成,焦汝霖于7月撰文详述其历史和功能,认为铁镬是南北朝萧梁时代的镇水神物,其实铁镬应为寺庙供莲养佛或盛水的器物。陈重光为《徐园铁镬记》篆书勒石,立于铁镬东侧。

徐园建成是民国时期扬州风景园林建设的一件大事。王振世在其著作《扬州览胜录》里指出建成徐园,并补筑长堤春柳一段,湖光胜景渐复旧观,"于是海内名流道经邗上者,争买棹泛虹桥访徐园矣。是昔日虹桥之胜在倚虹园,今日虹桥之胜则在徐园,二百年来北郊园林之兴废于此见焉。"[1] 徐园建成后冶春后社设于徐园之内,扬州诗人以此作为文酒聚会之地。

现徐园基本保持了民国初建时期的景观格局。从长堤向北,迎面一道高墙挡住游人视线,留一圆洞引人入内。园门(图10-2-1)形如满月,门额上草书"徐园"二字。园中主要建筑为听鹂馆、春草池塘吟榭、碑亭、疏峰馆等主要建筑。

听鹂馆(图10-2-2)面南三楹,架梁、站脊、歇山板瓦顶,三面廊南置卷棚。馆名取诗

---

[1] 王振世.扬州览胜录[M].扬州:广陵书社,2002年12月,第1版,第42页.

图 10-2-1 徐园园门

图 10-2-2 听鹂馆

图 10-2-3 春草池塘吟榭

图 10-2-4 疏峰馆

人杜甫"两只黄鹂鸣翠柳，一行白鹭上青天"的诗意。馆内楠木罩槅是1951年由他处移来，精刻松、竹、梅图案，是扬州现存罩槅中的精品。罩槅上悬"听鹂馆"匾额。外柱内侧抱柱悬挂陆润庠楹联："绿映苔痕留鹤篆，红流花韵爱莺簧。"外柱悬挂阮元楹联："江波蘸绿岸堪染，山色盈人秀可餐。"听鹂馆西为春草池塘吟榭，原有廊与榭相连，现廊已不存，但廊柱础尚在，以后似可恢复。

春草池塘吟榭（图10-2-3）面东三楹，架梁、站脊、歇山板瓦顶，三面廊、后檐两侧开八角门。内悬姚元三题"春草池塘吟榭"匾额。外柱悬挂魏之祯所书集联："笔落青山飘古韵，绿波春浪满前陂。"有长廊与疏峰馆相通。

疏峰馆（图10-2-4）原名船厅，面南三楹。架梁、花脊、歇山板瓦顶，四面卷棚廊（图10-2-5）。1951年整修，将中间南北、两次间东西两山墙改为隔扇。西南隔扇上悬王板哉题"疏峰馆"匾额。馆前怪石嶙峋，形态各异。其中一石形状如佝偻老人，为石中名品。

澄鲜水榭面北三楹，架梁、花脊、歇山板瓦顶，四面廊，中间为隔扇，面北廊上悬王冬龄题"澄鲜水榭"匾额，两侧悬魏之祯撰并书楹联："具体而微居然峭壁悬崖平沙阔水，托根虽浅何方虬枝铁杆密叶繁华。"澄鲜水榭旁设水码头，为画舫停泊处，这里也是远眺小金山最佳处。

总之，徐园外有曲水，内有池塘，布局舒朗、不事雕饰，花木竹石，恰到好处。

图 10-2-5 疏峰馆外廊

四、人物

1. 郑钟山：字峙漪，祖籍安徽歙县，后迁籍仪征，在扬州业盐，与江春齐名。性淳朴，以读书世其家。

2. 徐宝山（1866—1913）：字怀礼，江苏镇江人。他出生篾匠，后成为长江盐业巨枭。辛亥革命时期附势加入革命党，率军光复了扬州、泰州等地，官至扬州军政分府都督，并被孙中山大总统任命为北伐第二军上将军长。袁世凯窃取辛亥革命果实后，实行专制独裁，徐宝山拥护袁世凯。1913年5月23日，"革命圣人"张静江抓住徐宝山嗜好古董的特点，将炸弹放入预制的古董箱内，派人送到扬州的徐宝山府，徐宝山打开古董箱时被炸死。徐宝山平素爱护百姓，保护盐商，在扬州颇得民心。徐宝山死后，袁世凯亲自给他写了祭文，追封他为上将衔，副总统黎元洪为他书写了挽联。

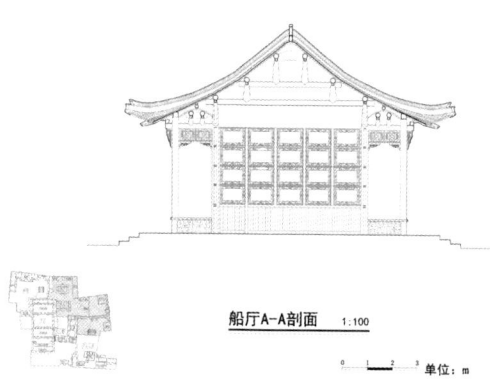

船厅剖面

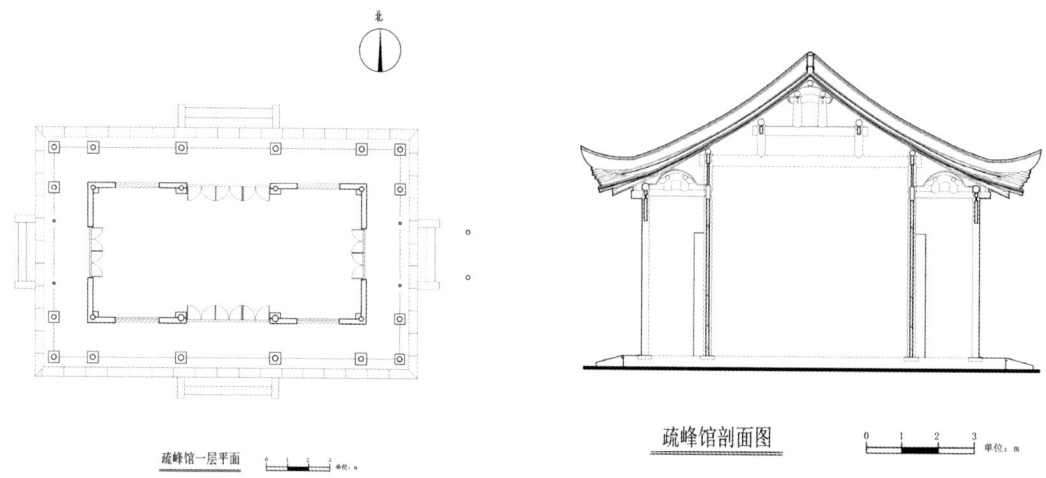

疏峰馆一层平面　　　　　　　　　　疏峰馆剖面

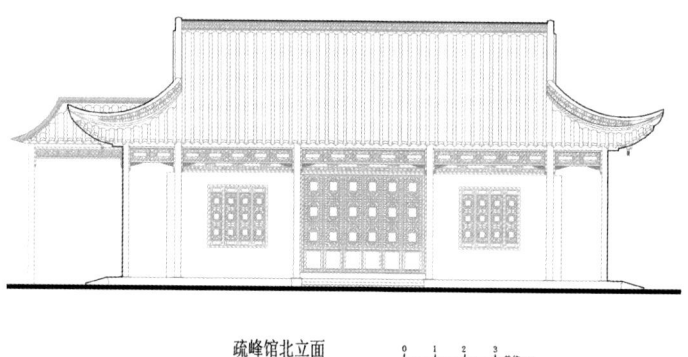

疏峰馆北立面

实例 3：小金山

一、概况

小金山在瘦西湖风景区内，是瘦西湖上地势最高的景点。其四面环水，山和园林都在湖心的小岛上，是一组依山临水的园林建筑群，占地 8000m²。2008 年 1 月被列为扬州市文物保护单位。

二、沿革

清康熙时期，小金山已成为扬州最著名风景游览胜地。据清吴绮（1619—1694）《扬州鼓吹辞》序记载："城北一水通平山堂，名瘦西湖，本名保障湖。其东南有小金山焉，在城北约二三里。昔刘宋时徐湛之建风亭、月观、吹台、琴室，植花药果竹，召集文士，尽游玩之适。至今虽历经重建，其迹仍在。"[1]

清乾隆二十二年（1757），盐商程志铨增建小金山，更名为梅岭春深（图 10-3-1）。

乾隆后期，小金山归仪征籍盐商余熙所有。

清咸丰年间，小金山景观遭到兵火破坏。

同治八年（1869）前后，两淮盐运使方浚颐募资重建部分景点。

光绪五年（1879），复建部分景点。

光绪八年（1882），汪研山、盐商李维之等人在原址修复了御碑亭、关帝庙、湖上草堂、曲廊、绿荫馆、观荷方亭、观音殿、风亭、梅岭春深门、琴室、月观等建筑，并请寺僧看护。

光绪三十年（1904）春，月观因火焚而修葺重建。

---

[1] 扬州丛刻 [M]．扬州：广陵书社，2010 年 6 月第 1 版，第 411 页．

图 10-3-1 "梅岭春深"题名

图 10-3-2 钟乳石盆景

民国二十三年（1934）前，对小金山吹台进行维修。民国二十三年（1934）年 9 月朱偰（1903—1968）在《扬州纪游》中写到："（湖心律）寺西半岛邻水，有亭翼然，前作月门，左右方棂，游人未登亭，即见月洞门中，五亭桥掩映水上；左侧方窗中，白塔岿然天际；取景至妙，俨然图画，即此一亭，可见匠心之巧。吾国建筑师，布景取物，入画而兼有诗意，非胸有丘壑者，不克臻此也。"[1]

1934 年，重修了小金山风亭，重建了月观西侧御碑亭，改名为观自在亭。

1951 年，扬州园林管理所对小金山区域内的诸多建筑进行了全面整修，后又因建筑的安全原因多次对其进行了简单的保养维护。

1953 年秋，对小金山进行全面维修，在通向吹台柳堤中段，驾两侧塑有八龙头的八龙桥通向北岸。移壶园钟乳石云盆（图 10-3-2）陈列在一对古银杏之间，作为园门对景。移棣园小蓬壶青石水盆置绿筱沧涟南平台。

重建风亭，改木柱为花岗岩石柱和箱形混凝土基础。小金山交扬州市园林管理所管理，成为继徐园、劳动公园后又一对外开放公园。琴室、绿筱沧涟，由僧人售茶。

1954 年，扬州遭受特大水灾，吹台长期浸泡水中，建筑倾斜。1955 年落架大修。此次维修将吹台南北墙上方窗改为圆形月洞门，东墙改为敞门，上设罩阁，下设两截矮墙。

1957 年，整修月观后庭院、桂花厅、棋室，连同月观开辟为接待室。1962 年 5 月扬州市人委将小金山列为文物保护单位。

1957 年秋，著名建筑学家梁思成来到静观小区，他称赞该区布局得体，构筑精良，环境典雅、花木幽深，为瘦西湖园中园之佳作。

1973 年，因新建鉴真纪念堂缺三根花岗岩大条石，拆除八龙桥，将桥移至风亭坡下，改建为混凝土平桥。

1977 年冬，将小虹桥改建为混凝土仿古桥。拆除原湖心律寺天王殿三楹，改建单墙上圆下方形门。移原置桥南牌楼处明末白石石狮于园门两侧。该对石狮原系便益门外古北寺遗

---

[1] 刘训扬.民国扬州风情{M}扬州：广陵书社，2009 年 11 月第 1 版，第 52-53 页.

图10-3-3 小金山圆门

图10-3-4 关帝殿

物,雕刻精良、生动活泼,为扬州石雕艺术佳作。门东侧花墙与琴室相连,西与原墙相连。关帝殿原站脊改为花脊。

1978年和1983年,因小金山水土流失严重两度垒石加上。1986年5月,在原有工程基础上,采用叠石和垒石挡土相结合的手法,解决水土流失,同时应用叠石艺术加固风亭基础,改善原砖砌形似碉堡有碍景观的现象,共叠黄石8000t,堆土1000m³,完工后广植春梅。

1988年8月,复建玉版桥,旧址在湖心律寺南侧改建为北侧,同年11月竣工。

2003年,琴室维修,瓦望落地,牮正木构架,更换整修腐蚀之檐柱及木构件;翻盖瓦屋面,增加防水材料;更换中间通道门,恢复砖细门镶框;增添前檐挂楣隔扇,木构架油漆养护。

2005年,对吹台进行了拾屋、油漆养护;2007年,又进行了一次油漆养护。2006年,月观、棋室维修,基础、地基使用传统方法进行加固;柱础重新拆装,地坪翻铺方砖地坪;按建筑传统做法,增设月观南北立面围栏,木构件原样恢复,其中腐朽木构架用老杉木制换,

墙体重砌。

三、赏析

著名文学家朱自清曾称小金山(图10-3-3)"望水最好,看月也不错"。

现小金山景区基本保留了清光绪时期重建时的景观格局,建筑密集,有关帝殿、琴室、静观小区、湖上草堂、吹台、绿荫馆、玉版桥、风亭、玉佛洞、小南海等诸景。

关帝殿(图10-3-4),面南三楹,架梁、花脊、歇山板瓦顶,三面砖砌到顶,面南设廊,全隔扇。殿中上悬关帝殿匾额,北墙中间悬挂李亚如撰并书楹联:"借取金山一角,堪夸其瘦;移来金山半点,何惜乎小。"外柱悬挂翁同龢撰尉天池书抱柱:"弹指皆空,玉局可曾留待去;如拳不大,金山也肯过江来。"东侧开小门至琴室庭院,西侧开小门通湖上草堂,面南庭院置花石纲遗物,南为改建的小金山园门,园门面南上为桑榆题"小金山"石额。

琴室(图10-3-5)位于正门临湖处,面南三楹,梁架站脊,硬山板瓦顶,面前全隔扇,

图 10-3-5 琴室

图 10-3-7 木樨书屋

图 10-3-6 "静观"石额门

两次间置木栏，东侧设小门通观自在亭。后檐中间开门，外嵌"琴室"石额。琴室内悬包契常题"琴室"横额，外柱悬挂魏之祯书旧联："一水回环杨柳外，画船来往藕花天。"

琴室后院三楹与琴室对合，原为僧舍。面南三楹，梁架，硬山板瓦顶，后檐、两山砖砌到顶，中间设板门，前后二进建筑间，砖砌白粉墙相连，设砖台栽植花木。西侧八角门通向关帝殿，东侧八角门门额上嵌邓石如"静观"石额（图 10-3-6），入门为静观小区，由木樨书屋、棋室、月观三组建筑组成。

木樨书屋（图 10-3-7）俗称小桂花厅，面南三楹，梁架硬山板瓦顶，面南设外廊，东侧通棋室，内悬陈从周题"木樨书屋"匾额。屋前西墙嵌《重修法海寺殿宇记》石碑一方。室内陈设书架及文房四宝，木樨是桂花的意思。庭院内百年桂树，枝繁叶茂，围墙似屏风折叠绵延，有庭院深深深几许的意境。

沿书屋廊折而向北，为棋室（图 10-3-8）。棋室面东三楹，架梁站脊，硬山板瓦顶，面南设外廊，北侧接廊通月观后门。中悬尉天池题"棋室"匾额，两壁陈列清代青花瓷版嵌屏。该屏风于 1962 年为扬州市文物商店在天津收购，后转让扬州园林管理所，陈列于徐园听鹂馆。"文化大革命"期间隐藏加以保护，1975 年 4 月复列听鹂馆，1983 年春陈列于棋室。棋室内两块棋盘砖，是乾隆四十八年（1783）由苏州监造进贡给皇帝的金砖。

图 10-3-8 棋室

图 10-3-9 棋室庭院图

图 10-3-10 月观室内

图 10-3-11 观自在亭

室外庭院（图 10-3-9）与月观后檐相对，月观窗后叠湖石山，北侧湖石花台栽种蜡梅、天竺。南侧湖石花台栽种枇杷，下种牡丹名种玉楼春，系 1961 年由吉祥庵移栽而来。

棋室北以串廊与月观（图 10-3-10）相接。月观三楹，架梁站脊，坐西朝东，依水而建，三面回廊，翘角飞檐，南北山墙辟以短窗，西侧景窗尽收庭院内的花木假山之四时变化，如有形窗收无心画，东侧长窗落地，朱栏临水，立廊上，可见夭桃疏柳，横卧水滨，水波荡漾，倒影摇曳。室内中间上悬陈重庆题月观匾额，两侧抱柱悬郑板桥旧联："月来满地水，云起一天山。"室内陈设整套的清式红木家具，做工精良，图案为莲藕、莲花、莲子和鸳鸯等，与扬州民间中秋习俗相合。月观为瘦西湖湖上赏月佳处。

月观向南湖边，有一亭旧称御碑亭，内供奉御制《上巳日再登金山》诗一首，书唐人绝句一首，后改名为观自在亭（图 10-3-11）。亭内放置石桌、石凳，供游人小憩。

月观外廊北端，"梅岭春深"砖砌门楼，题额为清代书法家刘瑑年。门内山径蜿蜒，拾级至山顶，可登风亭。

风亭（图 10-3-12）为重檐四角，板瓦顶，花岗岩石柱，箱形混凝土亭基，置坐栏，白石地坪，

图 10-3-12 风亭

藻井绘风吹牡丹，四周画百鸟朝凤图案。檐间悬清阮元题"风亭"匾额。亭有挑角，角悬风铃，时有风来，铁马丁冬，清响可听。两柱悬挂王茂如联云："风月无边，到此胸怀何似；亭台依旧，羡他烟税全收。"

拾级下山有三条石径，西行中段平台为1978年整修小金山所辟，平台石栏为法海寺石栏遗物。在此可远眺五亭桥、白塔、钓鱼台诸景。沿山径西行，越石梁，即达观音殿。

观音殿（图10-3-13）俗称小南海，面西三楹，梁架站脊，重檐歇山板瓦顶。殿前松树挺立，高出檐际，虬枝铁干。殿前六角门通"寒竹松风"半亭，该亭坐落在玉佛洞之顶。栏槛作美人靠，可倚可坐，可凭可眺。在此西望湖水，微波不兴，鱼跃涟漪，亭桥卧波，白塔傲然。亭下玉佛洞，内有曲道两转。洞顶原有一尊石造观音像，迁至观音殿。殿有石像六尊，其中有玉女造像一尊。还有一尊由凫庄观音跳移此，因此名做观音菩萨诸像。

小金山大门向西有三间四面开窗的大厅，即为湖上草堂（图10-3-14）。堂为架梁花脊，歇山板瓦顶。前围以石栏，柱头雕有石狮，栏板纹饰古拙，左右栽植苍松、绿梅、紫藤等。堂中间上悬清代书法家、扬州知府伊秉绶题额"湖上草堂"，两侧并悬联云："白云初晴，旧雨适至；幽深未已，高潭转清。"外柱悬楹联："莲出绿波桂生高岭，桐间露落柳下风来。"高坐堂上，可直览莲花桥、白塔、全湖风景，尽收眼底。

草堂西建有一座大厅，名为绿荫馆（图10-3-15）。面南三楹，架梁站脊，歇山板瓦顶，三面廊，后檐三间。馆内中间上悬陈重庆书"绿筱沧涟"匾额，跋曰："此处旧为绿荫馆，二分竹，三分水，致佳境也。取康乐诗句，改题额。"馆外中间上悬刘海粟所题"绿荫馆"匾额，外柱悬其夫人夏伊乔书写的旧联："四面绿荫少红日，三更画船穿藕花。"此厅前平台地势宽敞，周围围有石栏杆，台中植一对黑松，树枝虬曲犹劲。松间横置"小蓬壶"青石水盆（图10-3-16），由绿荫馆西行经长渚至吹台。

吹台（图10-3-17）又名钓鱼台，平面为方形，重檐台隔板瓦顶，西、南、北向砖砌到

图 10-3-13 观音殿

图 10-3-14 湖上草堂

图 10-3-15 绿荫馆

图 10-3-16 小蓬壶青石水盆

图 10-3-17 吹台

顶，各开一园门，面东为敞门，上设罩阁，下置木质短栏。内悬沙孟海题"吹台"匾额，外悬刘海粟题"钓鱼台"匾额，两侧悬挂启功题书旧联"浩歌向兰渚，把钓待秋风"。吹台三面濒湖，各开满月洞门予以借景，是中国园林建筑借景的杰出典范，有"三星拱照"之称。吹台旁设水马头，游人到此，颇有濠上观鱼之乐。

四、吹台框景探源

小金山吹台又称为钓鱼台，是其中一座重要的园林建筑，是中国古典园林框景艺术的杰出代表。陈从周先生说："从钓鱼台两圆拱门远眺，白塔与五亭桥正分别进入两圆门中，构成了极空灵的一幅画面。每一个到过瘦西湖的，在有意无意之中见到这种情景，感到有但可意味不可言传的妙境。"[1]吹台框景的形成是一个长期的历史发展过程。

（一）南北朝

扬州吹台始于南北朝刘宋时期。公元447年南兖州（即今扬州）刺史徐湛之到任，"广陵城旧有高楼，湛之更加修整，南望钟山。城北有陂泽，水物丰盛。湛之更起风亭、月观、吹台、琴室，果竹繁茂，花药成行，招集文士，尽游玩之适，一时之盛也。"[2]徐湛之所建吹台在汉广陵城"宫城东北角池侧"[3]，位于现在扬州的唐子城区域。

南朝刘宋定都建康（今南京），距南兖州不远。南兖州是刘宋王朝重要的北门户，地理位置非常重要。元嘉年间，南方承平日久，社会经济不断发展、日趋富庶，园林建造在汉代的基础上有所发展，由于文化上受到魏晋以来，特别是刘宋时期谢灵运山水诗、宗炳《画山水序》画论的影响，园林与两汉相比有很大揿折。两汉园林追求侈大豪华，乘车马游观、射猎为主的游乐性大园，而南朝园林转为追求自然景物之美、寄托襟怀、陶冶性灵，园林在规模、境界、意趣上发生了重大变化，向前发展了一大步。

南朝时期，寄情山水成为一种时尚。不仅仅是不得意而退隐者，即使是在位的显官贵族也以此为风雅之事，纷纷建造园林别墅。徐湛之是宋武帝刘裕的外孙，属于显官贵族。史书记载他"善于尺牍，音辞流畅。贵戚豪家，产业甚厚。室宇园池，贵游莫及。伎乐之妙，冠绝一时"[4]。他在都城建康建造的园林就很富丽堂皇。同时，他还善于歌舞，在当时最为著名。徐湛之到扬州建造的园林，有亭、台、观、室等多种建筑形式，栽种果树、竹子、芍药、花草等植物，是一座具有山水意境的园林。该园林供文人雅集、游玩，这成为当时扬州城

---

[1] 陈从周. 园林谈丛 [M]. 上海：上海人民出版社，2008，第140页.
[2] 沈约. 宋书 [M]. 北京：中华书局，1996，第1847页.
[3] 乐史. 太平寰宇记 [M]. 北京：中华书局，2007，第2445页.
[4] 同[2]。

的一大盛事。毫无疑问，吹台是这座园林中的重要建筑。有人赞曰："徐湛之筑吹台，盖取其三面濒水，湖光山色映入眉宇，春秋佳日，临水作乐，真湖山之佳境也。"[1]

余开亮在研究六朝园林时指出："如果按照园林建制和园林审美趣味划分的话，六朝私家园林可以分为富贵园和写意园两类……从事实上看，这两种园林并存于六朝的任何朝代，但就整个六朝的园林发展来看，又有一个由富贵园向写意园演变的逻辑过程。"[2] 他进而指出富贵园的几个基本特征，如"富贵园主全部是位极人臣的权势贵族""游园活动豪奢热烈，声乐歌姬，皆从上品""富贵园大多数为城市园"[3]等。对照分析可知，徐湛之在扬州建造的园林尽管有山水意境，但其本质上应该未脱富贵园气息。仍然是"追求华丽的园林景观，讲究声色娱乐之享受，显示其偏于绮靡的格调"[4]。前文已经指出徐湛之善于歌咏、舞蹈，可以推断徐湛之所建吹台，主要功能应该是供多人户外表演歌舞，建筑形式是临水平台或高台。

（二）清康熙时期

随着历史的不断演进，扬州城池不断向南变迁，到明清时期，徐湛之建造吹台的汉广陵城一带早已成为农田，再次建成吹台为清康熙时期。

清康熙时期，扬州成为东南盐业、漕运的中心，大批山西、陕西、安徽的商人承其祖业，再次来到扬州从事盐业贸易。盐商在扬州建造园林，特别是扬州北郊瘦西湖一带，成为盐商建造园林的最佳场所。康熙中后期的扬州园林已经逐渐向湖上园林阶段发展，这与康熙皇帝的南巡有着密不可分的关系。虽然康熙的南巡以视察河患与治理黄、淮为主要目的，但其于康熙二十三年（1684）、二十八年（1689）、三十八年（1699）、四十二年（1703）、四十六年（1707）先后途经扬州，在扬州期间他对名胜古迹有着异乎寻常的兴趣，多次游览平山堂、法海寺等瘦西湖沿线景点，皇帝南巡游览园林的行为激发扬州盐商兴建园林的热潮。

著名文人王士祯写于康熙元年（1662）的《红桥游记》中描写了当时瘦西湖水系的景致："出镇淮门，循小秦淮折而北，陂岸起伏多态，瞩目蓊郁，清流映带。人家多因水为园亭树石，溪塘幽窈而明瑟，颇尽四时之美。"[5] 康熙二十七年（1688）孔尚任描述扬州瘦西湖一带景色时，写到"地接城埂，富贵家园亭，一带比列，箫鼓游舫，过无虚日。"[6] 李斗在《扬州画舫录》中记载："郡城以园林胜。康熙间有八家花园：王洗马园即今舍利庵，卞园、员园在今小金山方家园田内，贺园即今莲性寺东园，冶春园即今冶春诗社，南园即今九峰园，郑御

---

[1] 章采烈.中国园林艺术通论［M］.上海：上海科学技术出版社，2004，第159页.
[2] 余开亮.六朝园林美学［M］.重庆：重庆出版社，2007，第110页.
[3] 余开亮.六朝园林美学［M］.重庆：重庆出版社，2007，第117页.
[4] 周维权.中国古典园林史［M］.北京：清华大学出版社，2008，第145页.
[5] 汪应庚.平山揽胜志［M］.扬州：广陵书社，2004，第5页.
[6] 孔尚任.湖海集［M］.上海：上海古典文学出版社，1957，第197页.

史园即今影园，筱园即今三贤祠。"[1]总之，康熙时期，当时从虹桥、到法海寺、到平山堂已经逐渐形成了一条围绕水系所展开的郊外冶游路线，而小金山也成为著名风景游览胜地之一。

清吴绮《扬州鼓吹辞序》记载："城北一水通平山堂，名瘦西湖，本名保障湖。其东南有小金山焉，在城北约二三里。昔刘宋时徐湛之建风亭月观吹台琴室，植花药果竹，召集文士，尽游玩之适。至今虽历经重建，其迹仍在。风亭名未改，月观即东厅也。吹台今呼为钓鱼台。其厅悬有一联，云：'一水回还杨柳岸，画船来去藕花天'，则琴室也。每逢夏日郡人咸乘小舟，徜徉其间以为乐，日夕归来，小舟点点如蜻蜓，掩映夕阳，直如画境，而扬州之风景游览，亦以此为最胜焉。"[2]吴绮是扬州人，康熙五年（1666）任湖州知府，以多风力，尚风节，饶风雅，时人称之为"三风太守"。康熙八年（1669）后失官回扬州，康熙三十三年（1694）去世。吴绮是顺康时期著名的文人，与吴伟业、龚鼎孳、冒襄等多有交往，并多次在扬州参与文人雅集活动。他在《扬州鼓吹辞序》中认为康熙时期小金山的吹台、风亭等建筑为南朝徐湛之始建，后历经多次重建后的遗迹，显然是不准确的。但是吴绮的说法客观上表明了扬州文人对徐湛之建造园林、举办文酒之会等文化传承上的一种自觉。

康熙时期，小金山主要景点为风亭、东厅、钓鱼台、琴室。在此近可观法海寺，南可望虹桥，北可眺平山堂、大明寺。小金山周边建有不少园林，如韩园（又称为依园）就在其南。1664年，陈维崧、毕际有、林古度、龚贤等十七位著名文人、画家曾在韩园雅集，陈维崧写下《依园游记》。小金山东与黄园（乾隆时期称为趣园）隔湖相对，康熙中后期黄园应该已经建成。

尽管吴绮错误地认为钓鱼台的前身是南朝时的吹台，但康熙时期钓鱼台（吹台）是何种建筑形式未见于文字表述，也没有相应的园林图画传世。我们推断康熙时期小金山钓鱼台（吹台）应为邻水建筑，其建筑形式极有可能为四周无墙体的空亭，便于垂钓者遮阳、挡雨以及供游人观景。

（三）清乾隆时期

清乾隆时期为扬州园林鼎盛期，时有"扬州园林，甲于天下"的美誉。为迎接乾隆皇帝1757年的第二次南巡，扬州盐官、地方官府及盐商加快了瘦西湖沿线的园林建设进程，掀起了园林建设的高潮，瘦西湖重要的景点五亭桥、白塔均在1757年乾隆皇帝南巡之前建成。

据李斗《扬州画舫录》记载："乾隆二十二年，高御史开莲花埂新河抵平山堂，两岸皆建名园。北岸构白塔晴云、石壁流淙、锦泉花屿三段，南岸构春台祝寿、筱园花瑞、蜀冈朝旭、春流画舫、尺五楼五段。"[3]这一年，小金山也

---
[1] 李斗.扬州画舫录［M］.扬州：广陵书社，2017，第10页.
[2] 陈恒和.扬州丛刻［M］.扬州：广陵书社，2010，第411-412页.
[3] 李斗.扬州画舫录［M］.扬州：广陵书社，2017，第174页.

经历了一次重大的建设。

李斗《扬州画舫录》记载:"梅岭春深即长春岭(即小金山),在保障湖中,由蜀冈中峰出脉者也。丁丑年(1757)间,程氏加葺虚土,竖木三匝,上建关帝庙。庙前叠石马头,左建玉板桥,右构岭上草堂。堂后开路上岭。中建观音殿。岭上多梅树,上构六方亭。岭西复构小屋三楹,名曰'钓渚'。程氏名志铨,字元恒,午桥之兄。筑是岭三年不成,费工二十万,夜梦关帝示以度地之法,旬日而竣。"[1] 程志铨是接驾乾隆首次南巡的盐商商总程可正的族孙,他为迎接乾隆皇帝南巡,对小金山重新营建。程氏营建主要有5个方面,一是加葺虚土,增高了山体;二是增建关帝庙、观音殿等宗教建筑;三是建岭上草堂、六方亭、钓渚等园林建筑;四是大量栽种梅花;五是题名景点,将小金山命名为更富诗情画意的"梅岭春深"。经过程氏新建后小金山的景观与康熙时候大为不同,特别是建成了关帝庙后,"居民水旱祷焉"[2],使小金山成为具备公共游览地性质的景点。

程氏营建的"梅岭春深"画成园林图后,被编入两淮盐运使赵之壁编纂的《平山堂图志》一书。该书于1765年乾隆皇帝第四次南巡结束后刊刻。书中对扬州北郊到平山堂一带的园林和名胜分别加以叙述,并次以历代艺文。书前附名胜全图128幅,图10-3-18是梅岭春深长堤图画,图画中长堤上亭为六柱重檐园形空

图10-3-18《平山堂图志》中梅岭春深长堤"园亭"图

亭,此亭为无名亭,位于现吹台位置。

程志铨之后,梅岭春深归仪征籍盐商余熙所有。余熙喜爱园林,在仪征有著名的白沙翠竹江村。他还工诗、善书,亲自在小金山西垣门书写"梅岭春深"石额。余熙对梅岭春深的长渚上的园亭进行了改建,"堤尽构方亭,为游人观荷之地。"[3] 图10-3-19是《江南园林胜景》图册中的梅岭春深长堤及方亭图画,绘于

---

[1] 李斗.扬州画舫录[M].扬州:广陵书社,2017,第159-160页.
[2] 赵之壁.平山堂图志[M].扬州:广陵书社,2004,第23页.
[3] 李斗.扬州画舫录[M].扬州:广陵书社,2017,第160页.

图 10-3-19 《江南园林胜景》图册中梅岭春深长堤"六角方亭"

乾隆四十五年（1780）到乾隆四十九年（1784）间。余氏构方亭的主要目的是便于游人观湖中荷花。从图中可以看到，方亭为重檐六角形空亭，此亭仍无名，位于原亭处。

综上，清乾隆年间，瘦西湖现吹台为空亭，亭无"吹台"之名的记载。因亭无窗，无框景功能。

（四）清嘉道时期

清嘉庆、道光年间，随着漕运体制的崩溃、盐业制度的改革，扬州城市经济的两大基础性优势丧失，盐商的垄断地位丧失，其建造的园亭也就逐步荒芜了。阮元在《扬州画舫录》跋里对此段时期扬州园林的衰败有真实的描述。道光十四年（1834）他写道："嘉庆八年过扬，与旧友为平山之会。此后渐衰，楼台倾毁，花木凋零。嘉庆二十四年过扬州，与张芝塘孝廉过渡春桥，有诗感旧；近十余年闻荒芜更甚。且扬州以盐为业，而造园旧商家多歇业贫散，书馆寒士亦多清苦，吏仆佣贩皆不能糊其口……李艾塘斗撰《画舫录》在乾隆六十年，备载当年景物之盛，按图而索，园馆之成黄土者七八矣。"[1] 道光十九年（1839）冬天他又写道："自《画舫录》成，又四十余年。书中楼台园馆，仅有存者。大约有僧守者，如小金山、桃花庵、法海寺、平山堂尚在；凡商家园丁管者多废，今止存尺五楼一家矣。"[2] 金安清在《水窗春呓》中记载："扬州则全以园林亭榭擅场，虽皆由人工，而匠心灵构，城北七八里夹岸楼舫无一同者，非乾隆六十年物力人才所萃，未易辨也。嘉庆一朝二十五年，已渐颓废。余于己卯（1819年）庚辰（1820年）间侍母南归，犹及见大小虹园，萃丽曲折，疑犹

---

[1] 李斗.扬州画舫录[M].扬州：广陵书社，2017，第229页.
[2] 同[1]。

蓬岛，计全局尚存十之五六。比戊戌（1838年，清道光十八年）赘姻于邗，已逾二十年，荒田茂草已多，然天宁门城外之梅花岭、东园、城闉清梵、小秦淮、虹桥、桃花庵、云山阁、尺五楼、平山堂，皆尚完好。五六七诸月，游人消夏，画船箫鼓，送夕阳，醉新月，歌声遏云，花气如雾，风景尚可肩随苏杭也。是时阮文达致仕家居，已及八十，每以肩舆游山，憩邗上农桑，与同辈老宿二三人，煮茗论古。白头一老，如入画图，真为承平佳话。追粤寇之变，遂成干戈驰突之场，而名胜皆尽矣。"[1]

从阮元、金安清的记载可知，清嘉庆至道光年间，扬州北郊特别是瘦西湖一带的园林景观衰败是一个逐步的过程，直至道光末年，瘦西湖小金山等部分园林景观，特别是宗教景观保存尚较为完好，小金山长堤尽头方亭应该是保留着乾隆后期的形制和样式。

（五）清咸丰时期

清咸丰年间是扬州瘦西湖园林景观破坏最为严重的时段。1851年太平军自广西兴起，1953年定都南京，此十余年间，太平军在江南与清军展开了拉锯战，这对江南经济、社会带来了严重影响，而扬州也不可避免地受到创伤。当时，清军江北大营的所在地就在扬州，双方你来我往的征战长达十一年之久。在此期间，扬州郡城叠陷，几经兵燹之灾，破坏得极为惨烈。倪在田在《扬州御寇录》中感叹道："（扬州）何意枉矢宵流，大枪蹂躏，血肉膏于城烟，庐舍红于烽火，并其屡世经营蕴积之，摧折掷弃，荡无存焉……"[2] 太平天国战争对园林景点的破坏也是空前彻底的，就瘦西湖一地而言，清中期以前兴建的湖上园林建筑景观，如平山堂、法海寺、小金山、莲花桥桥亭等几乎全部毁于兵火之灾。小金山长堤尽头的方亭（吹台）未能幸免，唯一幸免的只有白塔一处建筑。

（六）清同治、光绪时期

清同治（1862—1874）、光绪（1875—1908）年间，扬州北郊瘦西湖园林景观此时逐步有一些恢复和起色。王振世《扬州览胜录》记载："同光以来，海内承平，两淮鹾业渐盛，君之士大夫乐宴游而厌烦嚣者，群以兴复名胜为急务。时值定远方公浚颐转运两淮，以振兴文物为己任，慨然捐修平山堂、谷林堂、洛春堂、平远楼诸名迹；并于长春桥东岸建三贤祠，祀欧阳文忠、苏文忠、王文简三公，而又以冶春诗社附设祠中，时与四方名流饮酒赋诗，往来湖上。于是小金山、功德山、莲花桥、法海寺诸名迹，亦次第兴修。"[3] 小金山景点在光绪中期才得以修复，在《甘泉县续志》中"小金山寺"条目中有明确记载："长春岭旧有关帝庙殿宇三楹，名关神勇庙，兵燹圮废。光绪中，郡人修复名胜，因重建关帝殿，故以寺名……宣统间，僧清泰增缮厅事及廊榭，邦人士多游憩与此。"[4]

---

[1] 金安清. 水窗春呓 [M]. 北京：中华书局，1984年3月第1版，第46页.
[2] 中国史学会. 中国近代史资料丛刊：太平天国. 第4卷 [M]. 上海：神州国光社出版，1953，第104页.
[3] 王振世. 扬州览胜录 [M]. 南京：江苏古籍出版社，2002，第10页.
[4] 钱祥保. 甘泉县续志 [M]. 南京：江苏古籍出版社，1991，第441页.

图10-3-22 吹台1954年改建前照片

桥,从框中观赏的白塔和五亭桥,便有更高艺术效果,增加了诗情画意。"[1]

从清乾隆二十一年至二十二年(1756—1757)间,扬州瘦西湖白塔、五亭桥建成,到清咸丰四年至六年(1854—1856),将近100年来,瘦西湖一直是白塔、五亭桥以及梅岭春深长渚亭共存,这段时期,扬州园林发展达到巅峰。著名文人刘大观(1753—1834)在乾隆五十四年冬丁忧离职,到西园曲水游览,在扬州提出"杭州以湖山胜,苏州以市肆胜、扬州以园亭胜。三者鼎峙,不可轩轾"的著名论断。但在扬州园林巅峰阶段没有出现吹台框景的创举,反而是在清光绪及民国年间扬州园林发展的衰落期完成吹台框景这一经典案例。除去历史的偶然性之外,背后有其他诸种原因。

1. 框景艺术的传统积淀

美学家宗白华先生认为园林当中无论是借景、对景,还是隔景、分景,都是通过布置空间、组织空间、创造空间、扩大空间的手法来实现的,其中园林建筑中的窗子在借景中的地位非常重要。"窗子在园林建筑艺术中起着很重要的作用。有了窗子内外就发生了交流。窗子外的竹子或青山,经过窗子的框框望去,就是一幅画。颐和园乐寿堂差不多四边都是窗子,周围粉墙列着许多小窗(李渔所谓尺幅窗,无心画)。而且同一个窗子,从不同角度看上去,景色都不相同。这样,画的境界都无限地增多了。"[2] 美学家李泽厚在其著作《美的历程》中指出:"大概随着晚期封建社会中经济生活和意识形态的变化,园林艺术日益发展。显示威严庄重的宫殿建筑的严格的对称性被打破,迂回曲折、趣味盎然、以模拟和接近自然山林为目的的建筑美出现了。空间有畅通,有阻隔,变化无常,出人意料,可以引发更多的想象和情感,'山重水复疑无路,柳暗花明又一村',这种仍然是以整体有机布局为特点的园林建筑,却表现着封建后期文人士大夫们更为自由的艺术观念和审美理想……它希求人间的环境与自然界更进一步的联系,它追求人为的场所自然化,尽可能与自然合为一体。它通过各种巧妙的'借景''虚实'的种种方式、技巧,使建筑群与自然山水的美沟通汇合起来,而形成一个更为自由也更为开阔的有机整体的美。连远方的山水也似乎被收进在这人为的布局中,山光、云树、帆影、江波都可以收入建筑之中。"[3] 为

---

[1] 杨贲丽[M].城市园林绿化规划.北京:中国林业出版社,1995.
[2] 宗白华.美学散步[M].上海:上海人民出版社,2005,第116页.
[3] 李泽厚.美的历程[M].北京:三联书店,2015,第68页.

证明自己的观点,李泽厚先生选用了扬州瘦西湖吹台框景图作为了插图。周维权先生在研究南朝私家园林时指出:"南朝时期私家园林呈现设计精致化的趋向,建筑手法更为细致,"如收摄园外'借景'以沟通室内室外的空间、透过窗牖的'框景'等等"。[1] 由此可见早在南北朝时期,框景已经成为园林景观营造的一种手法。当然框景并不只限于窗,也可以是门洞。当时文人多有诗文描绘,如谢朓《新治北窗和何从事诗》云:"辟牖期清旷,开帘候风景。泱泱日照溪,团团云去岭。岧(峣)兰橑峻,骈阗石路整。池北树如浮。竹外山犹影。"李渔在康熙十年(1671)刊刻的《闲情偶记》中也提到框景的具体做法,他指出:"开窗莫妙于借景……予又作观山虚牖,名'尺幅窗',又名'无心画'。"[2] 李渔的做法在扬州园林中也很常见,如同时期,盐商黄晟建造的西园曲水的主要景点觞咏楼后开窗,"裁纸为边,若横披画式,中以木槅嵌合。俟小洪园花开,趣抽去木槅,以楼后梅花为壁间画图。此前人所谓"尺幅窗、无心画"也。"[3] 可见,框景手法是扬州园林的传统。

2. 空间地位的变化要求

白塔、五亭桥建成后,从1757—1784年乾隆皇帝五次巡幸扬州。根据朱福烇先生统计,除寺庙外乾隆皇帝游览三次巡幸倚虹园、净香园、九峰园,两次巡幸趣园,另外还巡幸过水竹居(石壁流淙)、蜀冈朝旭、邗上农桑、竹西芳径等园林景点。客观上讲,倚虹园、净香园、九峰园、趣园等应该是乾隆时期扬州湖上园林的杰出代表,为皇帝所钟爱。梅岭春深(小金山)尽管被列为北郊二十四景之一,其在湖上园林的地位并不太高,甚至于吹台位置上的小亭,尽管形式有变化,但一直作为无名亭,默默点景十里湖山。

到清光绪中期,倚虹园、净香园、九峰园、趣园等湖山园林之翘楚者早已灰飞烟灭。五亭桥、白塔向西再向北,"一路楼台直到山"的景观也荡然无存。此时小金山(梅岭春深)的地位被进一步凸显。民国四年至六年(1915—1917)建成徐园并补筑长堤春柳一段,湖光胜景渐复旧观。

徐园建成是民国时期扬州风景园林建设的一件大事。王振世认为徐园建成后,"于是海内名流道经邗上者,争买棹泛虹桥访徐园矣。是昔日虹桥之胜在倚虹园,今日虹桥之胜则在徐园,二百年来北郊园林之兴废于此见焉。"[4] 徐园建成后,吹台东可观岭上景观如风亭、湖山草堂等;西可观五亭桥、西南方可观白塔;南可观徐园享堂、船厅;北可眺平山堂、大明寺、观音山,成为湖上园林的视线中心点(图10-3-23),其在景区空间上的地位发生了根本性的变化,对其建筑形式、观景方式作出相应的改变成为内在的要求。

---

[1] 周维权.中国古典园林史[M].北京:清华大学出版社,2008,第145页.
[2] 李渔.闲情偶记[M].上海:上海古籍出版社,2014,第193-194页.
[3] 李斗.扬州画舫录[M].扬州:广陵书社,2017,第77页.
[4] 王振世.扬州览胜录[M].南京:江苏古籍出版社,2002,第42页.

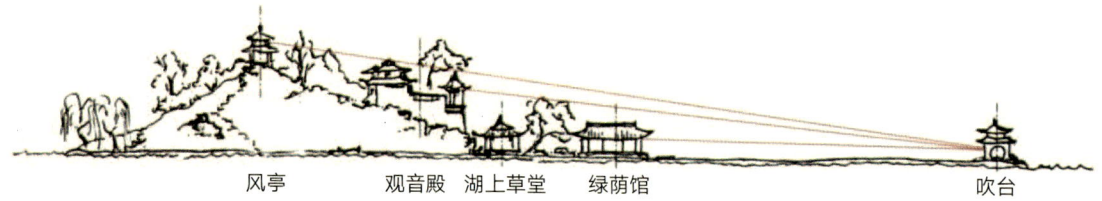

图10-3-23 吹台观小金山主要景点视线图

3. 造园者的集体无意识

集体无意识，简单地说，就是一种代代相传的无数同类经验在某一种族全体成员心理上的沉淀物，而之所以能代代相传，正因为有着相应的社会结构作为这种集体无意识的支柱。荣格认为"集体无意识"中积淀着的原始意象是艺术创作源泉。清同光及民国时期，扬州的有识之士及造园主事者无一不是被扬州园林文化传统所浸润的，对于扬州园林的衰落有着极为强烈的忧患意识，他们以"兴复名胜""振兴文物"为己任，"竭其心思，量其财力"，小金山及吹台的修复就是极好的例子。在修建过程中，或出于整体规划营构，或出于一花一树一窗一石之位置往往匠心独运或灵光一现。上文所论光绪、民国时期吹台及其框景之历史，造园主事者背后的集体无意识是不可或缺的艺术泉源。

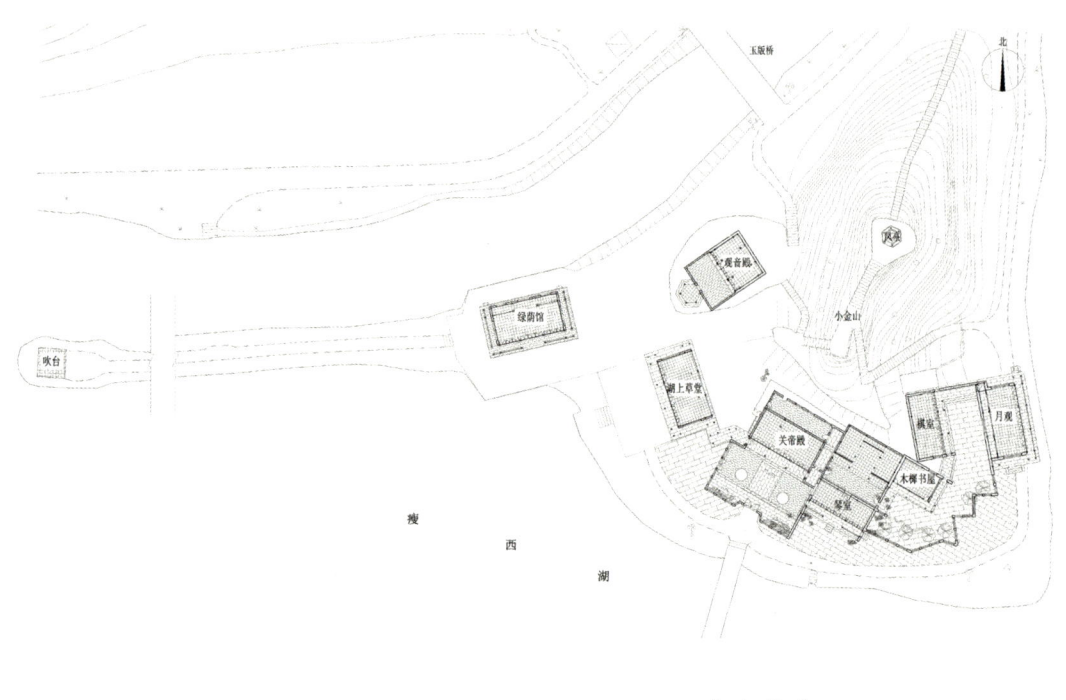

小金山平面图

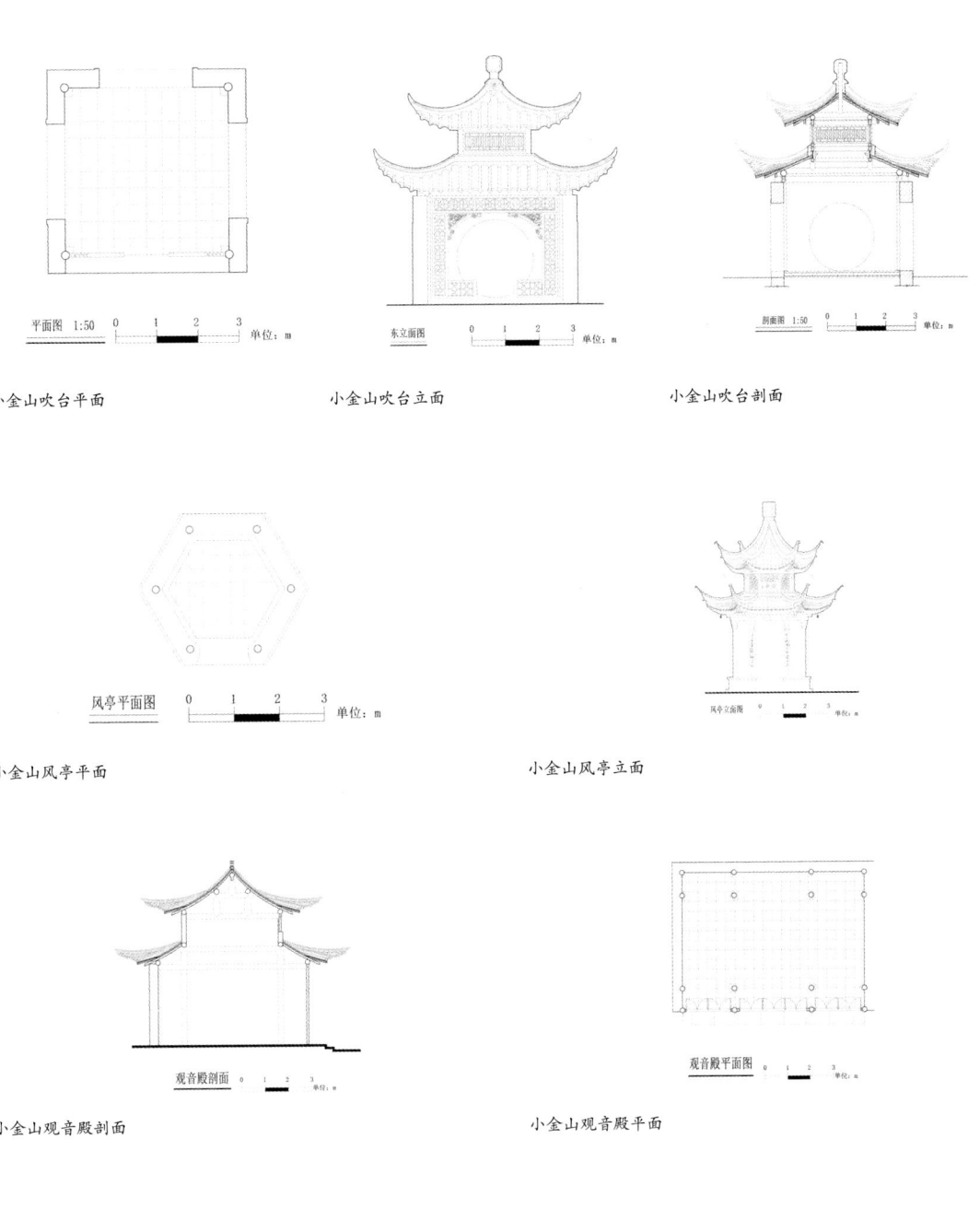

小金山吹台平面　　　　小金山吹台立面　　　　小金山吹台剖面

小金山风亭平面　　　　小金山风亭立面

小金山观音殿剖面　　　　小金山观音殿平面

小金山观音殿立面　　　　湖上草堂 A-A 剖面

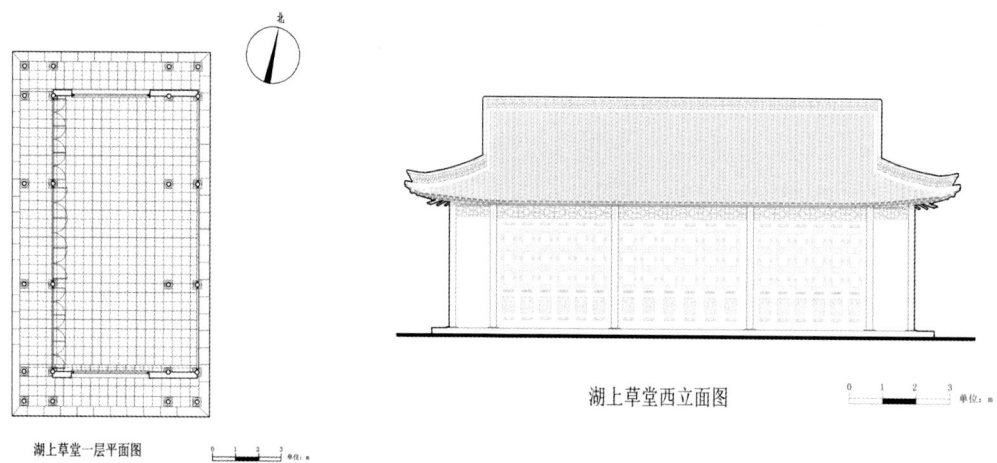

湖上草堂一层平面　　　　　　湖上草堂西立面

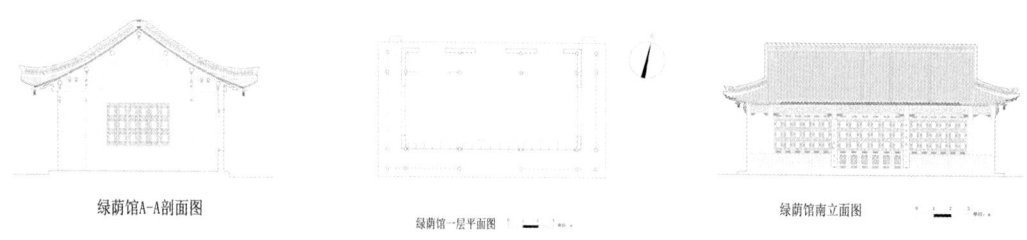

绿荫馆 A-A 剖面　　　　绿荫馆一层平面　　　　绿荫馆南立面

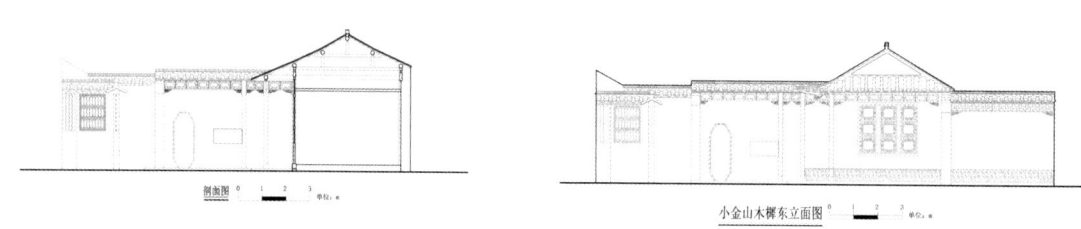

小金山木樨书屋剖面　　　　　　小金山木樨书屋立面

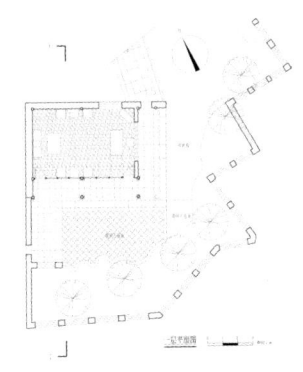
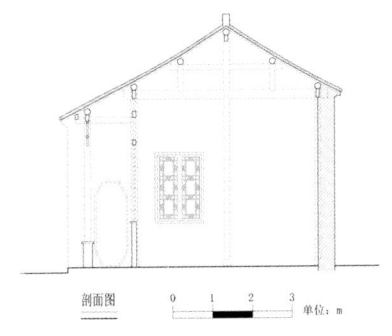

小金山木樨书屋平面　　　　　　　　　　　小金山棋室剖面

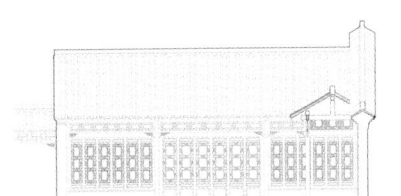
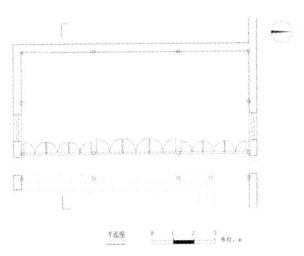

小金山棋室立面　　　　　　　　　　　　　小金山棋室平面

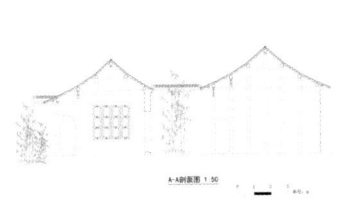
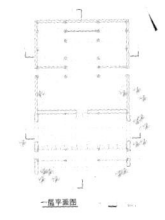
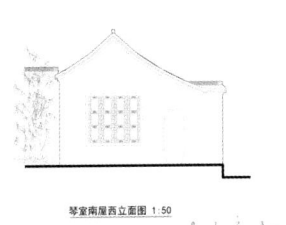

小金山琴室剖面　　　　　小金山琴室平面　　　　　小金山琴室立面

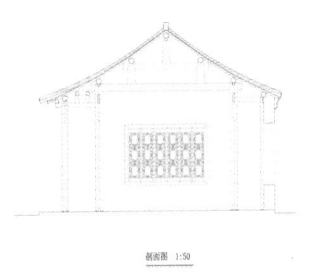
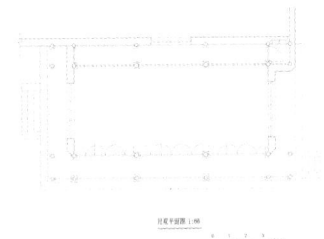

月观剖面　　　　　　　　　　　　　　　　月观平面

月观庭园西视平面图（选自《江南理景艺术》）

月观庭园南视平面图（选自《江南理景艺术》）

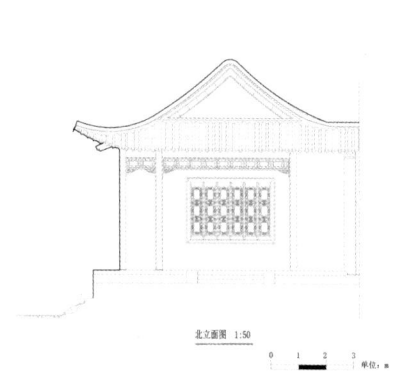

月观立面

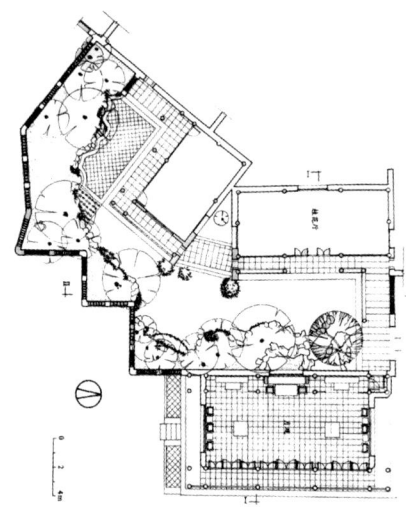

月观庭园平面图（选自《江南理景艺术》）

案例 4：法海寺、白塔

一、概况

法海寺又名莲性寺、白塔寺，是江苏省重点寺院，为尼众清修道场。2006 年 6 月，寺内白塔被列为全国重点文物保护单位。

二、沿革

法海寺始建于隋，重建于元至元年间（1336—1340）。明洪武十三年（1380）僧人昙勇对扬州法海寺重新修建，正统元年（1436）僧人宏福又对寺庙进行了增建。清顺治九年（1652）在法海寺读书的文人赵柳江、赵岷江弟兄，见法海寺残破不堪，"独力修复莲花古迹，培寺脉而增崇之"并建敛骨塔院。康熙二十七年（1688）夏天，孔尚任数度去往法海寺逗留，说"法海寺宜于夏"，并将法海寺与平山堂、观音阁、虹桥并称为扬州北郊四大名胜。清康熙四十四年（1705）熙帝南巡时，赐名"莲性寺"并书"众香清梵"匾等，皆勒石建亭，供奉寺中。乾隆丙子年（1756）刑部郎中王统、中书许复浩、知府张子瓛、刘方烜等重修（莲性寺），建造白塔。乾隆四十九年（1984）修缮白塔。清咸丰年间，寺毁于兵火，白塔也受到不同程度的破坏。光绪初年重修白塔，去除了 53 级石级。光绪中叶重建法海寺山门一进，重饰白塔，复建云山阁五楹，阁临湖，面湖处以五色玻璃为窗，全湖之胜，尽收眼底。民国初，寺僧重修云山阁，撤五色玻璃窗，改筑砖墙，开壁窗多扇。民国二十五年（1936）左右，寺僧募建大殿三楹。

中华人民共和国成立后，此寺仍为寺僧管理。1953 年，大修白塔，增筑面南平台，东西两侧各筑 38 级石阶，其正面移"白塔晴云"石额嵌于石壁，同时发现葫芦顶内藏有文房四宝及血书《金刚经》一部。1957 年，发

图 10-4-1 白塔广场

现塔身向东南倾斜，并产生一条裂缝。1958年，按扬州瘦西湖水系规划，拆迁白塔院墙北首西侧杨姓农舍。嗣后，在莲性寺岛西北角迁建白塔厅三楹，使莲性寺景观发生根本变化。之后，扬州市佛教协会率寺僧在云山阁开设素菜馆。1962年5月2日，扬州市人民委员会将白塔列为文物保护单位。1963年，大修白塔，用水泥砂浆胶合裂缝，并加腰箍加固，外粉砂浆刷白水泥。1966年7月，破除"四旧"，捣毁法海寺内佛像和匾额楹联，推倒乾隆御碑。1967年，法海寺交扬州市园林管理所管理。1969年秋，扬州市园林管理所在寺内建泥塑收租院展览，展览结束后又成为空寺。1964年10月，扬州市人民委员会批转国务院通知机关、学校、企事业单位不准摆花、养花，将拆除的温室迁建在莲性寺西侧土阜上，共建房屋三排九楹。1975年10月，在紧连白塔厅南侧（含白塔厅）新建仿古建筑晴云轩饭店。1980年4月，整修云山阁，悬挂匾额楹联，复设素菜馆。1984年，将白塔镀锌宝盖改为紫铜板，顶端装置避雷针，以防雷击。1987年冬，在云山阁西北花墙开八角门，并设石级，方便游客游览白塔。1994年，法海寺恢复开放，重建天王殿并重塑佛像。1998年，建成两层僧房二十间。并于同年再建云山阁，上下两层，地下室一层，合讲堂、佛堂、斋堂为一体。2000年，翻建寮房、云山阁。2003年对白塔塔身进行了油漆。2004年大雄宝殿落成，南北广五楹，高四丈有余，殿宇宏敞，宝相庄严。2005年5—8月，砖铺白塔广场0.12公顷（图10-4-1）。

三、赏析

现法海寺主要建筑为山门（图10-4-2）、

图 10-4-2 法海寺山门

图 10-4-3 白塔晴云石额

大殿、云山阁、白塔。山门面东北，五楹，平面长方形，架梁站脊，硬山板瓦顶，前檐后檐砖砌到顶。中间三间为天王殿。两次间为楼房，后檐上设方窗，下置板门。山门外两翼筑八字墙，中间二层平台设甬道通湖岸道路，平台两端栽植桧柏、梧桐，后进为佛殿两进，中间设庭院，两端围墙相连，中间各开一圆门，北通云山阁，南通关帝庙、观音堂旧址。庭院山门后檐栽对松，佛殿前檐殿门两侧栽植银杏各一株。佛殿面东北五楹，两进相连为一体，平面近长方形，架梁站脊，硬山板瓦顶。前进为二层楼房，后进为平房，楼房两山侧脊置马头墙，前檐、后檐砖砌到顶，四次间前后各开方窗。后进为客座，两次间及前进二楼为僧舍。云山阁面南五楹，阁高于地面约2m，中间设台阶上下，架梁，歇山板瓦顶，三面廊，面南全为隔扇，后檐为半木墙隔扇，半木墙外饰木栏，两山与两次间砖砌到顶，两山各开一方窗。

白塔高25.75m，分塔基、佛龛、宝刹三部分。

塔基。象征佛教五十三参的53级塔下筑台，今已不存。1953年秋大修时，改由东西二侧石阶上平台，平台高4.55m，石阶平台南嵌"白塔晴云"石额（图10-4-3），台基平面方形（14.4m×14.4m），砖砌，外粉涂白，四面走道，道宽2m，平台四周围以栏杆，栏杆头设石狮42只，走道下空，搁混凝土板。

佛龛。塔基方形（9.3m×9.3m），砖砌，高2.95m，建于平台上，底为方形折角，四面八角。下为束腰。砖雕须弥座，每面各置三龛，每龛各砖雕一生肖像（图10-4-4），象征周天十二时辰。须弥座上有半圆突起的莲瓣座和承托塔身的环带形金刚图，从而使塔身从方形须弥座自然而柔和地过渡到圆形塔身。塔身形若古瓶，面南中空，设"眼光门"，内供白衣大士像。塔身底座筑三层底盘，高2.5m，底座直径7.2m。第三层底盘直径5.6m，塔身高6.3m，最大直径7.3m，最小直径4.3m，砖砌。由于年深月久，砖塔发生裂缝，长达3.5m，裂缝宽达0.12m。1957年9月后，曾三度大修，特别是1963年春的大修，工程量大，工艺要求高，塔身裂缝内曾用喷枪喷射水泥砂浆胶合，塔身上、中部位各加一道钢箍，外包

图 10-4-4 砖雕十二生肖

钢板网，再粉以混凝土，加刷白水泥。这样既保持白塔壮丽，又加固塔身。塔身上端置六角刹基，基高 0.77m。

宝刹。圆锥形，由佛教十三层相轮组成，层级高 6m，最大直径 2.7m，最小直径 1.9m，刹端置六角形宝盖，角端悬挂风铃，每当风起，铃声阵阵。宝盖原为青铜缨络，1953 年秋大修时，改用镀锌板制作，经多年日晒雨淋，1983 年已破烂不堪。1984 年 8 月维修时，改用紫铜板宝盖，配齐风铃。宝盖上托鎏金黄铜中空葫芦形宝顶，宝顶高 2.7m。1963 年秋维修时，以宝顶为避雷针引线接地避雷。1984 年 8 月维修时，在宝顶顶端外加避雷针引线接地，以确保避雷效果。

白塔塔身是倾斜的。《扬州画舫录》记载："（寺僧）传宗谓向来塔尖响午由左窗第二隙中倒入，今自右窗第二隙中侧入，恐不直。"1984 年，经江苏省水利勘察总队勘察，自塔塔尖向东南倾斜，距中心线 0.87m。维修后勘察，未发现继续倾斜。

图 10-4-5 白塔全景图

白塔形仿北京北海喇嘛塔，而稍见清瘦修长。著名建筑家陈从周在《园林谈丛》中曾将北海塔和扬州塔进行对比，指出"然比例秀匀，玉立亭亭，晴云临水，有别于北海塔的厚重工稳。"

中华人民共和国成立后，法海寺岛绿化已形成秋色景观，沿湖桃柳相间，法海桥至藕香桥道路两侧水杉蔽日，阜坡乌桕，西侧柿树，北端池杉密植成林，与原植银杏、古桑、梧桐、古柏、翠竹，红黄翠绿相间，掩映白塔，形成一幅极妙秋色图（图10-4-5）。

四、白塔特别意义论

白塔属于覆钵式塔，是藏传佛教（又称喇嘛教、密宗）的一种独特的建筑形式，与印度的窣堵波很相近。藏传佛教属北传佛教，与汉传佛教、南传佛教并称佛教三大地理体系，归属于大乘佛教之中，但以密宗传承为其主要特色。其流传地集中在中国藏族地区（藏、青、川、甘、滇），在江南地区较为少见。据张驭寰研究统计，长江两岸建设的喇嘛塔，计有武昌胜像宝塔，镇江昭关过街塔，扬州莲性寺塔为最大。[1] 18世纪，白塔在扬州的出现有着特殊的宗教、政治、文化、审美上的意义。

（一）宗教意义

1.对于藏传佛教在南方的传播的促进作用。清代乾隆年间，扬州城市经济、文化发展至高峰，是佛教的兴盛期。据《扬州画舫录》记载，当时老城区就有260多座寺庙。从清代罗聘所辑的《扬州古迹题咏记》中的"莲性禅寺"[2]条可知，当时的法海寺和扬州的大部分寺庙一样，是一座信奉禅宗的寺庙。白塔及塔院是法海寺的重要组成部分，然而，白塔"塔身中空，供白衣大士像"。[3]白衣大士即白衣观音，为喇嘛教的密宗所奉，从这种意义上而言，法海寺在教义上对密宗（喇嘛教）是有所继承的。有清一代，藏传佛教颇受统治者青睐，特别是乾隆皇帝笃信藏传佛教，曾奉三世章嘉活佛为师，章嘉活佛为他灌顶说法。因此，扬州白塔的建造客观上促进了藏传佛教在南方特别是江南地区的传播。

2.白塔建构形式的变化表明佛教的世俗化和民族化。李斗在《扬州画舫录》曾指出，法海寺白塔是"仿京师万岁山塔式"[4]。万岁山白塔是指建于清顺治八年（1651）的北海白塔，

---

[1] 张驭寰，中国塔[M].太原：山西人民出版社，2000年12月，第352页.
[2] 扬州文库.44卷[M].扬州：广陵书社，2015年3月，第331页.
[3] 李斗，扬州画舫录[M].南京：凤凰出版社，2013年3月，第329页.
[4] 李斗，扬州画舫录[M].南京：凤凰出版社，2013年3月，第328页.

塔身之上为塔脖子、仰莲、十三天，再上为铜质宝盖（天盘、地盘），冠以铜质镏金的仰月、宝珠和火焰（俗称日月刹）。而扬州莲性寺白塔，塔刹则为十三天、宝盖之上的一个铜质葫芦形宝瓶。吴庆洲教授在比较后指出："扬州白塔有着江南建筑的轻灵秀美，与北海白塔雍容华贵的气质不同；最重要的不同之处，则是扬州莲性寺白塔没有用日月火焰（心）刹，而是以一只巨大的铜质葫芦为刹，这是发人深思的。葫芦在中国古代一直是生殖崇拜的象征物。后来，道教以葫芦为法器，葫芦成为汉文化中的吉祥之物。扬州白塔的这一取向，正符合汉民族审美心理和情趣，也说明佛塔的世俗化和民族化是其演变的必然历程。"[1]

（二）政治意义

两淮盐业中心在扬州，清初，由于受到战争影响，盐业经济受到沉重打击，盐业衰落。清廷对盐业的恢复和发展相当重视，尤其是作为全国最大盐场的两淮。朝廷在扬州设立了盐政管理机构之后，采取了多种措施以恢复发展盐业生产，如生产方面采取招徕、抚恤灶丁，修复盐场设备等措施；运销方面，采取了一些招商、惠商、恤商和加强"疏销"的政策。到康熙时期，两淮产量有了很大的增长，到乾嘉道时期，两淮盐产量最高达200万引左右，折合七、八亿斤，约占全国总产量的三分之一。由于清代纲盐制实质上是政府垄断形式之下的商人专卖制度，因此，盐商和皇帝之间是相互依存的关系，盐商千方百计迎合皇帝，以保持自身在政治上的盐业专卖地位。为迎接乾隆皇帝南巡，盐商不惜花重金营造园林景点，希望皇帝临幸，以表忠心，在政治上表明对皇权的绝对服从。清袁枚在《扬州画舫录》序中的话可谓一语中的，"自辛未岁天子南巡，官吏因商民子来之意，赋工属役，增荣饰观，参而张之"。[2] 乾隆皇帝对出力较多的盐商也是给予赏赐，如乾隆二十七年二月十四日发布上谕："朕此次南巡，所有两淮众商承办差务，皆能踊跃急公，宜沛特恩，以示奖励。其已加奉宸苑卿之黄履暹、洪徵治、江春、吴禧祖各加一级，已加按察使衔之徐士业、汪立德、王勋俱着加奉宸苑卿衔，李志勋、汪秉德、毕本恕着加按察使衔，程徵棨着赏给六品职衔，程扬宗、陈钧、吴山玉、汪长馨俱着各加一级。"[3] 当天，还发布盐引加赏、灶户优恤等上谕。王鑫磊对瘦西湖景观历史演进进行了文化解读，他认为："在乾隆晚期出版的扬州著名景点图示中，这座舍利塔（白塔）尤为出名。这座从北方借鉴而来的舍利塔离开了它原先的地理背景，除去了它本来的宗教意义，似乎表示了北方首都和当地景点之间的一种'国际化'建筑交融形式，反映了地方对帝国中心的过分忠诚。"[4] 盐商建造白塔政治上的意义可见一斑。

---

[1] 吴庆洲，建筑哲理、意匠与文化［M］.北京：中国建筑工业出版社，2005年6月，第164页.
[2] 李斗，扬州画舫录［M］.南京：凤凰出版社，2013年3月，第3页.
[3] 嘉庆重修扬州府志［M］.扬州：广陵书社，2014年12月，第58页.
[4] 王鑫磊，一座世界名城的文化多元化［M］.南京：东南大学出版社，2013年3月，第205页.

（三）经济意义

都铭在《扬州园林变迁研究》指出，18世纪扬州园林爆发式涌现，是因为当时风景园林的游览欣赏与消费娱乐已经紧密结合，风景园林本身也逐渐成为一种消费品，而消费品往往是可以根据受众的需要而复制的。[1]乾隆中期以后，扬州市民经济高度发展，市民游赏消费已成为时尚。李斗在《扬州画舫录》卷十二曾经叙述其与友人在瘦西湖消费、休闲的经历："辛卯七月朔，越六日乙巳，客有邀余湖上者。酒一瓮、米五斗、铛三足、灯二十有六、挂棋一局、洞箫一品，篙二手，客与舟子二十有二人，共一舟，放乎中流。有倚槛而坐者，有俯视流水者，有茗战者，有对弈者，有从旁而谛视者，有怜其技之不工而为之指画者，有捻须而浩叹者，有讼成败于局外者，于是一局甫终，一局又起，颠倒得失，转相战斗。有脱足者，有歌者、和者，有顾盼指点者，有隔座目语者，有隔舟相呼应者，纵横位次，席不暇暖。是时舟入绿杨湾，行且住，舍而具食……是时夕阳晚红，烟出景暮，遂饮阁中。酒三巡，或拇战，或独酌，或歌，或饮，听客之所为。"[2]这确乎是乾隆时期市民生活的真实写照。白塔属于喇嘛塔建筑，按常理，它应该属于喇嘛教的象征，但其建于禅宗寺院这本来就是对宗教意义的一种反动。它出现的原因更多是皇帝、官员、盐商及市民对作为消费品的景观的强烈需求。其实不仅仅是莲性寺白塔、五亭桥、仿"京师九间房做法"的尺五楼、"其制仿工程则例暖阁做法"的锦镜阁、"左靠山仿照西洋人制法，前设楠楯，构深屋，望之如数什百千层"的怡性堂、仿广州十三行碧堂、"其制皆以连房广厦，蔽日透月为工，是堂效其制"的澄碧堂等与扬州风格迥异的奇形怪状的建筑物的出现，都是风景区园林消费化、时尚化，市民经济高度发展的最好注脚。

（四）审美意义

在谈到晚明扬州商人园林与士人园林的区别时，澳大利亚学者安东篱认为："扬州的园林传统是苏州——晚明士人园林的重要发展中心——园林传统的延续。"[3]也确乎如此，晚明至清初扬州园林追求"虽由人作，宛自天开"，崇尚自然，意境深远，更多是苏州文人园林传统的延续。然而，进入乾隆时期，为迎合乾隆皇帝的喜好，扬州园林的风格发生急剧的变化。为迎接乾隆皇帝的南巡，扬州开始了数次大规模的园林建设，一大批"乾隆风格"的园林在瘦西湖区域出现。王世仁认为"乾隆风格的园林在扬州"，并指出美学特征主要表现为"充分利用自然，又极力发挥人工；重视环境总体，又突出各园特征；布局奇巧变化，而工艺精致考究；空间诡谲参差，而尺度法则严谨。它全面地展示人的创造能力，充满了世俗的人情味道；同时又尽量摄取、利用、改造、融合自然界一切美的因素，开辟了园林艺术的新途

---

[1] 都铭,扬州园林变迁研究[M].上海:同济大学出版社,2014年6月,第107页.
[2] 李斗,扬州画舫录[M].南京:凤凰出版社,2013年3月,第292-293页.
[3] 安东篱,说扬州[M].北京:中华书局,2007年8月第1版,第58页.

径"。[1] 乾隆皇帝尤其偏爱北海，对北海白塔情有独钟，专门写了《白塔山总记》和"白塔山四面记"五篇文章，并刻于石碑。法海寺白塔建成后，乾隆皇帝数次临幸法海寺，并创作了多篇诗歌。可以说，以白塔等为代表的众多乾隆风格的建筑在扬州瘦西湖出现，改变了扬州园林的整体美学风格，扬州园林成为皇家园林雄伟和江南园林秀美风格的集合体，这也成就了扬州园林与中国其他园林不同的、独特的地方风格。

（五）野史解析

有一种"一夜造白塔"的野史故事，出于《清代述异记》。《记》云："乾隆间，帝南巡至扬州，其时扬州盐商纲总为江姓，一切供应皆由江承办。一日帝幸大虹园，至一处，顾左右曰：'此处颇似北海之琼岛春荫，惜无喇嘛塔耳。'纲总闻之，亟以万金贿帝左右，请图塔状，盖南人未曾见也。既得图，乃鸠工庀材，一夜而成。"这个传说虽很荒诞，但又折射出一定的历史状况。

1. 乾隆帝曾于1751年（乾隆十六年）第一次南巡时巡幸莲性寺（法海寺），他对法海寺也很关注，共为法海寺单独创作过4首诗。

2. 乾隆对南巡景点的设计和施工至少亲自作了一些监督。乾隆二十年（1756）六月十九日他为第二次南巡发布上谕，指出"其旧层驻跸处所外，新预备之处，可画图来呈览。"[2] 此谕在乾隆第二次南巡（1757）前一年，因此，扬州盐商、盐官等建造白塔、五亭桥等创意至少是乾隆皇帝认可的。

3. 中国历史第一档案馆所藏《扬州名胜行宫全图》标明集资修建行宫、名胜的商人在25姓以上，合计建楼廊间数5154，建亭台座数196，[3] 该图中也标注出白塔、五亭桥这两个重要景点，推断此图应该是为两淮盐政按照乾隆皇帝上谕"可画图来呈览"所呈上的行宫名胜"规划"图。

4. 白塔体量巨大绝不可能一夜而成，但建设砖石结构的白塔显然要比建造楼阁式塔费时少得多，传说夸示的成分较多，不可尽信。

---

[1] 王世仁.理性与浪漫的交织［M］.北京：中国建筑工业出版社，1987年12月第1版，第126-127页.
[2] 嘉庆重修扬州府志，第一卷［M］.扬州：广陵书社，2014年12月第1版，第55页.
[3] 傅崇兰.中国运河城市发展史［M］.成都：四川人民出版社.1985年11月第1版，第343页.

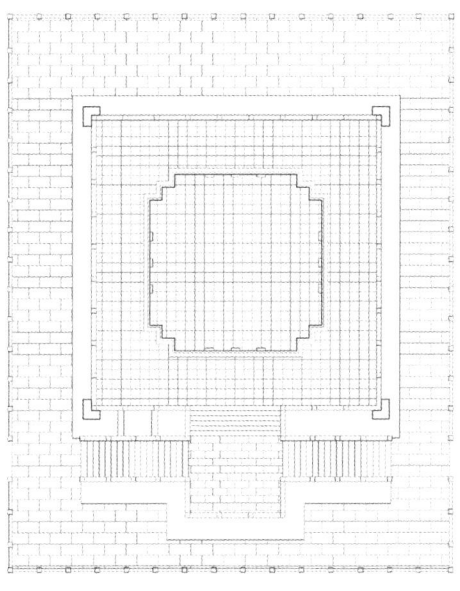

白塔平面图

白塔平面图

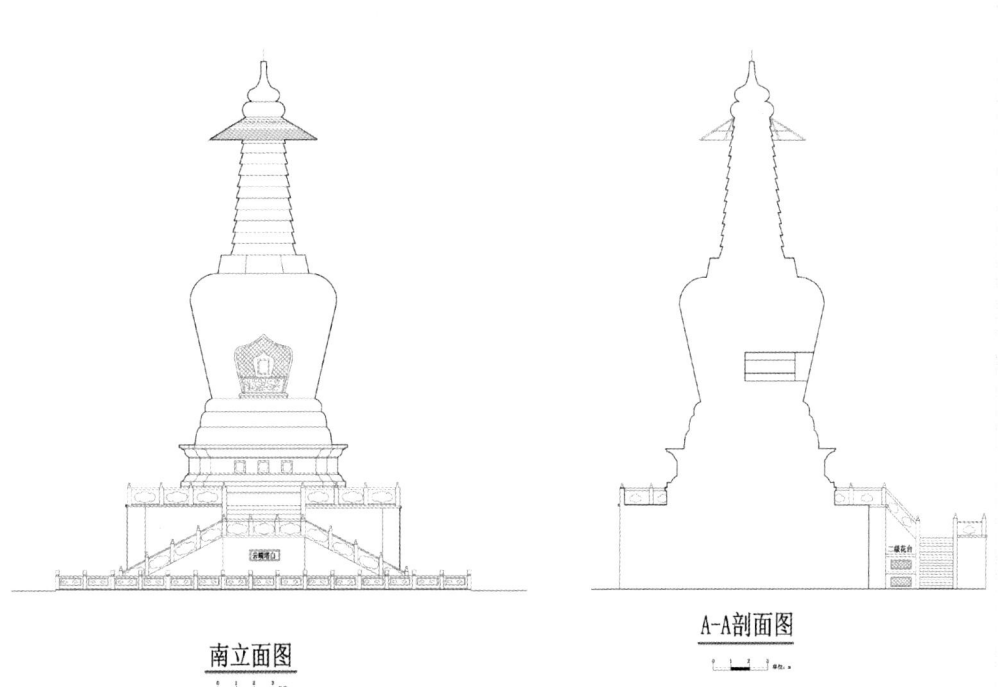

南立面图　　　　　A-A剖面图

白塔立面剖面图

实例 5：凫庄

一、概况

凫庄位于瘦西湖风景区的中心景区五亭桥东南侧湖屿，占地约 1200m²，建筑面积 282.08m²。2008 年 1 月被列为扬州市文物保护单位。

二、沿革

民国 10 年（1921）陈重庆之子陈易（1892—1960）建。因在汀屿之上，形似野鸭浮水，又取《楚辞·卜居》"将泛泛若水中之凫，与波上下，愉以全吴躯乎"旨趣命名。

中华人民共和国成立后，初由寺僧售茶。

1951 年新建庄西北隅茅亭。

1961 年夏翻建西侧水榭。

1980 年又翻建茅亭为瓦亭。新建一组曲折有致的连廊，将原有西、南两个主厅连接起来，成为一个整体，形成四面环水，水榭滨水、廊成曲尺，建筑高低错落有致的效果，景观也更为丰富。

1959 年秋在此开设饭店。

1975 年将此处改为冷饮室。

2006 年进行了一次大修，水下基础拆围重做，地坪改为砖细地墁，墙体水泥粉刷部分及水泥制柱、椽、栏杆改为木制，全恢复为砖细，增加麻石阶沿，水泥栏杆改为木栏杆等。

三、赏析

凫庄构景以小取胜，细巧玲珑。庄上亭、榭、廊、阁形制多样，水榭

图 10-5-1 涵碧阁

图 10-5-2 绿波馆

滨水、廊成曲尺，山池木石各自配置得当，构成了勾心斗角、清雅宜人的优美景观。独特的位置可尽收四方佳景，而自身的建筑也是高低错落，勾心斗角，廊腰缦回，意趣无穷。

凫庄由三组建筑和一个山亭组成，东侧涵碧阁（图 10-5-1）为 L 形水阁，座东面西三楹半，周围短栏，是远眺小金山、吹台最佳处。西厅绿波馆（图 10-5-2）面北三楹，外套亭廊，三架梁、花脊、歇山板瓦顶。水上角亭撷秀阁位于北侧土山上，四角、方形、花脊、单檐板瓦顶，上设挂楣，下置美人靠，坐栏下设板砖花饰。南厅芙蓉汫面北三楹，四面皆半墙，两山墙设门，西门与西厅绿波馆间有曲尺形春水廊相连。瓦亭（图 10-5-3）为六角形，单檐板瓦顶，上置六角顶，檐口挂楣，下设坐栏。亭基北侧叠湖石贴壁假山，南坡广种翠竹。

凫庄（图 10-5-4）中为水池，池塘旁堆阜垒石，种植紫薇，与东厅、南厅连成一片，并与沿岸桃柳、角亭、桂花、土阜、翠竹相借。涵碧阁现作为茶室，供歇足品茗，其外面有一临水平台，于此东眺，钓鱼台如佛掌明珠，伸向湖心，远处风亭翘楚于云天丛绿之间。岛中北侧湖山自水中突兀而起，山顶方亭空灵俊秀，登亭则五亭桥及北岸水云胜概诸景可尽收眼底。

凫庄独特的地理位置、规划布局、秀美的建筑风格是中国古典园林结合自然山水"虽为人作，宛如天开"的佳作。

四、人物

陈易：字臣朔，又字凫忆，号药闲，仪征人，世居扬州。冶春后社成员，诗、书、画俱佳。曾任扬州贫儿院院长，办过《淮扬日报》。又精通医学，曾执教上海中医学院。

图 10-5-3 六角亭

图10-5-4 凫庄全景图

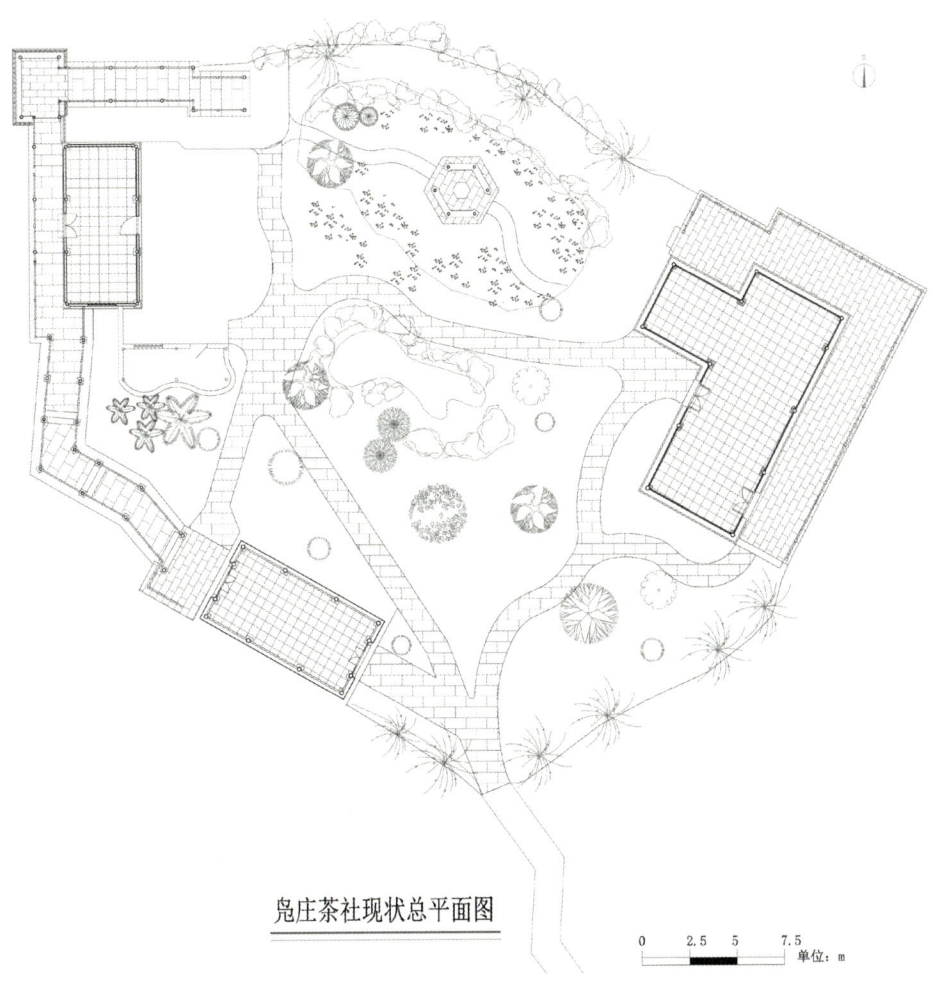

凫庄茶社现状总平面图

0 2.5 5 7.5
单位：m

凫庄平面图

实例6：莲花桥（五亭桥）

一、概况

莲花桥俗称五亭桥，位于瘦西湖风景区内，2006年6月被国务院公布为全国重点文物保护单位。

二、沿革

始建于清乾隆二十二年（1757），两淮盐商为迎接乾隆皇帝第二次南巡而建。

清咸丰五年（1855），桥上的五座亭俱毁于兵火。

光绪九至十年（1882—1883）的夏天重建五亭桥五座桥亭，桥亭五个独立的四方亭，以短廊相接。图10-6-1为清光绪三十三年香港邮寄英国的扬

图10-6-1 清光绪三十三年香港邮寄英国的扬州瘦西湖五亭桥名片

图10-6-2 两座桥亭倒塌后的五亭桥照片

图10-6-3 五亭桥桥亭全部倒塌后的照片

州瘦西湖五亭桥名片。

民国十六年（1927）五亭桥两座桥亭倒塌（图10-6-2）。

民国十六年（1927）五亭桥崩角后被修复。

民国十九年（1930）扬州发生水灾，五亭桥经大水淹没后桥亭倒塌（图10-6-3）。

民国二十一年（1932）邑人募资重建，桥上五亭计费九千七百余金，至二十二年（1933）落成。此次重建工程施工单位的选择通过招投标形式确定，参加投标的有扬州房五营造作坊和镇江何元记营造厂，结果是镇江何元记营造厂中标。此次重修亭为方亭，增加了连廊，亭廊屋面是蝴蝶瓦，同时添购了黄瓦铜铃，桥面为砖铺地，立柱直径20cm左右，如图10-6-4所示。

民国三十一年（1942），五亭桥再次进行修葺，五个亭子与连廊，基本上与当今的形制是一致的。

解放战争时期，五亭桥畔沦为养马场，周围一片狼藉。

1951年，为迎接苏北土产展览交流大会，修缮五亭桥。

1954年由于桥基础下沉，石墙开裂导致木构架下沉，由扬州建设科组织一次揭顶大修，采取桥箱出土，增加钢筋混凝土柱基，原木柱直径20cm，因木柱开裂严重，为了加固和保护，采取了木柱外围加钉板条再粉水泥的做法，柱间坐凳是拆原城区内牌坊对开剖用，黄瓦改用原两淮巡盐御史衙门黄琉璃瓦。

1956年，五亭桥被列为江苏省文物保护单位。

1978年，五亭桥屋面维修，屋顶更换黄琉璃瓦。

1984年，由扬州市园林管理处牵头，扬州市市政工程处施工，用混凝土整浇加固已下沉的基础，用环氧树脂胶合石墙裂缝，同时更换黄色琉璃瓦。在宜兴建陶厂定制的琉璃瓦，原计划是与过去的琉璃瓦在色彩上一致，但由于烧制时厂方配方的出入，结果颜色没有以前皇家建筑琉璃瓦的厚重，反而使莲花桥益显轻灵秀美。

1989年，扬州市园林管理局按照扬州市政府的要求，由扬州市古典园林建设公司负责施工，对五亭桥进行了系统查勘、测绘和修缮。

图10-6-4 1933年修缮后的五亭桥照片，中间亭内矗立石碑

这次修缮整修了屋面，重建宝顶，增加莲花形石磉与石鼓。因1954年用竖向灰板条粉刷扩大柱径的修法，造成柱内水分不易散发，反而加速了木柱本身的腐烂，后采取"偷梁换柱"法更换28根柱子，柱子改为墩接拼柱法。

1990年剥除水泥外粉部分及腐朽部分，用墩接拼柱法将原柱0.20m作柱心，外拼柱法，拼成0.34m柱径，对残缺的水泥寿字脊进行了添补。

2007年对桥亭进行保养性维护。屋面揭瓦维修，重做苫背，琉璃瓦翻盖，加长雷公柱、宝顶、子角梁套兽、庑廊脊兽、混凝土寿字脊、鱼龙吻、吻座等按原样替换为砖细，望砖补缺，添补扣链式廊脊，拆除屋面及桥台上所有与古建筑不协调的灯带及泛光灯具，风铃（惊雀铃）改用响铜铸造，桥亭木结构用国漆养护出新。

三、赏析

1962年9月29日《文汇报》刊登著名桥梁专家茅以升《中国石拱桥》文章，他认为石拱桥"不在水上，就在山谷，而山与水又往往相连，构成图画，'山水'成为风景的代名词，桥在这样的天然图画中，如果本身不美，岂不大煞风景。桥的美首先表现在形体，亦即桥身的构造，要它在所处的环境中，显得既不可少，又不嫌多，'秾纤得衷，修短合度'。其次要在艺术布置上处理得当，绝不画蛇添足。一条重要法则是技术和艺术的统一，不因此害彼。"他称此种石拱桥为艺术上的名桥，莲花桥是其中重要的代表。

莲花桥的造型典雅秀丽，桥上黄瓦朱柱，配以矾石栏杆，亭内彩绘藻井（图10-6-5），富丽堂皇；桥墩厚实稳重，桥下有15个桥洞，彼此相连，由桥外看去，每个洞外都有一幅不同的景物。园林专家陈从周认为，莲花桥是仿北京北海的五龙亭和十七孔桥而建的。桥含五亭，一亭居中，四翼各一亭，亭与亭之间回廊相连。中亭为重檐四角攒尖式，翼亭单檐，上有宝顶，四角上翘，桥亭黄瓦朱柱，配以白色栏杆，亭内彩绘藻井，富丽堂皇。桥基由大青石砌成大小不同的桥墩组成，成拱券形，由三种不同的卷洞联系，桥孔共有15个，总长55m。中心桥孔最大，跨度为7.13m，呈大的半圆形，直贯东西，旁边十二桥孔布置在桥础三面，可通南北，亦呈小的半圆形，桥阶洞则为扇形，可通东西。正面望去，连同倒影，形成五孔，大小不一，形状各殊。桥孔彼此相连，由桥外看去，每个洞外都有一幅不同的景物。每当晴夜的月满，每个洞内各衔一月，别具诗情画意（图10-6-6）。

图 10-6-5 五亭桥内彩绘藻井

图 10-6-6 五亭桥

四、争议

莲花桥建成后，清代对莲花桥的评价不一。清赵之壁《平山堂图志》称莲花桥"桥上置五亭，下列四翼洞正侧凡十有五，月满时，各洞各衔一月，金色涟漾，卓然殊观。"清李斗《扬州画舫录》也认为莲花桥"月满时每洞各衔一月，金色涟漾"。苏州人沈复在称赞扬州瘦西湖"虽全是人工，而奇思妙想，点缀天然，即阆苑瑶池，琼楼玉宇，谅不过此"的同时，却认为莲花桥乃"思穷力竭之为，不甚可取"。

五、史料拾遗

1. 陈含光撰《五亭桥铭》：五亭桥者，故名莲花桥，直莲性寺之左，宛虹卧水，下为五门，中起方亭，亭之四隅，复各为一亭。下皆有基，基复各为三门，陶穴交通，玲珑相属。虽乌鹊之填银汉，鼋鼍之架仓溟，无斯巧丽也。故使王尔投绳，付留匿影。金甓朝辉，则光浮海蜃；风铃夕韵，则响答霜鲸。孤秀波心，苕亭林表；人如仙度，境出画中。秋月春风，霞朝露夜；莲娃鼓枻，穿绕百回；酒客披襟，流连永日。信水乡之壮观，欲界之仙都者矣。王粲乐其信美，无暇登楼，马卿薄其高车，自然题柱。铭曰：轩辕五城，缥缈阆樊。曼殊五顶，窅冥塞门。孰若兹构，藻波烁云。莲开在镜，虹见非春。鳌戴形坚，翚飞势迥。日炫丹楹，霞辉画井。水门互属，观台四挺。风纳八方，月分多影。桃花春涨，入月裙澜。葇荷夏满，沉水香然。妖姬绫扇，侠少金鞭。阑横仙笛，堄维伎船。白塔旁窥，风亭近瞩。野绿浮襟，烟涟莹目。七星谢丽，五绳惭朴。浚巧匠心，增华昆轴。

2. 王柏龄撰《重建扬州五亭桥记》：莲花桥，俗称五亭桥。五亭翼然若莲花，胜踞瘦西湖中。东望小金山，南接法海寺，西北直指平山堂。春秋佳日，近郭远山，浩渺烟波，二分明月，置身其中，俯仰古今，胸怀磊落。自清高宗南巡，胜景始闻于世，然迄今业已百八十余年矣。回思昔日，蜀冈而下，十里西湖，南迄九峰园，庭园隔岸，结构连云，卧桥横空，水天一碧。东沿城北扩城河，北达高桥码头以通运道，其间一台一榭、下池一石、一树一花、一林一草，莫不美丽新奇尤胜也。今则荒烟蔓草，剩水残山，听故宫人说开元盛事……首由胡筠（字笔江，时任中南银行总经理）捐资二千元，次则汪咏沂（字鲁门，扬州盐商）、贾沅（字颂平，扬州盐商）等或解义囊，或捐公款，由建设局长李楹主持工程，阅时六月，顿复旧观，岂止湖山生色，今而后，民众建设以此为嚆矢，后生美感由斯而作育则，捐资尽力之诸君子，其功诚足多也，鄙人等何与哉！桥成略志颠末，期勖来兹并以自勖云尔。

六、质疑：五亭桥究竟是谁建造的？

清李斗《扬州画舫录》、赵之壁编《平山堂图志》均言五亭桥的建造者为巡盐御史高恒。乾隆二十二年（1757）皇帝第二次南巡，大约三月份到达扬州，游览瘦西湖。为迎接皇帝南巡，早在乾隆二十一年（1756），瘦西湖沿岸就加快了园林景点建设。同时，为使皇帝能够顺利乘船直至平山堂，巡盐御史率扬州众盐商开挖莲花埂新河。乾隆二十一年（1756），普福担任巡盐御史，任扬州盐商首总的为"四元宝"之一的黄履暹（商号黄元德）。普福为做好皇帝巡游的景点建造，曾经将《扬州园林行宫图》上报给乾隆皇帝。该图中已经清晰标明五亭桥、白塔等建筑，并对每一个景点由哪一位商人出资兴建作出了详细的标注。该图中显示莲花桥系由盐商首总黄履暹负责营建。

黄家四兄弟善于营造园林，据《扬州画舫录》记载，他们曾经花千金购买了一本造园秘法，从不示人，因此他们四兄弟所建造的园林就算是见过世面、才识广博的人也不能说出其出处。乾隆时期，五亭桥这种令许多人不认可或者说有争议的做法，其实属于有创新意识的营造，与黄氏兄弟造园风格颇为相似。

据重修《嘉庆扬州府志》记载，乾隆二十三年（1758），高恒任两淮巡盐御史，应该是在五亭桥建成与莲花埂新河开挖之后才到任扬州的。因此，高恒创制莲花桥的说法可能并不成立。但高恒贵为皇亲国戚，又是两淮盐业最高行政长官，盐商恭维、巴结高恒，言高恒开新河、建五亭桥等，或为溢美之词。

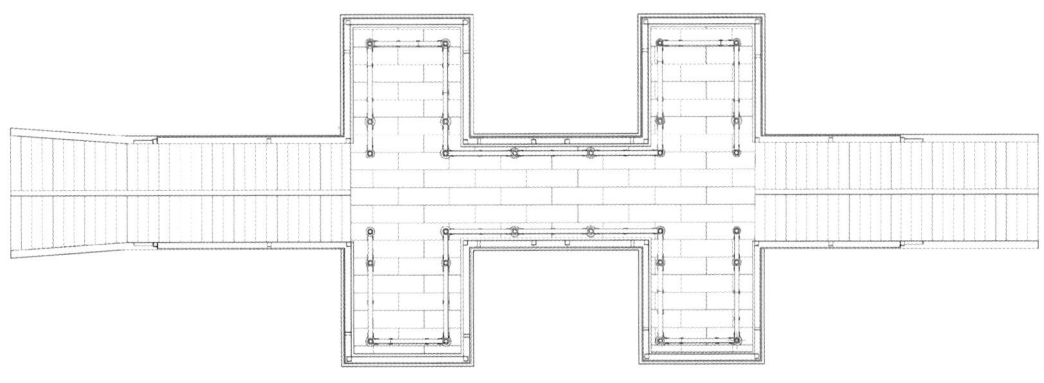

五亭桥平面图

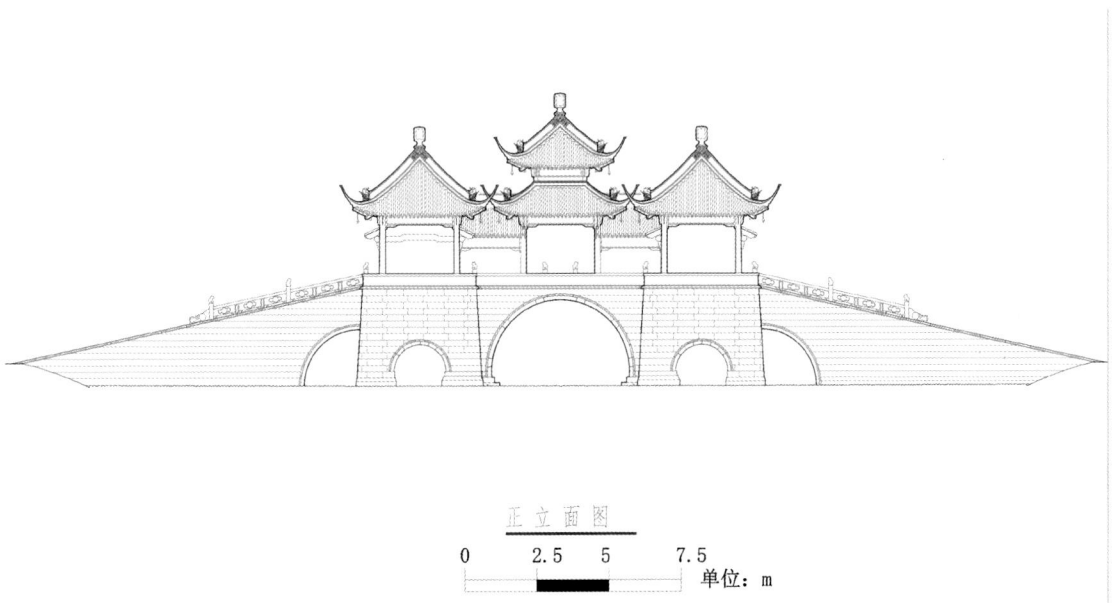

正立面图

五亭桥立面图

实例 7：个园

一、概况

个园位于扬州市盐阜东路 10 号，清代嘉庆二十三年（1818）两淮盐业商总黄至筠构建。1988 年 1 月被国务院公布为全国重点文物保护单位。

二、沿革

清初，个园所在位置为寿芝园。然寿芝园名称不见于史料、典籍，仅见于清代刘凤诰《个园记》。《个园记》云："个园者，本寿芝园旧址，主人辟而新之。"民国十年个园老房契中有一段记载："西首花房二进，东侧全，花园内上寿山、万山、石山仙洞、树木花草、大小荷池石桥亭角全。"其中所言的上寿山或为刘凤诰所言寿芝园之注脚也。

大约在清乾隆中期，黄凝在扬州东关街收购民居，建造大屋定居。

嘉庆二十二年（1818），黄至筠建成个园，延请当时著名文人刘凤诰作《个园记》。

嘉庆二十五年（1820），黄至筠的好友文人吴鼒（1755—1822）作《个园记跋》，其中指出："扬州亭馆，比胜吴越。"

道光十三年（1833），黄至筠购得马氏小玲珑山馆。

道光二十二年（1842）四月一日，阮元、梁章钜、梁逢辰等到个园看芍药。梁章钜作《四月朔日招陪仪征师相看芍药即席赋谢》诗中有"寿客庄严寿芝馆，宝书稠叠宝云堂"句。在"宝书"句下，作者有注云："是日出新著丛书示客，'宝云堂'，园额此三字"。据此，可知个园园额为"宝云堂"，寿芝馆应为个园内厅馆。

同年，吴清鹏（嘉庆二十二年进士）应邀来扬州讲学，他向个园主人黄奭购买房屋居住。

道光二十八年（1848），黄至筠二子黄奭（1809—1853）重修个园，取名为"红都胜境"，并题写了《红都胜境记》。

道光三十年（1850），黄家衰落，其子孙将西宅、个园卖给丹阳籍盐商李文安。

清末宅东之屋，改为汇源典当行，中华民国初毁于火灾。中间之屋改为红十字会。

民国初年（1912），李文安将个园及西宅卖给徐宝山。

民国二年（1913），徐宝山夫人孙阆仙将个园卖给蒋遂之。

民国十八年（1929），蒋遂之将个园正宅与西副宅（即现在中路和西路）与花园全部卖给朱瑞徵（朱言吾）。

民国十六年（1927），个园部分建筑毁于火灾。

20世纪30年代，郭坚忍在个园办过爱国女子学校。

1937年前，园林专家童寯曾到过个园并测绘、拍照，留下极为珍贵的历史资料，他在《江南园林志》中写到："个园属黄氏，在东关街。扬州市廛巨厦，多就隙地为山池，与苏州相似，然已萧条零落矣。"后园林逐渐荒废，住宅由朱、李两家散居。

抗日战争期间，日寇践踏个园，栏杆、楼板等作为薪柴，古玩字画洗劫一空。

解放战争后期，国民党军队进驻个园。

中华人民共和国成立后，个园收归国有。先作荣军学校，后转作为扬州市人民委员会文化处、江苏省手工业生产合作联社干部培训班扬州办事处办公用房和扬州汽车修理厂厂房。

1957年，扬州市人民委员会拨款整修个园假山。

1958年，全面维修，用作扬州专区社会主义建设成就展览和农业展览馆馆址，后花园东北部改作富春花园茶社。

1962年5月2日，扬州市人民委员会将个园列为文物保护单位。

1963年，扬州市人民委员会批准将个园拨交扬州博物馆作分部。1964年在此建成扬州地区阶级教育展览馆和扬州专区展览馆。

"文化大革命"期间个园被扬州京剧团、扬剧团用作演员宿舍。

1979年6月，扬州市人民政府将个园划归扬州市园林管理处管理，进行了大整修。

1982年2月22日正式对外开放。同时，增开了额名为"竹西佳处"的园门，并在夏山和秋山上分别增建了鹤亭和住秋阁。

1982年3月，个园被列为江苏省文物保护单位。

1993年2月2日《人民日报海外版》将扬州个园与北京颐和园、承德避暑山庄、苏州拙政园并称为"中国四大名园"，向海内外游客推荐。

1998年，个园投入270万元搬迁了扬州市广播电视局，新建占地1.2公顷的万竹园及停车场，园区面积由8000m²增至2hm²。

2002年修复开放南部住宅，占地3000m²，建筑面积2600m²，较为理想地恢复了清嘉庆时期个园住宅园林的风貌，并在国内产生了积极影响。

2007年2月6日，被国家建设部评为首批20家国家重点公园之一。

2008年4月18日，建成花局里商业街区，占地15000m²，建筑面积8300多平方米，形成个园"南宅、东市、北园"的格局。

三、赏析

个园分为住宅和园林两大部分，南部为住宅，门对东关街。据杜召棠《扬州访旧录》记载，个园"屋南向，并列五门，曰'福禄寿喜财'"。

现由东、中、西三路住宅和三条火巷构成。东路主房有前厅、后厅和厨房三进。前厅（图10-7-1）的功能主要是用作一般接待；后厅为楠木构架，其方砖架在陶钵上的铺地方法，别有特色。中路与照壁、门房、大门楼共有5进，前厅乃主人之正厅图10-7-2，主要用作接待贵宾，其柏木制作的抬梁式屋架是扬州现存最大、最古拙的明代柏木遗物。门房（图10-7-3）上下两层，共24间。门房后的天井呈长方形，当年每届财神日要在这里举行跳财神、跳加官的娱乐活动。与个园门楼相对，东关街南侧建有八字屏风状照壁，壁座乃汉白玉制成。西路有三进老屋，明三暗五形制。前进为厅堂（图10-7-4），是黄家议事、祭祀等活动场所；中后进（图10-7-5、图10-7-6）上下两层，是主人和女眷起居之所。

个园东、中、西三路建筑之间有火巷相隔。东边火巷最窄、中间火巷相对较宽、而西边火巷北头小南头大。每进房屋设腰门，通连火巷（图10-7-7）。

图10-7-1 个园住宅东路第一进清美堂

图10-7-2 柏木厅

图10-7-3 门房

图 10-7-4 清颂堂

图 10-7-5 个园西路住宅第二进

图 10-7-6 个园西路住宅第三进

图 10-7-7 个园火巷

　　住宅北部为园林，园以竹为名，以石为胜，四季假山分峰用石，以笋石、湖石、黄石、宣石，用栽、点、围、贴、掇、叠等手法，划分个园空间，按春是开篇，夏为铺展，秋达高潮，冬作结尾的顺序，将春山宜游、夏山宜看、秋山宜登、冬山宜居的山水画理，运用到个园假山叠石之中。

　　春山在个园石额门前，两侧遍植翠竹，竹间树以白果峰石，以"寸石生情"点出"雨后春笋"之意。夏山位于西北朝南，以太湖石叠成。"天下之石，独以太湖石为甲贵"，用它点缀园林，更添自然风光的色彩和令人兴会无前的兴趣。玲珑剔透的太湖石，奇态异状，空洞凹穴，洞涡层层相套，大小参差有致，柔曲圆润，神态古雅，具有"皱、瘦、透、漏"的特色。夏山之侧有七楹长楼抱山楼（图10-7-8），楼下梧桐蔽日，浓阴满阶，檐前芭蕉几丛，亭亭玉立，身临其境，有凉风习习之感。秋山位于园之东北，座东朝西，以黄石叠成，拔地而起，峻峭凌云，气势磅礴，山岭为全园制高点，黄石丹枫，夕阳凝辉，倍增秋色。它宛如一幅秋山图，是秋日登高之佳处。山上有几条崎岖盘道，时壁时崖，时洞时天，磴道置于洞中，洞顶钟乳垂垂（以黄石倒悬代替钟乳石），一光隐隐从石洞中透入，人在洞中上下盘旋，构成了立体交通。盘回山底，有飞梁石室，内置石桌、石凳、

图 10-7-8 抱山楼

图 10-7-9 黄石山洞石室

图 10-7-10 拂云亭

图 10-7-11 风音洞

石床,若是在此饮酒、对奕、躺卧、小憩,则仿佛置身于真山之境(图10-7-9)。山上有亭,名"拂云"(图10-7-10),依亭凭栏,修竹涌浪,幽篁叠翠,枝叶婆娑。冬山系用宣石叠成,石白如雪,似一层未消的残雪覆盖,称之为冬景。冬景假山南墙多留圆洞,称之为"音洞",阵风掠过,发出箫箫鸣声,真可谓"北风呼啸雪光寒"(图10-7-11)。冬景与春景一墙之隔,墙上开有圆形漏窗,窗内可闻风竹声声,窗外可见苍翠春色,似乎在向人们报道早来的春光。

园以假山(图10-7-12)堆叠精巧而著称。假山利用不同的石色石形,采用分峰叠石的手法,以石斗奇:"石垒的山,石嵌的门,石铺的路,石伴池水壮,石衬青竹秀,石抱参天古树,石拥亭台小楼……石成了个园的主体结构。"个园假山,一部分用黄山石叠成,山腹中有曲折磴道,盘旋到顶,是北派的石法;一部分用太湖石叠成,流泉倒影,透迤一角,是南派的石法。这两种叠石的方法,意味着山水画的南北之宗,统一于一个园林里,构成个园假山的独特风格。

相传个园假山出自石涛的手笔,这是有一定的道理的。道光十五年(1835)黄至筠的

图 10-7-12 四季假山图

第二子黄奭将《蔗生图》勒刻上石，汪全泰为他题《水调歌头·忆潮图》词，词中有"若年少，怀故里，甚牢骚。自言家居，大涤石屋洞天高"之句。这是个园假山为清初著名画僧石涛的作品（大涤子为石涛别号）的一个例证。个园四季假山被我国园林专家陈从周先生誉为"国内孤例"。

个园花园也有很多亭、台、楼、阁、廊等古典建筑，与四季假山、竹木相得益彰。宜雨轩（图 10-7-13）为花园正厅，主人筵宾之所，俗称"桂花厅"，四面设廊。透风漏月轩（图 10-7-14）位于宜雨轩东南角。丛书楼（图 10-7-15）位于"透风漏月"轩东。觅句廊（图 10-7-16）位于宜雨轩西南，是一座造型奇特的复廊。抱山楼位于夏山与秋山之间，上下 7 楹，是个园园林部分体量最大的建筑，对假山、水池形成挤压。鹤亭（图 10-7-17）、住秋阁（图 10-7-18）分别位于夏山和秋山上。

个园建筑物的命名存在不少问题。如宜雨轩、透风透月轩的形制为厅，称之为轩，名不副实，包括觅句廊、丛书楼的名称也欠考虑。由于过去研究不足，把个园与马氏小玲珑山馆混为一谈，于是小玲珑山馆景点的名称便张冠李戴到个园了。现小玲珑山馆已经复建，个园的厅馆楼台的名称急需通过研究，及时更改。

四、人物

1. 黄凝（1737—1784）：字幼安，太学生，直隶赵州知州，署顺德府知府，保荐卓异，特

图 10-7-13 宜雨轩

图 10-7-14 透风漏月轩

图 10-7-15 丛书楼

图 10-7-16 觅句廊

授江西抚州府知府，升雷琼兵备道，钦赐盐运使司盐运使即选道加十四级。黄凝有原配张氏、填房朱氏、二房诸氏、三房田氏、四房李氏，妻妾有五人之多。黄凝共生五子，分别为黄至慧、黄至筠、黄至廉、黄至馥、黄至端，女儿有八个。乾隆四十四年（1779），黄凝"遵川运新例入赀选授直隶赵州知州"，先任署直隶省顺德府知府、江西省抚州府知府，"素有能声"。黄凝在赴赵州任前，将家中资产交由大盐商江春的管家汪雪礓经营。黄凝去世后，朱夫人率全家仍居扬州。黄家诸兄弟在业蹉时遇到难题，常求教于汪雪礓。黄凝去世时尚在江西抚州知府任上，留下了五个儿子和一百万两白银子，此时二子黄至筠十四岁。

2. 黄至筠（1771—1838）：字韵芬，一字个园。是清嘉庆时期淮南盐商商总，太学生、正二品顶戴，钦赐盐运使司盐运使即选道加十四级，诰授资政大夫。嘉庆己巳年（1809）、乙卯年（1819）两次赴北京为嘉庆皇帝祝寿，并赏同乐园听戏，恭与筵宴，恩赏多珍。除建有个园外，先后购安氏园和马氏小玲珑山馆，并以千金购黄庭坚墨迹，由钱泳勾勒上石，共60方，嵌于安氏园壁上，世称为石刻精品，名曰黄帖。黄至筠工绘画，师法清代大画家王翚、恽寿平，擅长山水、花卉，尝作山水、花卉扇面数幅，镌刻于石，今个园抱山楼下存山水石刻一幅。

图 10-7-17 鹤亭

图 10-7-18 住秋阁

五、掌故

1.《个园歌》：关于个园至民国年间的历史，陈含光曾于中华民国初年作《个园歌（并序）》，序云："个园者，黄氏故园。扬州八商总，黄至筠次居第七。嘉道间，每盐务奏销，常倚黄而办。其园在东关街，度地十余亩，他宅屋称是。黄败，丹徒李氏得园之一角，仍其故名。巨丽已为扬州之冠。清末，李以商业折阅负官债。鼎革后，园属徐故上将宝山家，转移之迹，世莫能明也。允卿为园主人之孙，与仆交厚，故有此作。歌云："个园城中央，开户临通衢。缭垣列云汉，密石磨阶除。借问园主谁？昔时娃李今姓徐。百年时事三反手，令我回首增嗟吁！君不见：此园未属李氏时，贵翁考室先来居。黄氏才智雄万夫，千金三致同陶朱。嘉道之间财力胜，总商八娃争豪横。桑孔秋毫析奏销，爻翁只手持魁柄。堂上俳优日夜陈，门前车马如云屯。移山转海在一顾，炎手炎炎欺要津，不辞布地金与银，买占直至东城闉。洞房连闼极窈窕，至今谈者神犹振，李君年少吾故人，买宅者祖君其孙。君家尊人昔爱我，招我日赏园中春。园前何所有？华堂朱槛波渊沦；园中何所见？高楼四合干星辰。园中景物难具论，红蕖苍荟间碧筠。天然洞壑在庭户，坐来咫尺生烟云，黄园李占才一角，胜绝已复难为邻，何况黄翁昔日全盛当其身！盛衰成毁皆陈迹，李园俄作官家宅。事秘当时几辈知？呜呼欲语难重述。君不见：辛亥而还市朝变，富者为贫贵者贱。巧偷豪夺知几人，大宅高门顿轮奂。故家亭馆十八九，乔木虽存主人换。李君李君君勿嗟，爽鸠之乐何须恋？况君早读释氏书，万事应知如露电。君必见：乾清宫，太和殿。"

2. 四季假山之争议：四季假山为陈从周先生力倡后而广被园林界所接受，陈先生更是将"三丁包子、四季假山、什锦酱菜"戏称为扬州地方文化的代表。但也有专家对此持异议，如扬州文史专家朱江先生认为，四季假山是一种兴味之谈，非园主人原意，他不予苟同。他认为："造园应以画法垒山，以土石为皴插这一基本理论而来。更何况每种假山都有"冬青夏彩"时节。否则在隆冬大雪之后，遍山皆白之时，谁又能指其为春山、夏山和秋山？"[1]

个园平面图

---

[1] 朱江. 扬州园林品赏录[M]. 上海：上海文艺出版社，2002年3月第3版，第21页.

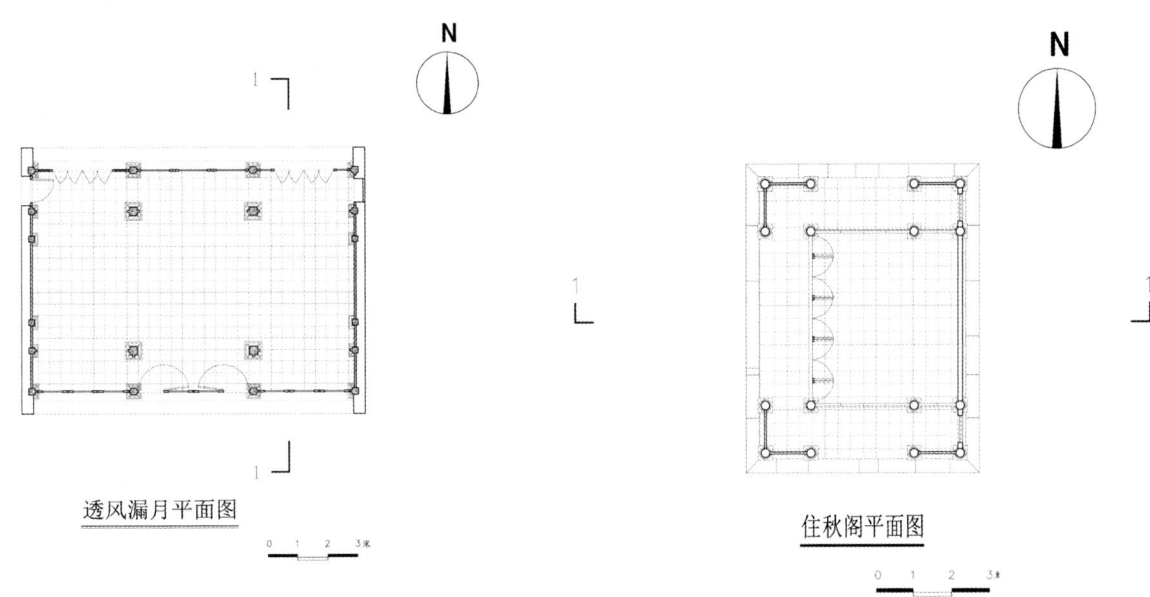

透风漏月平面图

住秋阁平面图

透风漏月一层平面图

住秋阁一层平面图

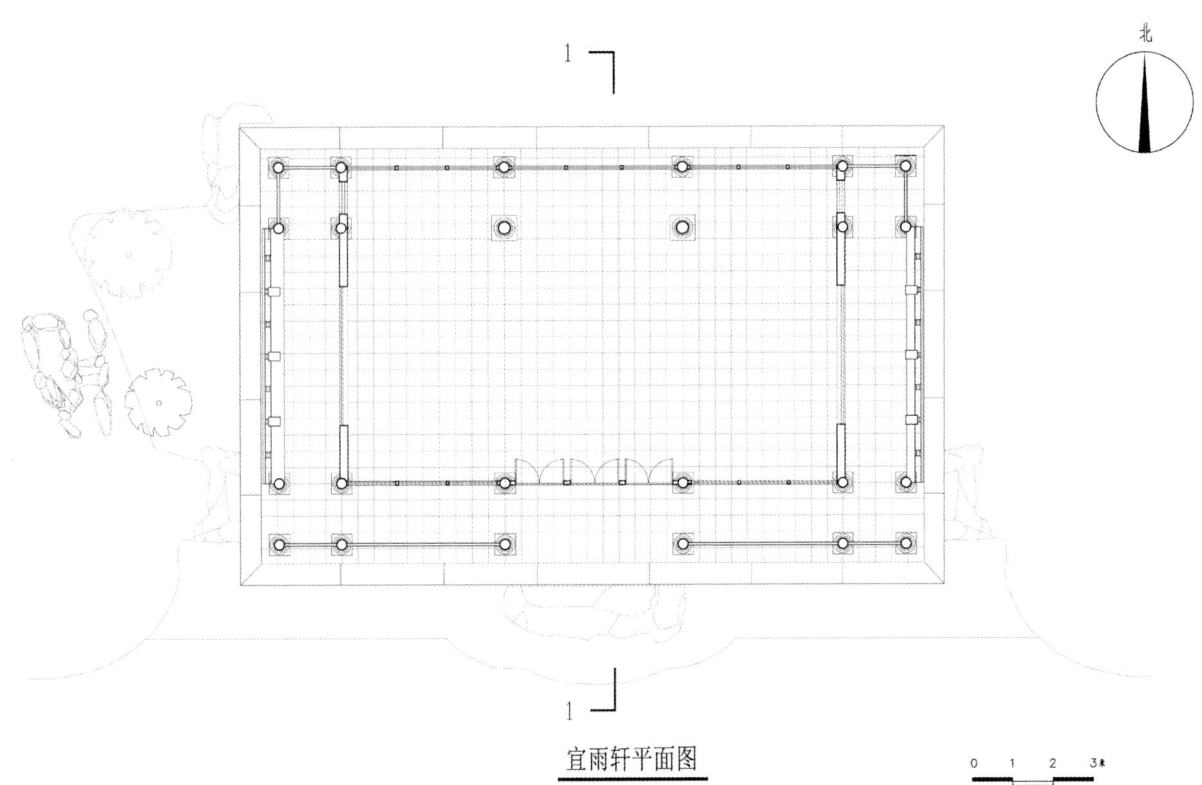

宜雨轩平面图

宜雨轩一层平面图

实例 8：何园

一、概况

何园位于扬州市徐凝门街 77 号，何园占地面积 1.4 公顷，建筑总面积 7000 多平方米。1988 年被列为全国重点文物保护单位。

二、沿革

清康熙时期，此处为片石山房，又名双槐园，园主人是盐商商总吴家龙。

康乾时期吴家龙的片石山房规模较大，南北范围为南至花园巷，北至刁家巷。园中生长两棵大槐树，就位于今何园寄啸山庄船厅庭院。

据成书于嘉庆十一年（1806）的《花间笑语》记载，双槐园除假山、水池外，主要建筑有听雨轩、瓶榴斋、蝴蝶厅、梅楼、水榭等。《花间笑语》还记载，片石山房传至吴家龙之孙吴之黻手中后，逐步废弃。

道光二年（1822）无锡人钱泳来扬州期间，片石山房区域已经"为一媒婆所得，以开面馆，兼为卖戏之所，改造大厅房，仿佛京师前门外戏园式样，俗不可耐矣。"（《履园丛话》）

光绪年间片石山房归广东商人吴辉谟所有。光绪十年（1884）刊刻的《江都县续志》记载："片石山房在花园巷，一名双槐园，县人吴家龙别业，今粤人吴辉谟修葺之，园以湖石胜，石为狮九，有玲珑夭矫之概。"

光绪九年（1883），今何园北部原属于双槐园的区域被辞官归隐扬州的原湖北汉、黄、德道台何芷舠所购得，他对该处建筑、园林进行了修缮、增筑，建造西洋楼作为住宅，整修北部东、西两个花园，命名为寄啸山庄。

光绪十年（1884）后，何芷舠又收购位于现何园西南角吴辉谟葺居的片石山房区域，并入寄啸山庄。

光绪二十年（1894），28岁的黄宾虹来扬州，因与何芷舠系姻亲之谊，他到何园拜谒何芷舠，得以观览园主人收藏的名家字画。黄宾虹与何家四代人交往时间长达60余年。

光绪二十六年（1900），八国联军入侵北京，1901年清政府与列强签订了丧权辱国的《辛丑条约》。受此条约的刺激，同时又在西学东渐、实业救国思潮的影响下，1901年何芷舠决定举家南迁上海。何园归管家看管。

1935年10月，为节省开支，何芷舠大儿子何声灏一家回到扬州何园居住。1937年抗日战争全面爆发后，何声灏全家祖孙三辈20余人离开何园，经汉口、西南等地辗转于1938年冬落户上海。

1937年前，园林专家童寯到何园考察、测绘。他在其著作《江南园林志》中写到："何园为扬州私园之最大而仍存者。住宅在东部，中部正厅，院落重重。西有洋式房屋三排，其后即园林部分，称寄啸山庄。园为盐官何芷舠所建，垂五十年，亭台失修，益以驻军，荒圮日盛。山池之外，为戏台花圃，徒见昔日梨园药栏之盛，主人久以移居沪滨，游者不禁生柳老堂空之感。"

1944年2月，何氏后代从天津回到何园居住。到五六月份，何氏后代除留片石山房东侧四个院落外，将何园其余部分出售给汉奸殷汝耕。

1945年抗战胜利后，国民党政府以敌伪财产接收，并在此办"祝同中学"及"淮安中学"。

1949年初，扬州解放，何园先后为苏北军区所在地、20速中、10所及723所驻用。

1959年10月，扬州市人民政府将园林部分交扬州市园林所整修并对外开放。

1962年5月，扬州市人民委员会公布《扬州市园林建筑及文物古迹保护单位名单》，何园（寄啸山庄）被列为保护单位。

1969年3月，扬州市革命委员会将园林部分交扬州无线电厂办厂。

1979年3月，扬州市人民政府决定将园林部分重新划交扬州市园林管理处整修，并于1979年5月对外开放。

1982年3月，江苏省人民政府公布何园为江苏省文物保护单位。

1985年9月，在国务院关心下，住宅部分及"片石山房"由723所移交给扬州市园林管理处进行整修。1989年10月，经修复后的片石山房，对外开放。

1988年1月，国务院公布何园为全国重点文物保护单位。

2002年3月，玉绣楼北楼经维修对外开放。

2002年4月，何家史料馆对外开放。

2003年3月，修复东二楼、东三楼，玉绣楼南楼维修对外开放。

2004年4月，根据何家后人回忆恢复骑马楼，使全园1500多米的复道回廊全线贯通，历史旧貌得以恢复，较好地再现了扬州晚清私家园林的风貌。

2005年4月，同仁馆对外开放。

2007年2月，被建设部评为首批国家重点公园。

图 10-8-1 寄啸山庄北门

图 10-8-2 寄啸山庄东园贴壁假山

2007年4月，何家祠堂收回整修后对外开放。2013年5月，片石山房作为中国园林"教科书"原样复制到北京中国园林博物馆。

三、赏析

何园所在的扬州明清古城新城南河下一带，清康乾盛世期间是盐商的聚集地，历史名园很多，如小方壶（驻春园）、双槐园、康山草堂、万石园、徐士业园、易圃、容园、别圃等。到咸丰年间，不少名园遭到破坏，从此衰败、荒芜。何芷舠到扬州后买下双槐园旧址，加以修缮、增筑，成为"咸同后扬州城内第一名园"。

建筑部分占全园面积的50%，园林整体疏密有致，小中见大，层次分明。何园正门原为在花园巷的南门，现主要入口的东门是园林对外开放时兴建的。从北侧刁家巷入内，为寄啸山庄大门（图10-8-1），迎面北向砖雕门楼，月洞门上镌刻的"寄啸山庄"门额，据说是当年园主人亲自题写的园名。何园整体共分寄啸山庄、住宅、片石山房、何家祠堂等四个部分，各个部分既独立成章，又环环相扣、互相渗透，组成一个内外有别、居游两便、天人合一、中西合璧的人居空间。

寄啸山庄东园最壮丽的景观，是右边一座长达60多米的贴壁山（图10-8-2），沿着墙面走向一路攀缘，状若游龙腾蛟，搅动万千气象，把原本封闭压抑的高墙深院，变成了一座抱拥天地自然山川的"城市山林"。东园贴壁山是江南园林中享有盛名的登楼贴壁山，也叫扬派贴壁山。贴壁山的山腰里，藏着一条高低盘旋、曲折迂回的石阶小路，一直通往翰林公子读书楼。

转过玲珑剔透的石屏风，首先敞开山门迎客的是牡丹厅。坐北朝南，面阔三间，进深七檩，单檐歇山顶。它的特色和名称，来自东墙歇山顶尖上的一幅砖雕山花。

牡丹厅北的一座厅堂，在构造装饰上比牡丹厅更精致、更华丽，它就是东园建筑群中最具创意的构筑，称为船厅（图10-8-3），又名桴海轩。坐北朝南，面阔三间，进深七檩，单檐歇山顶。因为厅的造型像一艘船，厅周围的地上用鹅卵石、瓦片铺成波光粼粼的水面，厅正前方一条方石板甬道像是登船的跳板，厅檐

图10-8-3 寄啸山庄东园船厅

图10-8-4 寄啸山庄东园读书楼

下低低的台阶好比船上的甲板，厅两旁廊柱上悬挂着"月作主人梅作客，花为四壁船为家"的楹联，厅西侧廊壁间镶嵌着目前国内保存最为完好的苏东坡手书《海市帖》刻石。构建细节都和船、水有关，被称为旱园水做法。

船厅后面西北角上为一座小楼（图10-8-4），当年何家大公子何声灏在这里发奋攻读，从江南乡试中脱颖而出之后，又一举闯过会试、殿试、朝考大关，步祖父何俊的后尘，被皇帝钦点翰林，成就了一门祖孙两翰林的荣耀，也给何园留下一座"翰林公子读书楼"。

西园是寄啸山庄的主景区。从西园看复道回廊是最佳角度，何园复道回廊（图10-8-5）全长1500多米，它腾挪、缠绕于园中建筑之间，复道凌空，内外分流，回廊曲折，高低错落，构成了园林内部的四通八达之利与回环变化之美，复道回廊是何园建筑特色之一，享有"天下第一廊"美誉，建筑专家更把它看作是立交桥的雏形。

西园水心亭（图10-8-6）同时还是一座水心戏台，在上面演戏拍曲，轻歌曼舞，可以巧妙借助水面与走廊的回声和光影，增强音响与视觉效果。

水池北面是蝴蝶厅（图10-8-7）。坐北朝南，面阔五间，进深七檩，单檐歇山顶。楼上供收藏古今典籍、名家字画，楼下是主人的宴客场所，厅内墙上装饰有宋苏东坡竹石图、明唐寅花鸟图、清刘墉书法和郑板桥竹石图等木刻壁画。池西桂花厅坐落在山石桂树丛中。面阔三间，进深七檩，单檐歇山顶。据何园后人提供相关史料，确认蝴蝶厅二楼为何家藏书楼，名叫梅花阁。

何园花窗数量多，制作精，样式美。它们集中分布在花园与住宅之间的廊壁上，组成一条条优雅别致的花窗带（图10-8-8），人们透过花窗，就像在观看一幅幅流动的框画，移步换景，迷离多变，十分赏心悦目。

从复道曲折南行，就进入了何园的住宅区。何园建筑在继承了中国传统造园艺术精华的同时，汲取西洋建筑要素，构成了一个东方传统精神与西方生活观念交相杂糅的园居系统。主要表现在建筑布局上追求变化，不拘一格，没有采用传统中轴线式的横路纵进、前堂后屋形式，而是因地赋形，自成面目。

图 10-8-5 寄啸山庄复道回廊

图 10-8-6 寄啸山庄水心亭

图 10-8-7 蝴蝶厅

图 10-8-8 何园花窗带

图 10-8-9 赏月楼

图 10-8-10 玉绣楼

图 10-8-11 骑马楼

图 10-8-12 与归堂

转过西园湖山，便来到赏月楼（图 10-8-9），又称怡萱楼。坐北朝南，面阔三间，原是园主人专门为吃斋念佛的母亲建造的居所，现已辟为陈列室，展示何氏家族的世系谱牒和近代有功名祖先的礼服容像。复道回廊在怡萱楼再次分流，一是与院中假山石阶组成回环盘旋的上下通道，一是入怡萱楼通往玉绣楼。

主人居住的玉绣楼（图 10-8-10），是两栋前后并列的二层住宅楼。共计 28 间，玉绣楼的主体建筑采用中国传统串楼理念，四周用回廊围成院落。楼内设计采用一梯一户带有拉门隔断的独立套间，与中国住宅传统的厅、厢结构完全不同，房间里点缀的吊灯、壁炉等装饰细节，楼的外立面白凡石基座、清水磨砖墙壁、灯草对尖灰缝、砖木围栏、如意石踏步等，采用中国传统建筑工艺，而腰头半圆翻窗、纹样飞罩、玻璃内门外加百叶门窗等，则透出一派浓郁的欧式风情，被称为"洋房"。

出玉绣南楼沿复道回廊向东入骑马楼（图 10-8-11），面阔六间，进深七檩，单檐歇山顶。它是何园的客舍。当年，国画大师黄宾虹就住在这里，度过了一段让他一生念念不忘的客居时光。

坐落在全园最南面的楠木厅，又名与归堂（图 10-8-12）。它是何园的主堂正厅，也是园主人对外交往的正式场所。

出楠木厅向东走，便来到南大门东侧这座小小的青砖门楼的片石山房。片石山房东侧小院为何家祠堂。

现片石山房一般专指何园西南角的园中园，此处应为康乾时期双槐园（片石山房）的精华部分，1989 年复建。门厅置叠泉，入园，水池前一厅为复建的水榭，栏、楣、隔扇雕刻入微。厅中以石板进行空间分隔，其一为半壁书屋，另一为棋室，棋室中置一以双槐园遗物老槐树根制作成的棋台，造型古拙。中间则为涌趵泉，伴以琴台，以南窗框厅外竹石小景为画。琴棋书画，合为一体。水榭在池之南，与假山主峰遥遥相对，面对崖壑流云、茫茫烟水，颇能体现石涛的诗意："白云迷古洞，流水心澹然；半壁好书屋，知是隐真仙。"园中原清代早期楠木厅尚存，深厚端庄。楠木厅西墙为系舟，临池而泊，似船非船，似坞非坞。楠木厅北院东墙上嵌集石涛书"片石山房"砖刻四字。园中湖石假山（图 10-8-13）基本保持原貌，西为主峰，东作陪衬，精妙古朴，片石峥嵘。

图 10-8-13 片石山房假山

图 10-8-14 何家祠堂

山势东起贴墙婉蜒至西北角，突兀为主峰，下藏石室两间。出石室拾级蹬道而跻其巅，层峦叠嶂，峰回路转，岚影波光，游鱼倏忽，使人可享林泉之乐。在主峰之东，叠成水岫洞壑，以虚衬实，以幽深烘托峻峭，相得益彰。假山上建半亭，名葫芦亭，充满野趣。假山丘壑中的"人工造月"堪称一绝，光线过留洞，映入水中，宛如明月倒影。全园水趣盎然，池水盈盈。园内新添碑刻，选用石涛诗文9篇，置于西廊壁上。壁上还嵌置一块硕大镜面，整个园景可通过不同角度映其中。片石山房占地不广，却丘壑宛然，典雅别致，在有限的天地中给人以无尽之感。

何家祠堂（图10-8-14）正厅名光德堂，"光德"取自园主人何芷舠之父何俊"登祖宗之堂可对先灵读传记之文，可光旧德我"的训喻。祠堂位于全园东南角。祠堂内有东西成一字排开的两座厅堂，各有院落自成体系，是不多见的祠堂范例。西为飨堂，堂西带有一厢房，是签押房，曾是何家的经济中心，管理何家各种往来账目。飨堂四面墙上悬挂《何氏家训》十一则。东为寝堂，是祠堂的正厅，供奉有保存完好的何氏五代祖宗容像。厅内有古井一眼，在便利祭祀用水的同时，起到了提醒家族子孙饮水思源，不忘祖宗恩情。

四、评价

国务院学部委员刘敦桢则在多部著述中对何园造园手法概括为"不经见的独特手法"。国家文物局古建筑专家组组长、中国文物学会会长、全国历史文化名城保护专家委员会副主任罗哲文，感叹船厅"构思绝妙"的同时，提出："寄啸山庄整体布局严谨，疏密有度，其中尤以北部花园为精彩绝妙之笔。寄啸山庄的楼廊高二层，环抱水池，在其高低不同的视点中，园景产生不同变化，此为江南园林中的孤例。"

东南大学教授潘谷西对扬州寄啸山庄西园的布景特点评价有二："一是以水池为中心，假山体量虽大，却偏于一侧，不构成楼厅的对景；二是水池三面环楼，故可从楼上三面俯视园景，这不仅是扬州唯一孤例，也是国内其他园林中

---

[1] 潘谷西. 江南理景艺术[M]. 南京：东南大学出版社，2001年4月第1版，第155页

所未见的手法。"[1]

五、人物

(1) 吴家龙: 吴家龙, 字步李, 祖籍安徽歙县, 后迁籍江都。吴家龙天性笃实, 多有善行, 乐善好施。乾隆八年(1743)《江都县志》记载吴家龙"尝修扬郡之宝轮寺、静慧园, 整圮植废, 梵宇岿然"。吴家龙除建有双槐园、捐修静慧园(寺)之外, 他还在瓜州建有吴园。乾隆皇帝于1751年、1757年、1762年三次巡幸吴园, 赐名为锦春园, 并赐御书"竹静松蘙"匾额、御制《锦春园即景》七律一首。由于乾隆皇帝对锦春园的喜爱, 锦春园也成为扬州当时的名园。

(2) 何芷舠(1835—1908): 又作子舠, 名维键, 字芷舠、汝持, 安徽望江人。望江, 是古雷池所在地。他曾为国子监太学生, 咸丰五年(1855)参加顺天乡试, 后以咸丰乙卯科誉录的身份, 按照惯例当上户部郎中, 曾在福建司、云南司任职。后又改任道员, 分发到湖北, 主办军需局。此后两次代理盐法道、补任督粮道。在其担任湖北按察使不久, 又接任汉黄德道(即汉口、黄冈、德安三地区的道台), 并兼任江汉关监督(即负责对设在汉口的海关进行督察)。朝廷赏其正一品封典, 诰授资政大夫, 晋升光禄大夫。1883年, 他因"令任太夫人(何芷舠生母)春秋高, 不乐久仕", 辞官归隐扬州, 购得吴氏片石山房旧址扩建园林,

取意于陶渊明《归去来辞》中"倚南窗以寄傲""登东皋以舒啸"句意, 将园林命名为寄啸山庄。

六、释疑

(一) 何芷舠为什么将归隐之地选为扬州呢?

1. 何芷舠的父亲何俊长期在江苏任职, 其中在扬州任职多年。

何俊(1797—1858)在道光九年(1829)以三甲第一名进士选充翰林院庶吉士, 后历任工部主事、海防海阜同知、桂林知府、署桂平梧郁盐法道、直隶大顺广兵备道、江苏督粮道、两淮盐运使、署江宁布政使。咸丰六年(1856)官至江苏布政使, 署理江苏巡抚, 从二品衔, 是主管江苏全省民政和财政的最高官员。

何俊在江苏的十多年, 恰值清政府在财政、赋税制度方面推行一系列重大措施, 如增加盐税、开征厘金(征收商品通过税)、实行亩捐(按亩征收田赋附加税)以及在金融方面增发通货等。何俊在江淮扬徐通海等地每每主其事, 并"举劾所属之贤否", 在全国最富庶的地区卓有成效地增加了清政府财政收入。咸丰七年(1857)调北京, 次年62岁时病逝于北京。

何俊长期任职江苏, 特别是任职两淮盐运使期间就在扬州工作、生活, 有着良好的人脉资源, 这应该是何芷舠选择归隐扬州的原因之一。

---

[1] 潘谷西.江南理景艺术[M].南京: 东南大学出版社, 2001年4月第1版, 第155页.

2. 何芷舠选择归隐扬州便于管理其父何俊遗产。

何俊在江苏任职期间，曾经在扬州府宝应县购置不少田产，谷租每年收入可达3000石，其收入积累巨大，田产规模也非常之大。何芷舠定居扬州，便于对其父留下的田产进行管理。

3. 何芷舠定居扬州便于何芷舠从事盐业贸易。

清道光三十年（1850）淮南盐业改为票盐制，运销食盐通过实现票法制度为前提以增加盐税，当时正是何俊任两淮盐运使"于扬州设局收纳，以清运署需索之源"，保证了江苏全省盐税的地位。当时官员视官而商为天经地义之事，何俊作为两淮盐运使，持有盐票符合情理。同治年间，何芷舠曾任湖北武昌盐法道。他深谙经济经营之道，持有盐票，获得了较为丰厚的票盐之利。

关于何芷舠作为票商是有史料明证的。1964年上海出版的文史资料中《孙多森简历》（孙家鼐后代）一文，就有何芷舠曾将自有盐票资助孙家亲戚经营食盐运销的记载。扬州一直是两淮盐业的中心城市，何芷舠选择归隐显而易见是便于其盐业贸易的开展。

（二）片石山房的堆叠者为石涛吗？

扬州片石山房，现为扬州何园西南隅的园中园。而片石山房内假山，无论是从艺术角度还是历史角度，都得到了极高的评价。"还有一种大平大奇，既不用奇石，也不用挑、飘、做洞等手法，而整体意境却奇突无比，仅见扬州片石山房一景而已。"[1] "不过，据专家说，个园的叠石文化固然了不起，而扬州片石山房的叠石文化历史更为悠久，因此更具文化价值。"[2]

对于片石山房叠石者是谁的问题，著名园林学者陈从周先生曾通过文献资料、实地勘察后，于1962年发表《扬州片石山房——石涛叠山作品》一文，认为是清代大画家石涛所为，此研究成果得到了专家学者的认同。但在赞同意见为主流的同时，也断断续续出现了质疑的声音。2001年扬州文化学者韦明铧撰文《"片石山房"是石涛手笔么》[3]，2007年曹汛撰文《石涛叠山"人间孤品"，一个娇浅而粗疏的园林童话》（以下简称《童话》）[4]，特别是后者，以万字长篇，断然否定片石山房叠石者是石涛，该文发表后，产生了一定影响。韦文和曹文，依据的都是酿花使者《花间笑语》一书，得出"片石山房叠山者为牧山和尚"的结论。《童话》一文为了证明片石山房叠山者不是石涛，更是言李斗《扬州画舫录》、钱泳《履园丛话》关于石涛垒石片石山房的记载不可信、片石山房主人吴家龙与石涛流寓扬州不同期、石涛兼工叠石的说法不成立等。

那么，事实是否如曹汛先生《童话》一文所示，笔者通过对资料的重新爬梳剔抉，认为曹汛先生的论证尚有诸多值得商榷之处：

---

[1] 郑奇，方惠.叠石造山法［M］.南京：江苏美术出版社，1999.
[2] 王振复.宫室之魂［M］.上海：复旦大学出版社，2001.
[3] 韦明铧.扬州掌故.［M］苏州：苏州大学出版社.2001.
[4] 曹汛.石涛叠山"人间孤本"，一个娇浅而粗疏的园林童话［J］.建筑师，2007（128）：94-102.

1. 石涛与开辟片石山房的吴家龙是同一时期

曹汛先生文中最重要的提法是，石涛与开辟片石山房的吴家龙不是一个时代，因此石涛与片石山房的假山没有一点关系。"做史源学年代学考证，已足可以考清吴家龙初辟片石山房的年代不早于乾隆初年。与石涛流寓扬州的时间远不相及，当时石涛早已卒去，钱泳所说片石山房假山，相传为石涛和尚手笔，显系误传，不能成立。"[1]石涛生活在康熙年代，而初辟片石山房的吴家龙生活在乾隆时代，故二者不可交集。

其实，曹先生对吴家龙的年代考证并不正确，我们以下面的材料为证。

"静慧寺。坐落于南门外古运河西侧、迎新路之南。该寺始建于宋代初年，本为席氏园，后改为寺。清顺治年间僧人照吉始建禅堂，后歙县人吴家龙重修，河道总督杨茂勋为寺建大殿。康熙四十六年（1707年）康熙帝赐'静慧寺'匾额及诗扇、金佛等物。该寺为清代扬州八大名刹之一。"[2]根据史料可知，杨茂勋任河道总督职时间分别为：（1）顺治十六年十二月署至十七年六月调；（2）康熙五年十一月代至八年九月休。也就是说无论如何，吴家龙起码生活在康熙时代，并已有了一定的经济能力和基础。

再有，《扬州画舫录》卷八中记载："扬州城西静慧寺本席园旧址，顺治间僧道忞木陈居之……康熙赐名静慧园，及'真成佛国香云届，不数淮南桂树丛'一联，七言诗一首。寺周里许，前后方塘，后有竹畦，树木蒙翳，殿宇嵯峨，木陈塔在其中，为南郊名刹。木陈之后，寺将颓废，歙县人吴家龙重修，至今两淮烟盒贡及高旻寺烟盒皆在此设局制造。家龙字步李，襁褓而孤，奉母至孝；好施与，与汪应庚齐名；达与朝，赐盐运副使。"[3]根据这一则史料，我们完全可以推断1674年僧道忞木陈（石涛师祖）去世后，吴家龙就重修了扬州南郊名刹静慧寺。这也才会有康熙在四十四年（1705）、四十六年（1707）两次巡幸静慧寺并改名为静慧园。如果寺已颓废，又怎会有康熙的巡临。由此可见，曹汛先生将吴家龙时间定为乾隆初年显然是有误的。

此外，石涛的师祖木陈在静慧寺曾经做住持，康熙十二年（1673），石涛第一次来扬州拜见师祖，并在寺里作《采药图》。康熙十五年（1676），石涛第二次来扬州，仍住静慧寺，绘《山水册》八帧。康熙二十六年（1687），石涛第四次来扬州。康熙二十八年（1689），石涛在平山堂受到康熙皇帝的召见，"天子呼其名"，石涛非常激动，写下了纪事诗两首，并作《海晏河清图》献给康熙。康熙三十一年（1692）秋，买舟从北京沿运河南下，回到扬州定居，直到1707年去世，在扬州度过了最后15年。从石涛在扬州活动来看，他非但与吴家龙处于同一时期，且长期居住在由吴家龙出资修建的静慧园之内。详见表10-1。

乾隆八年（1742）《江都县志》卷22《笃

---

[1] 曹汛.石涛叠山"人间孤本"，一个婶浅而粗疏的园林童话[J].建筑师，2007（128）：94-102.
[2] 江苏省政协文史资料委员会.扬州宗教[M].南京：江苏文史出版社，1999.
[3] 李斗.扬州画舫录[M].扬州：广陵书社，2010.

表10-1 石涛在扬州静慧寺活动简表

年代	活动情况
1673年（清康熙十二年）	石涛第一次来扬州拜见师祖道忞，住静慧寺，并在寺里作《采药图》
1676年（康熙十五年）	石涛来扬州，住静慧寺，绘《山水册》八帧
1687年（康熙二十六年）	石涛来扬州，仕静慧寺大树堂，被引荐到"春江诗社"，结识孔尚任等
1689年（康熙二十八年）	石涛来扬州，住静慧寺，在平山堂受到康熙皇帝的召见，"天子呼其名"，石涛非常激动，写下了纪事诗两首，并作《海宴河清图》献给康熙
1692年（康熙三十一年）	买舟从北京沿运河南下，回到扬州，先住静慧寺
1693年（康熙三十二年）	年初从南京返回扬州，收纳静慧寺住持元智破愚的门人、其师侄承酬耕隐为绘画新弟子，冬天回到静慧寺
1694年（康熙三十三年）	居扬州，夏天到"吴山亭"，其余时间住静慧寺
1695年（康熙三十四年）	春天住静慧寺，夏天住仪征许松龄宅，拜见"白沙翠竹江村"主人郑肇新。秋天回扬州住静慧寺
1697年（康熙三十六年）—1707年（康熙四十六年）	石涛扬州的住宅大涤草堂建成，石涛一直在此居住，直至1707年辞世

行》，对吴家龙品行有所记述，兹全文转引如下：

吴家龙字步李，世家歙县，迁江都。襁褓而孤，及长，奉母以孝称，笃赋醇谨，其于乡党缓急，多所赒恤，每遇荒歉，辄倾赀筹赈，以乐善好施著。事达朝廷，予爵盐运副使。乾隆三年岁馑，助赈七千余金，七年复赈三千余两。铨部题请议叙，累予加级纪录。尝修扬郡之宝轮寺、静慧园，整圮植废，梵宇肃然。以及治道途而便行人施纩袄，以衣贫乏，所费不可胜计。凡所以见义勇为而恐后者，盖根乎天性之肫笃家庭雍睦，子孙孝友，里闬咸以敦善行而获报者，首推之。[1]

《扬州画舫录》卷七对吴家龙生平事迹亦有记载：

吴园即大观楼旧址，楼在瓜洲城南隅。顺治间，海舟入犯，毁于火。康熙间，防江郡丞辽东刘藻治城堞，增置楼橹斥堠，别择地建大观楼，王文简为之记。而大观楼旧址，则为歙人吴氏别墅，赐名锦春园（图10-8-15），及"竹静松蕤"匾。园门外甃石为岸，中建御书楼，楼前为东暖房，后有梅花厅、渔台、水阁、江城阁、桂花厅，皆绕池四面。楼左建宫门，中为前正房、后正房、后照房，皆仿坐落做法。吴氏名家龙，子光政同建。[2]

从上列史料我们可知，吴家龙是以课盐业而最终致仕的徽州商人，其天性笃实，多有善行，乐

---

[1] 王逢源，李宝泰.乾隆江都县志·卷二十二//中国地方志集成江苏府县志辑66[M].南京：江苏古籍出版社，1991.
[2] 李斗.扬州画舫录[M].扬州：广陵书社，2010.

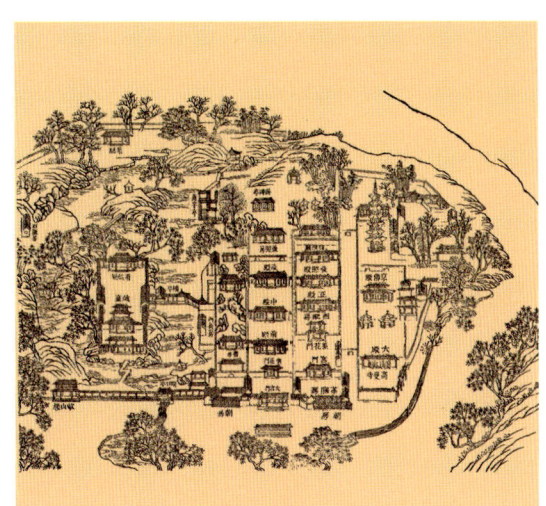

图 10-8-15 锦春园图

善好施，且热衷于园亭的营造。除片石山房（双槐园）外，他还营造了静慧园、吴园等。石涛居留扬州期间，长期居住在其出资修建的静慧园内，两人之间产生交往是可能的。石涛作画曾有多幅作品题款"客广陵大树下"，如他所作《黄海云涛》题语："时丁卯冬日，北游不果，客广陵大树下……"乔迅《石涛》一书中就认为静慧园内或有一建筑为"大树堂"。陈从周先生认为片石山房位于扬州城东南，其前为南河下，东为北河下，后有巷名大树巷，疑石涛曾一都居于大树巷也。这些也可以佐证吴家龙和石涛交往的可能性。论述至此，可以推断，石涛在扬州期间由于与吴家龙有所交往，他被吴家龙邀请参与或策划了片石山房假山的营造，且此事迹坊间亦有传闻，因此乾隆年间《扬州画舫录》作者李斗、嘉庆初年来扬州的钱泳都曾经听闻石涛叠山事，故而在他们的著作中对石涛叠石均有所记载。

2. 石涛兼工叠石

曹汛先生在《童话》一文中对钱泳多次贬低后，得出："哄传错传石涛叠山作品一个都不是，所谓石涛兼工累石善叠假山，自然也就不能成立了。"这一论点，笔者以为太武断，从史料看，石涛兼工累石是有充分依据，是可以证信的。

（1）石涛曾在扬州开设"大石砾"

上海博物馆藏八大山人《仿子久山水、临蔡邕小楷卷》题识有"近闻苦瓜长老近在广陵设大石砾。"关于朱耷《仿子久山水、临蔡邕小楷卷》一事，当代见于研究片石山房文字的专家学者都未提及，包括陈从周先生和曹汛先生。郑为先生在《石涛》一书中指出："《扬州画舫录》：'石涛兼工累石，扬州以名园胜，名园以垒石胜，余氏万石园出道济手，至今称胜迹焉'，又上海博物馆藏朱耷《仿子久山水、临蔡邕小楷卷》题识有'近闻苦瓜长老近在广陵设大石砾'，疑亦为累石设计。"[1] 应该说，石涛在扬州其间开设大涤草堂作为画室卖画谋生经营，开立"大石砾"，为盐商富贾营造园林经营区划，为园林叠石画些设计图，获取报酬，可能性是很大的。

（2）石涛参与白沙翠竹江村的扩建

1695年夏秋之际，石涛开始客居真州许园的读书学道处，直到1696年的夏天才离开真州，由黄山返回扬州。石涛客居真州的一个重要原因是因为他的许多朋友，包括先著到了真州。先著（1651—?）其家族为四川泸州人，

[1] 郑为. 石涛 [M]. 上海：上海人民美术出版社，1990.

迁移至南京，以布衣工诗，名著南京。他与石涛过从甚密，二十多年，历久弥笃。石涛刚到南京之时，两人朝夕相伴。先著1694年应他的朋友郑肇新的邀请，来到真州后，就住在江村附近。他在真州的时间约为7年，直到1700年离开真州。先著来到真州，居住在郑氏白沙翠竹江村西侧的寓园，这里本是一个岑静而破败的居所，经过先著两年的改造而初具规模。1696年，他有《寓园为山告成，作诗邑，并邀去芜、豹南诸君和》诗，记述了建造寓园之事。先著来到真州，也带来了他的朋友，石涛就是其一。在先著《江村》诗中有"鹤与高僧同日来"句，高僧便是指的石涛。石涛在真州期间，郑肇新著名的仪征别业"白沙翠竹江村"新扩建成功，石涛恭迎盛会，不但写下了十三首诗，还创作了《白沙翠竹江村图》十三幅，为郑肇新和诸友所重视。

关于白沙翠竹江村石壁的作者究竟是谁，是有争议的。曹汛先生认为白沙翠竹江村石壁是先著的作品，举先著《寓园为山告成，作诗邑，并邀去芜、豹南诸君和》诗，虽没有说出园名，"诗题称寓园是表明诗人借寓于此"[1]，但真正的园名就是白沙翠竹江村。其实，曹汛先生这种说法猜测的成分较大。因为当时人洪鉽在《柳庄诗集》中有《同去芜家兄过郑氏江村园林访先蠋斋先生，半痴郑子在坐》篇，叙江村所见，明确说到了先著的住所在郑馆旁侧，即在白沙翠竹江村的旁边，因此先著的住所寓园并非曹汛先生所确定的就是郑氏的白沙翠竹江村。而且先著也不是如曹汛先生所分析的那般"为山告成，就要离去"，而是在寓园生活至1700年才离开，曹汛先生推断白沙翠竹江村石壁为先著作品是很值得怀疑的。

朱良志先生认为白沙翠竹江村石壁应该是石涛的作品，或者石涛至少参与了园林的创作。因为石涛是郑肇新的好友，郑氏扩建白沙翠竹江村时，石涛正在郑馆旁的许园读书作画，他很有可能会参与白沙翠竹江村的建造。汪研山在《清湘老人题记》有"白沙翠竹江村图，为肇新作十三景"之语，也就是说石涛创作了与白沙翠竹江村相关的十三幅图。在石涛的十三首诗中也谈到了垒石叠山之语，使人印象深刻。如《华黍斋》图的跋语中说"怪石堆石壁，止水投文鱼"，在《溅岩》图的跋中说"隔江开五丁，载石列奇崄。就手天成宝，崆峒未必工。溅岩苔藓碧，题字墨难丰"，在《乳桐岭》图的跋中说"空惜万人力，五年香鏧冷。石拨云过径，岩虚洞接岭"等等，完全是专家的口气。由此，我们认为，朱良志先生的判断可能更加符合历史事实。而且白沙翠竹江村石壁可能与片石山房贴壁假山是属于同样的堆叠手法，出自石涛一人之手的可能性还是比较大的。

（3）余氏万石园确与石涛有关

曹汛先生在《童话》一文中认为："说余氏（余元甲）万石园出道济手，全是凭空猜测。余氏建万石园时石涛也已卒去""李斗称万石园出石涛手查无实据。万石园建造时石涛已经卒去。"曹先生主要依据《扬州画舫录》卷十五记

---

[1] 曹汛.张南垣的造园叠石作品[J].中国建筑史论汇刊，2009（2）：327-378.

载:"余元甲,字葭白,一字柏岩,号茁村,江都邑诸生,工诗文。雍正十二年,通政赵之垣以博学鸿词荐,不就。筑万石园,积十余年殚思而成。今山与屋分,入门见山,山中大小石洞数百,过山方有屋。厅舍亭廊二三,点缀而已。时与公往来,文酒最盛。葭白死,园废,石归康山草堂。著有《濡雪堂集》,选韩、白、苏、陆四家诗行于世。"[1] 从而推论万石园是余元甲在雍正十二年以博学鸿词荐不就后开始建造的。

而这是曹汛先生一个极奇怪的误读与误判。因为《扬州画舫录》卷十五明明还有以下文字,"是园文酒之盛,以雍正辛亥胡复斋、唐天门、马秋玉、汪恬斋、方洵远、王梅沜、方西畴、马半查、陈竹畦、闵莲峰、陆南圻、张士园中看梅,以'二月五日花如雪'为起句为最盛,载在《邗江雅集》"。[2] 任何人读这段文字都可知,雍正辛亥年为雍正九年,也就是说至少在雍正九年万石园就已经建成并成为余元甲文酒之会的场所。因此曹先生推断万石园是在雍正十二年后建造是说不通的。

为了证明余氏万石园非石涛手笔,曹汛先生又竭力证明余元甲与石涛不是处于同一时期。为此曹先生几乎查找了有关余元甲的全部史料,确定余元甲是卒于乾隆七年,但由于余元甲岁数不可考,因此曹汛先生无法判断出认为余元甲是哪一年出生的,他只是推测余元甲年轻时还是赶得上石涛在世的,其言下之意,因为余元甲尚年轻,没有可能请石涛营造万石园。笔者以为这也是轻断之举。

上文曾言及余元甲著有《濡雪堂集》,该书为新城王阮亭作序。王阮亭即王士禛(1634—1711),清初杰出诗人、学者、文学家。1660—1665年王士禛在扬州担任推官,他"昼了公事,夜接词人",倡虹桥修禊,成为扬州文坛的领袖。余元甲《濡雪堂集》的序言有可能就是在此段时期完成的,最迟也应该是康熙五十年(1711)之前完成的。就此推断,余元甲是跨清康熙、雍正、乾隆三期人。他建造万石园时石涛亦在扬州生活,并参与万石园建造,故李斗《扬州画舫录》、清嘉庆《扬州府志》对此均有记载。

(4)石涛叠石被时人题咏

朱良志在《石涛研究》中提供了一个珍贵的资料。康熙三十二年(1693),石涛好友杜乘在石涛《苦瓜小景》画作上题一长跋。其中有句:"时来卷石如高山,衙官徐沈骇荆关。"朱良志作了详细的解读,"石涛是一位园林艺术家,但苦于资料难寻,对这方面的研究目前还处于揣测之中。这则题跋则为此提供了一个重要资料……石涛的'卷石'——叠石理水的造园功夫,曾令衙官都为之震惊,他们认为简直可夺荆浩、关仝山水的气势。"[3]

此外,雷涛先生《论士商融合思想对石涛晚期商业行为的影响》一文中也指出,石涛在扬州卖画,其主要原因是为生计所迫,他也一

---

[1] 李斗,扬州画舫录[M],扬州:广陵书社,2010.
[2] 同[1]。
[3] 朱良志,石涛研究[M].北京:北京大学出版社,2005.

直为润笔费的多少而抱怨。在当时商业经济发达，营造园亭蔚然成风的扬州，作为对山石颇有研究的画家石涛，显然不会排斥为官僚、盐商构建园林堆叠山石而获得报酬的机会。[1]

3.《花间笑语》不能成为否定片石山房叠石者的必定依据

《花间笑语》是曹汛先生依据的最重要史料，《花间笑语》云："片石山楼为廉使吴之黻字竹屏别业，山石乃牧山僧所位置。有听雨轩、瓶榭斋、蝴蝶厅、梅楼、水榭诸景。今废，只存听雨轩、水榭为双槐茶园。"据该文记载可知，酿花使者作此文时，片石山楼作为一座园林应该是已经废弃了，"只存听雨轩、水榭，为双槐茶园"。酿花使者在该段文字中提到了两座园林的名字即"片石山楼"和"双槐茶园"，按照曹汛先生的认定片石山楼就是片石山房。关于片石山房见于扬州地方志记载有三条：

片石山房在花园巷，吴家龙辟，中有池，屈曲流水，前为水榭，湖石三面环立，其最高者特立耸秀，一罗汉松踞其巅，几盈抱矣，今废。[2]

片石山房在花园巷，一名双槐园，县人吴家龙别业，今粤人吴辉谟修葺之，园以湖石胜，石为狮九，有玲珑夭矫之概。[3]

片石山房在徐凝门街花园巷，一名双槐茶园，旧为邑人吴家龙别业，池侧嵌太湖石，作九狮图，玲珑夭矫，具有胜概，今属吴辉谟居焉。[4]

由上述史料可以得出，片石山房、双槐园、双槐茶园其实就是一座园林，是清初江都县人吴家龙的别业（表10-2）。作为吴家龙别业的片石山房传至其孙吴之黻（本文认同曹汛先生对吴家龙与吴之黻关系的考证）时已逐步废弃，最迟在嘉庆二十三年（1811）时该园林已经荒废。五卷版的《花间笑语》记载了《片石山房》条，该书成书于嘉庆二十三年（1818），即酿花使者看到的为"今废，只存听雨轩、水榭"的双槐茶园，其所述是真实可信的。现在的焦点问题是片石山房、双槐园或者双槐茶园的范围究竟是多大？因为，陈从周先生20世纪60年代初考证的片石山房，指的是位于今扬州何园西南侧，占地面积约1100m²的范围。我们会发现，此处1100m²范围的片石山房和钱泳《履园丛话》中描述的范围大致是一致的。

而吴家龙别业的范围则远不止这个范围，应当是14000m²左右，即今何园（何园今由寄啸山庄和片石山房组成）的大致范围。其依据是：（1）扬州古建筑专家赵立昌先生曾经多次对何园建筑进行了实地调查、分析，确定现何园"寄啸山庄"内的蝴蝶厅、船厅等建筑为清代前、中期的建筑形制，并非光绪九年（1883）从吴姓后人买下该园的何园主人何芷舠创建；（2）吴家龙别业之所以又称双槐园，是因为在

---

[1] 雷涛.论士商融合思想对石涛晚期商业行为的影响[J].艺术探索，2010（2）：21—24.
[2] 王逢源，李宝泰.嘉庆.江都县续志·卷五//中国地方志集成江苏府县志辑66[M].南京：江苏古籍出版社，1991.
[3] 谢延庚修，刘寿增纂.光绪.江都县续志·卷十二//中国地方志集成江苏府县志辑67[M].南京：江苏古籍出版社，1991.
[4] 英杰修，晏端书纂.续纂光绪扬州府志·卷五//中国方志丛书华中地方[M].台北：成文出版社，1970.

图10-8-16 寄啸山庄西园假山

图10-8-17 何园怡萱楼庭院内假山

现寄啸山庄船厅南部庭园，原有树龄300~400年古槐树两棵，故名。两棵槐树1979年枯死，今只存树桩。以古木作园名，这是中国园林题名极常见的，如明许自昌的"梅花墅"、明顾其蕴的"宝树园"、清石韫玉的"五柳园"等。以上两点，都说明了当时吴家龙别业的范围至少包括了现在寄啸山庄和片石山房。今何园内假山不止片石山房一处，还有通往读书楼的贴壁假山、水心亭的西山（图10-8-16）、怡萱楼的南山（图10-8-17）。特别是西山，为何园主景，不但体量大，而且有全园最高山峰。所以《花间笑语》中称"山石乃牧山僧所置"是很模糊的。园中有四处假山，牧山和尚究竟是堆叠了哪座山，酿花使者并没有说明。反过来，也就是说，依靠这条材料来断然否定现在片石山房的假山不是石涛的手笔，是很不严谨的。

关于牧山和尚的生平事迹，李斗《扬州画舫录》中有3处提到了牧山和尚。我们大致了解到牧山生活在清雍正、乾隆年间，工于诗，曾为贺氏东园醉烟亭题联："绕槛溪光共潋滟，

表10-2 片石山房在清康熙至光绪年间的名称

序号	年代	园主人	片石山房又名
1	清康熙至乾隆中后期	吴家龙	吴家龙别业、双槐园
2	清乾隆中后期至嘉庆十二年（1807）	吴之黼	吴之黼别业、双槐园
3	清嘉庆十三年（1808）至同、光年间	某媒婆	双槐茶园
4	清同光年间至光绪九至十年	吴辉谟	广东会馆

隔江山色露嵯峨。"他可能也是扬州莲性寺的住持和尚。李斗的《扬州画舫录》刊行于乾隆六十年（1795）或嘉庆元年（1796）。李斗本人好游山水，在他游遍粤西、闽浙、楚豫、京师后，"退而家居，则时泛舟湖上，往来诸工段间，阅历既熟，于是一小巷一厕居，无不详悉。又尝以目之所见，耳之所闻，上之贤大夫流风余韵，下之琐细猥亵之事，诙谐俚俗之谈，皆登而记之。"[1]为此，他精心准备了三十年，完成了《扬州画舫录》。他的记载是当时人记当时事，应该较为翔实可信。假设牧山和

---

[1] 李斗.扬州画舫录[M].扬州：广陵书社，2010.

尚能为当时扬州的大名流、盐商商总吴家龙叠造山石，李斗一定会有所耳闻。他在论及扬州"名园以垒石胜"时，一定会提及牧山这位大师。可惜事实是没有。倒是成书较晚的《花间笑语》的作者言之凿凿牧山和尚为"片石山楼"堆垒山石。曹汛先生已经考证出《花间笑语》一书的作者为南昌人，他来到片石山楼时该处已然荒废，说明其来时与片石山房始辟之时相去约100年之久，百年的世事沧桑可能非《花间笑语》作者一位外地人能够全然知晓的。鉴于此，我们认为，牧山和尚作为片石山房的首叠者显然没有足够的文字依据。最有可能的是，片石山房假山为石涛始叠，牧山和尚是后来的修缮者。或者是片石山房其他几处假山的堆叠者之一。正如今天何园蝴蝶厅西南的假山，人皆言为"王老七"堆叠，其实王老七（王再云）只是修缮者，西山的真正始作者也不可考。

4. 钱泳的《履园丛话》是真实可信

曹汛先生为了否定陈从周先生的结论，就必须先否定陈从周先生依据的《履园丛话》及作者钱泳。因此，曹汛先生在《童话》一文中说："钱泳这个说法顶多是一种风影之谈，甚至是一种无根的游谈，他说片石山房的假山相传为石涛和尚手笔，前面加上'相传'二字以为管领，可见他自己也没有多大把握。""照这样看来，钱泳这一类的说法，不但全不可信，他的思维逻辑好像又出了点毛病，他这种讲话的模式，"相传……"等等不负责任的说法，居然一个也靠不住，可他还是一个劲地喋喋不休，成为一种套话。钱泳所说扬州片石山房假山'相传为石涛和尚手笔'，完全是无根的游谈，没有任何根据。"

而在曹先生《戈裕良传考论》中又这么说："《履园丛话》一书，在清代笔记中公认是较为翔实的。钱泳是具有多方面才能的文士……钱泳一生长期为人作幕，到处游历，见闻甚广，《丛话》所用材料，都是得见所见所闻，又经过归纳耙梳，与那些仓促谋篇，东拼西凑的笔记不同。"[1] 在曹先生笔下，钱泳和他的《履园丛话》似乎成了"任人打扮的小姑娘"。那么钱泳究竟是属于哪一类的学者呢？关于钱泳，已经有不少的研究文章，以余立先生在《钱泳与翁方纲阮元交游考》一文为例，来具体说明的钱泳为人与学术品格。余立先生从钱泳和翁方纲阮元两位乾嘉时期学术巨擘的交往中，得出了钱泳具备独特眼光与才能，且能够坚持己见，不随声附和盲目崇拜权威的个性。文中说："但钱泳并不是随声附和的人，他并不完全赞同阮元在内的碑学家们对于六朝碑刻的看法，他人所热衷鼓吹的北碑，他却压根儿看不上眼：'近阮宫保、孙渊如、黄小松、赵晋斋诸家所藏，又益二三十种……惟时值乱离，未遑讲论文翰，甚至破体杂出，错落不检，而刻工之恶劣，若生平未尝识字者，诸碑中竟有十之七八，可笑也'……顺带可以提及的事，对于古人法帖的真伪，钱阮二人也曾发生观点的分歧。阮元收藏有杨凝式的《神仙起居法》，因此卷有米有仁、商挺、留梦炎等诸名家题跋，阮元以

---

[1] 曹汛. 戈裕良传考论[J]. 建筑师, 2004 (110): 98-104.

为真迹无疑。而钱泳见到此卷后,却颇为怀疑。在《履园丛话》中,他写到观看此卷的感受时说:'未为双钩,其后卒以刻石,有跋记于后。'"[1] 曹汛先生认为钱泳之所以犯下"逻辑出了错误""喋喋不休""不负责任"的错误,主要是由于李斗《扬州画舫录》所误。他认为李斗在《扬州画舫录》中提到张南垣和石涛曾经在扬州有叠石之事,"不过是为'扬州以名园胜,名园以垒石胜'而虚加张扬,攀附名家,捡大个儿的拿而已。这种张扬拿大,自欺欺人,蒙骗和坑害后人不浅。钱泳《履园丛话》卷十二《艺能》篇《堆假山》条说:'堆假山者,国初以张南垣为最,康熙中则有石涛和尚,其后则仇好石、董道士、王天余、张国泰皆为妙手……'正是与李斗的说法一脉相承……推崇石涛善堆假山正是受了《扬州画舫录》的影响。"其实,钱泳在《履园丛话》中对李斗的说法还是有所扬弃的,他将张南垣排在石涛之前就是对历史事实的尊重。而且即便钱泳对石涛善于堆假山的事认同甚至很为推崇,但由于未见之于文字记载,他还是十分客观对民间流传的说法做了十分精当的记载,指出片石山房"相传为石涛和尚手笔"。因此,我们认为,钱泳的《履园丛话》还是比较确实可行的,具有相当高的历史价值。

总之,曹汛先生提出的片石山房为牧山和尚作品而非石涛的论断是缺乏充分依据的。撇开史料论证不谈,单从片石山房堆叠的艺术手法来分析,我们也颇认同陈从周先生的说法,"片石山房在叠石选材上花了很大的功夫,按石块纹理组合成山,叠成'一峰突起,连冈断堑,变幻顷刻,似续不断'的章法",[2] 符合石涛"峰与皴合,皴合峰生"的画理,片石山房"在叠山上复用了岩壁的做法,不但增加了园林景物的深度,且节约了土地和用石,比苏州诸园来得玲珑精巧"。[3]

片石山房假山作为现存唯一可证的石涛叠石作品,开启了扬派叠石的先河。它的文化价值、历史价值、艺术价值,都是自不待言的。

七、题词

1990年陈从周先生为片石山房重修后题词,今刻石置于片石山房进门右侧照壁(图10-8-18)。全文如下:世之叠石能手胥工画,石涛高名,艺垂千秋,人所共鉴。欲求其构山之作,难矣。然余不信世间未有存者。曩岁客扬州成《扬州园林》一书,非敢步武《画舫录》,留真况耳。其时终于发现片石山房,考之乃出石涛之手,孤本也。小颓风范,丘壑犹存。近吴肇钊就商于余,细心复笔,画本再全,功臣也。石涛有知,亦当含笑九泉。而扬人得永宝此园,洵清福无量也。一九九零年庚午,陈从周撰并书。

---

[1] 余立. 钱泳与翁方纲阮元交游考[J]. 中国书画, 2011 (11): 66-69.
[2] 陈从周. 园林谈丛[M]. 上海: 上海人民出版社, 2008.
[3] 同[1]。

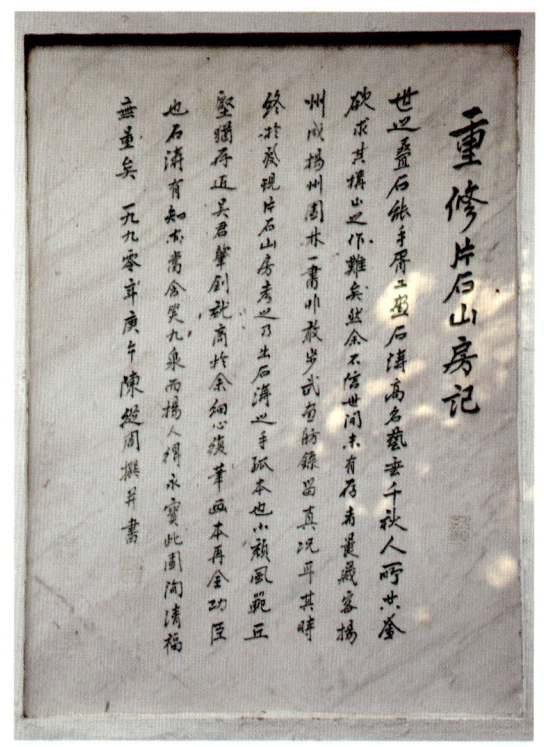

图10-8-18 陈从周片石山房题词石刻

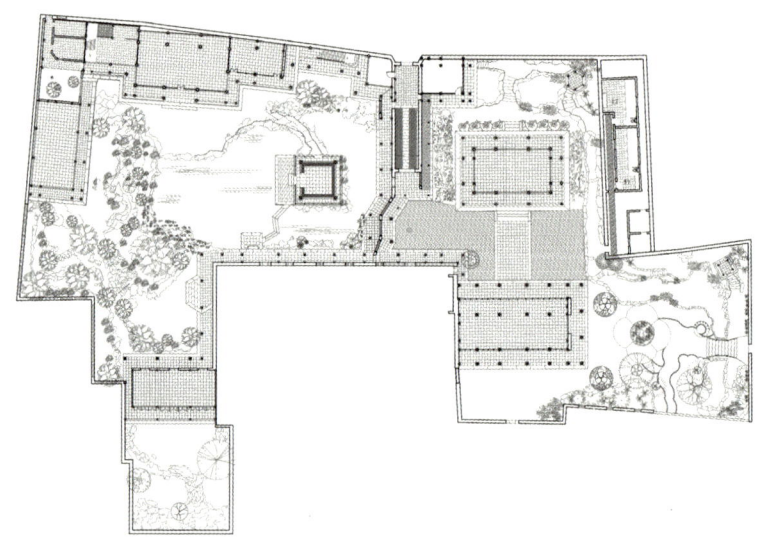

寄啸山庄平面图

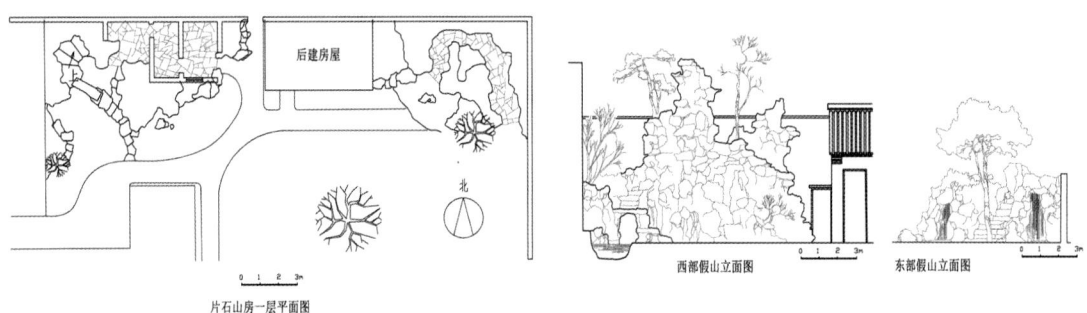

片石山房一层平面图　　　　　　　　　　片石山房东、西部假山立面

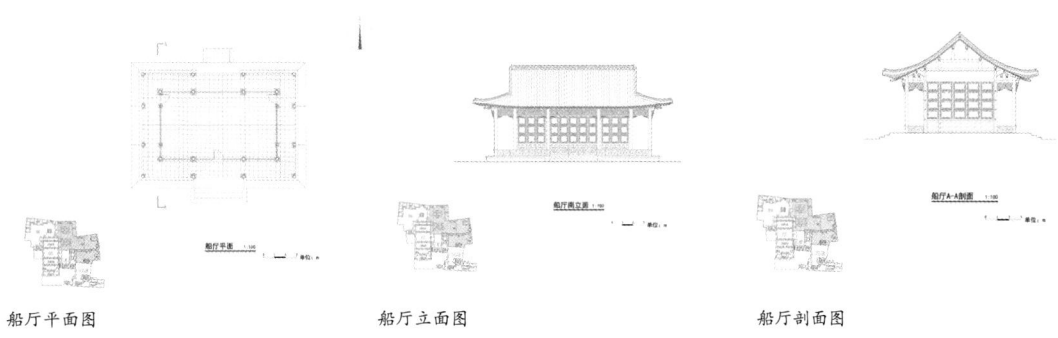

船厅平面图　　　　　　船厅立面图　　　　　　船厅剖面图

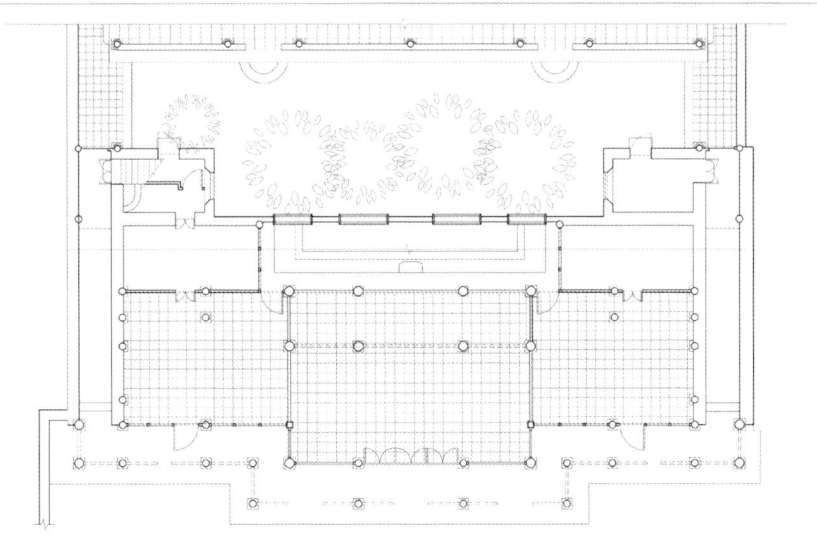

清楠木厅一层平面图

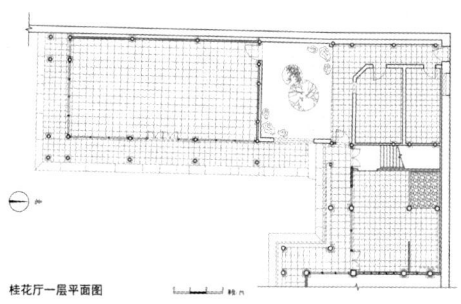

桂花厅一层平面图

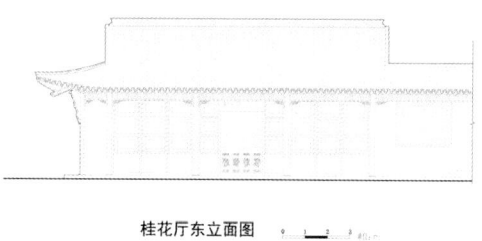

桂花厅东立面

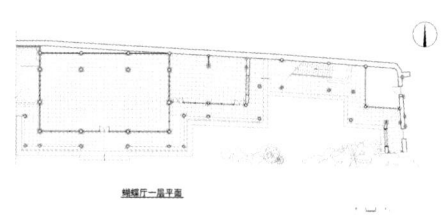

蝴蝶厅一层平面图

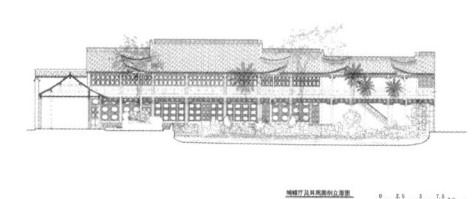

蝴蝶厅及其周围剖立面

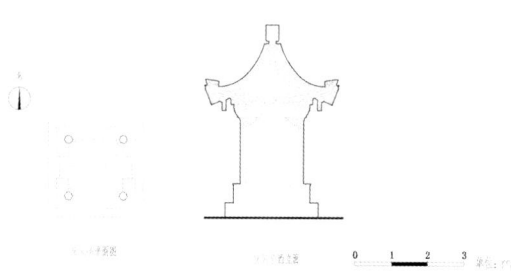

接风亭

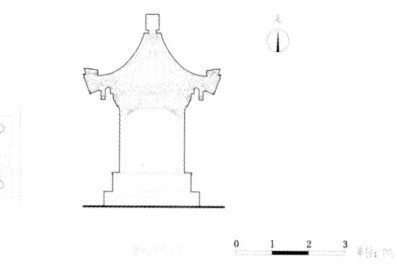

接风亭平面及西立面图

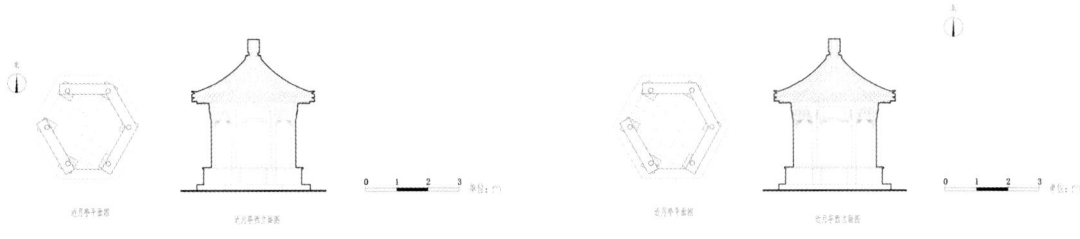

近月亭

近月亭平面及西立面

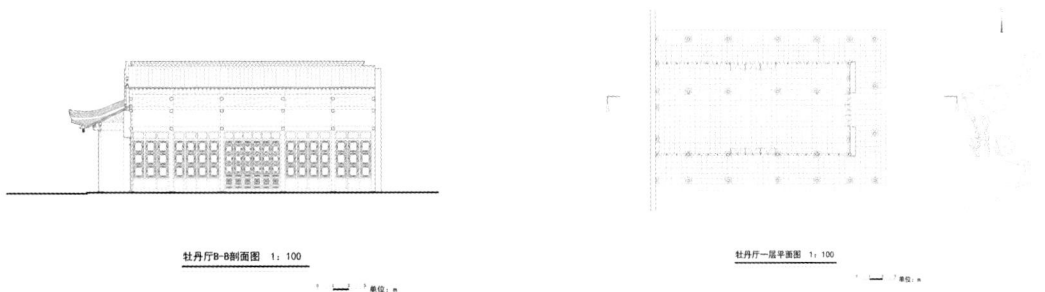

牡丹厅 B-B 剖面图

牡丹厅一层平面图

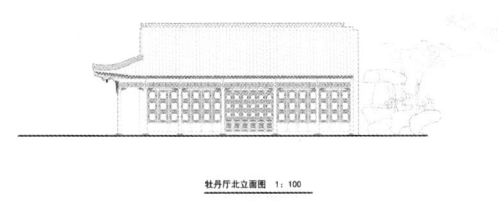

牡丹厅北立面图

实例9：小盘谷

一、概况

小盘古位于丁家湾东大树巷42号，占地面积5500余平方米，建筑面积3273m²。始建于清中期，后多次易主。1982年被列为江苏省文物保护单位。2006年6月被国务院公布为全国重点文物保护单位。

二、沿革

始建于乾隆、嘉庆年间（1736—1820），园主人失考。同济大学教授陈从周（1918—2000）认为，小盘谷园门石额题款，"从笔意看来似出陈鸿寿（1768—1822，字曼生，杭州人，西泠八家印人之一）之手"。[1] 嘉庆七年（1802）陈鸿寿曾客邗上，作《古柯兰石图》。小盘谷可能筑于此时。据光绪年间园林主人周馥的后人回忆，园内湖石叠山又称为九狮图山。陈从周教授认为，乾隆、嘉庆年间扬州叠卷石洞天九狮山董道士最为出名，小盘谷假山或为董道士所堆叠，或为受其影响的其他叠石家所为。

同治十一年（1872），蒋超伯从岭南乞归扬州，茸居小盘谷。

光绪元年（1875）蒋超伯去世后，小盘谷或有可能易主。

约光绪七、八年间，小盘谷归两淮盐运使徐文达。

光绪二十三年（1897）二月，徐文达子徐乃光因债务，将小盘谷抵给两江总督周馥。周馥诗《徐仁山提刑》末句为"凄凉愁对庾家园"，后有小字注云"公殁后其子因债务以扬州旧园庐畀余"。"畀"为给予之意。

1897年8月周馥夫妇及其长子全家正式迁入大树巷小盘谷新居。《周馥自定年谱》记载："光绪二十三年，丁酉，六十一岁。二月赴扬州料理丁家

---

[1] 陈从周.园林谈丛[M].上海：上海人民出版社.2008.1，第112页.

湾大树巷造屋事……八月移寓丁家湾新屋。"该年4月周馥就已迁居扬州南河下其长子周学海处（1891年周学海一家已定居扬州）。

民国初年对小盘谷进行整修，后设为钱庄。

1949年10月1日中华人民共和国成立后，由解放军接管小盘谷，创办20速中，改为学员宿舍。

1958年由扬州市地方政府接管小盘谷，在此开办茶叶公司，设茶叶加工厂。

1962年5月2日扬州市人民委员会将小盘谷列为文物保护单位。

1964年6月小盘谷归扬州园林管理委员会管理。

1973年由扬州市商业局牵头，在此开设小盘谷招待所，复建桂花楼。

1992年交扬州五一食品集团公司管理、使用。

2000年市房产公司收回园林部分，进行整修。

2010年泰达文化旅游发展有限公司将小盘谷住宅、园林修缮后管理使用，并对外开放。

三、赏析

小盘谷由西部住宅和东部园林两大部分组成。住宅部分由火巷分隔东、西两路组合，前后主房各五进，有厅、堂、馆、楼、廊、亭等。园林由复廊、花墙相隔成东、西两园，园内构筑有曲廊、水榭、楼阁、花厅、六角亭、假山等，叠石奇峭，苍岩峰回路转，石径盘绕溪谷。整体为西宅东园布局。

图10-9-1 主大门

（一）住宅

主大门（图10-9-1）原八字磨砖门楼及连门楼排房已改建。门楼对面朝北尚存一字形照壁，照壁中嵌斜角锦方砖大部分仍完好。进入大门，庭院宽敞，青石板铺地。迎面朝南有精美砖雕福祠一座（图10-9-2）。左折，朝东月门一道，旁置花墙，入内缀以湖石假山，夹以修竹花木，葱绿清新。

庭院朝南磨砖砌筑仪门（图10-9-3），三重叠置飞檐六角锦匾墙，门上首额枋中浮雕"双龙戏珠"，形象生动。其龙尾变幻为卷草如意花饰，两下端雕刻对称展翅飞翔蝙蝠。嘴含绶带连绵如意，如意又翻卷成如意云状，大胆夸张，自然自如。额枋两端头雕饰精致如意，卷草花叶丰满，上下围合，在围合中又雕刻银锭一枚，毛笔一支，相互重叠，其寓意"必定如意"。门上两角端平浮雕"琴、棋、书、画"器物。仪门门楼整体显得大气，砖雕细辨雕工技法与造型或为清中期遗存。

从仪门进入为照厅，此路住宅连照厅前后现存老屋共四进。第一进照厅（图10-9-4）五间。第二进厅堂三楹（图10-9-5），面阔12.20m，进深8.85m，建筑面积107.97m²。厅前两旁置廊，厅堂两侧山墙边各有一条火巷直北。厅堂上原悬有匾额一方，原系慈禧太后御赐。厅堂后第三进（图10-9-6）有楼厅上下六间，左右厢房各两间，楼厅后庭院间距开阔。第四进原有花厅四间。第五进披屋三间，已改建。

厅堂西廊接西路住宅。西路住宅前后主房原有五进。第一进为从现在听竹月门入内，朝南五间。第二进（图10-9-7）现在从厅堂西廊朝东门额书"迎春"入内，朝南为"明三暗五"格局，前置步廊。两稍间前小天井筑小花台，植花木。第三进朝东门额书"朝晖"。原格局和第二进相同，但两侧厢房已拆除。在西稍间原向西又接一套房密室。前有小院一方。现今在稍间向南隔成院墙中开一六角小门入内。门额书"洞天"。第四进朝东门额书"向阳"。西稍间前向南隔院墙中开一葫芦状小门，额题"揽月"。入内小天井一方，朝南小屋二间。第五进原为八间，相隔成两个院落，已拆除改建成新楼房。

小盘谷住宅部分面积较大，建筑秩序感强烈，每一进住宅都有各自的院落且形成自身完整独立的体系。住宅部分计有12个相对独立又彼此联系，既遮蔽又连通的大小不同的院落。

图10-9-2 福祠

图10-9-3 小盘谷仪门

图10-9-4 小盘谷东路照厅

图 10-9-5 小盘谷东路正厅

图 10-9-6 小盘谷东路第三进孝友堂

图 10-9-7 小盘谷西路第二进

居住者（观赏者）在多种形式的院落空间中体验到视线的交替变换、空间的丰富变化和路径的曲折有致，从理性的秩序感中获得了空间体验上的趣味。

（二）园林

园在宅东。园门西向，月洞门上嵌"小盘谷"石额（图 10-9-8）。园分为东西两部分，中以聚于一墙之复廊、花窗、假山分隔。北端墙头倚山建一单檐六角亭（图 10-9-9），可眺两边景色。南偏廊间辟有桃形门洞（图 10-9-10），又让东西两园相通。园之精华，多在西园，园内苍峰耸翠，径盘水曲，与楼、堂、桥、阁、亭、廊、竹树，共纳于方寸之地，皆在一泓曲水两岸展开，又组合得宜，疏密相间，错落有致，多有盘谷之势。

西园南端，有湖石假山（图 10-9-11），高下耸峙。山北，朝东有曲尺形花厅（图 10-9-12），转入厅后方见一深池自厅后透迤北去，沿着厅后游廊，至一水阁（图 10-9-13），阁之南、东、北皆临水。花厅水阁隔水与池东石山、走廊、花墙、竹树相对。池上有曲桥通东岸，桥尽即入山洞（图 10-9-14），洞内空

图10-9-8 小盘谷月洞门

图10-9-9 小盘谷六角亭

图10-9-10 小盘谷桃形门

图10-9-11 小盘谷曲尺形花厅南端假山

间宽广，穴窦通光，内置石几、石桌，可以茗棋。洞右西向临水，有洞门，可沿阶下至池边。池边近岩壁处水中有步石数块，循此可凝波而至另一洞门。洞内有磴道可上至洞外半山。东有六角亭，可赏两园景色，西有湖石假山，临池直上，峰险壁峭，峦起岩悬，高九米余，名为九狮图山（图10-9-15）。主峰北延山岩临池水口石上，镌刻"水流云在"四字，出于杜甫五言律诗《江亭》："水流心不竞，云在意俱迟。"点明此处山水意境，即心意应如流水白云淡然物外。

小盘谷建筑小品非常有特色。首先门景多样。有月洞门、寿桃门、葫芦门、花瓶门、六角门、八角门、栅栏门等，特别是寿桃门前，旁置一黑石，状如老寿星，与寿桃门相映成趣。其次，门额题字耐人寻味，有"小盘谷""丛翠""通幽""叙花""云巢""霞韬"等。字体包含"隶、楷、行、

图 10-9-12 小盘谷曲尺形花厅

图 10-9-14 山洞内景

图 10-9-13 小盘谷水阁

图 10-9-15 九狮图山

草、篆"书法。三是窗景形式多样，有花窗、漏窗、什锦窗。有六角形、海棠形、扇面形、书卷形、口子形等多种形状。最后，砖雕、木雕、石雕精美。砖雕有平浮雕、浅浮雕、深浮雕、镂雕、浅刻等。如门旁墀头砖雕凤戏牡丹，凤展翅昂首，牡丹突出墙面，呼之欲出。特别是花厅朝东歇山一组砖雕更是一绝，山尖端头雕展翅蝙蝠，口衔镂空雕饰"圆寿"，寿字下面连结绶带，带串双钱，钱上浅刻"太平"二字，钱下垂双丝结须。圆寿旁雕饰对称麒麟极为生动有趣，昂首观"圆寿"，四足与尾化为蔓草如意，其寓意是"麒麟欢庆、福寿双全、太平连年、如意吉祥"。整幅图像构图饱满，浑厚劲健，轮廓清晰，寓意多样，吉祥有趣。可谓上品之作，为不可多得的精品。木雕有圆寿、长寿、寿桃、蝙蝠、如意、海棠、园光、十字如意、十字海棠、十字套方、十字花饰等。石雕有门枕石，浅刻"卍"字连绵不断亦称"路路通"，最有趣味的是石刻"水流云在"，若细辨，会发现"流"字少了一点，这一点到什么地方去了呢？即滴之崖下池中。

四、评价

陈从周曾经在20世纪60年代初到小盘谷考察，他认为："此园假山为扬州诸园中的上选作品，山石与建筑物皆集中处理，对比明显，用地紧凑。以建筑与山石、山石与粉墙、山石与水池、前院与后园、幽深与开朗、高峻与低平孪斋比手法，形成一时难分的幻景。花墙间隔得非常灵活，山峦、石壁、步石、谷口等的叠置，正是危峰耸翠，苍岩临流，水石交融，浑然一片，妙处在于'以少胜多'的艺术手法。虽然园内没有崇楼与复道廊，但是幽曲多姿，浅画成图。廊屋皆不獉饰，以木材的本色出之。叠山的技术尤佳，足与苏州环秀山庄抗衡，显然出于名匠师之手。"

五、人物

1. 蒋超伯（1821—1875）：字叔起，江都人。道光二十五年（1845）进士，历任广东高州、潮州、广州及广西南宁等府知府，同治元年（1862）充广西乡试考官，充方略馆纂修。官至按察使。同治十一年（1873），自岭南归，葺居小盘谷。蒋超伯诗文著作甚丰。诗中有《春初独坐小盘谷集苏》八首，后有《盘谷薜苏》七种八卷等，皆在小盘谷内著成。

2. 徐文达（1825—1890）：安徽南陵人，清光绪年间任两淮盐运使、福建按察使护、护理漕运总督。同治六年（1867），徐文达任江苏后路粮台提调。此后清廷敕令徐文达以道员留江苏遇缺即补，并赏加盐运使衔，兼办淮军后路营务处。清光绪元年（1875）赏加布政使衔。光绪二年（1876），山东、河南两省灾荒，灾民南奔扬州，徐文达集资普遍收养灾民，以行为伍，出入有证，饥者得食，病者就医，人人安居，城市无灾民。光绪五年（1879）五月，徐文达亲督民工修仪征东门外河道。光绪七年（1881）徐文达任两淮盐运使。徐文达热衷造屋建园，他在老家南陵建造府第徐家大屋，于光绪十年（1884）竣工，除花园庭榭外，房屋九十九间半，占地面积一万多平方米。徐文达的的前任两淮盐运使方濬颐在其诗《平远楼后仁山勾工起长廊高阁盘旋而下，筑屋十数槛，中间颜曰四松草堂，落成招饮，即席赋诗》中有夸赞他"南陵使君善营造"一句。小盘谷易手徐文达之后，可能经过他的改造。徐文达长女徐檀（字霞客）嫁给了杨圻（字云史）为继室，据言婚后两人一度居住于小盘谷内。

3. 周馥（1837—1921）：字玉山，安徽建德人，号兰溪，早年为李鸿章幕僚。后继署永宁河道，任办天津武备学堂、总理北洋水陆营处，督办旅顺船坞工程，拟订北洋海军章程等。甲午战争中任前敌营务处筹饷运械。甲午战争后任四川布政使，山东巡抚，两江总督，补授闽浙总督（未到任），调补两广总督等。周馥与徐文达既是同乡，又曾为同事，还是姻亲，周馥第五子周学渊（原名学植）娶徐文达第二女为妻。

六、释疑

1. 盘谷：唐代韩愈在《送李愿归盘谷序》一文中对盘谷作了解释。他说："太行之阳有盘谷。盘谷之间，泉甘而土肥，草木丛茂，居民鲜少。或曰：'谓其环两山之间，故曰盘。'或曰：'是谷也，宅幽而势阻，隐者之所盘旋'。"小盘谷的园名，与园内叠石山景，峰壑交错，磴道盘曲，盘谷之势相符合。

2. 意园小盘谷：乾隆年间，扬州旧城南门堂子巷有秦黉、秦恩复父子家园，名意园。秦黉，字序堂，江都人，乾隆十七年（1752）进士，授编修，转御史，擢湖南岳常澧道。其子恩复，字近光，号敦夫，乾隆五十二年（1787）进士，授编修。嗣丁内艰服阕，因病闭户养疴。家有园林，复筑小盘谷，方庭数武，漫水筑岩，极曲折幽邃之致，又筑室三楹，曰"五筒仙馆"，海内名公，无不知有小盘谷也。其后裔秦荣甲，在《意园小盘谷图跋》中说："乾隆之末，先曾祖敦夫府君，就居室之旁，构小园曰'意园'。于园中累石为山，曰'小盘谷'，出名工戈裕良之手。"陈从周先生《扬州小盘谷》中说："扬州旧城南门堂子巷的'秦氏意园小盘谷'，系黄石堆叠的假山小品。乾隆末期所筑，出于名匠师常州戈裕良之手，今不存。"两座小盘谷假山，均为清代假山中精品，不可混为一谈。

戈裕良生于乾隆二十九年（1764），于道光十年庚寅（1830）去世，享年六十七岁。他年少时，就帮人造园叠山，人称为"花园子"。其姻亲洪亮吉说："同里戈裕良世居东郭，以种树累石为业，近为余营西圃，泉石饶有奇趣。"在其赠戈氏扇页上有"奇石胸中百万堆，时时出手见心裁""一峰山水离奇甚，此是仙人劫外山""三年年来两轶群，山灵都复畏施斤。张南垣与戈东郭，移尽天空片片云"等诗句。将他与清初张南垣并称，来赞誉他的叠山成就。戈裕良的叠石作品，大都在嘉庆、道光时期，他在扬州还叠有仪征朴园假山。戈裕良在扬州叠山实践一方面证明了扬派叠山与苏派叠山的相互交流，另一方面则印证了"扬州以名园胜，名园以叠石胜"的历史事实。

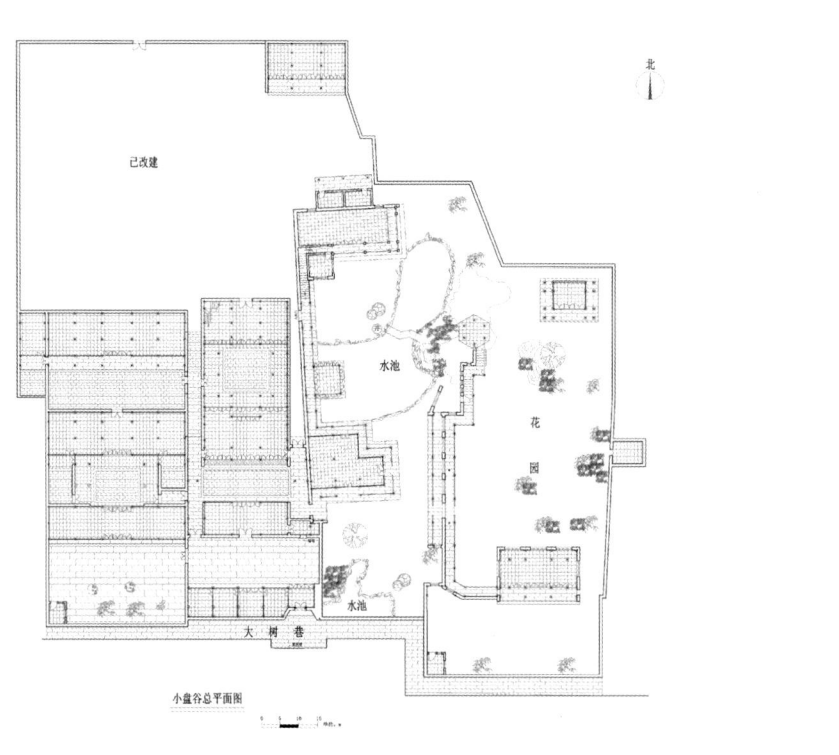

小盘谷总平面图

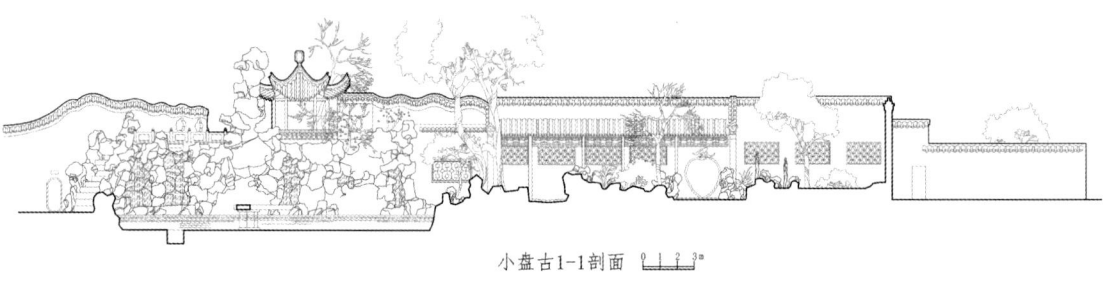

小盘谷剖面图

实例 10：汪氏小苑

一、概况

汪氏小苑位于地官第 14 号，占地面积 3000m²，建筑面积 1700m²。2013 年 5 月被列为全国重点文物保护单位。

二、沿革

汪氏小苑的房屋是分两期所建造的，中纵部分和西纵部分为汪竹铭在清末时所购，东纵部分由汪家的四个儿子在民国初所扩建。小苑以住宅为主要部分，以园相辅，因面积不大，而题名"小苑春深"，因宅主姓汪而称为"汪氏小苑"。

扬州沦陷后，汪氏家族离开扬州逃难于上海。汪家的下一代人多为学有所成的高级知识分子，有留美博士、大学教授、高级工程师等。解放以后汪氏小苑被接管后租给了扬州制花厂作厂房使用。1962 年 5 月 2 日扬州市人民委员会将汪氏小苑列为文物保护单位。2000 年由扬州市房产管理局出资修缮，并于 2002 年 4 月 18 日对外开放。

三、赏析

小苑的整体布局规整，分为三纵三进，前后中轴贯穿，左右两厢对称，每进门门相对，宅第的四个角落分布着四个花园，打破了传统的前宅后园的常规模式。1961 年同济大学陈从周教授考察汪氏小苑后认为，汪氏小苑"为今存扬州大住宅中最完整的一座"。

走进小苑的大门便是门房，迎面是砖雕福祠（图 10-10-1），两侧是仪门和火巷。仪门由水磨砖砌成，火巷坐落在中纵与东纵之间，两面墙上布满分布均匀的铁耙子，错落有致的封火墙。东纵第一进为春晖室（图 10-10-2），中纵第一进为树德堂（图 10-10-3），西纵第一进为秋嫿轩（图 10-10-4）。小苑除了三进三纵的主屋外，仆人居室、浴室、书斋、后花厅、轿房等相关配套设施也一应俱全。为了安全起见，主人还建有暗房、暗阁、暗门、暗壁、暗洞。

春晖室取名出于唐代诗人孟郊诗句："谁言寸草心，报得三春晖。"全室为柏木构成，面阔三间 10m，七架梁进深 7.3m，高 6.3m，前后卷棚。内悬扬州近代乡贤、民初书画大家陈含光所题楹联，上联为"既肎构，亦肎堂，丹艧墍茨，喜见梓材能作室"。肎，即肯。肎构肎堂，出自《尚书·大诰》篇："若考作室既底法厥子乃弗肯堂矧肯构。""丹艧""墍茨""梓材"出自《尚书·梓材》篇："若作室家，既勤垣墉，惟其涂墍茨；若作梓材，既勤朴斫，惟其涂丹艧。"上联的意思是说，既架屋，又立堂基，还用好的木材建造，用好的色彩涂饰，喜见汪氏兄弟已能继承父业。下联为："无相犹，式相好，竹苞松茂，还从雅什咏斯干。"出典于《诗经·小雅·斯干》篇第一章："秩秩斯干，幽幽南山。如竹苞矣，如松茂矣。兄及弟矣，式相好矣，无相犹矣。"意思是：兄弟间要和睦相好，没有欺诈，家庭兴旺如松竹一样茂盛，还应从《诗经·小雅》中吟咏《斯干》篇来明白其中深刻的道理。屏风上六块天然大理石壁画。此外室内梁柱、卷棚、几案、屏风、花纹玻璃以及海梅、花梨的壁画边框，用料十分讲究。室内一西洋吊灯为德国手工匠之作品，被称为"镇宅之宝"。由于东纵为民国初年所扩建，所以结合了一些先进的建筑方式和理念，建筑风格则体现出中外结合：西式吊灯、推拉门、抽插式玻璃窗、黄铜包裹门槛及轨道。

中纵第一进树德堂、西纵第一进秋嫿轩与春晖室一样都是接待宾客的地方。树德堂居中为堂，东西两侧则为室为轩。树德堂中一道大门隐于中堂画后面。

汪氏小苑每一进都有天井，天井宽敞，由于房子相对较低，采光很好。天井四周主屋、厢房、耳房的房檐置有水槽，在天井的一侧有一道门，可自由出入，互不干涉。

汪氏小苑东南角花园（图 10-10-5）为竹丝门，构造古朴。庭院宽敞，花街铺地用卵石、瓷片、砖条和瓦片组成松、鹤、鹿、蝙蝠、麒麟，寓意鹤鹿同寿、福寿双全和麒麟送子。倚墙叠湖石假山一座，园中植蜡梅、琼花、紫藤等扬州传统花木。西南角园林为月洞门，上嵌石额"可栖犀"（图 10-10-6），出

图 10-10-1 福祠

图 10-10-2 春晖室

图 10-10-3 树德堂

图 10-10-4 秋嫮轩

自《陈风·衡门》："衡门之下，可以栖迟。"衡门谓横木为门，极其简陋，喻贫者所居。栖迟犹言栖息、安身。此系隐居者安贫乐道之辞。此园中设计最独到之处为船轩（图 10-10-7）。汪氏小苑除了房屋建筑和四角花园外，在西界余一块三角地带，主人巧妙利用花园一角构成了船头，越来越窄的地势便成了船尾。主人在船轩旁开凿水池，轩东为假山，整座花园清雅可人。

小苑北部花园规模较大，分为东西两部分。东路与东纵、西部后花园皆有园门通，与东进通的沿门呈八角形，上题"惜馀"二字（图 10-10-8）。花园东西两部分中以花墙相隔，月洞门面西上额"小苑春深"（图 10-10-9），面东上额"迎曦"（图 10-10-10），人们的视线穿过漏窗、月门望隔园景色，深幽清灵，是借景手法的巧妙运用。东园北部建筑有厨房、浴间等，其中浴间地面砖、墙砖是进口的，至今色彩依旧鲜艳。浴间还有水磨石的浴缸，这在当时算是高档奢侈品。厨房、浴室南为三处湖石砌边的花台，园中铺砌笔直的石径。西园北建花厅六间，名静瑞馆（图 10-10-11），用罩分隔为二。花厅西有书斋三间，缀五色玻璃。厅南侧靠墙堆叠湖石假山牡丹台，西侧设有游廊。

汪氏小苑中有砖雕、木雕、石雕非常精美。

图10-10-5 东南角花园图

图10-10-6 "可栖禅"园门

图10-10-7 船轩

图10-10-8 "惜馀"园门

图10-10-9 小苑春深

图10-10-10 迎曦门及圆景

图10-10-11 静瑞馆

图10-10-12 月牙踏石

木雕分为浮雕、单面透雕和双面透雕。在一百七十余幅浮雕图案中梅兰竹菊、莲荷玉桂、牡丹海棠等四季花卉，或一排相同，或各幅有异；单面透雕则由凤凰牡丹、松鼠葡萄和蝙蝠寿桃等象征富贵荣华、多子多孙和福寿双全；而双面透雕的金丝楠木门罩"岁寒三友"则被专家称为"不可多得的精品"。西南角小院月牙形踏石（图 10-10-12）由毛笔、银锭、绶带、如意纹字符组成"必定万代如意"，两对门当则由仙鹤、鸡冠花、如意、马、华盖组成了正侧两组画面，即"马上加冠""官上加官"。

四、人物

1. 汪竹铭（1860—1928）：祖籍安徽旌德，以祖传制造销售皮货为业，嘉庆年间在旌德地区颇有声望。咸丰年间兵燹，汪氏产业付之一炬，汪氏先祖来扬投入盐号。到第二代汪竹铭时，在盐业经营上卓有成就。汪竹铭 30 岁时任"乙和祥"盐号经理，取得外江口岸江宁、浦口、六合的食盐专销权，并在仪征十二圩设有"乙和祥"分号。汪竹铭生有四子二女。

2. 汪泰阶（1889—1935）：字伯平，汪竹铭长子，主要负责"乙和祥"盐号外事销售联络。

3. 汪泰麟（1892—1966）：字仲石，汪竹铭次子，主要负责"乙和祥"盐号内务，后在上海从事房地产业。

4. 汪泰科（1896—？）：字叔盈，汪竹铭三子，在南京继承汪氏皮货祖业。

5. 汪泰第（1900—1941）：字季高，汪竹铭四子，从事金融业，抗战前曾任中国银行扬州分行行长，抗战中又迁扬州银行驻上海分理处负责，1941 年被"歹人"绑架后撕票。

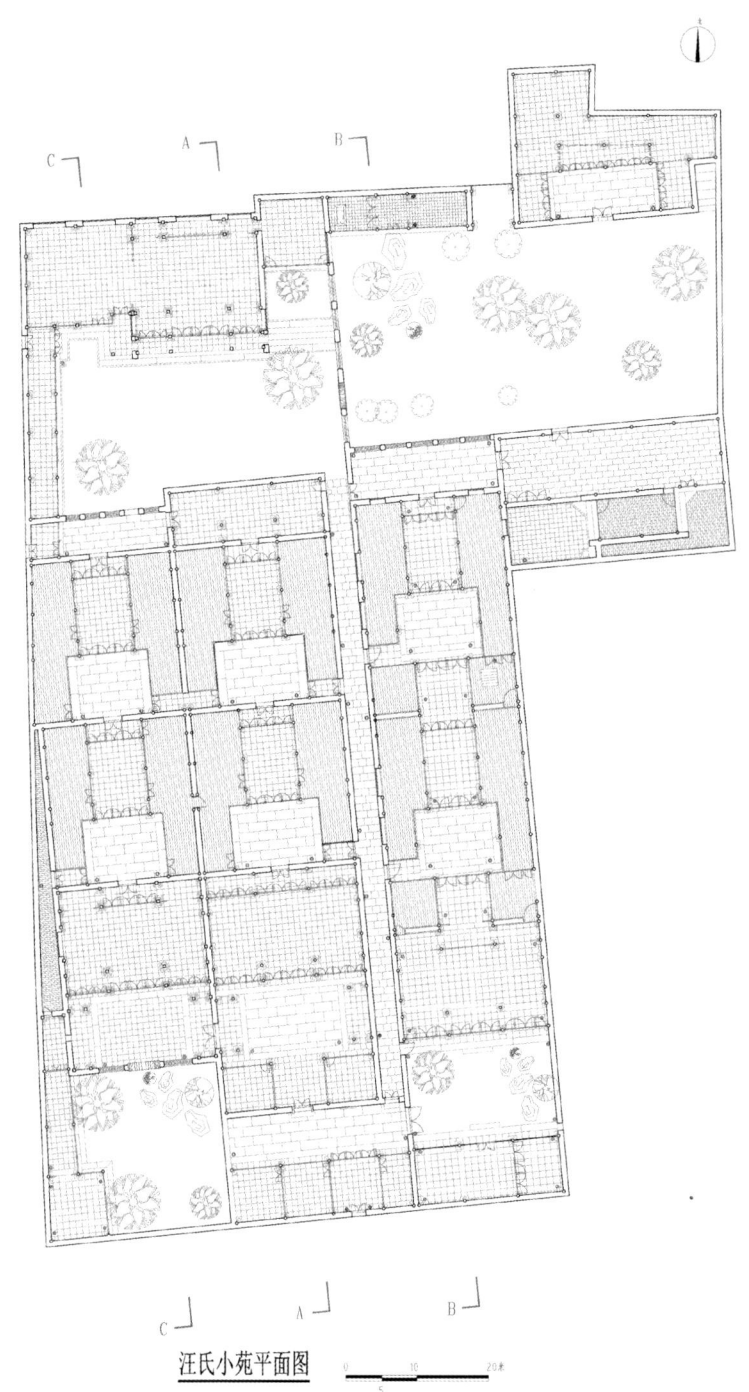

汪氏小苑平面图

实例 11：逸圃

一、概况

逸圃位于东关街 356 号，东与个园相邻。占地面积 3500 多平方米，建筑面积 1400 多平方米。2013 年 5 月被国务院列为第七批全国重点文物保护单位。

二、沿革

逸圃主人为晚清钱业经纪人李松龄（字鹤生）（1871—1937）。李氏曾在扬州卫街开设惠余钱庄，宣统二年（1910）他购买朱姓老屋后整修建成。

1937 年日本人侵占扬州期间曾进驻逸圃。

民国后期，逸圃转到国民党第九军军长顾秀武名下。

中华人民共和国成立后，扬州市人民法院于 1952 年判决作敌产没收。

初始驻解放军，后成为苏北行署农林处宿舍，再后又为扬州广播电台、扬州国画院等。

扬州国画院迁出后，作为民居使用。

2007 年 12 月迁出居民，进行保护性修缮，2008 年 4 月修缮完成。现作为长乐客栈的组成部分。

三、赏析

逸圃总体布局为西宅东园式布局。地块狭长，东西两路建筑中间火巷宽 1.4m，南北长约 56m。门楼临东关街，坐北朝南。门楼偏东，磨砖对缝砌筑，旁立汉白玉石雕门枕石一对，沉厚宽阔对开墨漆大门。初建时墨漆大门扇上浅刻朱红色"扬州古明月，陋巷旧家风"对联，字体凝重有力，而

图 10-11-1 逸圃圆门

图 10-11-2 北照厅

不是常见人家用红纸贴在门上的对联。入门堂右连门房一间，原是守门佣人居住。左接西路住宅，首进面北照厅三间，再西又连书房、客座各两间。客座原有门通东关街，即358号，后封闭。门堂内后檐柱间原置屏门四扇（现已不存），平时进出只开边门，遇有贵客或大事才开中间屏门进出，这是扬州大户人家常见门堂使用的规矩。出门堂拾级而下，二层踏步阶沿石至横长青石板天井。天井朝南壁面原置磨砖砖雕福祠一座，偏左是磨砖贴面八角门，门宽达2m，其上首门额由砖刻平浮雕回纹景框围之，中间浅刻隶书逸圃二字（图10-11-1），字体圆润飘逸。天井面东为砌筑考究仪门，门饰色泽搭配为青灰色磨砖门墙，白色门枕石对称，黑色国漆对开门扇，门上置古铜色一对门环。门上首屋檐口重叠三飞式磨砖飞檐有致，使整体门楼彰显庄穆之势。进仪门，迎面原置屏门遮挡（今已不存），入内为对合二进六间二廊围之四合院格局，面北照厅三间（图10-11-2），面南主房正厅三楹，原是延宾之厅堂，装修考究。三楹厅前置十八扇木雕隔扇，厅明间后步柱间置屏门六扇，两侧次间置木雕落地罩，地面铺方砖。屏门后置磨砖镶面腰门通后第三进住宅房，此为三间三厢格局，明间置六扇隔扇，后设屏门，下为方砖铺地。两次间为卧室，卧室上置天花板，下置木地板，周围墙壁置合墙板。临天井两面次间耳窗、厢房窗为木雕灯笼锦式和合窗扇。天井铺青石板。其后第四进格局布置与此同，惜原装修局部改变。再后第五进是二层楼室，同样是三间二厢格局。

逸圃是晚清小型私家园林的代表，其园林颇有特色。月门内廊修直，在东墙叠山（图10-11-3），委婉屈曲，壁岩森严，与墙顶之瓦花墙形成虚实对比。假山旁筑牡丹台，花时若锦。山间北头的尽端，倚墙筑五边形半亭（图10-11-4），亭下有碧潭，清澈可以照人。花厅三间南向，厅后小轩三间，带东厢配以西廊，前置花木山石。轩背置小院，设门而常关，初看去与木壁无异。沿磴道可达复道廊，即由楼后转入隔园，园在住宅之后，以复道与山石相连，折向西北，有西向楼三间，面峰而筑。楼有盘梯可下，旁有紫藤一架，老干若虬，满阶散绿，增色不少（图10-11-5）。

图 10-11-3 假山

图 10-11-4 半亭

图 10-11-5 逸圃园内

谢明洋对逸圃后花园的书房山的借景评价很高。她认为："书斋距离东侧园墙仅仅 9m，山石占去了 5m，且周围都是二层建筑，尺度十分局促。通过巧妙地组织视线，从书斋一层穿过山洞可以看到东侧墙的圆形漏窗，在山洞幽暗背景的映衬下仿佛一轮永恒的满月置于空中，窗内透出东院中的植物枝叶，随着四季更替荣枯变幻。这道视线的开辟化解了狭小空间给人的压抑感，并形成极具构图形式和诗意的立体画卷"。[1]

四、评价

同济大学陈从周教授于 20 世纪 60 年代初到逸圃考察，他认为："此园与苏州曲园相仿佛，都是利用曲尺形隙地加以布置的，但比曲园巧妙。形成上下错综，境界多变。匠师们在设计此园时，利用'绝处逢生'的手法，造成了由小院转入隔园的办法，来一个似尽而未尽的布局。这种情况在过去扬州园林中并不少见，亦扬州园林特色之一。"

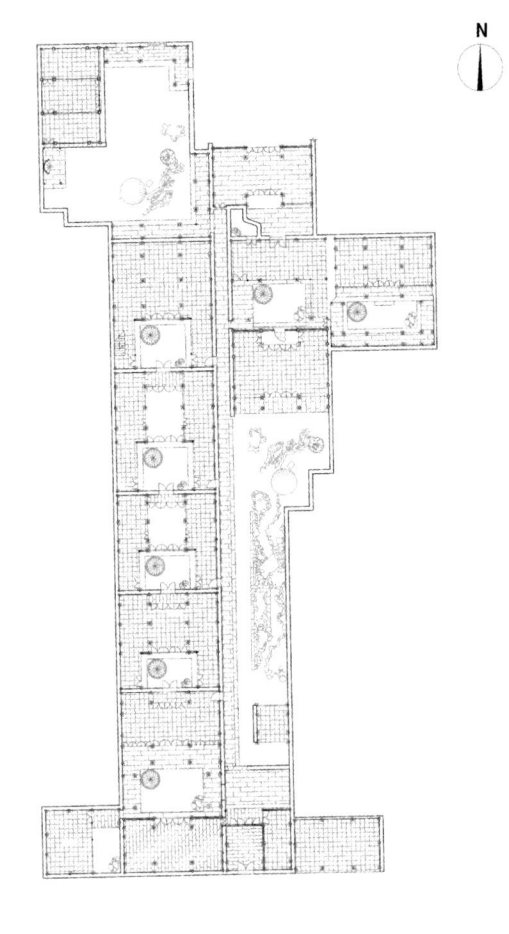

逸圃平面图

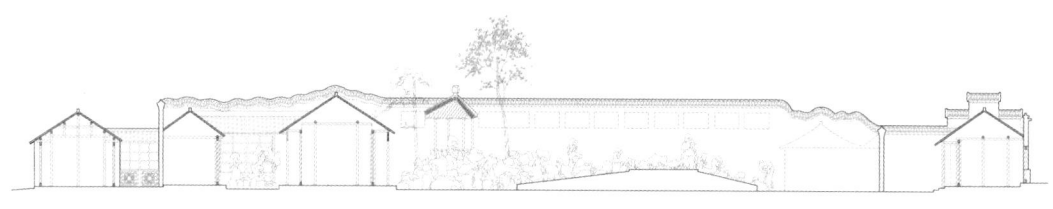

逸圃剖面图

---

[1] 谢明洋. 晚清扬州私家园林造园理法研究 [D/OL]. 北京：北京林业大学，2015.

实例 12：卢宅（意园）

一、概况

卢宅（意园）位于康山街 22 号至羊胡巷 63 号、65 号。占地面积约 10000m²，是晚清扬州盐商宅第园林的代表。2013 年 5 月被国务院公布为全国重点文物保护单位。

二、沿革

卢氏造屋构园开工于光绪二十年（1894），落成于光绪二十三年（1897），历时三年余，先后花费银钱七万八千余两，造账册八本，现存三本，现藏在扬州市博物馆内，分别是"款总账""光绪二十年正月立庆云堂造屋银钱流水簿""庆云堂石料账"。

1906 年卢绍绪长子卢晋恩、次子卢粹恩于在卢宅创办了扬州速成师范学堂，在园后创办了译学馆，学员多达一两百人。办学两年，终因资竭而停办。

卢晋恩、卢粹恩去世后，两房分家（卢绍绪只有两子，另有四个女儿），其中二房分得前七进正屋。

前五进曾由前河工局等机关租用，后又被法伪盐务署及国民党海军留守处占用。

解放初，被解放军某部租用。

1958 年"大跃进"期间，此处成为扬州制药厂。后归扬州五一食品厂使用。

1981 年 9 月 20 日凌晨，卢宅发生火灾，烧毁主房前后四进的照厅、正厅、后厅、女厅，28 间 6 厢受灾，墙中残柱和厅后中门上硕大阳刻楷书"福"字以及两侧山墙、廊墙未被烧毁。

图 10-12-1 卢宅大门

2004 年 10 月扬州市政府投入 1000 余万元实施修复工程，2005 年 5 月 3 日正式对外开放。

三、赏析

卢宅（图 10-12-1）又称为庆云堂，后人俗称卢公馆。卢氏住宅选址位置佳。住宅坐落在扬城东南端，依照道家说法，方位位置最佳，最受日月之光华，迎祥紫气东来，得到卿云喜气。东南又临古运河活水环境，得龙脉之灵气。东傍依盐祖宗庙，托盐祖保佑之神气。卢宅前宅后园，阳刚大屋与柔美意园意境，颐养浩然，陶冶精神之情气。造屋选购木材皆为上乘杉木，而杉木在砌房造屋风水学中称之为阳木，又得其阳气。

卢宅南向北纵深达 190m，主房前后原有共计十一进。从第一进门楼到第七进楼室，每进皆横为七间，通面阔达 27.20m，平均每间阔达 3.90m，是扬州晚清盐商住宅之最。其中首进门为门楼厅，二进为照厅，三进为正厅，四进为内厅，五进为女厅，六进与七进为楼厅、楼室。两旁由厢廊、厢楼前后相接形成回字形串楼，除门楼厅以外，余厅以当中三厅为主厅，两旁稍间，边间用可开启屏门壁板或碧纱橱隔扇相隔成偏厅，客座或套房、书房。第八进与第九进为明三暗五式格局组合，两侧藏连套房。其后为意园。园后第十进、第十一进也是明三暗五式格局。前为书斋、厅，厅后为楼厅、室，其西又接偏房一区。卢氏主房前后走廊与楼廊合计有十五道，庭院、庭园与天井大小二十一方，花园一座，深邃火巷一道，总长 190m，后隔为两道。原有各类房屋大小二百余间，

图 10-12-2 从东边拍摄卢宅外墙面

建筑面积近 5000m²。

卢宅的墙体全部用青整砖、青灰丝缝扁砖砌到顶，不加粉饰，显其本色，有别于江南白灰粉墙、黑烟刷色。卢宅砌墙的每块砖料又特订烧制，比寻常人家砌墙用砖厚实。墙宽达 0.42m，墙体不但厚实，而且高耸，檐墙通常达 6m 余，楼室山墙顶高达 12.20m，从南檐墙角沿着山墙抬头纵观蜿蜒深远高墙大屋，给人一种森严不尽、宛如城郭之威势，如图 10-12-2 所示。高耸墙体不但显示盐商卢氏之富有，还有两个实用功能，一是防盗翻墙入室，二是防止邻居失火殃及。卢宅的墙体不但高厚，墙面还用特制的大铁扒锔上下左右有序排列，内外拉接加固墙体。

磨砖砌筑的砖雕门楼是显示主人身份、地位与富有程度的"脸面"，所以砌筑更为考究。砖砖精工水磨、块块对缝砌筑。高耸匾墙式造型，浑然舒朗大气。檐口磨砖出檐重叠，飞挑深远，健劲有致。门楼墙面上缀以砖雕有线刻、浅刻、浅浮雕、深浮雕、镂雕、透雕等数种雕刻技法因势而就。其图案取材多样，有瑞兽、花草、树木、器物、人物、屋宇等因需组合画面。立体感强，内涵丰富，形象生动，寓意吉祥，赏析有趣。例如，大门楼门上角端称之雀替的砖雕瑞兽"双龙戏珠"，翘飞龙尾变幻为卷草（亦称香草、吉祥草）。珠中浅刻圆寿式图案。上额枋中雕"刘海戏金钱"及"桃、荷、菊、梅"四季花卉。下额枋中刻雕人物"三逸图"弹琴、下棋、读书。其中梅是历史遗存，余为今补雕嵌。额枋中间夹堂板雕四幅相同卷草式如意，其意有"事事如意"。再上匾墙内榫嵌磨砖六角景，其意有"六六大顺"。匾墙四角雕暗八仙器物，荷花、葫芦、云板、渔鼓、扇子、花篮、宝剑、笛子，暗指八仙"各显神通"，门旁磨砖柱顶端雕人物"汾阳王郭子仪带子上

图10-12-3 大门砖雕

朝"进入东华门。如图10-12-3所示。

穿过大门厅，迎面是倚壁面镶嵌砖雕福祠（图10-12-4），俗称土地祠，是早晚和婚丧喜庆烧香敬神用的，这是扬州传统民居中常见的一种特色符号。卢宅的福祠比寻常人家福祠大，造型独特，立体感强，图案内容丰富。有海棠式框景，上幅中雕有佛手、桃子、石榴，其意有"多福、多寿、多子"之意。有扇面式回纹景，中间阳刻"如在"，旁雕对称牡丹、"双龙戏珠"，其下有龟背景式隔扇，雕有横楣子，长寿字。立柱到顶屋宇檐角飞挑。福祠雕饰工艺上乘。

福祠右侧是竹丝门，入内高墙夹崎百米余深邃火巷直北抵后花园。福祠左磨砖仪门角端雀替平浮雕"琴棋书画"。其上匾墙嵌磨砖线刻六角景。中间海棠式框景中，雕饰画面为传说"李白殿上醉酒脱靴写蕃文"的故事。匾墙上下左右四角雕饰"桃子、荔子、石榴、佛手"，意为"多福、多寿、多子、多孙"。额枋中还雕饰"狸猫换太子""方卿羞姑"等戏文故事。仪门两旁腮墙壁面全满嵌磨砖斜角景（扬州人称之吊角萝底砖），角端砖雕菊花舒展。站在中庭，举目四顾，古意盎然，气势浑然，使人震撼，如图10-12-5所示。

卢宅匾墙式砖雕磨砖门楼造型，比江南、徽派字匾式门楼舒朗健劲。匾墙框景磨砖线脚简洁流畅，缀以砖雕风格，主题突出，配景简约，浅刻浮雕、镂雕等浑厚，因势而就。繁简得宜，有别于江南、徽派砖雕堆砌精细、缜密。

卢氏住宅主房前后共有十一进，每进都设有厅堂。其中正厅体量最大，亦最宏敞。东西横列七间，通面阔27.20m，南北纵向进深达12.50m，檐高4.60m，承9桁架步，厅前厅后上置层轩三道，下置前后双廊，廊宽达1.60m，厅前左右、厅后左右置对称厢廊，廊宽达2m余。廊墙架设对称清水磨砖硕大花墙相隔亦漏。透过花墙，可见套房前花木若隐其间清幽小天地。前后房之间庭院间距宽敞，采光通风

图 10-12-4 福祠

图 10-12-5 仪门砖雕

图 10-12-6 庆云堂

适宜。正厅明间、次间前后各置雕花十字海棠景隔扇，沉厚饱满。梢间、边间前后各置雕花灯笼景和合窗扇，窗下槛墙置双层夹板。厅内铺设架空 0.50m×0.50m 方砖地面。厅后屏门上首正悬黑底金字大匾额，书"庆云堂"三个大字（图 10-12-6），熠熠生辉，烘托厅堂气氛。站在厅前厅后，纵观四面构筑，给人感觉是雍容大度，坐在厅内四顾，豪华典雅的陈设，使人惊叹卢氏的住宅考究与富有。

宅后为卢氏园的意园。西南有凉亭一座（图 10-12-7），园北有"水面来风"旧馆（图 10-12-8），在绿树的掩映下古朴而苍凉。旧馆前有长廊，中有月门通庭院。廊前有池（图 10-12-9），池中置假山湖石，一泓碧水有暗道通馆内院落，让人有曲水通幽之感。旧馆后有装修考究的藏书楼一座（图 10-12-10），保存得相当完好。藏书楼西侧有一架在扬州罕见的百余年古紫藤（图 10-12-11），茂密的藤萝葱葱郁郁地爬满了藏书楼的西侧。

20 世纪 60 年代初，同济大学陈从周教授来卢宅考察，他指出："这宅用材精选湖广杉木，皆不髹饰。装修皆用楠木，雕刻工细。虽建筑年代较迟，然屋宇高敞，规模宏大，是后期盐商所建豪华住宅的代表。"

图10-12-7 凉亭

图10-12-8 水面来风馆

图10-12-9 水池

图10-12-10 藏书楼

图10-12-11 紫藤

四、人物

卢绍绪（1843—1905）：字星垣，江西上饶人。清同治十二年（1873）从江西上饶来扬，在淮南富安盐场（今东台一带）近二十年，先官后商，任盐场盐课大使职，正八品官，后业盐场商、运商而至富。峰时拥有财富四十余万两纹银。

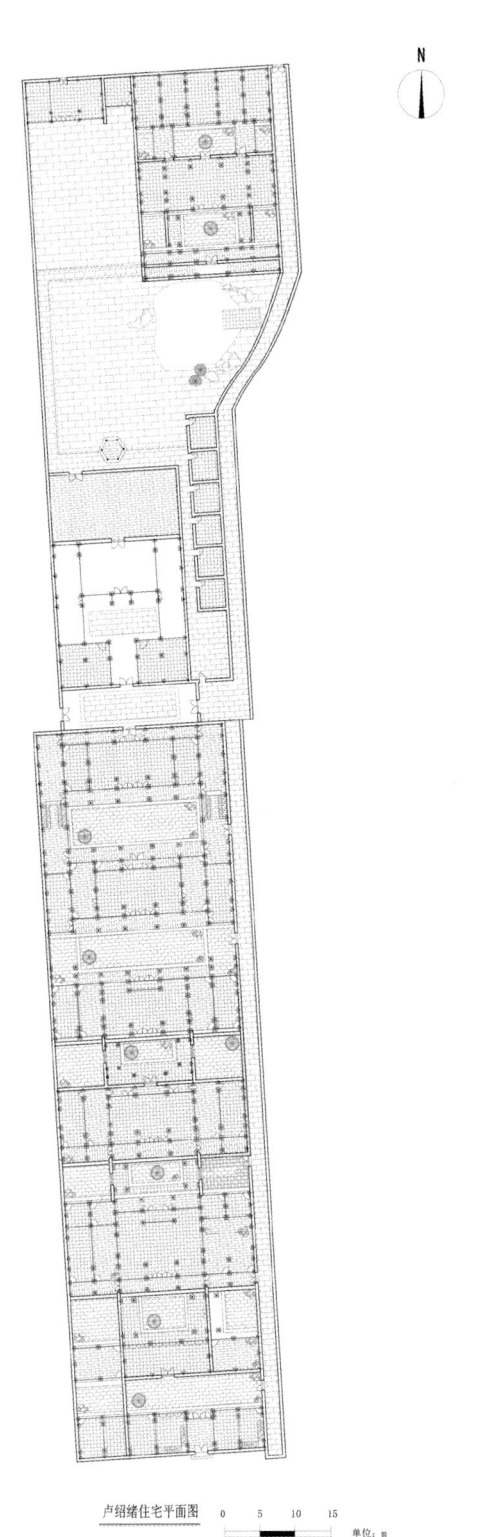

卢宅平面图

实例 13：吴氏宅第

一、概况

吴氏宅第位于泰州路 45 号，占地面积约 7930m²，建筑面积 5584m²，原有建筑 99 间半。现占地面积约 4000m²。2006 年被国务院公布为全国重点文物保护单位。

二、沿革

清光绪年间吴引孙、吴筠孙弟兄建，时吴引孙在宁、绍、台道任上，宅第仿道台府衙修建，建筑由浙江人设计、浙江人施工，部分建筑材料来自浙江，耗时近 5 年至清光绪三十年（1904）建成。

民国十六年（1927），军阀孙传芳强占该宅。

民国三十一年（1942），日伪一孙姓师长低价强行收购，开设烟厂。同年冬，花园、祠堂被日军铲平改作练兵场。

民国三十四年（1945）夏，烟厂火灾，住宅内第四、第五轴线等后进楼房被烧毁。

解放前，吴宅曾为民国省立医院。

中华人民共和国成立后，作苏北人民医院医疗用房和职工宿舍。

1952 年，改为扬州市第一人民医院使用，后用于职工住宅。

1962 年 5 月 2 日，扬州市人民委员会将吴氏宅第列为文物保护单位。

吴道台宅第长期用作职工住宅，职工在使用过程中建筑装修遭到改建，加之自然因素的影响，砖瓦存在一定程度的风化，有白蚁蛀蚀现象，部分房屋出现险情，特别是火巷西侧第三条轴线后面住宅屋面躺腰、檩条断裂。1998 年迁出居民，筹备维修。

2002 年被公布为江苏省文物保护单位。

2002年扬州市文物局邀请东南大学建筑系对吴道台宅第进行了全面测绘，同时组织扬州市古典建筑工程公司对宅第进行了全面查勘，编制了维修方案，经文物专家组论证，2003年经省文化厅审核批准。

2003年11月启动全面维修工作。

三、赏析

住宅整体布局十分严谨，坐北朝南，大门东向，主房以火巷为界分为东西两部分。

东部住宅两条轴线，东轴线上保存有门房（图10-13-1）、西式楼（图10-13-2）、观音堂、测海楼（图10-13-3）等建筑。西式楼上下二层，面阔三间，青红砖夹砌，楼北为小花园。观音堂面阔五间，进深七檩。测海楼模仿宁波著名藏书楼天一阁而建，其上藏书。楼名出自《汉书·东方朔传》，取"以管窥天，以蠡测海"之意，原藏书24万余卷，饮誉海内外。楼面阔五间，高二层，重檐硬山顶。其下为有福读书堂（图10-13-4）。楼前东南西三面筑回廊。测海楼前为长方形的水池，围以铁花护栏。水池的东南、西南各建有八角攒尖凉亭（图10-13-5）。

西轴线保存有二门厅、轿厅、爱日轩大厅（图10-13-6）、厨房等建筑。门厅南侧原有一照壁，上有砖雕"福"字样。爱日轩大厅与观音堂齐，面阔三间，进深七檩，东西各有一间穿堂，分别通往后面住宅。厨房两进，面阔五间。两进之间有天井，西有门通火巷。

西部住宅三条轴线，东轴线前后三进，依

图10-13-1 门房

图10-13-2 西式楼

图10-13-3 测海楼

图10-13-4 测海楼一楼内景

图10-13-5 水池及凉亭

图10-13-7 现芜园

图10-13-6 爱日轩大厅

次为对厅、滋德堂大厅、住宅，每进之间有外廊相连，木雕精美。滋德堂大厅面阔七间，进深七檩，两侧为穿堂，通厅后天井。住宅面阔七间（明五暗七），进深七檩。宅后原有两层住宅楼，面阔七间，已毁。中轴线仅存第一进，西轴线已全部毁坏。

芜园（图10-13-7）占地11亩，吴氏祠堂约4亩。芜园取名与陶渊明名句"归去来兮""田园将芜，胡不归"，充分反映了园主人厌倦官场生活，崇尚自然的追求。现位于东部的芜园和吴氏祠堂已不复存在。

吴道台宅第整组建筑高大、宽敞，建筑独具特色，既有宁波特色，又有扬州传统建筑风格，具有较高的历史、艺术和科学价值。

四、人物

1. 吴引孙（1848—1917）：字福茨，祖籍安徽歙县，高祖名世尧、叔高祖世吉于乾隆年间迁至扬州从事盐业，居扬州改籍仪征。清光绪十四年（1888）吴引孙任浙江宁绍道台，后官至甘肃布政使、新疆布政使、代巡抚、浙江布政使；吴筠孙先后任泰安知府，直隶永定河道尹，天津兵备道尹，湖南岳、常、沣道尹、湖北荆、宜道尹。吴引孙一生嗜书如命，曾花费二十年时间，着力收购宋元以来的珍善本及民间优秀坊本书共25万余卷。测海楼的藏书经过登记、分类整理，编成了"扬州吴氏测海楼藏书目录"12卷出版，在近现代文化界颇具影响。

2. 吴筠孙（1858—1914）：字竹楼，曾先后任河南知府、天津兵备道兼督理钞关、湖南岳常澧道台、湖北荆宜道台、赣北观察使、浔阳道尹。

3. 吴氏四杰：吴家人才辈出，吴筠孙的长房孙辈同胞四兄弟受家庭文化熏陶，奋发好学，成为我国科学文化界的四位名人，称为"吴门四杰"。其中吴征铸为南京大学教授、戏曲史专家；吴征鉴曾担任中国医学科学院副院长，是著名医学寄生虫病专家、医学昆虫学家；吴征铠原为二机部总工程师，北京原子能研究所副所长，中国科学院院士，著名核物理专家；吴征镒生前任中国科学院植物研究所所长，中国科学院院士，著名植物学家。

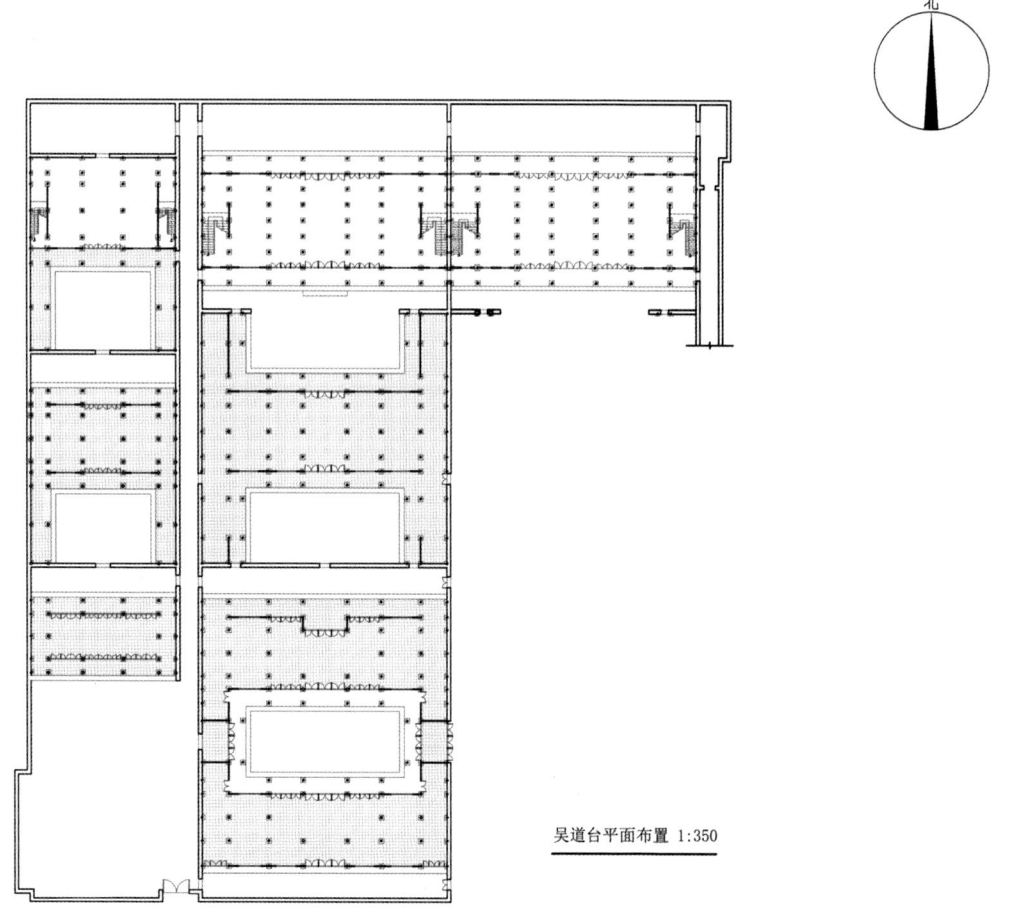

吴道台平面布置 1:350

吴氏宅第平面图

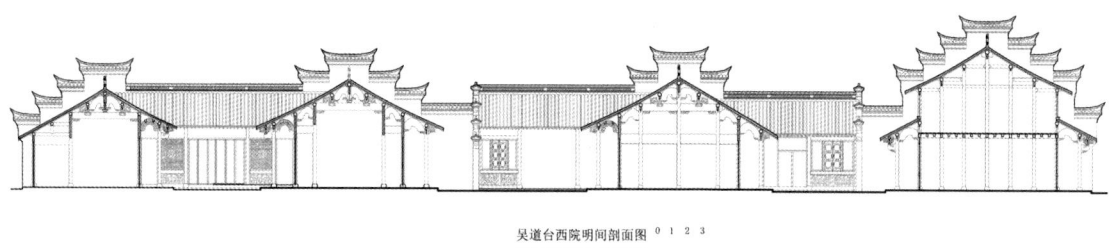

吴道台西院明间剖面图 0 1 2 3

吴氏宅第西院明间剖面图

实例 14：刘庄

一、概况

刘庄位于广陵路 274 号（原广陵路 56 号）、276 号（原广陵路 68 号），南北长达 130 余米，东西最宽处达 50 余米，占地达 6000m²。1982 年被列为扬州市文物保护单位。

二、沿革

始建于清光绪时期，原名"陇西后圃"。

民国五年（1917 年），曾在此开办怡大钱庄，于民国二十三年（1935）闭歇，其中曾有陶谓川、李寿卿、袁藏玖等合股，股份最多时增至十二万两。

民国十一年（1922 年），盐商刘景德鸠工修理后，改名刘庄，又称为怡大花园。

中华人民共和国成立初期曾为左卫街派出所，后来成为供销合作社、商业局、公共饮食公司、邗江县委等办公场所。现 274 号现为广陵区公安局所有。276 号前首房办公用房，后二进居民住用，部分空关。274 号与 276 号之间沿街为商店。

三、赏析

刘庄现存各类房屋大小合计有 150 余间，建筑面积近 3000m²。横有四路住宅组群并列，纵有三进、五进连贯延伸。高墙大屋，幽巷深邃，前宅后园。构园精巧，山石花木鱼池，楼台厅廊俱全。

从东向西，第一路住宅，今存主房前后共有五进，皆面阔三间，体量高大，进深均有 7.00m 余。首进面南大花厅，进深 8.50m，面积 100 多平方米。前后原置雕栏花格窗、门扇。第二进为内厅，第三进、第四进、第五进为三间二厢格局的楼宅，楼下后檐墙有腰门前后贯通，楼上前后相连，形成串楼，楼东为又深又长火巷。楼后空院原为花园部分，现改砌楼宅。园北端朝南七间老楼尚存，楼后为空地。

第二路住宅，今存主房前后共有五进，面阔皆三间。首进即为今广陵区公安分局大门，第二进为宽敞正厅，第三进为内厅，第四进、第五进为三间二厢楼房，前后对合，相互串楼，楼后为花园。由湖石叠石为山，下临鱼池，池上架石桥，山水相映，花木相扶，如图 10-14-1 所示。东置曲廊与北端朝南楼宅相连，拾级登临，可俯视园景。园朝西门隶书"绿漪"题额。楼宅之后为一大空院，原为后花园部分。20 世纪 70 年代有散落的黄石与数棵白果峰石，峰石绿白相衬清晰，诚为佳品。

第三路住宅，今存主房前后四进相连。为其体量最大的一组老屋。面阔皆为五间铺排。首进朝北照厅五间，第二进为朝南正厅，称之五间厅，体量宏敞，构筑精丽，大梁、大柱、大鼓磴、大方砖地。庭前置高显船篷轩，出檐椽粗圆。飞檐椽深远，气势庄穆。厅后第二进为一顺五间四厢内厅，亦甚考究，然原木雕窗门隔扇和前大厅前装修都已改变。第四进为五间四厢层楼。楼后静谧天井一方，院墙一道，过院墙门即进入沿墙堆叠湖石假山间卵石铺就甬道。园坐北朝南花厅三楹，（厅前置

图 10-14-1 假山、水池及戏台

廊，西接朝东轩、亭。园内朝东壁间存碑刻 4 块，东置朝东花墙月门，门额上书"余园半亩"（图 10-14-2、图 10-14-3）。出月门向南为深巷通前南首房屋，东接第二路住宅。出月门巷北沿花厅东墙壁间嵌明代《泼墨斋法帖》等珍贵碑刻 17 块。再北抵后大院，院西有后门通三祝巷。花厅后西北隅原有黄石假山及老屋庭院，然今已改变。

第四路住宅，今存前后主房四进。首进门楼至今保存较好。磨砖对缝砌筑门上两角砖雕已不存，其余砖雕保存完好，门垛旁屹立磨砖柱、柱旁浮雕菊花、卷草和其上匾墙樘内嵌斜角锦及樘内四个角端雕饰菊花、卷草丰满、舒卷、自如。在砖柱顶端突出饰物，称之"挂耳"，为一枚雕饰的如意，如意头中浅刻"卍"（万）字，如意柄中间嵌挂一双柿子，三者结合在一起，寓意是万事如意。再上磨砖三飞式砖檐已损。入内首进朝北照厅三间，朝南正厅三间，其后第三进，第四进为三间二厢前后相互串联楼宅。楼栏依旧。楼宅后天井一方，存碑刻一块，再后一墙之隔"余园半亩"花园。

四、拾遗

1.《刘庄记》碑刻记载：

是园昔系陇西后圃，余为吴兴刘氏旅扬别墅。台榭轩昂，树石幽古，颇极曲廊邃室之妙。庭前白皮松株，盘根错节，皆非近代所有。窃忆光绪中叶，余曾游扬府幕，凤耳是园名胜。惜以公牍劳形，不获涉足为憾。庚申之冬，余受刘氏聘任来扬管理鹾务，寓斯园中。以是昔之心向往之者，今得晏安其中矣，乃悟天意、人事之巧合，殆佛家所谓因果也与！惜园屋年久失修，势将坍塌，今春特鸠工修葺一新，并自涂书画，聊代补壁，爰题名之曰刘庄，藉壮观瞻，以志区别，而为之记。

民国十一年壬仲夏古吴徐镛、陶少洲双钩勒石。

2.淮安诗人辛笛游园诗：

"修廊叠石匠心夸，一氏园林兴总赊；且喜秋枫明照里，寻常百姓已当家。"

图10-14-2 "余园半亩"园门

图10-14-3 "余园半亩"内景

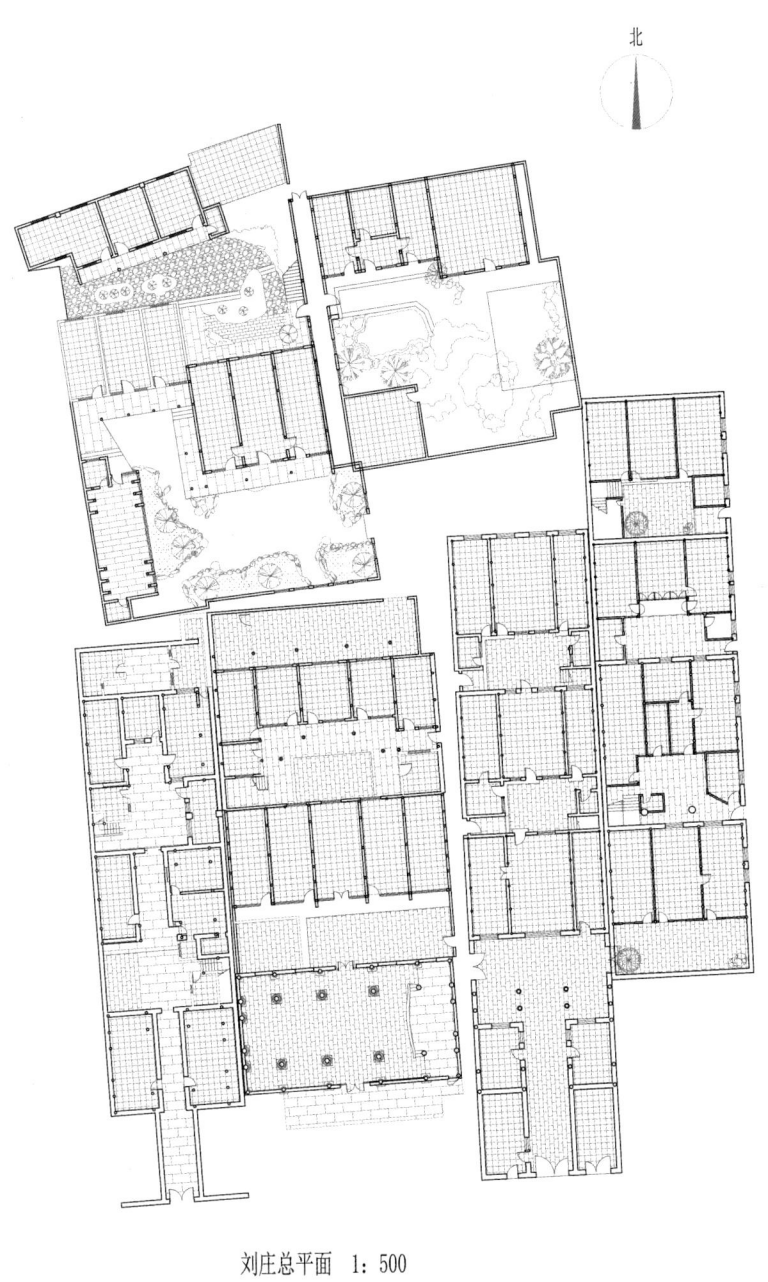

刘庄总平面 1:500

刘庄总平面图

实例15：壶园

一、概况

壶园（图10-15-1）位于东圈门2号，2008年1月被列为扬州市文物保护单位。

二、沿革

原系清代盐商宅园，清末江西吉安知府何廉舫（号悔余）购为家园。一作"瓠园"，见园主人所作《立秋后三日，招暖叟、谦斋、叔平宴集》诗。其《怀旧录》："城陷罢职归，侨居扬州运司东圈门外，辟'壶园'为别业。"

中华人民共和国成立之初，园宅尚属何氏，后改归友谊服装厂。

园中原有传为北宋宣和年间花石纲遗物——钟乳石山水盆景，《览胜录》所记"花石纲遗石"，1953年移至瘦西湖内小金山。此石之奇，其上有

图10-15-1 壶园大门

图 10-15-2 壶园古白玉兰树

图 10-15-3 蝴蝶厅

山有池,稍加点缀,邱壑天然,诚为不可多得之名品。

20世纪60年代初,园中厅阁、亭台、树石虽残,但旧迹仍在。

2007年市政府启动了壶园复建工程。

三、赏析

壶园完整的布局总体上为南宅北园的格局,由大小三座园林组成,南北纵深长达百米。南部建筑分为东西两路,中间为火巷隔开(为现马坊巷)。原先马坊巷东侧的一路建筑为壶园的东路住宅,现已拆毁改作他用。西路住宅有厅堂、书房、住宅等三进院落,保存较完整。《览胜录》所云"悔余庵",并不在园中,而在西住宅间,乃主人读书养性所在。庵屋之前,叠少许石,种名品竹。竹高仅逾丈,粗不及寸,且节距短而色泽青黄,为扬州园林所仅见。山石玲珑,其竹其石,已成画幅,雅淡谐和,决非画工所能模似其万一。

现存园林部分为北园的西侧,主要部分应在火巷东侧,根据记载"园中有红肥绿瘦轩,方池,曲廊,假山等"。园内现状假山、地形基本为2007年重新设计、建造,假山由园址遗石重构,仅存一株百年玉兰树(图10-15-2)为原来园中遗植。

壶园现存建筑大多为原址修复翻新,建筑结构规整端正,皆为硬山歇山顶,饰以砖雕山墙及灰色花瓦通脊和垂脊,细节处理上较纤巧清秀,部分建筑有拱券门窗装饰,体现出扬州园林建筑东西方融合的特点。园林中央的蝴蝶厅(图10-15-3)为花厅,采用等级较高的扁作方梁,前后有轩,屋面为和合大瓦歇山顶,其戗较为低平而修长,竖带饰以云纹,装折为花结嵌玻璃内芯仔长窗及同款半窗,檐下为简约的宫式万川挂落。

园林东侧的船厅(图10-15-4)由一座台高的方亭和一间浮于水面的花厅构成,以庑相接,庑下有路通厅与亭的入口,并架设三折石板桥通往庭院。登高处亭可俯瞰全园景观,低处的厅适宜众人聚会,可俯瞰池中鱼戏莲荷。船厅的木作为原建筑遗存,四面嵌海棠花结玻璃内芯仔窗,视线通透。

壶园门窗尺度大,很多长窗三米多高,门

图10-15-4 壶园船厅

槛、裙板尺寸也较大，装折、花纹大多为宫式万川、回纹、书条纹等样式，局部点缀海棠或梅花花结，整体色调采用接近黑色的深酱紫，素雅庄重。水磨青砖花窗造型为入角四方全景样式，尺度宽大，做工讲究，体现出官宅与民宅的差别。

四、人物

何廉舫（1816—1872）：名栻，字廉舫，号悔馀，江阴人。道光进士，官至吉安知府。工诗文，善书法。

五、钩沉

1. 易宗夔《新世说》：

"何廉舫自广信罢官，隐居邗上，托业淮鹾。自刻《悔馀庵全集》行世，胎息庄骚。曾涤生极嘉许之，尝书一联以贻之，曰：千顷太湖，偶与陶来同泛宅；二分明月，合随何逊共移家。"

2. 《甘泉县续志》：

"瓠园，一名壶园，在运使署东圈门外，江阴何廉舫太守栻罢官后所筑。"

3. 《扬州览胜录》：

"壶园在运署东圈门外，江阴何廉舫太守罢官后寓扬州，购为家园，颇擅林亭之胜。增筑精舍三楹，署曰'悔馀庵'。园内旧有宋宣和花石纲石舫，长丈余，如鹅卵石结成，形制奇古，称为名品。太守为曾文正公门下士，以词章名海内，著有《悔馀庵诗集》。文正督两江时，按部扬州，必枉车骑过太守宅，往往诗酒流连，竟日而罢。"曾国藩赠有联句："千顷太湖鸥，与陶朱同泛宅；二分明月鹤，随何逊共移家。"其子何彦升，随杨子通出使俄国，官至新疆巡抚。名士方地山有联："身行万里路，能通六国书，无怪群公，欲使班超定西域；凄凉玉门关，呜咽陇头水，早知今日，不如何逊在扬州。"父子二人，一个移家扬州，浏览山林。一个绝途万里，镇守边陲。园林传至民国时，仍为廉舫之孙、彦升次子何骍意世守其业。

4. 陈重庆《何骍意觞我壶园，是为消寒九集长歌赠之》诗：

"君家家世吾能说，近日壶觞尤密弥；重游何氏访山林，杜老诗篇狂欲拟。是时晴暖春融融，天桃含笑嬉东风；升阶握手喜相见，冯唐老去惭终童。（鰕）帘韝地围屏护，蛎粉回廊步屧通；半榻茶烟云缥缈，数峰苔石玉玲珑。方池照影宜新月，复道行空接彩虹；洞天福地神仙窟，白发苍颜矍铄翁。"

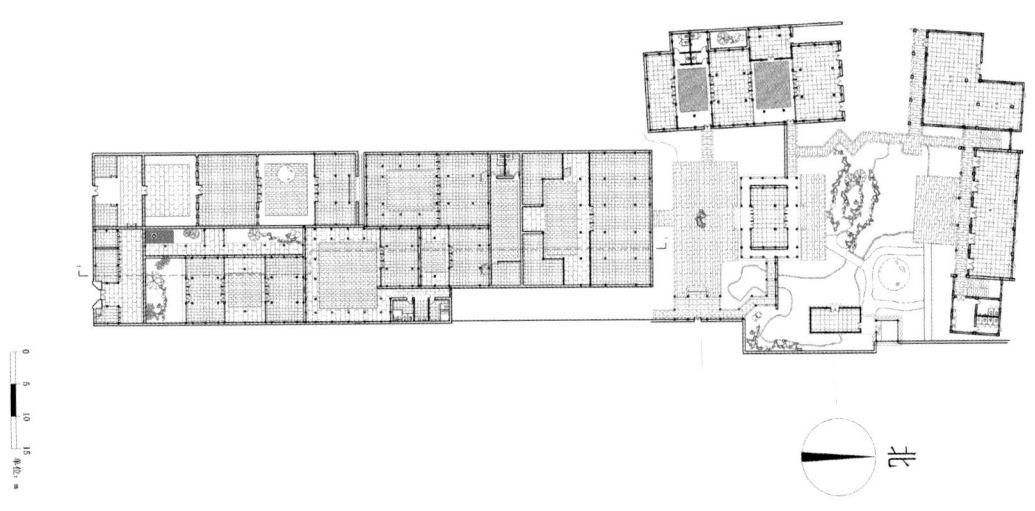

壶园平面图

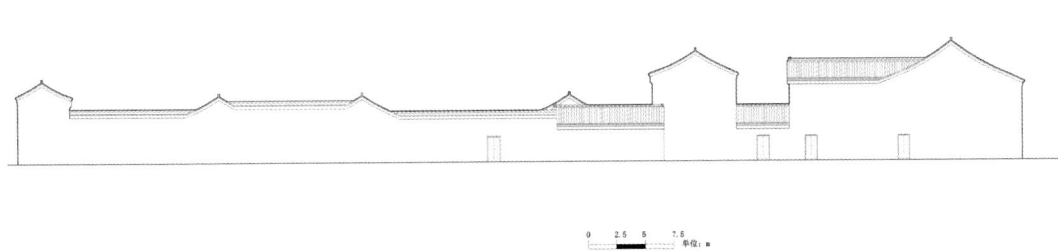

壶园立面图

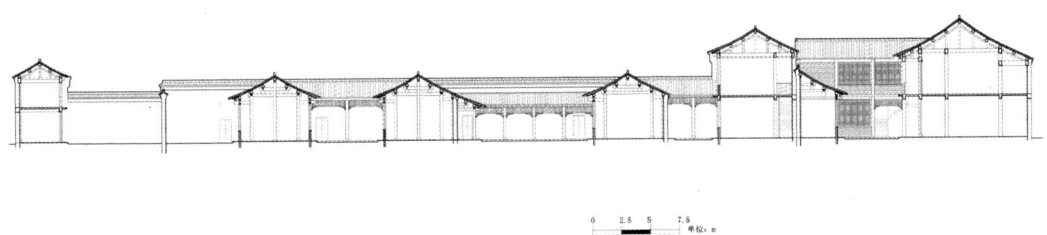

壶园剖面图

实例 16：珍园

一、概况

珍园位于文昌中路 152 号，占地约 1500m²。2008 年 1 月被扬州市人民政府列为扬州市文物保护单位。

二、沿革

此处原为"兴善庵"。

民国初年盐商李锡珍改筑为珍园。

中华人民共和国成立后，收归国有。

1962 年 5 月 2 日珍园被扬州市人民委员会列为扬州市文物保护单位。

后被辟为扬州市政府招待所，后改名珍园饭店。

三、赏析

园门原在西面旧城九巷中，今园门东向，园门上部左右半圆抹角，中间凹入墙内，门额题篆体"珍园"二字（图 10-16-1）。

两侧筑花墙，开漏窗数面。园东南侧有湖石假山，山有洞曲，上筑盘道，下临水池，池边架小曲桥达于洞口。假山东端有半亭掩映，西端接以回廊，廊间隔墙开月洞门。回廊北折通方亭，置美人靠及陶质桌凳。如图 10-16-2~图 10-16-4 所示。

园中花木繁茂，植有紫藤、睡莲、丹桂、玉兰、芭蕉、枇杷、松竹、棕榈等，有百余年白皮松一株。曲径用鹅卵石铺砌。园北部旧有层楼三间，现已改建三层新式楼房，楼西筑隔墙，门通内宅，门楣额柘庵，为吴让之所题。

图 10-16-1 园门

图 10-16-2 园景

图 10-16-3 20世纪60年代珍园园景

图 10-16-4 20世纪60年代珍园假山

园西偏为住宅，其地旧为庵堂，现改建为二进平房，房前均为花圃，在后进院东，沿湖石花坛辟池一泓，院西置一六角形井栏，栏壁刻"泉源"二字，背面刻"珍园主人习真氏题，岁在丙寅天中节"字样。

四、钩沉

民国年间扬州文人李伯通有《过李氏珍园诗》："廿年游宦海，高枕梦江湖；别业在城市，名园当画图。小桥穿曲水，仙客聚方壶；四面楼窗启，秋晴月可呼。百城书坐拥，疑是'小琅嬛'；有雨即飞瀑，无云多假山。市声丘壑外，人影竹梧间；尽可栖枝借，天空任鸟还。尘嚣都谢绝，往来几幽人；近竹宜长啸，看花不厌贫。水光浮见潋滟，石骨露嶙峋；儿辈亲文史，翩翩皆凤鳞。暑退凉生早，花枝见蝶衣；园亭能免俗，树木已成围。洗砚看鱼出，停琴待鹤归；何时邀月饮，主客共清辉。"此诗对当年珍园的规模、情趣、山石、花木描写甚详。李伯通以诗记珍园，身临其境，情景交融。

实例 17：蔚圃

一、概况

蔚圃位于风箱巷 4 号、6 号，后门在宛虹桥 17 号，占地面积约 1700 余平方米。2011 年 12 月被列为江苏省文物保护单位。

二、沿革

始建于清光绪年间，为运商程汇新宅园。

1949 年前夕，住宅西路房屋被国民党军官李蔚如购买并重修。

中华人民共和国成立初先后作扬州蔬菜公司、邗江县粮食局办公场所。

1962 年 5 月 2 日扬州市人民委员会将蔚圃列为文物保护单位。

"文化大革命"前广陵街道办搬入，东路住宅被改建为大礼堂。

1983 年由扬州市房地产公司丁乐云负责修缮。

三、赏析

住宅称为恭寿堂。住宅分东、西两路，中间以火巷相通联。东路住宅即风箱巷 4 号，原来从南到北前后共有七进，皆面阔三间。中轴贯穿，两厢对称。前厅后室，计有 26 间。天井 5 道，青石板铺就。首进为门厅，入内跨过天井即是照厅，迎面朝南为正厅，构架园作。两旁置廊，正厅后拖接倒座一进。再后为三间二厢格局住室连贯三进，构架七架梁式。各进中堂前置木雕隔扇，后置屏门、腰门。方砖铺地，两次间木地板。各进西厢房均有耳门通达火巷，并与西路住室相隔相串。火巷今日依旧。而东路除后二进尚存外，其前数进均在 20 世纪"文革"初期拆除改建成大会堂。首进门厅五间，大门楼（图 10-17-1）砌筑考究，呈八字形，磨砖对缝砌筑。门上首镶有二道磨砖额枋，再上为磨砖匾墙框景，内镶磨砖六角锦，亦称龟背锦。再上置木作天花板，整体门楼显示宽阔挺拔。虽然门旁一对白矾石石鼓只存残座，但仍不减当年门楼气势。

越过大门楼进入庭院，东侧仍见历史遗存廊道阶沿石。旁朝南二道门上原有石额，书"蔚圃"二字。跨过二道门，穿过门披廊，即进入蔚圃庭园，朝南迎面是厅堂五间。其中三间为花厅，两侧稍间为偏房。花厅三间构筑之材与形式全取"方"之含意，有方形陀梁，方形桁条，方形椽子，方形柱子，柱下鼓磴、石礓亦是方形。厅内铺地也是方砖（后改为水磨砖地），连原有隔扇装修中梃条也是套方花样（今已不存）。东面三间走廊上楣子也是套方图案。西边走廊壁间镶吊角萝底砖也是方形。西南隅构筑凉阁（亦称船厅）平面格局也是方形。这是扬州砌房造屋的一种规矩：即东路厅堂用园料、园作。西路厅堂用方料、方作，其意有园有方，左园右方，男左女右之含义，也就是常说的东面为男厅，西边为女厅。

西路住宅即风箱巷6号，原有房屋五进，除第二进被拆除外，其余保存完好。首进门楼面阔五间16.3m，进深4.3m。大门楼呈八字形，磨砖对缝建筑。门楼最高处施木作天花板，匾墙内镶刻磨砖六角锦。第二进原为正厅，现已拆除，东侧廊道台阶尚存。第三进女厅面阔五间14.20m，进深6.10m，梁、柱、桁、椽及砾石、铺地砖均为方形。第四、五进为住宅，明三暗五格局，西侧各另有一间套房。宅后为后院，院西置门通宛虹桥，如图10-17-2所示。

花园位于西路第三进厅房前。由近代扬州造园名家余继之设计、建造。园门辟于庭院东南角，南向，上额"蔚圃"。庭院西南隅筑方形凉阁一座，阁又称为船厅，下施美人靠，壁间嵌佛手、桃子、石榴、葡萄等题材砖雕。阁下为池，阁北以廊接厅房。沿院南墙筑湖石假山与花坛，假山虽仅墙下少许，然有洞可导，有峰可赏。院中点以大型太湖峰石，穴大而多，玲珑剔透，具"透漏"之妙。配古藤老柏，苍翠葱郁。南向有一厅，对支以短廊，东廊为南北通道，西廊与水阁相接，下映鱼池，多清新之感。蔚圃虽小，但布局得体，山石、水池、厅间房廊、花木池鱼俱备，有幽情自在之趣，如图10-17-3所示。

四、评价

同济大学陈从周教授在20世纪60年代初到过蔚圃，他在《扬州园林》一书中评价："陈氏蔚圃在风箱巷。东南角入门，院中置假山，配以古藤老柏，很觉苍翠葱郁，假山仅墙下少许，然有洞可寻，有峰可赏，自北部厅中望去，景物森然。东西两面配游廊；西南角则建水榭，下映鱼池，多清新之感。这小院布置虽寥寥数事，却甚得体。"

图10-17-1 大门

图10-17-2 东西路住宅间火巷

图10-17-3 园景

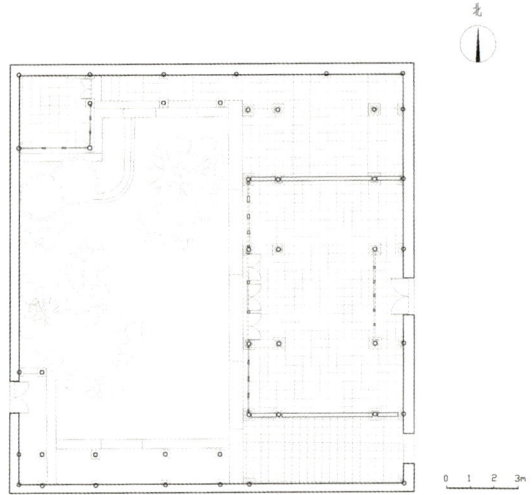
蔚圃平面图

实例 18：平园

一、概况

平园位于南河下 23 所内，占地面积 3000m²，建筑面积 1000 多平方米。2008 年 1 月被列为扬州市文物保护单位。

二、沿革

民国初年由盐商周静成所建。

民国期间先后由日本人占用、后由国民党陆军中将韩德勤住用。

中华人民共和国成立后，解放军驻用，后为南京军区 20 速成中学使用，再后为国防科委 5 所、10 所、23 所使用。

三、赏析

平园由住宅和花园组成，花园位于住宅西偏，又称"西花园"。

住宅大门（图 10-18-1），磨砖门楼，偏于东侧。门内天井，南墙朝北，门房两间，并与直北二道门相对。门壁为磨砖雕花，仿砖木结构。门内首进为厅屋，厅后两进住房，再后止于层楼。二门之左，设有小门，与火巷通，乃家人眷属便道，避与外客相遇。

二门右侧圆门东向，门额嵌"平园"刻石（图 10-18-2）。门内院落，花墙中分，分南北院。南部院落，沿南墙建平屋数间。近门处有广玉兰两株，终年如伞如盖，花时香气四溢，百年古树。翘首而望，绿叶梢头，花白朵朵，如云生处。北部花墙壁间，数面绿釉瓷板漏窗，图案新颖，色调雅洁。花墙正中，一道圆门，门额上嵌"惕息"（图 10-18-3、图 10-18-4），北门额有小苑风和。门内一大院落，花厅五楹。明间厅堂，宽敞明亮。在两次间与梢间之间，各以四扇楠木隔扇间隔为书房、为起坐。隔扇上刻名人书画，填以锭蓝或石绿，雅淡沉静。院东西两墙，各一角门。东壁角门额上，题夕照明邨四字，门内与住宅西厢相通；西壁角门额上，题"朝辉净郭"四字。院南圆门两侧，北向各叠湖石一山。东山之侧，有凌霄、黄杨植被；西山之旁，有木樨、碧梧乔木。庭院不大，确有净郭与明邨风貌。

图 10-18-1 "平园"磨砖大门

图 10-18-2 "平园"石额门

图 10-18-3 "惕息"石额门

图 10-18-4 20 世纪 60 年代门景

实例 19：萃园（息园）

一、概况

萃园（息园）位于文昌中路 459 号，该园在西营七巷东首。

二、沿革

清末丹徒包黎光在旧潮音庵故址，修建"大同歌楼"，未几毁于火。

民国初年（1918），扬州盐商集资，原址建园林，盐运使方浚颐为其题萃园。

民国七、八年间，盐商集资改建萃园。园之中部仿北郊五亭桥式，筑有草亭五座，为宴游之所。四周竹树纷披，饶有城市山林之致。

民国十年间，日本人高洲太助负责两淮盐务稽核所事务，借寓园中，由此园门常关，游踪罕至。自高洲回国后，园渐荒废矣，仅有园丁看守。

抗日战争时为汪伪师长熊育衡占据，改名衡园。

解放前夕，国民党军团管处设此。

1951 年萃园改为苏北扬州行政专员公署第一招待所，并将西部的息园并入。

1961 年 5 月 2 日扬州市人民委员会将萃园列为文物保护单位。

1980 年拓宽三元路（今文昌中路），新建门厅于现址。

三、赏析

萃园布局不落俗套，园四面以亭以台，以廊以屋，相连相属，宛如仙阁四起。园中央掇石植木，花坛起伏，园路曲折，翠竹交加，满园皆绿。园内有百余年瓜子黄杨、垂丝海棠等名木多株。园东平冈横列，冈上遍植常绿书带草，间以点石，栽梅花、桂花等，四季飘香。冈顶有亭（图 10-19-1），

图 10-19-1 萃园冈顶小亭

图 10-19-2 萃园曲廊

冈西有瓦屋三槛，屋前凿池栽睡莲，意态清新。

昔有"工"字形台基，仿五亭桥款式，上筑草亭五座，后改亭为屋，式样古朴，园中曲廊（图10-19-2）随势起伏，连接厅屋。

萃园东北角有一月洞门，题额"逸池"（图10-19-3）。内有一泓池水（图10-19-4、图10-19-5），红栏环绕，竹树点缀。池南有二层小楼一座，格调高雅。池北有仿古青砖楼一座，古朴庄重，内有现代化设备，为宴宾佳处。此楼东临小秦淮，为河滨一景。

萃园几经翻修，虽建筑秀美，花木繁茂，清新自然，然已与民国年间景致变化较大。如图10-19-6所示。

四、钩沉

《扬州览胜录》记载："民国二年（1913）春，胡君于雪后经此晚眺，适见夕阳归鸟，一白无际，同时亦并有一人立高洲桥头玩雪（高洲桥者，日本人高洲太助寓萃园时所造之桥也）。遂就即景成断句云：'鸟飞天末烟，人立桥头雪。'吟罢而去。十六年春，胡君即购其地，小筑园林，以为息影读书之所，因名曰'息园'。园中建楼五楹，其地即为昔日眺雪之处，遂名其楼曰'眺雪'。楼下辟精舍数间，署曰'箫声馆'。盖胡君既能诗，而又精音律，善吹洞箫，故以箫声名其馆也。亦尝自号竹西箫史。园内杂植花树，并擅竹石之胜，而四周高柳尤多。入夏，三两黄鹂，好音不绝，君每喜听之。自园建后，觞咏之会每岁无虚，春则以元宵为多，冬则以月当头夕为盛。酒酣以往，分笺赋诗，或至深宵不倦。每遇良辰令节，辄集广陵琴徒曲友于其中，有时歌声若出金石。二十四年夏秋间，园中苹花盛开，觞诸诗人于花下，各赋'苹花诗'赠之，一时传为盛事。"

图10-19-3 "逸池"园门

图10-19-4 假山水池（一）

图10-19-5 假山水池（二）

图10-19-6 20世纪60年代萃园园景

实例 20：怡庐

一、概况

怡庐位于嵇家湾 3-1、3-2 号，占地约 900m²。2008 年 1 月被列为扬州市文物保护单位。

二、沿革

民国初钱业经纪人黄益之建。董玉书《芜城怀旧录》记载黄益之"设钱庄于院大街北首，名曰'德春'者"。清末民国年间造园名家余继之区划、营建。

中华人民共和国成立后由黄益之后人黄印西、朱芷湘夫妇继承西路庭院与住宅部分。

1958 年对私改造时公管。曾为汶河幼儿园所用。

三、赏析

现南部庭园及庭园中厅、廊、厢合计 16 间，附属花木、山石，保存基本完好。

怡庐历史上主大门朝东，入内朝南，原东路以住宅为主。其主房为明三暗四格局，前后主房三进连贯及零星附房，后来随着年代变迁，剩下三间二厢格局，再后来此旧宅全部被拆除。

西路住宅与庭园相辅。有意思的是其格局与数字"三"字关系密切。例如主房三进、各进面阔三间，南北庭园三座，南首庭园回廊三节，另置大小天井三方。

怡庐分前后两个院落。前院大门朝东，为两扇对开，磨砖竖向镶框贴面与两侧小滚头青砖横向扁砌青灰丝缝墙横竖相对，浑然一色，显得简洁大方稳重。而大门上两端头雀替砖雕不足手掌大尺度，由线刻与浅浮雕雕饰莲叶、莲花、莲蓬、莲籽、莲藕工巧得度。而北侧朝东磨砖镶贴六角小门上两端头雀替砖雕饱满寿桃，形象逼真。大门内有游廊三折，廊宽1.3m，迎面置屏门一道，遮挡园内景，然两侧廊道空灵，反衬此屏门遮挡"犹抱琵琶半遮面"的感觉。廊南首西折朝北又游廊三节，西端连接一小门，入内小屋一间。门额白矾石上浅刻小篆"寄敖"。此二字是出自东晋诗人陶渊明《归去来分辞》"依南窗以寄敖，登东皋以舒啸"。顺小门北向，园墙南首开了一对上下两扇窗。窗内枝条是冰梅式，在枝条中间分别为海棠式、扇面式框景，框内木雕为"八仙过海，各显神通"。花厅南向又置三节廊道。这样就形成东、南、北三节三连回廊，而且每面廊都是三间，合计为九间，吉利之数。廊上端装修置横线横陈挂楣。廊下三面围合磨砖坐凳，旁侧线刻清丽六角锦。

怡庐此庭园并不算大，约60m²，天井也很小，不过10余平方米。然园景叠石、置石、点石、植木栽花配置，高低比例错落均当，恰到好处。迎大门两侧，对置雪石假山围之花坛（图10-20-1），上植低矮金桂。西南隅叠湖石假山一座，旁植百年瓜子黄杨一株，与假山相呼应。地坪全以鹅卵石、小条砖、瓦片、瓷片拼镶成二龙戏珠、麒麟送子、万象更新、狮子盘球等吉祥图案。园西花墙月门将小园与西侧小天井一隔为二，似透若隐，别有情趣。月门磨砖镶边，其上磨砖砖雕围卷草花纹，门额中间为白矾石浅刻篆书两宜轩，为名家陈含光所书。据说原朝南向花厅即称之两宜轩（图10-20-2）。此花厅显得小巧，用料、装修也纤细，然与整体庭园格局比较匀称。花厅前后皆置灯笼景玻璃窗门扇。坐厅中可观前后景。厅后一小天井内亦置石栽花。怡庐之胜，胜在一厅一室之设，一石一山之植，无不因地制宜，立意为上，格局清新，以小取胜。

四、评价

陈从周先生在20世纪60年代初到过该园，他在《扬州园林》一书中指出，怡庐假山堆叠者"余工迭山，善艺花卉，小园点石尤为能手"。而且，怡庐采用了"中国建筑中用分隔增大空间的手法，是在居住的院落中较好的例子"，"从平面论，此小园无甚出入意料处，但建筑物与院落比例匀当，装修亦以横线条出之，使空间宽绰有余，而点石栽花，亦能恰到好处。至于大小院落的处理，又能发挥其密处见疏，静中生趣的优点"。总之，怡庐是晚清民国期间扬州宅园优秀代表之一。

图10-20-1 20世纪60年代怡庐雪石花坛

图10-20-2 20世纪60年代怡庐花厅

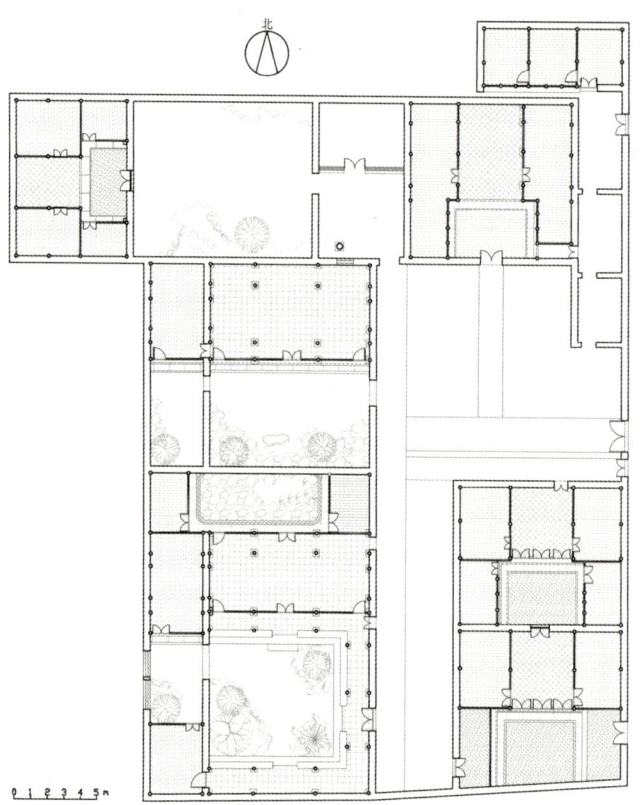
怡庐平面图

实例 21：匏庐

一、概况

匏庐位于甘泉路 221 号，占地面积 1800m²。2006 年 6 月被公布为江苏省文物保护单位。

二、沿革

为民国初年镇扬汽车公司董事长卢殿虎所建延请扬州造园名家余继之构筑。三国时期曹植《洛神赋》云："叹匏瓜之无匹，咏牵牛之独勤。"卢殿虎以'匏'名'庐'，或许有自勉之意。

1952 年 8 月，由江树峰出面承租作为扬州市政治协商会议办公场所。

1984 年 12 月 7 日—1990 年 8 月 28 日，为扬州日报社办公地点。

2010 年扬州市政府投资 1100 万元实施匏庐修缮工程，恢复匏庐的制式、建筑、庭院、假山等，该工程于 2010 年底完工。

三、赏析

住宅大门东向，磨砖对缝门楼（图 10-21-1）。门内筑东向仪门，北侧置福祠。仪门内由南向北分别为照厅、正厅、住宅及厨房各一进。照厅面北，五架梁，面阔三间 10m，进深 3.64m，两侧构厢廊接正厅。正厅面南，为七架梁，抬梁式，面阔三间 10m，进深 6m，厅上首为前置柏木卷棚。第三进为住宅，明三暗五，通面阔 16.32m，进深 6.96m，两侧为厢房。最后一进厨房已改建。园林位于住宅之南，由民国年间扬州造园名家余继之设计、建造。该园以横长别致著称，小中见大，别有洞天。由狭巷进入，分左右两小院，形如葫芦，故称"匏庐"。狭巷南端尽头，过八角形门，即分东西两院，东院园门圆形，门上额嵌匏庐陈延铧篆书"匏庐"石额。东院以回廊通连，南向植细杆梧桐，瘦长如修竹，饶有清妍之姿。经回廊达半亭，亭拦临水，池水由此北折，水池尽头，有轩三间，池边花坛上置数点峰石，小径用鹅卵石砌铺。游人至此，虽则地已穷尽，但随路一转，或东登半亭，或缘池西去，到达园之西部。西院园门方形，嵌"可栖"石额。此院略开阔，园中筑花厅一座，将园为南北两半，北半以黄石垒花坛，种花植木其间；南半以湖石叠假山，缀以青藤，一片葱绿。山右构水阁，阁下临池，蕉影拂窗，明净映波（图10-21-2、图10-21-3）。池水澄碧，植睡莲，金鱼悠游其中，亦得小有天地之旨趣。园极西，似已穷尽，顿现角门，额"留馀"二字。循砖路北行，迎面一叠黄石，逶迤而东，似别有洞天，两折却返原地，令人耳目一新。

匏庐面积虽小，然委婉紧凑，为利用不规则余地设计之佳例。

图 10-21-1 大门

图 10-21-2 水池、水阁

图 10-21-3 水阁

四、人物

卢殿虎：字绍刘，扬州宝应人。清宣统二年（1910）毕业于江南高等学府，奖拔贡生。历任江苏巡按署教育科长、海州中学校长。辛亥革命后，历任安徽、甘肃省教育厅长。后寓居扬州。1918年他倡建扬州至清江公路，经官方同意，先建瓜扬段，并着手成立瓜清长途汽车公司、江北路政局。1924年扬州至六圩公路通车，1925年扬清公路（土路）全线通车。又在六圩、镇江兴建码头、栈桥，设置趸船，以便旅客。"匏"为瓜之意，乃葫芦之属。

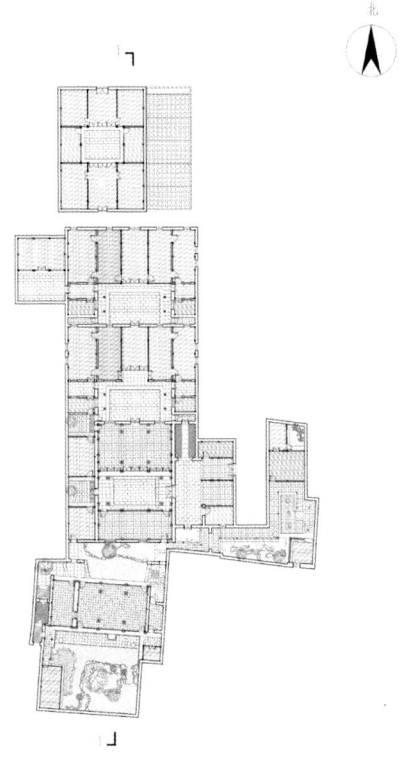

鲍庐总平面图 1:350

鲍庐平面图

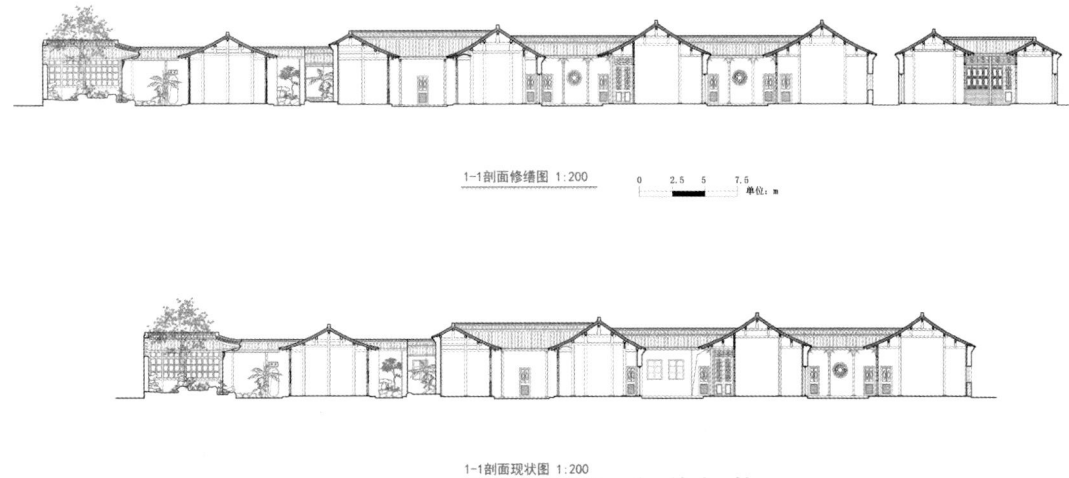

1-1剖面修缮图 1:200

1-1剖面现状图 1:200

鲍庐剖面图

401 实例

实例 22：贾氏庭院（二分明月楼）

一、概况

贾氏庭院（二分明月楼）位于大武城巷1号、3号、5号，占地4000多平方米，2006年6月被列为全国重点文物保护单位。

二、沿革

清中期在此建有二分明月楼。

道光年间二分明月楼归商人员氏。现园内有井一口，栏上刻"道光七年杏月员置"。

清光绪年间，盐商贾颂平在此建住宅花园，并将二分明月楼收购。

抗战爆发后，盐运不通，食商全部闭歇，贾家从此失去了经济来源，与其他盐商一样，贾氏大家族亦日趋没落，贾氏将二分明月楼卖给徐氏。

中华人民共和国成立后，部分房屋公管。大武城巷3号内的房屋卖给银行，成为银行宿舍。园林部分二分明月楼归扬州市文物管理委员会管理。

1991年扬州市园林管理局修缮二分明月楼对外开放。

三、赏析

从大武城巷1号大门入内，为一排三间高敞门楼（图10-22-1）。步出门楼为宽敞庭院，满铺青石板地面，1号内现存主要住宅：庭院西北楼宅三间，楼上下六间，楼南面小天井一方。庭院面南住宅由东、西两路并列，中间隔了一条北去深幽直巷。

东路，紧靠门楼面南也有三间楼宅，楼上下也是六间。与面北楼宅相互呼应，夹持大门楼。据贾氏后人说，在民国动荡年代，扬州盐商家中有

图 10-22-1 贾氏庭院大门

私人武装的唯有贾家。据传此两楼宅曾住过武装保卫人员。面南楼宅后庭园一方,点缀山石花木,朝南花厅二间。其后亦有天井一方,朝南内厅三间。天井内有耳门通火巷。西路首进朝南大厅三楹,抬梁式,通面阔 12.6m²,进深 9.80m²,建筑面积达 123.48m²,用料粗实,柱下鼓磴汉白玉制作,方砖铺地,前后隔扇已有改动。厅后楼宅三间,楼上下六间,旁有廊连接厅与楼宅。楼宅后,有平房三间两厢共两进。再后三间平房,东接走廊。平房后原有门通二分明月楼。大厅西原有花园,现已隔给广陵路小学,不过有门相通。和庭园原为幼儿园,现长年空关。

大武城巷 3 号入内,庭院。右折朝南有门一道,入内为楼宅,前后二进,皆三间二厢,楼上下六间四厢。前后楼可相互串联。两楼之间,四面围之的木雕拐子锦楼栏杆。楼宅以东接前后两进平房,前一进三间一披廊,庭园小而雅静。后一进三间二厢一天井。楼宅北一进已改建二层现代小楼,作旅社用,即大武城巷5 号。

进入大武城巷 3 号庭院左折,有古井一口。南面有楼宅三间,上下六间,据构建形式与装修,系民国时期所建。前天井西墙有耳门通火巷与大武城巷 1 号相连。巷北有门可抵二分明月楼园林。

二分明月楼如(图 10-22-2)占地面积约 1100m²,东西宽约 25m,南北长约 45m,园因清钱泳题额"二分明月楼"而出名。取意唐诗人徐凝《忆扬州》诗"萧娘脸下难胜泪,桃叶眉头易得愁。天下三分明月夜,二分无赖是扬州"而名,又因园是扬城园林中旱园水做的孤例而誉。

园内东阁原为大仙楼,南隅有财神楼,南墙有门通贾氏住宅。园中有蝴蝶厅(1959年移建瘦西湖"水云胜概"景区,改名"小南屏"方厅)。园在广陵路南短巷尽头,于两片高墙的狭缝间夹持门楼。西侧砖墙上有砖雕画一幅及吟咏扬州古诗词张若虚的《春江花月夜》、张乔的《寄维扬故人》、李白的《送孟浩然之广陵》、徐凝的《忆扬州》砖刻数幅。园门与曲廊相接,出廊为卵石拼花铺地,图式为五蝠拱寿,正中为水池。水池北二层长楼七间,楼通面阔七间,长 23.8m,前置通廊,硬山重檐,楼檐飞翘,取势空灵,依栏临虚。置美人靠坐凳,楼前园景开阔,确是赏月佳处。明间上悬钱泳书匾额,抱柱题联:"春风阆苑三千客,明月扬州第一楼。"典出自元代书画家赵孟頫诗句。楼顶翘角飞檐,取势空玲,依栏临虚,作美人靠,供人闲眺(图 10-22-2)。

园正中水池原为以浮出地面的黄石暗示水意,1961 年同济大学陈从周教授来此园称之为"旱园水做"的办法,即"将园的地面压低,其中四面厅(即原园中蝴蝶厅)则筑于较高的黄

图10-22-2 二分明月楼

石基上,望之宛如置于岛上,园虽无水,而水自在意中。"在20世纪90年代修缮时挖水池,改为真水。水池岸用黄石堆砌。水口以月形拱桥锁住,与二分明月楼相呼应。

楼东叠黄石大假山一座,石峰高达两层楼高,下构石洞,上有磴道,可登夕照楼(旧名大仙楼)(图10-22-3)。楼坐东面西,阔三楹,深一架,当心间敞开,露出楼内黄石山壁,原来大假山从室外走入室内,与苏州环秀山庄做法有些相似(图10-22-4)。内地面做曲水流觞渠道,为泛杯觞咏之处。偏院内有石阶可爬山山顶和二层楼面。楼之北侧梢间前面用粉墙围成一院,开月牙门两个,一左一右,如一个明月分成两半,又与园名暗合(图10-22-5)。水滨种桃树、迎春。夕照楼为歇山顶,屋顶正脊和垂脊皆用青瓦拼花,当心间出披檐和垂莲柱。当心间前出观景平台,平台上有一井,井口为月牙,用汉白玉勾边,井栏石上,刊刻"道光七年杏月员置"字样,当是员氏旧物。平台临水用花岗石围栏,据栏四望,前方曲廊左走爬山而行。左边水榭临水迎风,右边二分明月楼正襟危坐。

从夕照楼左出,石板桥沟通池中水榭。榭平面扇形,中间用墙隔成前后两部分,榭半立岸上,半立水中,正面见四柱,当心间开敞,设美人靠,左右抱柱有联:"荷风送香气,松月生夜凉。"典出自孟浩然的诗作《夏日南亭怀辛大》。次间用粉墙砌筑,中设月牙洞窗。临北槛而望,二分明月楼倒影水面,在月牙桥和树木的陪衬下显得格外端庄(图10-22-6)。

园西南角为二层楼阁,阁与曲廊相连,廊经一曲三折爬至二层(图10-22-7)。为增加园趣,廊与外墙留出空地栽花置石,并用马头墙将墙分为两段,墙内设月洞门,依廊建有一亭,名伴月,平面六角攒尖顶,重檐飞角,悬联:留云笼竹叶,邀月伴梅花(图10-22-8)。廊一面倚墙,为半廊式。

二分明月楼另有北门位于广陵路263号。

四、人物

贾颂平:名贾沅,是晚清民国时期扬州著名的"盐钱两栖"人物之一,生卒年月不详。他独资经营的同福祥盐号,运销地点指定为江都、天长、高邮、宝应、仪征五县,总号设扬州,在各县均设有盐栈,江都县邵伯盐栈为最大的盐栈。扬州盐商分场商(生产)、运商(运输)、食商(直接将食盐运往各盐栈,供城乡居民及酱园等行业食用和使用)。扬州食商设有食商工会,许云浦、贾颂平为会长。此外,同福祥盐号在宝应还自办缉私营、协助政府查缉私盐。贾颂平热心扬州风景园林建设,民国二十一年(1932),王柏龄倡议修缮五亭桥,贾颂平慷慨捐资。

图 10-22-3 夕照楼

图 10-22-4 黄石假山

图 10-22-5 一对月牙门

图 10-22-6 扇形水榭

图 10-22-7 爬坡廊

图 10-22-8 伴月亭

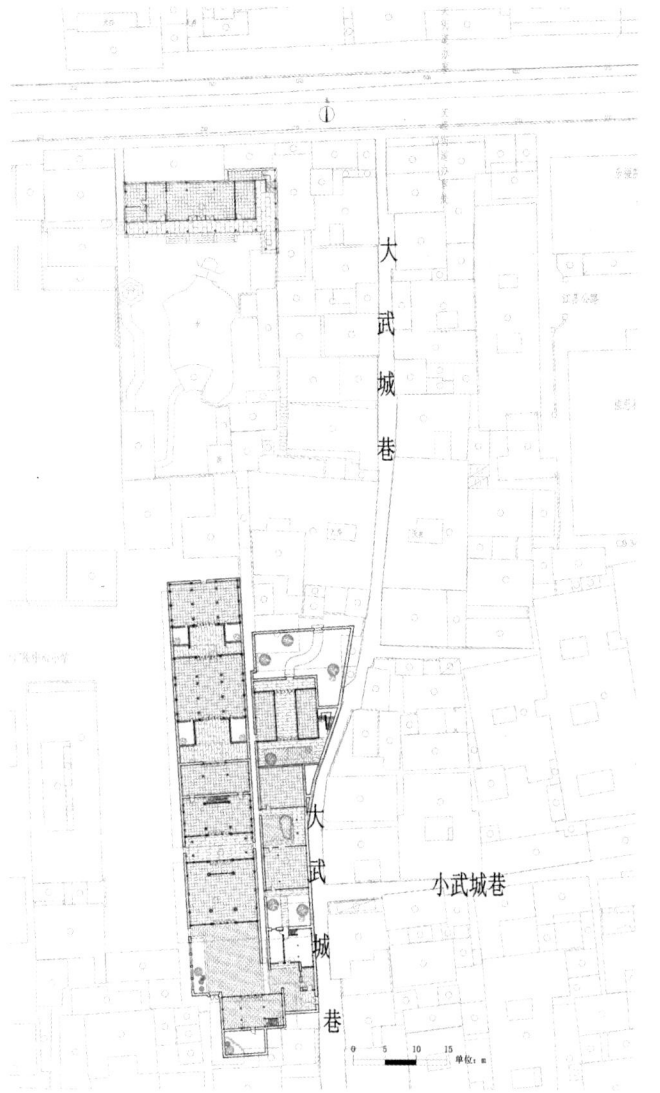

贾氏庭院和二分明月楼平面图

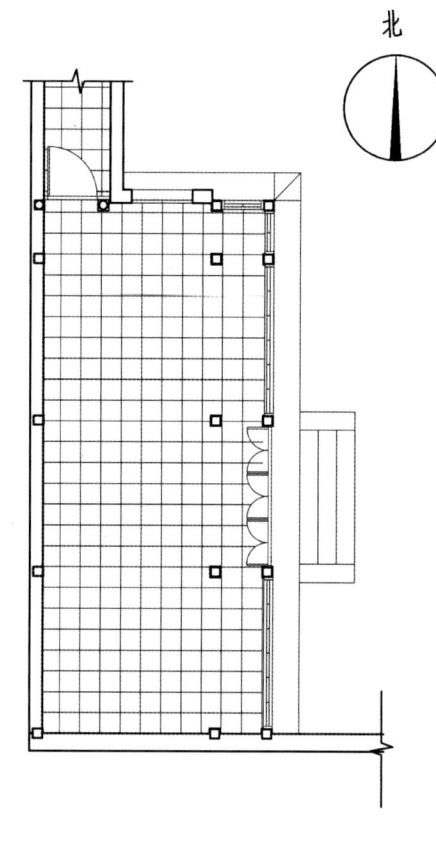

迎月楼平面

迎月楼平面图

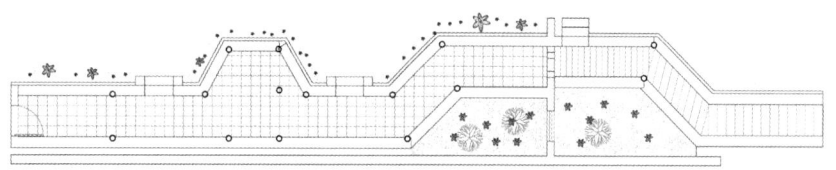

月伴亭一层平面 1:100

月伴亭一层平面图

实例 23：杨氏小筑

一、概况

杨氏小筑位于风箱巷 22 号、18 号、16 号、茂胜桥东 6 号（原称观音堂巷），占地约 900m²。1982 年被列为扬州市文物保护单位。

二、沿革

民国初年裕丰钱庄大管家杨鸿庆购建，亦称杨氏小筑。

解放前后房屋多为出租。1953 年金桂玉兰馆、琦香亭由扬州市第五中学陆景龄老师租用，月租六十四斤大米。

20 世纪 50 年代末房屋大部分公管。

20 世纪 70 年代后期曾经修缮。

三、赏析

杨氏小筑占地面积不广，然布局参差，分东、中、西三路。前后火巷二重、大小天井十三个。房屋数量不多，间、厢、披共 30 余间。房屋体量亦不大，如寻常人家民居，但构筑规整，主次分明，能隔能合，功能齐全，居者可适。其中一小庭园不足 60m² 隙地小筑，成为扬州典型小巧玲珑佳构杰作，出自扬州造园名家余继之之手。

大门面南，青砖青灰丝缝砌筑，其门上首匾墙由青灰粉饰线刻六角锦式，连门楼四小间披房，除大门面南外，余三间面北。入大门迎面有砖雕福祠残迹。左折推开朝东对开门为小天井，穿过面南二门又一天井，迎面正厅三楹，左右对称厢廊，右廊有门至东火巷。厅堂构架圆作，抬梁式，七架梁。厅内原四周置合墙板，方砖地面，前置隔扇，后设屏门。屏门后穿中门至后进住宅，明三暗四格局，东厢有耳门至东火巷。此路住宅除屋面、构架、部分隔扇，楣子尚存外，装修已改变。

　　入大门偏东，进火巷数步面西小门一道，入内即为门廊。左接面南馆舍二楹。馆内四周置壁板及暗壁橱一对。地面铺方砖，前檐置木雕半玻隔扇。原主人将此称之金桂玉兰馆。因为内设盆花玉兰，外依东墙湖石旁植金桂树。门廊右连南向斜坡廊，廊边置木栏坐凳，随坡廊步步升高至西南角，依墙角构小亭一座。主人称之琦香亭，并以琦香亭主作别名。亭虽小，却精致，一角翼翘平缓，二面玻璃窗扇明净。可在内读书、对弈。沿亭边青石板阶沿石围合。南面墙上端架砖砌空透花墙，顺墙折东向北，沿墙壁蜿蜒散置湖石假山，点植修竹、花木其间。山石不大，但漏、透、瘦、皱俱形。花木不多，盆景为主，却与园环境得体相宜。宽不过十步，长不过十余步，小园中间却用六角小门，旁置半截花墙一分为二，使小园园景似隔似透。南园中掘小水池一泓，旁置盆景兰花，北面小天井由瓦片、砖条、卵石铺就园"寿"花街。人在咫尺园中，闲步其间，廊、亭、馆舍俱备，举目四顾，似有若谷、匀泉，观树赏花，陶冶情趣，真是难舍离去。

　　金桂玉兰馆后小院落一方。顺馆后檐墙西折抵火巷及西路住宅。院落北，面南有住宅二进，皆七架梁式。前进三间四厢，后进明三暗四及两边厢房。沿院落北，西折南北向火巷一道拐弯至茂胜桥东巷。院落东接东路厨房二间。厨房后檐墙有门通后住宅三间二厢，厨房天井南有门通前三间一厢，厢房有门通外，即风箱巷18号。厨房东有天井，内有水井一口，井北有门至后进住宅，井南首有门通外，即风箱巷16号。

　　20世纪60年代初，同济大学陈从周教授考察扬州住宅园林时对杨氏小筑倍加赞赏："此小园咫尺面积，前后分隔得宜，无局促之感，反觉左右顾盼生景的妙处。"

四、人物

　　杨鸿庆（1882—1956）：字伯咸，别号琦香亭主，江苏省兴化市人，善书法、绘画、诗词、算盘，算账尤精。大盐商周扶九赏识其才，任命他为钱庄"大管事"即经理。先后任扬州市钱业公会会长、扬州市商会会长。

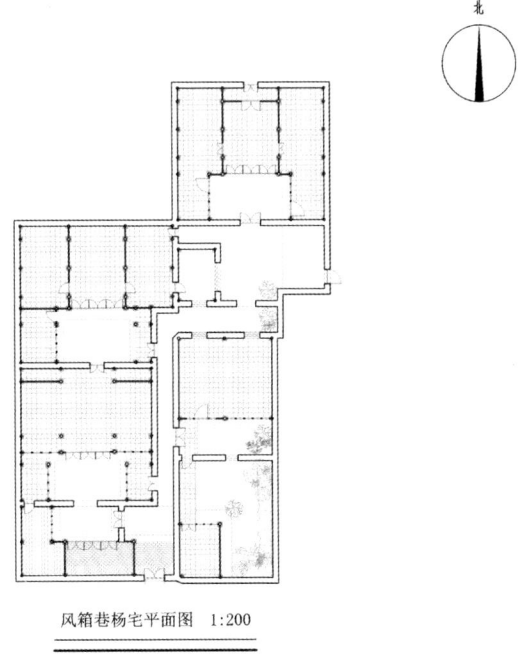

风箱巷杨宅平面图

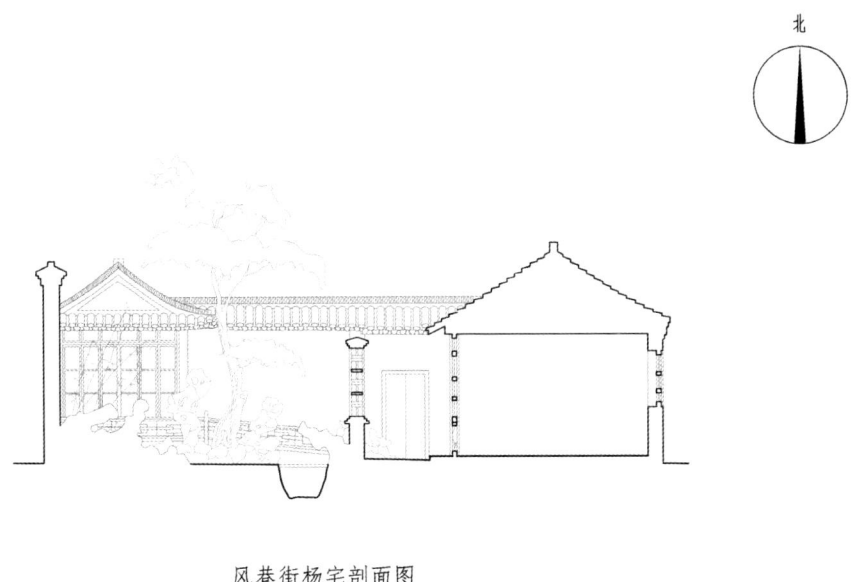

风巷街杨宅剖面图

实例 24：史公祠

一、概况

史公祠位于广储门外街 224 号，南临护城河，东临史可法路，西与天宁寺相邻，北连长征路，与重宁寺隔路相望。1956 年 10 月和 1982 年 3 月，史可法祠、墓两次被江苏省人民政府宣布为省级文物保护单位。2013 年 5 月被国务院公布为全国重点文物保护单位。

二、沿革

明代万历十二年（1584），扬州太守吴秀疏浚护城河堆集的淤泥小丘，后广植梅树而名。吴秀除筑岭植梅，还在此建偕乐园。

清初曾建祠于大门外，后圮。

清乾隆三十三年（1768），两淮盐运使郑大进在此建祠，扬州知府谢启昆作《史忠正祠记》。

乾隆四十一年（1776），谥忠正。四十二年（1777），侍郎彭元瑞以所得史可法画像及其家书合卷进呈，乾隆皇帝亲题"褒慰忠魂"四字于卷端，复制诗，命廷臣赓和，并命大学士于敏中书御制《书事》一篇及史可法《复睿亲王书》于卷后，装发两淮盐政寅著藏奔祠中，寅著恭摹御制诗文，勒石壁间。

乾隆四十五年（1780）、四十九年（1784），乾隆皇帝南巡，特追官祭奠。

清咸丰年间（1851—1861），毁于战火。

清同治九年（1870），重建。

民国二十四年（1935），邑人王茂如捐修。

民国三十七年（1948），维修。

中华人民共和国成立后，重修史公祠，在此内设扬州博物馆。

1962年5月，史公祠被列为扬州市文物保护单位。

1964年，史公祠归扬州市园林管理委员会管理。

1979年，江苏省与扬州市两级政府拨款修建史可法祠，并对史可法墓进行挖掘整理。

1988年9月扬州博物馆从史公祠迁至天宁寺。为了更好地保护和利用，同年9月28日建成扬州史可法纪念馆。

三、赏析

现祠墓大门临北护城河，东为墓，西为祠，并列相连。粉墙黛瓦，林木葱郁。东大门为硬山结构门厅，门两边有槟榔纹石鼓一对，门额上题"史公墓"三个大字（图10-24-1）。门旁悬"史可法纪念馆"牌，由朱德同志题写。进门为一庭院，两边为廊房环抱。院中有参天古银杏两株，树龄二百多年，枝繁叶茂，浓荫蔽日。庭院正中为"飨堂"（图10-24-2），歇山屋面，翘角飞檐。四面有卷，三面为廊。堂前两边檐柱上悬张尔荩撰名联："数点梅花亡国泪，二分明月故臣心。"其后悬楠木楹联，联云："时局类残棋，杨柳城边悬落日；衣冠复古处，梅花冷艳伴孤忠。"堂内明间上悬"气壮山河"横匾。正中为两米高的史可法干漆夹纻坐像，该坐像是1985年为纪念史可法殉难340周年塑造。坐像正襟危坐，神态坚毅。坐像背后为云纹形落地梅花罩槅，枝干苍劲，繁花满树，象征着史可法的精神。两边悬有清道光二十年吴熙载篆书的楹联："生有自来文信国，死而后已武乡侯。"堂内陈列为史可法生前使用过的腰带料器玉片、印章及《史氏扬州城东支谱》。墙上画是据"扬州十日"中幸存者记忆所绘，画面上满城硝烟，寡母幼子，"清藏夜出，携孤辞灵""宅后澄潭，弃子尽节"，情景悲惨，是"扬州十日"的形象记录。

飨堂后为史可法衣冠墓，墓地银杏蔚秀，蜡梅交柯，墓前有三门砖砌牌坊，牌坊上有隶书石额："史忠正公墓"（图10-24-3）。三面有围墙环。正中立有1.8m高的青石墓牌，上镌"明督师兵部尚书兼东阁大学士史可法之墓"。碑后台上为墓冢，封土一丘，菁草萋萋。"文化大革命"中墓冢曾被夷平，1979年修复时，曾出土料器腰带"玉片"20块，确证为衣冠冢，与史籍记载相合。墓墙外两边有黄石花坛，遍植修篁、蜡梅，花时香绕墓门。

墓后两边院墙各开一月洞门，额题"梅花岭"（图10-24-4）。门内四时花木鲜秀，有土阜东西横亘园中，即为"梅花岭"。岭上株株梅花，春来暗香浮动，象征着史可法的高风亮节。岭南长廊壁上嵌有《重修梅花岭史阁部祠墓碑记》《梅花岭碣》和梅花石刻等碑石。岭东与一楼阁相连，横匾题曰"梅花仙馆"，循岭上石级可上。"登阁观梅，足助吟兴"。楼前蜡梅丛中矗立一太湖峰石，原为城南"九峰园"中名石。窍千百，玲珑剔透，如烟霭云涛。岭中部叠有假山，其下有曲洞可穿行。此假山为民国年间叠山名家余继之区划营建（图10-24-

5）。岭北为三楹晴雪轩，单檐歇山，三面有廊（图10-24-6）。轩内陈列史可法墨迹，故称"遗墨厅"。厅前有楹联一副，上联为"殉社稷只江北孤城剩水残山尚留得风中劲草"，下联为"葬衣冠有淮南杯土冰心铁骨好伴取岭上梅花"。厅内壁上嵌有史可法小像及其墨迹石刻多方。其中最著名的是复睿亲王多尔衮信件和给家人的遗书。厅前有树龄二百多年的蜡梅一株，枝虬叶茂，绿荫如伞，是目前扬州市内最古老的蜡梅。厅东西向构方亭翼然，西侧则有小阁三间，斑竹为林，其间花木扶疏，一派园林风光。

史可法祠在墓西侧，大门和墓门并列，形式结构相同，门上额题"史公祠"三个大字，内门为四方庭院，两边有抄手廊环抱。廊间有门，东可通"飨堂"，西可向北通"梅花岭"。庭院中植青桐、修竹和广玉兰，幽静宜人。正中为祠宇三楹。匾额"祠堂"（图10-24-7）。祠堂明间高出，两次间略低，为歇山屋面，连为一体。挑角飞檐，高低错落，造型别致。堂前悬楹联两副。前为清谢蕴山撰"一代兴亡关气数，千秋庙貌傍江山"。后为清姚煜题联为"尚张睢阳为友，奉左忠毅为师，大节炳千秋，列传足光明史牒；梦文信国而生，慕武乡侯而死，复仇经九世，神州终见汉衣冠"。堂内正中为木雕神龛，其上悬横匾，题曰"亮节孤忠"。龛内悬史可法遗像，乌纱朱袍，凛然端坐。其下供奉史可法栗主，上题刻"明督师太傅兼太子师建极殿大学士兵部尚书史可法神位"。神龛东壁上为《史可法生年大事年表》，西壁上为清文学家全祖望所撰名篇《梅花岭记》

图10-24-1 大门

全文。神龛两边平橱中陈列文物、资料。在东边的立橱中，还陈列史可法亲自监造的宋城用铁炮拓本。

四、人物

史可法（1602—1645）：字宪之，号道邻。河南祥符（今开封市）人。崇祯进士，初为西安府推官，后升任南京兵部尚书。南明弘光政权建立，任兵部尚书兼东阁大学士，抗清名将。清顺治三年（1646）四月，清兵围困扬州，他拒降固守，城破被执，不屈而死，嗣子副将史德威寻遗骸不得，乃葬其衣冠于梅花岭下。

五、拾遗

1985年的6月13日（农历四月二十五日）是史可法殉难340周年的纪念日，扬州市博物馆、扬州市历史学会联合举行了学术纪念活动，并在史公祠举行史可法塑像揭幕典礼。史公的塑像，由著名女雕塑家刘瑜制作。扬州市博物馆、扬州市文化馆集邮研究会为了纪念史可法殉难340周年特别印制了一款纪念封。纪念封的封眉由著名书法家李圣和题写，纪念封和戳由樊世盛设计。

1991年10月12日，江泽民亲自陪同朝鲜金日成去扬州史可法纪念馆参观。江泽民在接见海内外宾客时，曾多次提及史可法，盛赞史公崇高的爱国主义精神。他说："扬州城外梅花岭，有民族英雄史可法的衣冠冢，冢前有一副对联，'数点梅花亡国泪，二分明月故臣心'，就很能激发国人的民族自尊心和爱国热情。"

2002年，在史可法诞辰400周年的时候，扬州史可法纪念馆特别印制了《史可法诞辰400周年》纪念封。

2011年4月，为纪念江上青烈士诞辰100周年，江泽民写下《满江红·江上青百年诞辰祭》，词中写道：史岭红梅花沥血，芦沟晓月天飞鹤。

图10-24-2 飨堂

图10-24-3 史可法墓

图10-24-4 "梅花岭"园门

图10-24-5 假山

图 10-24-6 晴雪轩

图 10-24-7 祠堂

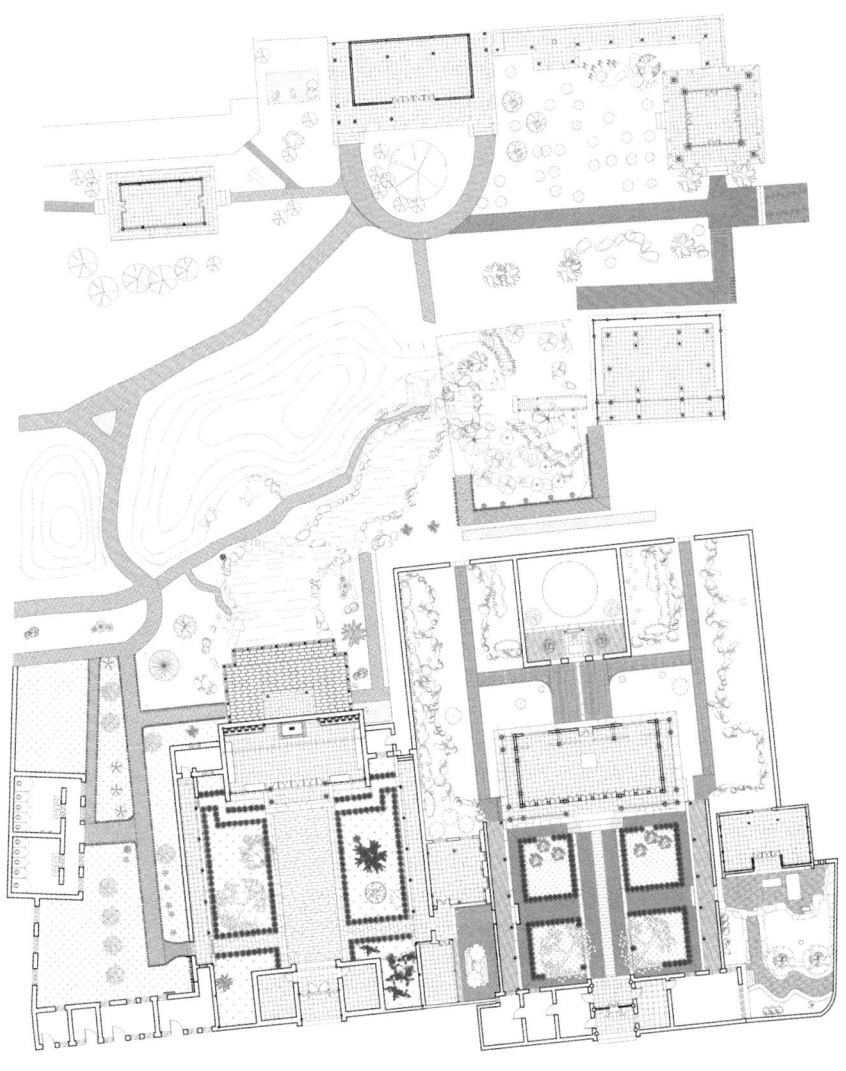

史公祠总平面图

实例 25：普哈丁墓园

一、概况

普哈丁墓园位于扬州市区阙口河东古运河东岸的土岗上，占地 1.56 公顷，现为全国重点文物保护单位。

二、沿革

相传普哈丁为伊斯兰教创始人穆罕默德的第十六世裔孙，于南宋末年（1265—1275）在扬州传播伊斯兰教，于德佑元年（1275）在扬州逝世，遵其遗嘱，埋葬于此。

明《嘉靖维扬志》记载，普哈丁"墓在东水关河东，洪武二十三年（1390）哈三重建，嘉靖二年（1523）商人马宗道同住持哈铭重修"。

明末清初，墓园遭劫，破坏严重。

清康熙十一年（1712），重建窑亭五生及四壁围墙。

乾隆五十一年（1786），重修大殿三间、厅房五间。

道光年间（1821—1850），湖水泛滥，石岸墙基均被冲毁。道光二十五年（1845）重修殿宇石工。

咸丰三年（1853），寺毁于战火，事后募捐重修大殿、窑亭、"天方矩"门厅三间。

同治七年（1868），建东讲经堂。

光绪三年（1877），重修大殿、水房。

光绪九年（1883），重建北讲经堂、北亭台一座。

光绪二十六年（1900），重修围墙，换造石栏。

光堵二十九年（1903），重修东讲经堂。

中华人民共和国成立后，该寺仍作为大运河沿线重要的伊斯兰教宗教活动场所和宗教胜地开放。

1952年由政府拨款对残损的部分墓亭和古建筑进行小规模的维修。

1959年将保存在仙鹤寺的元代阿拉伯人捏古柏等五人墓碑移至普哈丁墓西侧。

1962年5月普哈丁墓园被列为扬州市文物保护单位。

"文化大革命"期间关闭。

1973年交扬州市园林管理处管理保护。

1980年10月,普哈丁墓园经整修对外试开放。

1982年12月,市园林管理处在普哈丁墓园东侧筹建东郊公园,经冬春护塘堆山,绿化种植,点缀建筑小品、新建门楼、接待室、厕所,于1983年5月1日正式对外开放。

1984年4月,新建五人墓碑亭,8月新建望月楼。

1987年11月,市园林管理处将普哈丁墓园、东郊公园移交扬州市民族宗教事务处,由扬州市伊斯兰教协会管理。

1992年,对墓园的古建筑进行油漆。

2001年,被国务院公布为全国重点文物保护单位。

2002年,经过全面修缮后,对外开放。

2009年,普哈丁墓进行全面恢复与保护。

三、赏析

普哈丁墓园（图10-25-1）分清真寺、墓区和园林区三部分,相互以花墙相隔,又以石阶或门相连,院落整体布局严谨,建筑、亭台、墓亭依地势起伏而分布,庭院轩榭中杂以古木香花,有丘、有池、有亭、有阁、有花、有树,环境清幽而肃穆,尤其是园中700多年和400多年树龄的银杏各一株,老干虬枝,苍劲有力。

墓园坐东朝西,正门临河,门额刻石为"西域先贤普哈丁之墓",下署"乾隆丙辰重建"。大门南侧有一拱门,门内是清代建的清真寺,是教徒们做礼拜的活动场所,由门厅、礼拜殿、水房组成,其中,礼拜殿（图10-25-2）坐西朝东,面阔三间,殿前庭院东端墙上攀缘香水月季,香溢满园,殿内有拱形圣龛及由阿文《古兰经》组成的图案,具有浓厚的伊斯兰宗教氛围。至今,每逢先贤归真纪念日、开斋节、古尔邦节等重要节日,这里还会举办一些宗教性活动。直对大门的是石阶甬道,石阶两旁有浮雕石栏,雕刻有狮子戏球、鲤鱼跳龙门、三羊开泰等吉祥图案,渗透出浓厚的中国传统文化气息。甬道顶部为墓区门厅,上方嵌有"天方矩矱"石额（图10-25-3）,厅阔三楹,为四角攒尖顶。

门厅后的墓区是墓园主体部分,由北墓区和南墓区组成。北墓区又为墓区的核心区域,有普哈丁墓、法纳墓、古墓葬群、阿拉伯人墓碑等多处墓葬、墓亭建筑;南墓区为明清以来中国伊斯兰教的阿訇和虔诚穆斯林的墓葬群,清代回族爱国将领、民族英雄左宝贵衣冠墓等。

普哈丁墓亭（图10-25-4）位于北墓区的中心,是一座砖石结构的建筑,平面呈方形,四出拱门,亭内为砖砌圆形穹顶,是典型的阿拉伯风格的建筑"拱拜尔",四角砌叠涩菱角牙与圆形穹顶相接,外貌呈中国传统亭式四角攒尖顶，上覆青色筒瓦，饰以紫红、黄、兰色相间的瓷葫芦顶。墓葬于亭中央地下，地面用青石砌成五级矩形墓塔，每层悬出的周边顶面雕有精美的牡丹花纹，正面浮雕缠枝草和如意纹。第三层墓塔石侧面阳刻阿拉伯文《古兰经》中章节。石墓塔已有轻度残缺。

法纳墓亭、古墓葬群等分布在普哈丁墓亭周围，呈环绕状布置，建筑形式、结构和特征皆同于普哈丁墓亭，但在体量上要小些，建筑工艺稍有逊色；石墓塔的形状大体相同，尺寸和级数少于普哈丁墓，雕饰的工艺也远不相及。

元代阿拉伯人墓碑碑亭在普哈丁墓亭西北侧，建于1984年，平面呈长方形，四通墓碑平行放置在墓亭中央的白矾石底座上，碑呈莲花瓣形，均以青石镌刻而成。周边和侧面都镌有各色图案花纹，正反两面均刻有碑文，以中文、阿拉伯文夹有波斯文刻成。碑文记载了亡者的姓名、身份、死亡日期，还刻有《古兰经》《穆罕默德言行录》等经文摘录以及《格言》和《祷文》，还有出自名家之手，盛行于当时西亚、北非的古代诗歌。园林区位于墓园东部，围墙上开有月门，与墓区相连。

园中山势起伏，池水清澈，叠石精湛，绿树成林，鸟鸣鱼戏，意境清幽静雅，颇具野趣。居高处，可静坐栖息，于方寸之地，鸟瞰园林胜景；处低势，可动观四周，于移步换景中，体味园林韵律。整个古典园林依托地势高低错落，造就出一幅秀山环抱碧水之景，与墓区内庄严肃穆的环境形成鲜明对比，既承接了墓区的幽静，又开拓了一方修身养心的乐土。

普哈丁墓园是中阿友好史上珍贵的实物遗存，与"普哈丁来华"这一伊斯兰教传播史上的重要事件直接关联，展现了持续近两千年的东西方有关伊斯兰教信仰、墓葬形制等人类价值观念的交流，其建筑工艺、景观设计等融合了中国古典建筑和伊斯兰建筑风格，是研究扬州乃至伊斯兰教史上政治、经济、社会发展等问题的重要依据，为佐证扬州在伊斯兰教史、海外交通史上的作用保留了珍贵的资料，见证了扬州在海上丝绸之路文化遗产价值体系中不可替代的地位和作用。

四、拾遗

东郊公园：位于解放北路西侧。1984年春改建园门，由一对古黄门柱组成，上置四角大封顶，顶下浮雕秋叶纹饰。冰裂纹石板地坪，铁栅门，门柱两侧围以花墙，园门对景以树林为屏，林下叠有湖石小品，植大叶黄杨球。门景处理简中有势。进口北拐，林木葱茏，林间点一方亭。过方亭豁然开朗，土阜尽端，面池构筑接待室五楹，面南中间三楹设廊，内为接待室。接待室西端利用原有高大枫杨补栽银杏、花灌木，形成树丛，与东侧土阜紫薇共同烘托接待室。接待室前一水池，池内散布睡莲，池岸桃柳相间。东端还栽有一丛池杉，西端土阜遍植红叶李。东郊公园以园地制宜、相互因借的造园手法，利用地形地貌，扩池堆阜。与原有野林配植花木，和普哈丁墓园格调一致，组成一区新的胜景。接待室西行出西门楼，沿河便迭普哈丁墓园正门。

图 10-25-1 普哈丁墓园全景图

图 10-25-2 清真寺礼拜殿

图 10-25-3 天方矩矱石额门

图 10-25-4 普哈丁墓

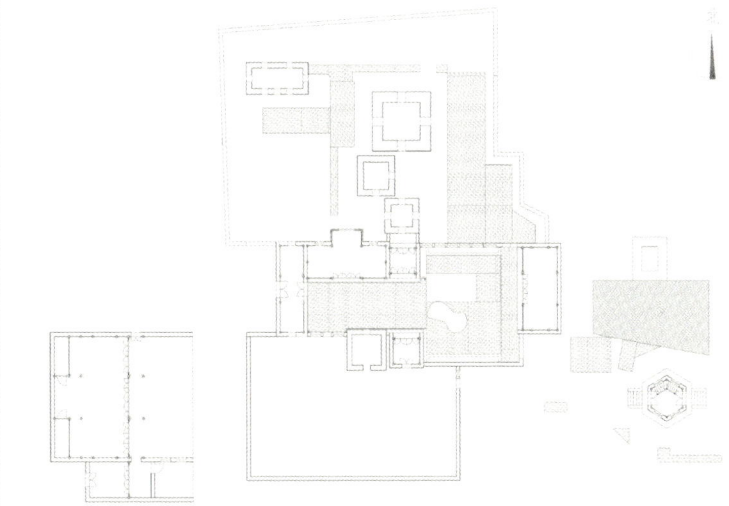

普哈丁园平面图 1:200

普哈丁园平面图

普哈丁园复建平面图 1:500

普哈丁园复建平面图

参考文献

[1] （宋）郭熙.林泉高致[M].南京：江苏凤凰文艺出版社，2015.

[2] （明）文震亨.长物志[M].南京：江苏凤凰文艺出版社，2015.

[3] （明）计成.园冶[M].南京：江苏凤凰文艺出版社，2015.

[4] （清）阿克当阿.重修扬州府志[M].扬州：广陵书社，2014.

[5] （清）李斗.扬州画舫录[M].扬州：广陵书社，2010.

[6] （清）汪应庚.平山揽胜志[M].扬州：广陵书社，2004.

[7] （清）赵之壁.平山堂图志[M].扬州：广陵书社，2004.

[8] （清）钱泳.履园丛话[M].北京：中华书局，1979.

[9] （清）金安清，欧阳兆熊.水窗春呓[M].北京：中华书局，1984.

[10] （清）梁章钜.浪迹丛谈 续谈 三谈[M].北京：中华书局，1981.

[11] （清）沈复.浮生六记[M].杭州：浙江文艺出版社，2017.

[12] 王振世.扬州览胜录[M].南京：江苏古籍出版社，2002.

[13] 童寯.江南园林志[M].北京：中国建筑工业出版社，1984.

[14] 陈从周.扬州园林[M].上海：同济大学出版社，2007.

[15] 陈从周.中国园林［M］.广州：广东旅游出版社，1996.

[16] 陈从周.园林清议［M］.南京：江苏文艺出版社，2005.

[17] 陈从周.园林清话［M］.北京：中华书局，2017.

[18] 陈从周.园林谈丛［M］.上海：上海人民出版社，2008.

[19] 周维权.中国古典园林史[M].北京：清华大学出版社，1999.

[20] 潘谷西.江南理景艺术［M］.南京：东南大学出版社，2001.

[21] 孙大章.中国古代建筑史 第五卷［M］.北京：中国建筑工业出版社，2002.

[22] 王世仁.理性与浪漫的交织［M］.天津：百花文艺出版社，2005.

[23] 朱江.扬州园林品赏录［M］.上海：上海文化出版社，1983.

[24] 杨赉丽.城市园林绿地规划[M].北京：中国林业出版社，2017.

[25] 赵仁基.古典园林欣赏［M］.南京：江苏人民出版社，1986.

[26] 李新建.苏北传统建筑技艺［M］.南京：东南大学出版社，2014.

[27] 都铭.扬州园林变迁研究［M］.上海：同济大学出版社，2014.

[28] 罗凯.2500年战争与和平的交响［M］.南京：东南大学出版社，2013.

[29] 余开亮.六朝园林美学［M］.重庆：重庆出版社，2007.

[30] 吴建坤，赵立昌，王章涛.旧宅萃珍：扬州名宅［M］.扬州：广陵书社，2005.

[31] 孙传余.园亭掠影：扬州名园［M］.扬州：广陵书社，2005.

[32] 马恒宝.扬州盐商建筑［M］.扬州：广陵书社，2007.

[33] 王虎华.扬州盐商遗迹［M］.南京：南京师范大学出版社，2011.

[34] 中国建筑学会建筑历史学术委员会.建筑历史与理论 三、四辑［M］.南京：江苏人民出版社，1984.

[35] 杨鸿勋，王贵祥.中国江南园林访古［M］.北京：中国展望出版社，1984.

[36] 刘天华.华夏园林［M］.上海：上海古籍出版社，1998.

[37] 江苏省基本建设委员会.江苏园林名胜［M］.南京：江苏科学技术出版社，1982.

[38] 郦芯若，唐学山.中国园林[M].北京：新华出版社，1992.

[39] 彭一刚.中国古典园林分析［M］.北京：中国建筑工业出版社，1986.

[40] 周武忠.嫩叶集：花园艺术论［M］.南京：东南大学出版社，2010.

[41] 王振忠.明清徽商与淮扬社会变迁［M］.上海：生活・读书・新知三联书店，1996.

[42] 朱宇晖.江南名园指南［M］.上海：上海科学技术出版社，2002.

[43] 顾风.扬州园林甲天下[M].扬州.广陵书社，2003.

[44] 许少飞.扬州园林史话[M].扬州.广陵书社，2014.

[45] 李金宇.中国古典园林的背后[M].扬州.广陵书社，2015.

[46]（美）梅尔清.清初扬州文化［M］.上海：复旦大学出版社，2005.

[47] 韦明铧.个园［M］.南京：南京大学出版社，2002.

[48] 杜海.扬州园林文化丛书：个园的眼睛［M］.扬州：广陵书社，2006.

[49] 刘立人.瘦西湖楹联［M］.扬州：广陵书社，2005.

[50] 杜海.何园［M］.扬州：南京：南京大学出版社，2002.

[51] 章采烈.中国园林艺术通论［M］.上海：上海科学技术出版社，2004.

[52] 明光.清代扬州盐商的诗酒风流［M］.北京：社会科学文献出版社，2014.

[53] 顾一平.扬州名园记［M］.扬州：广陵书社，2011.

[54] 安东篱.说扬州——1550—1850年的一座中国城市［M］.北京：中华书局，2007.

[55] 刘天华.华夏园林［M］.上海：上海古籍出版社，1998.

[56] 金学智.中国园林美学[M].北京：中国建筑工业出版社，2000.

[57] 陈建军.大壮 适形[M].沈阳：辽宁人民出版社，2006.

[58] 蔡芃洋.瘦西湖［M］.南京：南京出版社，2010.

[59] 汉宝德.物象与心境［M］.北京：生活・读书・新知三联书店，2014.

[60] 吴建坤，赵立昌，王章涛.旧宅萃珍：扬州名宅［M］.扬州：广陵书社，2005.

[61] 李金宇.扬州园林的遮隔艺术［J］.园林，2003（11）：25-26.

[62] 谢明洋.晚清扬州私家园林造园理法研究［D/OL］.北京：北京林业大学，2015.

[63] 徐亮，王石群.扬州盐商建筑与园林的特性及世界文化遗产价值浅析［J］.扬州大学学报，2012（9）.

[64] 徐亮，李金宇.石涛叠山作品的"人间孤本"扬州片石山房——兼与曹汛先生商石涛寓扬期间造园史实［J］.中国园林，2014（8）.

[65] 徐亮.扬州法海寺及白塔考论［J］.扬州职业大学学报，2017（2）.

[66] 金云峰，陈希萌.情境分析和形式分析——18世纪扬州园林嬗变的外向与内向研究［J］.广东园林，2016（1）：57-61.

[67] 殷勤.扬州盐商住宅园林的形成及特色［J］.江苏地方志，2012（3）：14-16.

[68] 张伟，陈骁.扬州蜀冈-瘦西湖私家园林群的景观构成［J］.徐州建筑技术学院学报，2002（2）：31-33.

[69] 李金宇. 试析扬州园林的北方风格 [J]. 中国园林, 2004（12）: 57-60.

[70] 卢燕, 吴薇. 扬州园林假山与植物配置方式探析 [J]. 安徽农业科学, 2012（8）: 4724-4726.

[71] 杨恒. 扬州传统私家园林艺术特征与价值研究——以个园、何园、小盘谷、二分明月楼为例 [D/OL]. 南京: 南京农业大学, 2015.

[72] 周晓兰. 扬州休园考 [D/OL]. 北京: 北京林业大学, 2012.

[73] 明光. 盐商诗人主导的韩江雅集 [J]. 扬州职业大学学报, 2016（2）: 7-14.

[74] 明光. 古代戏剧对扬州社会生活的影响 [J]. 扬州职业大学学报, 2017（4）: 1-6.

[75] 朱江. 扬州园林品赏续录 [J]. 扬州大学学报: 人文社会科学版, 1985（4）: 119-128.

[76] 薛梅. 略论扬州名胜楹联中的集句修辞方式 [J]. 扬州职业大学学报, 2017（2）: 14-18.

[77] 陶思炎. 浅谈扬州园林与文学 [J]. 南京师大学报: 社会科学版, 1980（3）: 83-87.

[78] 沈学峰. 扬州个园雅集略谈 [N]. 扬州晚报, 2016-10-29（B1）.

后 记

2017年5月，中共扬州市委谢正义书记在调研扬州公园体系建设时提出，要组织专门力量，对扬州古典园林艺术、现代公园技术、古典园林与现代公园融合发展的案例进行研究，努力构建一个以案例为支撑，具有扬州特色的全面性、系统性和开创性的现代公园、古典园林、技术艺术理论体系。其后，谢正义书记又多次召开专门座谈会，听取专家意见，逐步形成了研究方向，明确了编撰书单，对研究和撰稿工作提出了不少具体要求。为落实这一指示，市委、市政府专门成立丛书编委会及办公室，确定了牵头部门和责任人。邀请了上海交通大学、南京大学、东南大学、扬州大学、扬州职业大学等高校在内的多名专家教授参与丛书的编撰工作。书稿初步完成后，又邀请了住房城乡建设部、同济大学、华南理工大学、扬州大学等单位的专家（王香春、朱宇晖、唐孝祥、梁宝富、杨国庆、陶俊、罗云建、王晓春等）进行了数次审读，专家们几易其稿反复修改，终于成书。各牵头部门积极配合，为专家实地调研、文稿撰写提供了必要的条件，使丛书编撰工作得以顺利开展。中国建材工业出版社在获悉丛书编撰工作后，主动对接，配备了得力编辑人员，出版社领导参加了多项具体工作，提出了修改意见，确保了丛书的编校质量。编委会办公室所在的市建设局、扬州市历史文化名城研究院（中国名城杂志社）承担丛书编撰的联络接待等工作，为丛书顺利出版付出了辛勤劳动。扬州市城建国有资产控股（集团）有限责任公司以弘扬文化为己任，积极给予支持和配合。在此我代表丛书编委会一并表示感谢。

丛书出版后，希望业界多多给予批评，以便再版时进行修改，共同推动扬州公园城市建设理论体系更臻完备、更具操作性、推广性，为构建具有中国特色的公园理论与技术体系做出扬州应有的贡献。

扬州市人民政府副市长　何金发
2018年8月18日